浙江工商大学浙江省一流学科"外国语言文学"（A类）建设项目成果

王金林 编著

日本历史
基本史料集

第一卷

人民出版社

图书在版编目（CIP）数据

日本历史基本史料集. 第一卷 / 王金林编著.
-- 北京：人民出版社，2017
ISBN 978-7-01-017484-6

Ⅰ. ①日… Ⅱ. ①王… Ⅲ. ①日本－历史－史料
Ⅳ. ①K313.06

中国版本图书馆CIP数据核字（2017）第055723号

日本历史基本史料集. 第一卷
RIBEN LISHI JIBEN SHILIAOJI.DIYIJUAN

编　　著：王金林
责任编辑：翟金明
出版发行：人 民 出 版 社
地　　址：北京市东城区隆福寺街99号
邮政编码：100706
印　　刷：北京市金星印务有限公司
版　　次：2017年5月　第1版
印　　次：2017年5月　第1次印刷
开　　本：710毫米×1000毫米　1/16
印　　张：28.75
字　　数：400千字
书　　号：ISBN 978-7-01-017484-6
定　　价：75.00元

销售中心：（010）65250042 65289539

目 录

前 言

近年来，随着国门的开放和中日关系的曲折深入发展，越来越多的国人对邻国日本产生前所未有的关注。不但关注日本的现状，而且更关注日本的过去，特别是日本的历史和文化。民间研究和关心了解日本历史、文化者日趋增多，对相关资料的需求也随之增加。

从中国大陆地区来看，除了沿海地区的大城市图书馆、重点大学图书馆藏有可资查索的日本历史、文化的图录、资料外，其他中小城市的大学、中学和广大中西部地区的图书馆，均缺少这类图书资料的收藏。为适应广大日本历史研究、教学和爱好者的需要，很有必要编辑一部日本历史基本史料集以供当务之需。

多年来，内地和台湾两地的日本史学者进行着深入的学术交流。在两地间学术交流过程中，我们三人相识、相知，都有一个共同愿望，即愿发挥我们各自所长，为中国的日本历史研究的发展做点事。在相互接触中，都认为基本历史史料建设最为必要和急迫。2011 年，经过沟通和协商，我们一致决定：首先共同携手编辑一部基础性的日本历史原始资料书籍，以应关心、了解日本历史、文化者之需。这就是这部《日本历史基本史料集》的源起。

事后又通过多次的联系，进一步确定了编辑宗旨、原则、范围等，确定的原则有如下几方面：

一、本史料集拟定名为《日本历史基本史料集》。时代跨度，上自古代国家的形成，下至 1945 年日本宣告投降止。

二、本数据集所选史料，力求精当，反映时代特征的重要的历史事件、基本的制度、思想文化等都不应有所疏忽。

三、若同一历史事件中，有中国方面可资选入的原始数据，应尽可能地选入。

四、史料选择范围，似应包括政治、制度，社会、经济，思想、文化，军事、外交等领域。

五、基本史料集分为三卷。考虑到每册字数的均衡，各册包含的时代划分如下：

第一卷大和时代、奈良时代、平安时代和镰仓时代；第二卷室町时代、织丰时代、江户时代；第三卷明治时代、大正时代和昭和时代（止于1945年8月）。根据各人的研究所长，三人的分工是：

第一卷　王金林（天津社会科学院日本研究所）

第二卷　徐兴庆（台湾大学日本研究中心）

第三卷　王宝平（浙江工商大学日本语言文化学院）

对于日本历史史料集的编纂，就内地而言，学界前辈有若干日本史资料的编译集留世。据我们所知，复旦大学张荫桐教授于20世纪50年代编译出版了《一六○○——一九一四年的日本》（三联书店）；北京大学哲学系曾于60年代编纂出版了《日本哲学》系列数据集（商务印书馆），从古代至大正、昭和时期共四集；西北大学的王辑五教授于80年代初编译出版了《一六○○以前的日本》（商务印书馆）；之后，《世界历史》编辑部编辑出版了《明治维新的再探讨》一书，其中载有聂长振、马斌译，周一良校的"明治维新基本文献史料选译"。在编纂过程中，前辈学者的著作成为我们学习榜样。与此同时，我们也参考了日本学者的多种此类著作。

尽管有前辈学者为我们留下的可资学习的编纂理念、方法和日本学者的可资借鉴的样版，但是，对我们来说，毕竟这是一件新的工作，遇到的困难不少。由于我们坚持携手合作的信念，克服了遇到的困难，最终实现了初衷。

自2011年确定编著此书以来，已历经六年，我们终于相继完成了书稿。鉴于我们的学识之限，疏漏、谬误定所难免，冀盼批评指正。

王宝平、徐兴庆、王金林

2016年10月

凡　例

一、本卷所选史料的时代，包含日本史上的大和时代、奈良时代、平安时代及镰仓时代，即纪元3世纪前后至14世纪30年代镰仓幕府消亡止。

二、本卷史料大多直接取自日本古籍，主要有《日本书纪》、《续日本纪》、《日本后纪》、《续日本后纪》、《日本三代实录》、《日本纪略》、《扶桑略记》、《本朝世纪》、《政事要略》、《类聚国史》、《百炼抄》、《令义解》、《令集解》、《类聚三代格》、《吾妻镜》、《元亨释书》、《万叶集》、《本朝文粹》、《平家物语》等等。一部分典籍、贵族私人日记、寺院神社遗文等史料，不能直接从原著中收录的，则转引于目前日本学术和教学界普遍采用的史料集，主要是《宁乐遗文》、《中世法制史料集》、《史料大系日本の历史》、《史料による日本の步み》等。

三、本卷史料选择范围，包括政治、经济、文化、外交、军事等。史料选择，不求面面俱到，但反映时代特征的重要历史事件、基本社会制度的史料都有选入。

四、全书由章、节、目构成。以某一时代为章，每章以概说为开篇，对本章所涉及的历史事件的背景，作简明扼要的阐述；以重要事件、制度、人物等为节；以史料的重点为目，目下则按时间先后，罗列相关的史料。

五、每条史料由年月日、史料内容、史料来源构成。凡史料前有月日，而无年的，则在月前用括号加具体年代；同样，有日而无年月的，则在日前用括号加具体年月。

六、除特殊情况外，年月日均采用阴历大写，年代旁也不加注西历年。为读者查阅方便，书末符有日本年号表，可查阅日本年号与西历的对应年代。

七、每条史料后的来源项，采取如下格式：

1. 第一次引录，依次注明：古籍名称、卷数、页码。如：

（《续日本纪》五，卷5，第156页）

（令义解》卷1职员令，第55~56页）

有关校注者（或编辑者）及所属史料大系、出版社、出版年份等，均在卷末附有的本卷所引典籍表作具体介绍。

2. 前后史料出自同一典籍的，则作如下标注：

（同上，卷1，第201页）

（同上，第202页）

3. 转引自史料集的史料，用以下方式依次注明：

（《殿历》，引自《史料大系日本の历史》第2卷中世Ⅰ，第20页）

（同上，引自同上书，第25页）

（同上，第27页）

八、本卷收录的史料原文中，有明显的错字、漏字的，则在原字之前或之后，用括号予以更正或增补。

九、本卷所引史料的文体，呈现多样性。《日本书纪》、《续日本纪》、《日本后纪》等等古籍，皆是用汉文编撰的汉文体典籍；《古事记》、《万叶集》等，虽然全篇皆是汉字，但汉字是用来标注日语的音符的，是和文体古籍；平安中期以后，日本典籍的文体，"和汉混杂"体（日本学者称为"变体汉文"）渐趋成为主流。虽说是"和汉混杂"（"变体汉文"），但是"和文""汉文"的比重也不尽是一样的。如《愚管抄》、《神皇正统记》、天皇的宣命、神社祭祀的祝词等等，大多是以"和文"为主体的"和汉混杂"著作。与此不同，更多的是以"汉文"为主体的"和汉混杂"体著作。本卷中所引录的史料中，包括贵族私人日记、寺社遗文以及镰仓时代的《吾妻镜》等等，多是以"汉文"为主体的典籍。

十、根据不同的文体，本卷采取不同的处理方法：

1. 汉文体史料，采取原文照录的原则，只对原文的断句、标点作适当处理，以使行文更具汉文规范；

2. 日文（包括用汉字标注日语的古籍）史料和以"和文"为主体的"和汉混杂"体史料，采取全文中译；

3. 以"汉文"为主体的"和汉混杂"体史料，则在保持其原有的基本内容和文义的基础上，史料的主体内容基本上全文收录，只是对文中夹杂的具有"变异"性质的汉字，按照汉语习惯，分别不同情况，或调整，或保留、或删除。

十一、以"汉文"为主体的"和汉混杂"体史料中，"变异"性质的汉字，日本学者列举之数多达百余字。但对我们来说，对如下一些字的掌握和了解，至为必要：

1. "条"、"状"、"趣"、"段"、"由"。

这些字一般与"之"连用，如"参上之条"、"仰出之状"、"诉陈之趣"、"诉讼之段"。这些字在文句中具主体作用，含有事情、状况、内容等意。相当于日语的"～のこと"、"～すること"和"ですること"。本卷收录史料时，对此类字，一般不作译解。

2."被"、"令"、"度"、"可"。

"被"有二意，一是谦让语，表示对他人的尊敬，如"右大纳言、从三位神王宣称"；二是表示事情的状态，如"于关白御宿所，被定海贼事"。

"度"是日本古语的助动词，＝たし（たい），表示愿望和希望。

"可"是日本古语的助动词，＝べき，表示应该、可以、必须等意。

在所引史料中，多见"被"、"令"与"可"的组合词，如"可令停止钱流布也"；"可被致沙汰之状"。本卷收录史料时，在不影响原意的前提下，根据不同情况和汉文的语顺等，对"被"字采取或删，或调整的处理。如原文"庄园记录所上卿并辨，可被置事被仰"，引录时改为"仰庄园记录所上卿并辨，可被置事"；原文"安房守惟忠为下总榷介平忠常被烧死了"，引录时改为"安房守惟忠被下总榷介平忠常烧死了"。

3."罢"、"申"

"罢"、"申"都是接头语。如"罢上"、"罢出"，"申出"、"申可"。此类词语中，"罢"、"申"只显示言者和行者的谦逊、婉约之态。

4."候"、"给"

"候"，在日本古文中，多数场合是作为表示敬重的补助动词，是"有る"、"居る"的敬语。如"进发候毕"、"可有御座候"。"给"，也是补助动词，如"左大臣就阵给"；"被下给宣旨"；"关白殿并中纳言令参内给"。"给"分别是"就阵"、"下"、"令参内"的补助词，表示行动的进行状态。从汉语来看，"就阵"、"下"、"令参内"自身已清楚地显示了行动的进行状态，所以本卷收录时，对"给"字的处理，大多预以删减。

5."御"、"仍"

"御"是日本古文书、公文、日记中广泛使用的接头字，表示尊敬和敬意。如"廿五日夜，主上、中宫偷出御清盛朝臣六波罗亭，上皇渡御仁和寺。"引录时除保留必要的显示尊意的"御"字外，其他场合，凡"御"字的存留与否，对于史料内容不会有实质的影响，则着眼于行文的顺畅和规范，取或留或删的处理原则。

"仍"，是接续词，古文中广泛使用，有"乃"、"因此"、"所以"、"从而"等意。本卷引录时，对此字基本不作变动。

6. "沙汰"、"成败"

"沙汰"、"成败"是多义词，在平安中期以后的典籍、文书、日记中屡见。"沙汰"有裁判、判定、处置、计画等解；"成败"有执政、政务、裁决、处罚、处置等解。本卷引录时，对此两词也一般不作译解。

第一章　倭王权的成立

概　说

日本古时没有文字，因此研究早期日本社会，不得不依靠考古资料。依据大量考古资料可知，纪元前三世纪以前，是日本的绳纹文化时代，纪元前三世纪至纪元三世纪，是其弥生文化时代。考古数据表明，弥生时代已开始农耕生产。随着农业生产技术的进步，促进了社会的变化。弥生社会大致经历了家族集团→地域集团→地域性统一集团等阶段。

最早记载有关日本情况的史籍，是中国的《汉书·地理志》、《后汉书·东夷传》、《三国志·魏书·东夷传》。上述中国史籍记载的日本，正是日本社会发生变化的时期。中国史籍的记载，虽文字不多，但却简明、扼要，揭示了日本早期国家形成的大致轨迹。

日本早期国家的形成轨迹，经过了"百余国"、"三十许国"、"邪马台国"三个阶段。"百余国"，即指小国群立时期。由"百余国"发展为"三十许国"，表明了地域统一的逐步实现。"三十许国"的具体情况，中国史籍没有详载，但从已知的考古资料分析，主要分布在北部九州岛、中部日本和畿内地区。《后汉书·倭传》中叙及的"奴国"，似是"三十余国"时期的国家。1784 年在福冈志贺岛发现的"汉委奴国王"金印，佐证了中国史籍记载的确实性。

邪马台国是位于北部九州岛的地域性统一国家。从《三国志·魏书》的记载清楚可知，它是一个初具规模的阶级国家。其国内已有"王"、"大人"、"下户"、"生口"、"奴婢"等社会阶级；女王以下设有中央和地方两级官僚组织。中央一级官吏，官职前皆冠以"大"字，分管政治、贸易、军事等，如"大倭"、"大率"、"大夫"；有租赋制度；已有不成文法。在对外交流方面，与曹魏互有使节往来。

从考古资料分析，除北部九州岛地区外，在大和地区也存在着与邪马台国发展水平不相上下的地域性统一国家,笔者将其命名为"前大和国"。

进入纪元四世纪后,大和地区开始出现大型古坟,标志着以大和为中心的日本列岛统一王权的出现。五世纪时,古坟规模巨大化。与考古学上巨大古坟出现相对应,中国史籍中再次出现倭国的记载。据《宋书》、《梁书》的倭国传载,自五世纪二十年代至七十年代的约六十年间,有赞、珍、济、兴、武①等五代倭王,先后朝贡南朝宋、齐等国,主动要求成为宋、齐等国的册封国。这一历史时期,史称"倭五王时代"。

五世纪时,不断有中国大陆和朝鲜半岛的移民进入日本列岛。移民人才的吸收,是通过多种渠道推进的:一是大和国主动派使者到大陆招聘;二是东亚国家的派送,如朝鲜半岛的百济国先后派送的五经博士、易博士、历博士、医博以及各种技工;三是自动移民,如弓月氏为首的秦氏移民集团、以阿知使主为首的汉氏移民集团。

大陆移民给日本的影响是广泛而深入的,上自统治理念、社会生产组织,下至生产技术、生活方式。例如,随移民的迁入,儒家思想也传至日本,其中的"君王之德"、"兄尊弟卑"、"君以百姓为本"、"教化政刑"等思想,就曾引起社会上层的极大兴趣,并成为大和王朝的治国理念。当时日本社会中出现了氏姓制、屯仓制、国造制、部民制等社会组织。其中部民组织,多是以知识移民和技术移民构成的,其范围包括王权核心的史部、藏部及各个生产领域。大陆文化和大陆移民,对日本社会的进步,其伟大功迹,永载史册。

六世纪时,地方豪族势力日益增强,其中苏我氏、物部氏、大伴氏、中臣氏等,成为左右大和王朝的势力。诸氏为了扩大势力,掌控朝廷,彼此间不断发生矛盾和斗争。这种矛盾和斗争,以苏我氏和物部氏围绕崇佛论争最为典型。佛教于六世纪前叶传入日本。对于传入的新宗教,无论是苏我氏,抑或是物部氏,从本质上并无崇敬和排斥的矛盾,但是对佛教的尊否,与苏我、物部两氏的政治上的斗争相结合,骤然形成了崇佛和排佛的斗争。斗争一直延续至物部氏被苏我氏势力灭亡为止。崇佛和排佛的斗争,实质上不在佛,而在于权。

六世纪末,推古女皇在苏我氏扶植下即位,开始了推古朝时代,建立了推古女王、圣德太子、苏我马子的"三驾马车"统治的政治模式。推古朝王

---

① 日本史学界将中国史籍中的倭五王,与《日本书纪》中早期天皇纪作了比较研究,一般认为赞、珍、济、兴、武五王,就是《日本书纪》中的仁德、反正、允恭、安康、雄略五王。

积极吸收大陆文化，在加强经济和政权建设的同时，特别重视思想、文化方面的建设，推行了诸多新政。主要新政包括：（1）制订"冠位十二阶"制；（2）制定并实施的《宪法十七条》；（3）弘扬佛法；（4）编纂史书，突出大王权威。这些新政都受到了中国文化的深刻的影响。"冠位十二阶"制的阶位名目，贯穿着儒家学说的德治思想。《宪法十七条》体现了圣贤治世、君权神授、"忠于君"、"仁于民"、礼法并用的法治思想、"人恶能教"的善恶观等等。

推古朝及其后的王权，虽不断地强化自身的权威性，但却摆脱不了豪族势力的支持和控制。苏我氏的强势发展，与朝廷内部强化君权的要求之间的矛盾，至七世纪中叶骤然爆发，发生了"乙巳宫廷政变"（又称"大化改新"）。以中大兄皇子、中臣镰足为首的主张学习唐代政治制度，改革日本现有政治制度的政治集团，打倒了专擅朝权的苏我虾夷、苏我入鹿家族集团，开始建设皇权至上的中央集权统治。虽然，学术界对大化改新存在许多不同观点，但是，大化以后的日本社会的深刻变化则是客观事实。大化年间的改革，涉及范围广，但最重要的是以下四方面，即（1）废除世袭氏姓贵族制度，确立中央集权的官僚政治体制；（2）废除贵族私有土地制度和部民制，将土地、部民全部收归国有，成为公地、公民；（3）施行班田收授法；（4）统一租税，实行租庸调制。

第一节　地域国家的出现

一、小国群立

乐浪①海中有倭人，分为百余国，以岁时来献见云。

（《汉书》卷28《地理志》，第1658页）

倭，在韩东南大海中，依山岛为居，凡百余国。自武帝灭朝鲜，使驿通

---

① 郡名，汉武帝元封三年（前108）置。治所在朝鲜（今朝鲜平安南道、黄海南北道、江原道、咸镜南道等地）。

于汉者三十许国。国皆称王，世世传统。

建武中元二年，倭奴国奉贡朝贺，使人自称大夫，倭国之极南界也。光武赐以印绶。安帝永初元年，倭国王帅升等献生口百六十人，愿请见。

（《后汉书》卷85《东夷传·倭传》，第2820页）

二、地域国家邪马台国①

1. 邪马台国所属诸小国及其官职

倭人在带方②东南大海之中，依山岛为国邑。（略）从郡至倭，循海岸水行，历韩国，乍南乍东，到其北岸狗邪韩国，七千余里，始渡一海；千余里至对马国。其大官曰卑狗，副曰卑奴母离。所居绝岛，方可四百余里；土地山险，多深林，道路如禽鹿径。有千余户，无良田，食海物自活，乘船南北市籴。又南渡一海千余里，名曰瀚海，至一大国，官亦曰卑狗，副曰卑奴母离。方可三百里，多竹木丛林，有三千许家，差有田地，耕田犹不足食，亦南北市籴。又渡一海，千余里。至末庐国，有四千余户，滨山海居，草木茂盛，行不见前人。好捕鱼鳆，水无深浅，皆沉没取之。东南陆行五百里，到伊都国，官曰尔支，副曰泄谟觚、柄渠觚。有千余户，世有王，皆统属女王国，郡使往来常所驻。东南至奴国百里，官曰兕马觚，副曰卑奴母离，有户二万余户。东行至不弥国百里，官曰多模，副曰卑奴母离，有千余家。南至投马国，水行二十日，官曰弥弥，副曰弥弥那利，可五万余户。南至邪马壹国③，女王之所都，水行十日，陆行一月。官有伊支马，次曰弥马升，次曰弥弥获支，次曰奴佳鞮，可七万余户。

（《三国志》卷30《魏书·倭人传》，第854页）

---

① 邪马台国是公元一世纪至三世纪时日本列岛上的一个地域国家。关于它的所在，有的认为在畿内，有的认为在九州岛北部。编者认为邪马台国在九州岛北部，但与此同时，在畿内也存在生产水平较高的地域国家。

② 西汉武帝时灭卫氏朝鲜，置乐浪、真番、临屯、玄菟四郡。东汉建安时，公孙康分乐浪郡南部而建置。治所在今朝鲜凤山附近，范围包括黄海南道、北道一带。

③ 邪马壹国的"壹"，一般认为是"臺（台之繁体）"之误。

2．习俗

男子无大小皆黥面文身。自古以来，其使诣中国，皆称大夫。夏后少康之子封于会稽，断发文身，以避蛟龙之害。今倭水人好沉没捕鱼蛤，文身亦以厌大鱼水禽，后稍以为饰。诸国文身各异，或左或右，或大或小，尊卑有差。

其风俗不淫，男子皆露紒，以木绵招头。其衣横幅，但结束相连，略无缝。妇人被发屈紒，作衣如单被，穿其中央，贯头衣之。

倭地温暖，冬夏食生菜，皆徒跣。有屋室，父母兄弟卧息异处，以朱丹涂其身体，如中国用粉也。食饮用笾豆，手食。其死，有棺无椁，封土作冢。始死停丧十余日，当时不食肉，丧主哭泣，他人就歌舞饮酒。已葬，举家诣水中澡浴，以如练沐。

其行来渡海诣中国，恒使一人，不梳头，不去虮虱，衣服垢污，不食肉，不近妇人，如丧人，名之为持衰。若行者吉善，共顾其生口、财物；若有疾病，遭暴害，便欲杀之，谓其持衰不谨。

其俗举事行来，有所云为，辄灼骨而卜，以占吉凶，先告所卜，其辞如令龟法，视火坼占兆。

其会同坐起，父子男女无别，人性嗜酒。（略）其人寿考，或百年，或八九十年。（略）妇人不淫，不妒忌，不盗窃，少争讼。

（同上，第855～856页）

3．耕作、物产和物资交流

种禾稻，纻麻，蚕桑，缉绩，出细纻、缣绵。

出真珠、青玉。其山有丹，其木有柟、杼、豫樟、楺枥、投橿、乌号、枫香，其竹筱簳、桃支。有姜、橘、椒、蘘荷，不知以为滋味。有猕猴、黑雉。

国国有市，交易有无，使大倭监之。自女王国以北，特置一大率，检察诸国，诸国畏惮之。常治伊都国，于国中有如刺使。王遣使诣京都①、带方郡、诸韩国，及郡使②倭国，皆临津搜露，传送文书赐遗之物，诣女王，不得差错。

（《三国志》卷30《魏书·倭人传》，第855～856页）

4. 兵器

兵用矛、楯、木弓。木弓短下长上，竹箭或铁镞，或骨镞。

（同上，第855页）

5. 不成文法和社会等级

其犯法，轻者没其妻子，重者灭其门户及宗族。尊卑各有差序，足相臣服。收租赋。有邸阁。

见大人所敬，但搏手以当跪拜。

国大人皆四五妇，下户或二三妇。

下户与大人相逢道路，逡巡入草，传辞说事，或蹲或跪，两手据地，为之恭敬。对应声曰噫，比如然诺。

（同上，第855～856页）

6. 内政

其国本亦以男子为王，住七八十年，倭国乱，相攻伐历年，乃共立一女子为王，名曰卑弥呼，事鬼道，能惑众，年已长大，无夫婿，有男弟佐治国。自为王以来，少有见者。以婢千人自侍，唯有男子一人给饮食，传辞出入。居处宫室楼观，城栅严设，常有人持兵守卫。

---

① 洛阳。
② 郡使系指带方郡所遣使节。

（同上，第 856 页）

卑弥呼以死，大作冢，径百余步，徇葬者奴婢百余人。更立男王，国中不服，更相诛杀，当时杀千余人。复立卑弥呼宗女壹与①，年十三为王，国中遂定。

（同上，第 858 页）

7. 与魏国的交往

景初二年②六月，倭女王遣大夫难升米等诣郡，求诣天子朝献，太守刘夏遣吏将送诣京都。其年十二月，诏书报倭女王，曰："制诏亲魏倭王卑弥呼：带方大守刘夏遣使送汝大夫难升米、次使都市牛利，奉汝所献男生口四人，女生口六人，班布二匹二丈，以到。汝所在逾远，乃遣使贡献，是汝之忠孝，我甚哀汝。今以汝为亲魏倭王，假金印紫绶，装封付带方大守假授汝。其绥抚种人，勉为孝顺。汝来使难升米、牛利涉远，道路勤劳，今以难升米为率善中郎将，牛利为率善校尉，假银印青绶，引见劳赐遣还。今以绛地交龙锦五匹、绛地绉粟罽十张、蒨绛五十匹、绀青五十匹，答汝所献贡直。又特赐汝绀地句文锦三匹、细班华罽五张、白绢五十匹、金八两、五尺刀二口、铜镜百枚③、真珠、铅丹各五十斤，皆装封付难升米、牛利，还到录受。悉可以示汝国中人，使知国家哀汝，故郑重赐汝好物也。"

正始元年④，太守弓遵遣建忠校尉梯儁等，奉诏书、印绶诣倭国，拜假倭王，并赍诏，赐金、帛、锦罽、刀、镜、采物，倭王因使上表，答谢恩诏。

其四年，倭王复遣使大夫伊声耆、掖邪狗等八人，上献生口、倭锦、绛青缣、绵衣、帛布、丹木、弣、短弓矢。掖邪狗等壹拜率善中郎将印绶。其

① 《梁书》、《北史》皆记为"臺与"，为此有学者认为"壹与"系"臺与"之误。

② 景初，魏明帝曹叡的年号。景初二年即为 238 年。根据《梁书》和《日本书纪》等典籍所引《魏书》引文，皆记为"景初三年"，故学术界一般认为景初二年实为景初三年之误。

③ 1951 年，日本考古学者在近畿地方的遗迹中，发见了刻有"景初三年陈国作铭之保子宜孙"铭文铜镜，似是百枚中物。

④ "正始"是魏齐王芳时的年号。正始元年即为 240 年。

六年，诏赐倭难升米黄幢，付郡假授。

其（正始）八年，太守王颀到官。倭女王卑弥呼与狗奴国男王卑弥弓呼素不和，遣倭载斯、乌越等诣郡，说相攻击状。遣塞曹掾史张政等，因赍诏书、黄幢，拜假难升米，为檄告喻之。

卑弥呼宗女壹与，年十三为王，国中遂定。政等以檄告喻壹与，壹与遣倭大夫率善中郎将掖邪狗等二十人，送政等还，因诣台①，献上男女生口三十人，贡白珠五千孔，青大句珠二枚，异文杂锦二十匹。

（同上，第 857～858 页）

第二节 统一的大和国

一、倭五王时期倭国疆域的扩展

顺帝升明二年②，（倭王武）遣使上表曰："封国偏远，作藩于外，自昔祖祢，躬擐甲胄，跋涉山川，不遑宁处。东征毛人五十五国，西服众夷六十六国，渡平海北九十五国，王道融泰，廓土遐畿，累叶朝宗，不愆于岁。臣虽下愚，忝胤先绪，驱率所统，归崇天极，道径百济，装治船舫，而句丽无道，图欲见吞，掠抄边隶，虔刘不已，每致稽滞，以失良风。虽曰进路，或通或不。臣亡考济，实忿寇雠，壅塞天路，控弦百万，义声感激，方欲大举，奄丧父兄，使垂成之功，不获一篑。居在谅闇，不动兵甲，是以偃息未捷。至今欲练甲治兵，申父兄之志，义士虎贲，文武效功，白刃交前，亦所不顾。若以帝德覆载，摧此强敌，克靖方难，无替前功。窃自假开府仪同三司，其余咸各假授，以劝忠节。

（《宋书》卷97《夷蛮传·倭国传》，第2395页）

---

① 此处的"台"，系指魏国的中央机关。
② 顺帝，南朝宋的皇帝。升明二年即为478年。

二、倭五王时期的内政

1. 古坟出土的剑和大刀的铭文①

埼玉县稻荷山铁剑金象嵌铭文：

〔正面〕辛亥年七月中记，乎获居臣，上祖名意富比垝，其儿多加利足尼，其儿名弖已加利获居，其儿名多加披次获居，其儿名多沙鬼获居，其儿名半弖比。

〔背面〕其儿名加差披余，其儿名乎获居臣，世世为杖刀人首，奉事来至今，获加多支卤大王寺，在斯鬼宫时，吾左治天下，令作此百练利刀，记吾奉事根原也。

（《稻荷山古坟出土铁剑金象嵌铭概报》，第 12 页）

熊本县江田船山古坟出土银象嵌大刀铭文：

治天下获□□□卤大王世，奉事典曹人名无□（利）弖，八月中，用大铁釜并四尺廷刀，八十练□（九）十振三寸上好□（刊）刀。服此刀者长寿，子孙洋々，得□恩也。不失其所统，作刀者名伊太□（和），书者张安也。

（《江田船山古文出土国宝银象嵌铭大刀》，第 62 页）

2. 整顿氏姓

（允恭四年秋九月）戊申，诏曰：群卿百僚及诸国造等皆各言，或帝皇之裔，或异之天降。然三才显分以来，多历万岁，是以一氏蕃息更为万姓，难知其实。故诸氏姓人等，沐浴斋戒，各为明神探汤。则于味橿丘之辞祸户碑，坐探汤瓮，而引诸人令赴曰："得实则全，伪者必害"。于是，诸人各著木绵手襁，而赴釜探汤，则得实者自全，不得实者皆伤。是以，故诈者愕然之，豫退无进。自是之后，氏姓自定，更无诈人。

（《日本书纪》上，卷 13，第 439 页）

---

① 稻荷山铁剑于 1868 年发现，铭文共 115 字；江田船山大刀于 1873 年发见，铭文共 75 字。铭文中的"获加多支卤大王"、"获□□□卤大王"，应是同一位王。铭文中的"辛亥年"，学界普遍推定是 471 年，正是倭王武（雄略）时期。

3. 兴修水利

应神七年秋九月，高丽人、百济人、任那人、新罗人并来朝。时命武内宿祢领诸韩人等作池，因以名池号韩人池。

（同上，卷10，第367页）

应神十一年冬十月，作剑池、轻池、鹿垣池、厩坂池。

（同上，卷10，第369页）

（仁德）十一年夏四月戊寅朔甲午，诏群臣曰："今朕视是国者，郊泽旷远，而田圃少乏，且河水横逝，以流末不驶，聊逢霖雨，海潮逆上，而巷里乘船，道路亦泥。故群臣共视之，决横源而通海，塞逆流以全田宅。冬十月，掘宫北之郊原，引南水以入西海，因以号其水曰堀江。又将防北河之涝，以筑茨田提。

（同上，卷11，第393页）

（履中二年）十一月，作盘余池。

（同上，卷12，第425页）

（履中四年）冬十月，堀（掘）石上沟。

（同上，卷12，第427页）

4. 置部民、屯仓

此之御世①，定赐海部、山部、山守部、伊势部也，亦作剑池。

（《古事记》中卷，第248页）

应神五年秋八月庚寅朔壬寅，令诸国定海人及山守部。

（《日本书纪》上，卷10，第365页）

（仁德七年）秋八月己巳朔丁丑，为大兄去来穗别皇子定壬生部，亦为皇后定葛城部。

---

① "此之御世"系指应神大王时期。

（仁德）十三年秋九月，始立茨田屯仓，因定舂米部。

（仁德四十三年九月）是月，甫定鹰甘部，故时人号其养鹰之处，曰鹰甘邑也。

（同上，卷11，第393、395、411页）

（履中六年正月）辛亥，始建藏职，因定藏部。

（同上，卷12，第429页）

（允恭）二年春二月丙申朔己酉，立忍阪大中姬为皇后。是日，为皇后定刑部。

（同上，卷13，第435～437页）

（允恭十一年春三月）癸卯朔丙午，幸于茅渟宫。（略）科诸国造为衣通郎姬定藤原部。

（同上，卷13，第445～447页）

（雄略二年十月）是月，置史户、河上舍人部。

（同上，卷14，第465页）

（雄略七年，是岁）天皇诏大伴大连室屋，命东汉直掬，以新汉陶部高贵、鞍部坚贯、画部因斯罗我、锦部定安那锦、译语卯安那等，迁居于上桃原、下桃原、真神原三所。或本云，吉备臣弟君还自百济，献汉手人部、衣缝部、宍人部。

（同上，卷14，第447页）

雄略十七年春三月丁丑戊寅，诏土师连等，使进应盛朝夕御膳清器者。于是，土师连祖吾笥，仍进摄津国来狭狭村、山背国内村、俯见村；伊势国藤形村及丹波、但马、因幡私民部，名曰赞土师部。

（同上，卷14，第495页）

（雄略二十三年）八月庚午朔丙子，天皇疾弥盛，与百僚辞诀，并握手歔歃，崩于大殿。遗诏于大伴室屋大连与东汉掬直曰："方今区宇一家，烟火万里，百姓乂安，四夷宾服。（略）大连等民部广大，充盈于国。皇太子地居储君上嗣，仁孝著闻，以其行业，湛成朕志，以此共治天下，朕虽瞑目，何所复恨。一本云，星川王腹恶心麁，天下芳闻，不幸朕崩之后，当害皇太子，汝等民部甚多，努力相助，勿令侮慢。

（同上，卷14，第499~501页）

（清宁）二年春二月，天皇恨无子，乃遣大伴室屋大连于诸国，置白发部舍人、白发部膳夫、白发部靫负，冀垂遗迹，令观于后。

（同上，卷15，第505~507页）

（安闲元年）冬十月庚戌朔甲子，天皇敕大伴大连金村曰："朕纳四妻，至今无嗣。万岁之后，朕名绝矣。大伴伯父，今作何计。每念于兹，忧虑何已。"大伴大连金村奏曰："亦臣所忧也。夫我国家之王天下者，不论有嗣无嗣，要须因物为名，请为皇后、次妃建立屯仓之地，使留后代，令显前迹。"诏曰："可矣，宜早安置。"大伴大连金村奏称："宜以小垦田屯仓与每国田部，给觇纱手缓；以樱井屯仓，一本云加觇茅渟山屯仓也。与每国田部，给赐香香有媛；以难波屯仓与每郡镢丁给觇宅缓，以示于后，式观乎昔。"诏曰："依奏施行。"

（《日本书纪》下，卷18，第51~53页）

（安闲二年）夏四月丁丑朔，置勾舍人部、勾靫部。五月，丙午朔甲寅，置筑紫穗波屯仓、镰屯仓、丰国滕碕屯仓、桑原屯仓、肝等屯仓、大拨屯仓、我鹿屯仓、火国春日部屯仓、播磨国越部屯仓、牛鹿屯仓、备后国后城屯仓、多祢屯仓、来履屯仓、叶稚屯仓、河音屯仓、婀娜国胆殖屯仓、胆年部屯仓、阿波国春日部屯仓、纪国经湍屯仓、河边屯仓、丹波国苏斯岐屯仓、近江国苇浦屯仓、尾张国间敷屯仓、入鹿屯仓、上毛野国绿野屯仓、骏河国稚贽屯仓。秋八月乙亥朔，诏置国国犬养部。九月甲辰朔丙午，诏樱井田部连、县犬养连、难波吉士等主掌屯仓之税。

（同上，卷18，第55~57页）

（钦明十六年）秋七月己卯朔壬午，遣苏我大臣稻目宿祢、穗积盘弓臣等，使于吉备五郡置白猪屯仓。

（钦明十七年）秋七月甲戌朔己卯，遣苏我大臣稻目宿祢等于备前儿岛郡，置屯仓，以葛城山田直瑞子为田令。

（（同上，卷19，第117页）

（钦明十七年）冬十月，遣苏我大臣稻目宿祢等于倭国高市郡，置韩人大身狭屯仓、言韩人者，百济也。高丽人小身狭屯仓，纪国置海部屯仓。一本云，以处处韩人为大身狭屯仓田部，高丽人为小身狭屯仓田部。是即以韩人、高丽人为田部，故因为屯仓之号也。

（同上，卷19，第117～119页）

（钦明）三十年春正月辛卯朔，诏曰："量置田部，其来尚矣。年甫十余，脱籍负课者众。宜遣胆津，胆津者，王辰尔之甥也。检定白猪田部丁籍。"

（钦明三十年）夏四月，胆津检阅白猪田部丁者，依诏定籍，果成田户。天皇嘉胆津定籍之功，赐姓为白猪史。

（同上，卷19，第127页）

（敏达三年）冬十月戊子朔丙申，遣苏我马子大臣于吉备国，增益白猪屯仓与田部，即以田部名籍，授于白猪史胆津。

（同上，卷20，第137页）

5. 建立财政收支机构

至于后盘余稚樱朝①，三韩贡献，奕世无绝，斋藏之旁更建内藏，分收官物。仍令阿知使主与百济博士王仁，记其出纳，始更定藏部。至于长谷朝仓朝②，（略）自此而后，诸国贡调年年盈溢，更立大藏，令苏我麻智宿祢检校三藏，斋藏、内藏、大藏。秦氏出纳其物，东西文氏勘录其簿。是以汉氏赐姓为内藏、大藏。今秦汉二氏为内藏、大藏主镒，藏部之缘也。

（《古语拾遗》，第35页）

---

① 履中朝。

② 雄略朝。

6. 国造制①及国造之乱

（继体）廿一年夏六月壬辰朔甲午，近江毛野臣率众六万，欲往任那，为复兴建新罗所破南加罗、喙己吞而合任那。于是，筑紫国造盘井，阴谋叛逆，犹予经年，恐事难成，恒伺间隙。新罗知是，密行货赂于盘井所，而劝防遏毛野臣军。于是，盘井掩据火、丰二国，勿使修职，外邀海路，诱致高丽、百济、新罗、任那等国年贡职船，内遮遣任那毛野臣军，乱语扬言曰："今为使者，昔为吾伴，摩肩触肘，共器同食，安得率尔为使，俾余自伏尔前？"遂战而不受，骄而自矜。是以，毛野臣乃见防遏，中途淹滞。天皇诏大伴大连金村、物部大连麁鹿火、许势大臣男人等曰："筑紫盘井反掩，有西戎之地，今谁可将者？"大伴大连等佥曰："正直仁勇通于兵事，今无出于麁鹿火右。"天皇曰："可"。

（继体）廿二年冬十一月甲寅朔甲子，大将军物部大连麁鹿火，亲与贼帅盘井交战于筑紫御井郡，旗鼓相望，埃尘相接，决机两阵之间，不避万死之地，遂斩盘井，果定疆场。

（《日本书纪》下，卷18，第35、37页）

（安闲元年闰十二月，是月）武藏国造笠原直使主与同族小杵，相争国造，使主、小杵皆名也。经年难决也。小杵性阻有逆，心高无顺，密就求援于上毛野君小熊而谋杀使主。使主觉之，走出，诣京言状。朝廷临断，以使主为国造，而诛小杵。国造使主悚喜交怀，不能默已，谨为国家，奉置横渟、橘花、多冰、仓樔四处屯仓。

---

① 国造是五、六世纪时的地方行政首长，与后来的国司近似。任国造者大多是地方豪族。经学者研究，日本各地设置的国造整理如下：（1）畿内地方：倭国造、葛城国造、山代国造、凡川内国造、斗鸡国造；（2）东海道地方：尾张国造、远江国造、甲斐国造、相武国造、无邪志国造、知知夫国造、长狭国造、马来田国造、伊自牟国造、上菟上国造、下菟上国造、常道仲国造、茨城国造；（3）东山道地方：近淡海国造、近淡海之安国造、三野国造、三野本巢国造、牟义都国造、科野国造、东国造、那须国造、道奥石城国造、道尻岐闭国造；（4）北陆道地方：越国造；（5）山阴道地方：因幡国造、伯耆国造、多迟摩国造、出云国造、意伎国造；（6）山阳道地方：播磨国造、吉备国造、周芳国造；（7）南海道地方：木（纪）国造、赞歧国造、伊予国造；（8）西海道地方：筑紫国造、丰国造、菟狭国造、火国造、火苇北国造、日向国造。

（同上，卷18，第55页）

7. 引进大陆文化、技术和人才

此之御世，定赐海部、山部、山守部、伊势部，又作剑池。又有新罗人渡来，是以建内宿祢命引率，役之筑堤池，而作百济池。百济国主照古王①，以牡马一匹，牝马一匹付阿知吉师以贡上。此阿吉师者，阿直史等之祖。又贡横刀及大镜。又科赐百济国："若有贤人者贡上"。故，受命贡上人，名和迩吉师，即以《论语》十卷，《千字文》一卷，共十一卷，付是人贡进，此和迩吉师者，文首等祖。同时，贡韩锻卓素、吴服西素二位巧匠。又秦造之祖、汉直之祖及知晓酿酒之人，名仁番，亦名须须许理等，也一同渡来也。故，是须须许理酿大御酒以献。

（《古事记》中卷《应神大王》，第248）

（应神）十四年春二月，百济王贡缝衣工女，曰真毛津，是今来目衣缝之始祖也。是岁，弓月君自百济来归。因以奏之曰："臣领己国之人夫百廿县而归化。然因新罗人之拒，皆留加罗国"。爰遣葛城袭津彦，而召弓月之人夫于加罗。然经三年，而袭津彦不来焉。

（《日本书纪》上，卷10，第371页）

（应神）十五年八月壬戌丁卯，百济王遣阿直岐贡良马二匹，即养于轻坂上厩，因以阿直歧令掌饲，故号其养马之处曰厩坂也。阿直歧亦能读经典，即太子菟道稚郎子师焉。于是，天皇问阿直岐曰："如胜汝博士亦有耶？"对曰："有王仁者，是秀也。"时遣上毛野君祖、荒田别、巫别于百济，仍征王仁也。其阿直岐者，阿直岐史之始祖也。

（同上，卷10，第371～373页）

（应神）十六年春二月，王仁来之，则太子菟道稚郎子师之。习诸典籍于王仁，莫不通达。所谓王仁者，是书首之始祖也。

（同上，卷10，第373页）

---

① "照古王"即是百济第六代近肖古王。

（应神）二十年秋九月，倭汉直祖①阿知使主，其子都加使主，并率己之党类十七县而来归焉。

（同上，卷10，第375页）

（应神）三十七年春二月戊午朔，遣阿知使主、都加使主于吴，令求缝工女。爰阿知使主等渡高丽国，欲达于吴。则至高丽，更不知道路，乞知道者于高丽。高丽王乃副久礼波、久礼志二人为导者，由是得通吴。吴王于是与工女兄媛、弟媛、吴织、穴织四妇女。

（应神）三十九年春二月，百济直支王，遣其妹新齐都媛以令仕。爰新齐都媛率七妇女而来归焉。

（同上，卷10，第379页）

（仁德）十二年秋七月辛未朔癸酉，高丽国贡铁盾、铁的。八月庚子朔己酉，飨高丽客于朝。是日，集群臣及百寮，令射高丽所献之铁盾的。诸人不得射通的，唯的臣祖盾人宿祢，射铁的而通焉。时高丽客等见之，畏其射之胜工，共起以拜朝。明日，美盾人宿祢，而赐名曰的户田宿祢。

（同上，卷11，第395页）

（雄略七年，是岁）天皇诏田狭臣子弟君与吉备海部直赤尾曰："汝宜往罚新罗。"于是，西汉才伎欢因知利在侧，乃进奏曰："巧于奴者多在韩国，可召而使。"天皇诏群臣曰："然则宜以欢因知利、副弟君等，取道于百济，并下敕书，令献巧者。"于是，弟君衔命率众，行到百济而入其国。（略）国神化为老女，忽然逢路，弟君就访国之远近。老女报言：复行一日而后可到。弟君自思路远，不阅而还。集聚百济所贡今来才伎于大岛中，讬称候风，淹留数月。（略）弟君之妇樟媛，国家情深，君臣义切，忠踰白日，节冠青松，恶斯谋叛，盗杀其夫，隐埋室内，乃与海部直赤尾将百济所献手末才伎在于大岛。天皇闻弟君不在，遣日鹰吉士坚盘固安钱，使共复命。遂即安置于倭国吾砺广津邑，而病死者众。于是，天皇诏大伴大连室屋，命东汉直掬，以新汉陶部高贵、鞍部坚贵、画部因斯罗我、锦部定安那锦、译语卯安那等，

---

① 汉直祖，系指汉人移居日本列岛的技术移民，大多集居在奈良盆地南部。

迁居于上桃原、下桃原、真神原三所。或本云：吉备臣弟君还自百济，献汉手人部、衣缝部、宍人部。

（同上，卷14，第477页）

（雄略）十四年春正月丙寅朔。戊寅，身狭村主青等共吴国使，将吴所献手末才伎、汉织、吴织及衣缝兄媛、弟媛等，泊于住吉津。是月，为吴客，道通矶齿津路，名吴坂。三月，命臣连迎吴使，即安置吴人于桧隈野，因名吴原。以衣缝兄媛奉大三轮神，以弟媛为汉衣缝部也。汉织、吴织衣缝是飞鸟衣缝部、伊势衣缝之先也。

（同上，卷14，第491页）

三、大和国的对外交往

1. 百济所造七支刀铭文

〔正面〕 泰和四年①四月十一日，丙午正阳，造百练□（铁）七支刀。□辟百兵，宜供供侯王□□□作。

〔背面〕 先世以来，未有此刃。百济王世子②，奇生圣音，故为倭王旨造，传不（示）□世。

（"石上神宫所藏七支刀铭"，引自《史料による日本の步み》古代编，第20页）

2. 与朝鲜半岛国家的对立和侵扰

百残③、新罗旧时属民，由来朝贡。而倭以辛卯年来，渡海破百残、□□新罗，以为臣民。以六年④丙申，王躬率水军，讨伐残国。军至窠南，攻取壹八城，（略）而残主困逼，献出男女生口一千人、细布千匹，归王自誓：从今以后，永为奴客。

---

① "泰和"即为中国东晋年号"太和"。"泰和四年"即为公元369年。

② 百济第十三代肖古王，346～375年在位。肖古王子贵须王，375～384年在位。

③ 本史料中的"百残"、"残国"皆指百济国。

④ 辛卯年即为公元391年。六年为公元396年。

（《好太王碑》① 碑文，引自《好太王 研究》，第 210～211 页）

九年己亥，百残违誓，与倭和通。王巡下平壤。而新罗遣使白王云：倭人满其国境，溃破城池，以奴客为民，归王请命。

（同上，第 214 页）

十年庚子，教遣步骑五万，住（往）救新罗。从男居城至新罗城，倭满其中。官军方至，倭贼退。自倭背急追至任那加罗从拔城，城即归服，安罗人戍兵。

十四年甲辰，而倭不轨，侵入带方界。（略）倭寇溃败，斩煞无数。

（同上，第 220 页）

3. 与中国南朝的交往

倭国，在高骊东南大海中，世修贡职。高祖永初二年，诏曰："倭赞万里修贡，远诚宜甄，可赐除授。"太祖元嘉二年，赞又遣司马曹达奉表献方物。

赞死，弟珍立，遣使贡献，自称使持节、都督倭、百济、新罗、任那、秦韩、慕韩六国诸军事、安东大将军、倭国王。表求除正。诏除安东将军、倭国王。珍又求除正倭隋等十三人平西、征虏、冠军、辅国将军号②。诏并听。

（元嘉）二十年，倭国王济遣使奉献，复以为安东将军、倭国王。二十八年，加使持节、都督倭、新罗、任那、加罗、秦韩、慕韩六国诸军事、安东将军如故，并除所上二十三人军、郡。

济死，世子兴遣使贡献。世祖大明六年，诏曰："倭王世子兴，奕世载忠，作藩外海，禀化宁境，恭修贡职，新嗣边业，宜授爵号，可安东将军、

① 好太王，又称广开土王。高句丽国王，374～412 年在位。《好太王碑》是记载好太王事迹的石碑，建于 414 年。碑高约 6 米，宽 2 米，方柱形，四面刻碑文，全文 1800 余字。石碑今尚存于辽宁省集安市。

② 平西、征虏、冠军、辅国为南朝将军号。

倭国王。"

兴死，弟武立，自称使持节、都督倭、百济、新罗、任那、加罗、秦韩、慕韩七国诸军事、安东大将军、倭国王。

顺帝升明二年[1]，（武）遣使上表。（略）诏除武使持节、都督倭、新罗、任那、加罗、秦韩、慕韩六国诸军事、安东大将军、倭王。

（《宋书》卷97《夷蛮传·倭国》，第2394～2396页）

四、佛教的传入及豪族苏我氏、物部氏间的争斗

日吉山药恒法师《法华验记》云：延历寺僧禅岑记云，第廿七代继体天皇即位十六年壬寅，大唐汉人案部村主司马达止，此年春二月入朝，即结草堂于大和国高市郡坂田原，安置本尊，皈依礼拜。举世皆云，是大唐神之。

（《扶桑略纪》第三钦明天皇条，第29页）

志癸岛天皇御世，戊午年[2]十月十二日，百济国主明王[3]，始奉度佛像经教并僧等。敕授苏我稻目宿祢大臣，令兴隆也。

（《上宫圣德法王帝说》，载《宁乐遗文》下卷文学编，第873页）

大倭国佛法，创自斯归岛宫[4]治天下、天国案春岐广庭天皇御世，苏我大臣稻目宿祢仕奉时，治天下七年岁次戊午十二月度来。百济国圣明王时，太子像并灌佛之器一具及说佛起书卷一箧，度而言：当闻，佛法既是世间无上之法，其国亦应修行也。

（《元兴寺伽兰缘起并流汇资财帐》，载《宁乐遗文》中卷，第383页）

（钦明十三年）冬十月，百济圣明王更名圣王。遣西部姬氏达率怒唎斯致契等，献释迦佛金铜像一躯，幡盖若干，经论若干卷。别表赞流通礼拜功德

---

① 顺帝，南朝宋皇帝。升明二年为478年。

② 戊午年，即538年。

③ 明王，百济国王圣明王。

④ 志癸天皇、斯归岛宫，皆指钦明大王。

云："是法于诸法中最为殊胜，难解难入，周公、孔子尚不能知。此法能生无量无边福德果报，乃至成办无上菩提，譬如人怀随意宝，逐所须用，尽依情。此妙法宝亦复然。祈愿依情无所乏。且夫远自天竺，爰泊三韩，依教奉持，无不尊敬。由是，百济王臣明，谨遣陪臣怒唎斯致契，奉传帝国，流通畿内，果佛所记，我法东流。"是日，天皇闻已，欢喜踊跃，诏使者云："朕从昔来，未曾得闻如是微妙之法。然朕不自决，乃历问群臣曰：西蕃献佛，相貌端严，全未曾有，可礼以不？"苏我大臣稻目宿祢奏曰："西蕃诸国一皆礼之，丰秋日本岂独背也。"物部大连尾舆、中臣连镰子同奏曰："我国家之王天下者，恒以天地社稷百八十神，春夏秋冬祭拜为事，方今改拜蕃神，恐致国神之怒。"天皇曰："宜付情愿人稻目宿祢试令礼拜。"大臣跪受而忻悦，安置小垦田家，勤修出世业为因，净舍向原家为寺。于后，国行疫气，民致夭残，久而愈多，不能治疗。物部大连尾舆、中臣连镰子同奏曰："昔日不须臣计，致斯病死，今不远而复，必当有庆，宜早投弃，勤修后福。"天皇曰："依奏。"有司乃以佛像流弃难波堀江，复纵火于伽蓝，烧烬更无余。

（《日本书纪》下，卷 19，第 101~103 页）

（用明）二年夏四月乙巳朔丙午，御新尝于盘余河上。是日，天皇得病，还入于宫，群臣侍焉。天皇诏群臣曰："朕思欲归三宝，卿等议之。"群臣入朝而议。物部守屋大连与中臣胜海连违诏议曰："何背国神，敬他神也？由来不识若斯事矣。"苏我马子宿祢大臣曰："可随诏而奉助，讵生异计。"于是，皇弟皇子皇弟皇子者，穴穗部皇子，即天皇庶弟。引丰国法师入于内里。物部守屋大连邪睨大怒。（略）天皇之疮转盛，将欲终时，鞍部多须奈司马达等子也。进而奏曰："臣奉为天皇，出家修道。"又奉造丈六佛像及寺，天皇为之悲恸。今南渊坂田寺木丈六佛像、挟侍菩萨是也。

（同上，卷 21，第 159~161 页）

（崇峻即位前纪）秋七月，苏我马子宿祢大臣，劝诸皇子与群臣，谋灭物部守屋大连。泊濑部皇子、竹田皇子、厩户皇子、难波皇子、春日皇子、苏我马子宿祢大臣、纪男麻吕宿祢、巨势臣比良夫、膳臣贺拕夫、葛城臣乌那罗，俱率军旅进讨大连。（略）是时，厩户皇子束发于额，古俗年少儿，年十五六间，束发于额，十七八间，分为角子，今亦然之。而随军后，自忖度曰："将无见败，非愿难成"，乃斫取白胶木，疾作四天王像，置于顶发而发誓言："今若使我胜敌，必当奉为护世四王，起立寺塔。"苏我马子大臣又发誓言："凡诸天王、大神王等，助卫于我，使获利益，愿当奉为诸天与大神王，起立寺塔，流通三宝。"（略）由是，大连之军忽然自败。（略）平乱之后，于摄津国造四天王寺，分大连奴半与宅为大寺奴、田庄，（略）苏我大臣亦依本愿，于飞鸟地起法兴寺。

（同上，卷21，第163～165页）

第三节　推古王朝新政

一、崇峻大王被杀与推古女王继位

（崇峻）五年冬十月癸酉朔丙子，有献山猪。天皇指猪，诏曰："何时如断此猪之颈，断朕所嫌之人。"多设兵杖，有异于常。壬午，苏我马子宿祢闻天皇所诏，恐嫌于己，招聚傥者，谋杀天皇。（略）十一月癸卯朔乙巳，马子宿祢诈于群臣曰："今日进东国之调。"乃使东汉直驹弑于天皇。或本云，东汉直驹，东汉直盘井子也。是日，葬天皇于仓梯冈陵。或本云，大伴嫔小手子恨宠之衰，使人于苏我马子宿祢曰：顷者有献山猪，天皇指猪而诏曰：如断猪颈，何时断朕思人。且于内里大作兵杖。于是，马子宿祢听而惊之。

（同上，卷21，第171页）

当于泊濑部天皇①五年十一月，天皇为大臣马子宿祢见杀，嗣位既空，群臣请渟中仓太珠敷天皇②之皇后额田部皇女，以将令践祚。皇后辞让之，百寮上表劝进至于三，乃从之。因以奉天皇之玺印。冬十二月壬申朔己卯，皇后即天皇③位于丰浦宫。

（同上，卷22，第173页）

---

① 泊濑部天皇，即崇峻大王。
② 渟中仓太珠敷天皇，即敏达大王。
③ 即推古女王。

二、圣德太子与苏我马子共同辅政

（推古元年）夏四月庚午朔己卯，立厩户丰聪耳皇子为皇太子，仍录摄政，以万机悉委焉。橘丰日天皇①第二子也，母皇后曰穴穗部间人皇女。皇后怀姙开胎之日，巡行禁中，监察诸司，至于马官，乃当厩户而不劳忽产之。生而能言，有圣智。及壮，一闻十人诉，以勿失能辨，兼知未然，且习内教②于高丽僧惠慈，学外典③于博士觉哿，并悉达矣。父天皇爱之，令居宫南上殿，故称其名，谓上宫厩户丰聪耳太子。

（同上，卷22，第173～175页）

少治田宫御宇天皇之世，上宫厩户丰聪耳命、岛大臣④共辅天下政，而兴隆三宝，起元兴、四天皇（王）等寺，制爵十二级：大德、少德、大仁、少仁、大礼、少礼、大信、少信、大义、少义、大智、少智。

（《上宫圣德法王帝说》，载《宁乐遗文》下卷《文学编》，第870页）

三、推古朝新政

1. 推崇佛教

（推古）元年春正月壬寅朔丙辰，以佛舍利置于法兴寺刹柱中。

（《日本书纪》下，卷22，第173页）

（推古）二年春二月丙寅朔，诏皇太子及大臣，令兴隆三宝。是时，诸臣连等各为君亲之恩，竞造佛舍，即是谓寺焉。

（推古三年）五月戊午朔丁卯，高丽僧慧慈归化，则皇太子师之。是岁，百济僧慧聪来之。此两僧弘演佛教，并为三宝之栋梁。

---

① 即用明大王。
② 内教，系指佛教。
③ 外典，佛典以外的典籍，包括儒学经典等。
④ 大臣，苏我氏。

（推古）四年冬十一月，法兴寺造竟，则以大臣男善德臣拜寺司。是日，慧慈、慧聪二僧，始住于法兴寺。

（同上，卷22，第175页）

（推古十一年）十一月己亥朔，皇太子谓诸大夫曰："我有尊佛像，谁得是像以恭拜？"时秦造河胜进曰："臣拜之。"便受佛像，因以造蜂冈寺。

（同上，卷22，第181页）

（推古）十三年夏四月辛酉朔，天皇诏皇太子、大臣及诸王、诸臣，共同发愿，以始造铜、绣丈六佛像各一躯，乃命鞍作鸟为造佛之工。是时，高丽国大兴王闻日本国天皇造佛像，贡上黄金三百两。

（推古）十四年夏四月乙酉朔壬辰，铜、绣丈六佛像并造竟。是日也，丈六铜像坐于元兴寺金堂。时佛像高于金堂户，以不得纳堂。于是，诸工人等议曰，破堂户而纳之。然，鞍作鸟之秀工，不坏户得入堂。即日设斋。于是，会集人众，不可胜数。自是年初每寺四月八日、七月十五日设斋。

（同上，卷22，第187页）

（推古十四年）五月甲寅朔戊午，敕鞍作鸟曰："朕欲兴隆内典，方将建佛刹，肇求舍利，时汝祖父司马达等便献舍利。又于国无僧尼，于是汝父多须那，为橘丰日天皇出家，恭敬佛法。又汝姨岛女，初出家为诸尼导者，以修行释教。今朕为造丈六佛，以求好佛像，汝之所献佛本，则合朕心。又造佛像既讫，不得入堂，诸工人不能计，以将破堂户，然汝不破户而得入，此汝之功也。"即赐大仁位，因以给近江国坂田郡水田廿町焉。（鞍作）鸟以此田为天皇作金刚寺，是今谓南渊坂田尼寺。

（同上，卷22，第187～189页）

（推古十四年）秋七月，天皇请皇太子令讲《胜鬘经》，三日说竟之。是岁，皇太子亦讲《法华经》于冈本宫。天皇大喜之，播磨国水田百町施于皇太子，因以纳于斑鸠寺。

（同上，卷22，第189页）

御世天皇岁次丁卯①，小治田大宫御宇天皇并东宫上宫圣德法王，法隆学问寺并四天王寺、中宫尼寺、橘尼寺、蜂岳寺、池后尼寺、葛城尼寺，敬造仕奉。

金塭铜药师像壹具
右奉为池边大宫御宇天皇，小治田大宫御宇天皇并东宫上宫圣德法王
丁卯年敬造请坐者

金塭铜释伽像壹具
右奉为上宫圣德法王，癸未年三月，王后敬造而请坐者

合论疏玄章伝记，惣壹拾三部拾壹卷八部卅卷，人人坐奉者。
《法华经疏》三部各四卷。
《维摩经疏》壹部三卷。
《胜鬘经》壹卷
右上宫圣德法王御制者

（《法隆寺伽蓝缘起并流记资财帐》，载《宁乐遗文》中卷
《宗教、经济编》，第 344～346 页）

（推古）卅一年秋七月，新罗遣大使奈末智洗尔，任那遣达率奈末智并来朝，仍贡佛像一具及金塔并舍利，且大灌顶幡一具，小幡十二条，即佛像居于葛野秦寺，以余舍利、金塔、观顶幡等，皆纳于四天王寺。

（《日本书纪》下，卷22，第205页）

癸未年②三月中，如愿敬造释迦尊像并侠持及庄严，具竟。乘斯微福，信道知识③，现在安隐。出生入死，随奉三主，绍隆三宝，遂共彼岸。普遍六道，法界含识，得脱苦缘，同趣菩提。使司马鞍首止利佛师造。

（《法隆寺金堂释迦三尊造像记》，载《宁乐遗文》中卷
《文学编》，第962页）

---

① "御世天皇"，是为推古十五年。
② 癸未年，推古三十一。
③ "乘斯微福、信道知识"，系指信奉佛者。

2．建立冠位制

（推古十一年）十二月戊辰朔壬申，始行冠位：大德、小德、大仁、小仁、大礼、小礼、大信、小信、大义、小义、大智、小智并十二阶，并以当色絁缝之，顶撮总如囊而著缘焉。唯元日著髻花。十二年春正月戊戌朔，始赐冠位于诸臣，各有差。

（《日本书纪》下，卷22，第181页）

（推古十九年）夏五月五日，药猎于菟田野。取鸡鸣时，集于藤原池上。（略）是日，诸臣服色，皆随冠色，各著髻花，则大德、小德并用金；大仁、小仁用豹尾；大礼以下用鸟尾。

（同上，卷22，第195～197页）

3．制定宪法十七条①

（推古十二年）夏四月丙寅朔戊辰，皇太子亲肇作宪法十七条：

一曰，以和为贵，无忤为宗。人皆有党，亦少达者。是以，或不顺君父，乍违于邻里。然上和下睦，谐于论事，则事理自通，何事不成。

二曰，笃敬三宝。三宝者佛法僧也。则四生之终归，万国之极宗。何世何人，非贵是法。人鲜尤恶，能教从之。其不归三宝，何以直枉。

三曰，承诏必谨。君则天之，臣则地之，天覆地载，四时顺行，万气得通。地欲覆天，则致坏耳。是以，君言臣承，上行下靡。故承诏必慎，不谨自败。

四曰，群卿百寮，以礼为本。其治民之本，要在乎礼。上不礼而下非齐，下无礼以必有罪。是以，群臣有礼，位次不乱。百姓有礼，国家自治。

五曰，绝餮弃欲，明辨诉讼。其百姓之讼，一日千事。一日尚尔，况乎累岁。顷治讼者，得利为常，见贿听谳，便有财之讼，如石投水。乏者之诉，似水投石。是以，贫民则不知所由，臣道亦于焉阙。

六曰，惩恶劝善，古之良典。是以，无匿人善，见恶必匡。其谄诈者，则为覆国家之利器，为绝人民之锋剑。亦佞媚者，对上则好说下过，逢下则

---

① 这是日本历史上第一个具体提出建立中央集权统治的政治纲领。其中最为核心的思想是：圣贤治世与君权神授；君权至上；仁政；礼法并用的法治；性恶性善观等。全篇受到中国儒、佛及诸子思想的深刻影响。

诽谤上失。其如此人，皆无忠于君，无仁于民，是大乱之本也。

七曰，人各有任，掌宜不滥。其贤哲任官，颂音则起，奸者有官，祸乱则繁。世少生知，克念作圣。事无大小，得人必治，时无急缓，遇贤自宽。因此，国家永久，社稷勿危。故古圣王，为官以求人，为人不求官。

八曰，群卿百寮，早朝晏退。公事靡盬，终日难尽。是以，迟朝不逮于急，早退必事不尽。

九曰，信是义本，每事有信。其善恶成败，要在于信。群臣共信，何事不成。群臣无信，万事悉败。

十曰，绝忿弃瞋，不怒人违。人皆有心，心各有执。彼是则我非，我是则彼非。我必非圣，彼必非愚，共是凡夫耳。是非之理，讵能可定，相共贤愚，如镮无端。是以，彼人虽瞋，还恐我失。我独虽得，从众同举。

十一曰，明察功过，赏罚必当。日者赏不在功，罚不在罪。执事群卿，宜明赏罚。

十二曰，国司、国造，勿敛百姓。国非二君，民无两主。率土兆民，以王为主。所任官司，皆是王臣，何敢与公，赋敛百姓。

十三曰，诸任官者，同知职掌，或病或使，有阙于事，然得知之日，和如曾识，其以非与闻，勿防公务。

十四曰，群臣百寮，无有嫉妒。我既嫉人，人亦嫉我，嫉妒之患，不知其极。所以，智胜于己则不悦，才优于己则嫉妒。是以，五百之乃今遇贤，千载以难待一圣。其不得贤圣，何以治国。

十五曰，背公向私，是臣之道矣。凡人有私必有恨，有憾必非同，非同则以私妨公，憾起则违制害法。故，初章云：上下和谐，其亦是情欤。

十六曰，使民以时，古之良典。故，冬月有间（闲），以可使民。从春至秋，农桑之节，不可使民。其不农何食，不桑何服。

十七曰，夫事不可独断，必与众宜论。少事是轻，不可必众，唯逮论大事，若疑有失，故与众相辨，辞则得理。

（同上，卷22，第181～187页）

4. 编纂史籍

（推古廿八年）是岁，皇太子、岛大臣共议之，录天皇记及国记、臣连伴造国造百八十部并公民等本记。

（同上，卷22，第203页）

（皇极四年六月）己酉，苏我虾夷等临诛，悉烧天皇记、国记、珍宝。船史惠尺即疾取所烧国记而奉献中大兄。

（同上，卷24，第265页）

四、推古朝的对外关系

1. 与朝鲜半岛国家的关系

（推古五年）冬十一月癸酉朔甲午，遣吉士盘金于新罗。六年夏四月，难波吉士盘金至自新罗，而献鹊二只，乃俾养于难波社，因以巢枝而产之。秋八月己亥朔，新罗贡孔雀一只。

（推古）八年春二月，新罗与任那相攻，天皇欲救任那。是岁，命境部臣为大将军，以穗积臣为副将军，则将万余众，为任那击新罗。于是，直指新罗，以泛海往之，乃到于新罗，攻五城而拔。（略）时，将军共议曰："新罗知罪服之，强击不可"。则奏上，爰天皇更遣难波吉师神于新罗，复遣吉士木莲子于任那，并检校事状。爰新罗、任那二国遣使贡调。（略）则遣使召还将军。将军等至自新罗。即新罗亦侵任那。

（同上，卷22，第175、177页）

（推古）十年春二月己酉朔，来目皇子为击新罗将军，授诸神部及国造、伴造等并军众二万五千人。夏四月戊申朔，将军来目皇子到于筑紫，乃进屯岛郡而聚船舶运军粮。六月丁未朔己酉，大伴连啮、坂本臣糠手共至自百济。是时，来目皇子卧病以不果征讨。（略）十一年春二月癸酉朔丙子，来目皇子薨于筑紫。（略）夏四月壬申朔，更以来目皇子之兄当摩皇子为征新罗将军。秋七月辛丑朔癸卯，当摩皇子自难波发船。丙午，当摩皇子到播磨，时从妻舍人姬王薨于赤石，仍葬于赤石桧笠冈上。乃当摩皇子返之，遂不征讨。

（同上，卷22，第179~181页）

（推古十八年）冬十月己丑朔丙申，新罗、任那使人臻于京。是日，命额田部连比罗夫为迎新罗客庄马之长，以膳臣大伴为迎任那客庄马之长，即安置阿斗河边馆。丁酉，客等拜朝庭。于是，命秦河造河胜、土部连菟为新罗导者，以间人连盐盖、阿闭臣大笼为任那导者，共引以自南门入，立于庭中。时，大伴咋连、苏我丰浦虾夷臣、坂本糠手臣、阿倍鸟子臣，共自位起之，进伏于庭。于是，两国客等各再拜，以奏使旨。乃四大夫起进启于大臣。时，大臣自位起，立厅前而听焉。既而赐禄诸客，各有差。（略）辛亥，客等礼毕，以归焉。

（同上，卷22，第195页）

（推古一年）是岁，新罗伐任那，任那附新罗。于是，天皇将讨新罗。谋及大臣，询于群卿。田中臣对曰："不可急讨，先察状以知逆后击之不晚也，请试遣使睹其消息。"中臣连国曰："任那是元我内官家，今新罗人阀而有之，请戒戎旅征阀新罗，以取任那，附百济，宁非益有于新罗乎？"田中臣曰："不然，百济是多反复之国，道路之间尚诈之，凡彼所请皆非之。故，不可附百济，则不果征焉。"爰遣吉士盘金于新罗，遣吉士仓下于任那，令问任那之事。时，新罗国王，遣八大夫启新罗国事于盘金，且启任那国事于仓下。因以约曰："任那小国，天皇附庸，何新罗辄有之，随常定内官家，愿无烦矣。"则遣奈末智洗迟、副于吉士盘金。复以任那人达率奈末迟、副于吉士仓下，仍贡两国之调。然盘金等未及于还，即年，以大德境部臣雄摩侣、小德中臣连国为大将军，以小德河边臣祢受、小德物部依网连乙等、小德波多臣广庭、小德近江脚身臣饭盖、小德平群臣宇志、小德大伴连、小德大宅臣军为副将军，率数万众以征讨新罗。时，盘金等共会于津，将发船以候风波。于是，船师满海多至，两国使人望瞻愕然。乃还留焉。

（同上，卷22，第207页）

2. 与隋朝的关系

（隋）开皇二十年，倭王姓阿每，字多利思比孤，号阿辈鸡弥，[①] 遣使诣阙。上令所司访其风俗。使者言倭王以天为兄，以日为弟。天未明时出听政，跏趺坐，日出便停理务，云委我弟。高祖曰："此太无义理。"于是训令改之。王妻号鸡弥，后宫有女六七百人。名太子为利歌弥多弗利[②]。无城郭。内官有十二等：一曰大德，次小德，次大仁，次小仁，次大义，次小义，次大礼，

---

① 阿每，あめ的译音，意为"天"；多利思比孤，たりしひこ的译音，意为"足彦"，天皇的一般称号；阿辈鸡弥，あめきみ的译音，意为"天君"。

② 似是圣德太子。

次小礼，次大智，次小智，次大信，次小信。员无定数。有军尼①一百二十人，犹中国牧宰。八十户置一伊尼翼②，如今里长也。十伊尼翼属一军尼。其服饰，男子衣裙襦，其袖微小，履如屦形，漆其上，系之于脚。人庶多跣足。不得用金银为饰。故，时衣横幅，结束相连而无缝，头亦无冠，但垂发于两耳上。至隋，其王始制冠，以锦彩为之，以金银镂花为饰。

大业三年，其王多利思比孤遣使朝贡。使者曰："闻海西菩萨天子重兴佛法，故遣朝拜，兼沙门数十人来学佛法。"其国书曰："日出处天子致书日没处天子无恙"云云。帝览之不悦，谓鸿胪卿曰："蛮夷书有无理者，勿复以闻。"

（《隋书》卷81《东夷传·倭国传》，第1826、1827页）

（推古十五年）秋七月戊申朔庚戌，大礼小野臣妹子遣于大唐，以鞍作福利为通事。

（《日本书纪》下，卷22，第189页）

明年，上遣文林郎裴清③使于倭国。（略）既至彼都，其王与清相见，大悦，曰："我闻海西有大隋，礼义之国，故遣朝贡。我夷人，僻在海隅，不闻礼义，是以稽留境内，不即相见。今故清道饰馆，以待大使，冀闻大国惟新之化。"清答曰："皇帝德并二仪，泽流四海，以王慕化，故遣行人来此宣谕。"既而引清就馆。其后清遣人谓其王曰："朝命既达，请即戒涂。"于是设宴享以遣清，复令使者随清来贡方物。此后遂绝。

（《隋书》卷81《东夷传·倭国传》，第1827页）

（推古）十六年夏四月，小野妹子至自大唐。唐国号妹子臣曰苏因高。即大唐使人裴世清、下客十二人从妹子臣至于筑紫。遣难波吉士雄成召大唐客裴世清等。为唐客更造新馆于难波高丽馆之上。六月壬寅朔丙辰，客等泊于难波津。是日，以饰船卅艘，迎客于江口，安置新馆。于是，以中臣宫地连

---

① 军尼，くに的译音，是当时日本的地方行政长官国造的译称。

② 伊尼翼，いなぎ的译音，一般称"稻置"，是次于国造的地方官。

③ 裴清，全名为裴世清。因名字中的"世"，所以编纂者魏征为避免与当时唐太宗李世民的"世"相讳，故在所著的正史中将"世"字省略。

乌摩吕、大河内直糠手、船史王平为掌客。爰妹子臣奏之曰："臣参还之时，唐帝以书授臣，然经过百济之日，百济人探以掠取，是以不得上。"于是，群臣议之曰："夫使人虽死之，不失旨，是使矣何怠之，失大国之书哉？则坐流刑。"时，天皇敕之曰："妹子虽有失书之罪，辄不可罪。其大国客等闻之，亦不良。"乃赦之不坐也。

（《日本书纪》下，卷22，第189～191页）

（推古十六年）秋八月辛丑朔癸卯，唐客入京。是日，遣饰骑七十五匹而迎唐客于海石榴市术①。额田部连比罗夫，以告礼辞焉。壬子，召唐客于朝庭，令奏使旨。时，阿倍鸟臣、物部依网连抱二人为客之导者也。于是，大唐之国信物置于庭中。时，使主裴世清亲持书，两度再拜，言上使旨而立之。其书曰："皇帝问倭皇，使人长吏大礼苏因高等，至具怀。朕钦承宝命，临仰区宇，思弘德化，覃被含灵，爱育之情，无隔遐迩。知皇介居海表，抚宁民庶，境内安乐，风俗融和，深气至诚，远修朝贡，丹款之美，朕有嘉焉。稍暄，比如常也，故遣鸿胪寺掌客裴世清等，稍宣往意，并送物如别。"时，阿倍臣出进，以受其书而进行。大伴啮连迎出承书，置于大门前机上而奏之，事毕而退焉。是时，皇子、诸王、诸臣，悉以金髻花著头，亦衣服皆用锦紫绣织及五色绫罗。一云，服色皆用冠色。丙辰，飨唐客等于朝。九月辛未朔乙亥，飨客等于难波大郡。辛巳，唐客裴世清罢归，则复以小野妹子臣为大使，吉士雄成为小使，福利为通事，副于唐客而遣之。爰天皇聘唐帝，其辞曰："东天皇敬白西皇帝，使人鸿胪寺掌客裴世清等至，久忆方解。季秋薄冷，尊如何？想清念。此即如常。今遣大礼苏因高、大礼乎那利等往，谨白不具。"是时，遣于唐国学生倭汉直福因、奈罗译语惠明、高向汉人玄理、新汉人大圉、学问僧新汉人旻、南渊汉人请安、志贺汉人慧隐、新汉人广济等并八人也。

（同上，卷22，第189～193页）

（推古十七年）秋九月，小野臣妹子等，至自大唐，唯通事福利不来。

（推古廿二年）六月丁卯朔己卯，遣犬上君御田锹、矢田部造于大唐。

---

① 术，邑中之道路。或本有书"衢"的。

（推古）廿三年秋九月，犬上君御田锹、矢田部造至自于大唐。

（同上，卷11，第159、201页）

五、大陆人才和文化的吸收

（推古十年）冬十月，百济僧观勒来之，仍贡历本及天文地理书，并遁甲方术之书也。是时，选书生三四人，以俾学习于观勒矣。阳胡史祖玉陈习历法，大友村主高聪学天文遁甲，山背臣日立学方术，皆学以成业。

（推古）十八年春三月，高丽王贡上僧昙征、法定。昙征知五经，且能作五彩及纸墨，并造碾硙。盖造碾硙始于是时欤。

（同上，卷22，第179、195页）

（推古二十年）是岁，自百济国有化来者，（略）能构山岳之形，（略）仍令构须弥山形及吴桥于南庭。时人号其人曰："路子工，亦名芝耆摩吕。"又百济人味摩之归化，曰："学于吴，得伎乐儛"，则安置樱井而集少年，令习伎乐儛。于是，真野首弟子，新汉济文二人习之传其儛。

（同上，卷22，第197～199页）

（推古卅一年秋七月）是时，大唐学问者僧惠斋、惠光及医惠日、福因等，并从智洗尔等来之。于是，惠日等共奏闻曰："留于唐国学者，皆学以成业，应唤。且其大唐国者，法式备定之珍国也，常须达。"

（同上，卷22，第205～207页）

第二章 走向律令制国家

概 说

推古朝时期，虽然一再强调王权至上，树立朝廷的权威，但是忽略了从物质方面限制和削弱大氏姓豪族的权益。圣德太子、推古女皇死后，重又出现了大氏姓豪族苏我氏横行朝廷的局面。七世纪中叶，苏我虾夷、入鹿父子"自执国政"，言行暴戾，行事举止以天子自居。苏我虾夷、入鹿父子的行为，严重地威胁着天皇和王族的地位，引起了朝廷上下的忿恨。逐渐地在朝中出现了既反苏我氏专权，又主张学习唐朝先进制度，对朝政进行改革的政治集团。这一政治集团的核心人物，就是中大兄皇子和中臣镰足。

以中大兄皇子、中臣镰足为首的政治集团，于645年6月，利用"三韩进调"之日，策划了宫廷政变，刺杀了苏我入鹿。这一年是干支乙巳年，因此学界称此次政变为"乙巳政变"。

政变成功后的第三天，皇极女皇让位，其弟轻皇子继位，是为孝德天皇。以孝德天皇为首建立了新政权，并开始了对现有政治的维新变革。变革涉及政治、经济、礼制、习俗等多个方面，但以如下数方面尤为重要，即：（1）645年6月宣布"大化"年号，这是日本历史上施用年号之始；（2）为防官吏"懈怠不理，或阿党有曲"，设钟匮于朝；（3）646年元旦，宣布大化维新诏书：废除贵族私有土地制及部民制；废除世袭氏姓贵族制，建立中央集权政治体制；实行公田公民制和班田收授法；实行租庸调制，统一租税；（4）647年，推行新的十三阶冠位制（649年更改为十九阶冠位制）；（5）参照唐朝官制，设置八省百官。

大化改新是日本历史的一次重大转折。它以开放的姿态，吸收先进的唐文化 积极而主动地融入东亚社会。

655年，孝德天皇亡，皇极女皇重祚，新称齐明天皇。661年，齐明天皇死后，中大兄皇子继政，先称制，后继承皇位，是为天智天皇。天智主政期间，改新精神明显减弱，内外政策多有失误。其具体表现，一是对外介入朝鲜半岛的百济、新罗间的争端，出兵朝鲜，力图扶植百济，结果在白村江，日军遭唐、新罗联军击溃；二是国内政策倒退，宣布实行氏上制并允许氏上重新拥有私有部民，给氏上定"民部"、"家部"；三是在用人政策上，疏远大化维新功臣、皇弟大海人皇子，重用亲子大友皇子等，结果给672年的"壬申兵变"直接理下了祸根。

"壬申兵变"是大海人皇子与大友皇子叔侄间的较量。虽然是皇室内部之争，但事关大化维新事业能否继续的问题。大海人皇子与大友皇子经过两个月的战争，最终大海人皇子取胜。673年二月，大海人皇子在飞鸟地方的净御原宫即位，开始了天武天皇时代。

天武天皇执政以后，着力于推进大化维新中未竟的事业。彻底削弱大氏姓贵族的经济基础和政治实权；把中央和地方的权力全部集中在自己手中；废除天智天皇规定的氏上的"民部"、"家部"；为防止地方势力的发展，推行诸王诸臣转移封地的政策，让拥有东日本封地的贵族转移到西日本，反之，西部封地拥有者转移到东部；规定贵族的食封，只享受三十年；打破大氏姓贵族的氏姓制特权，"更改诸氏之族姓，作八色之姓，以混天下万姓"；更改爵位之号，增加位阶；重视法制建设，等等。

根据《旧唐书》、《新唐书》记载，自七世纪中叶以后，倭国"更号日本"。"日本"国号的使用，标志着倭国的国家体制向律令制国家的迈进。

第一节　大化改新

一、苏我氏的暴戾

（推古三十二年）冬十月癸卯朔，大臣①遣阿昙连、阿倍臣摩侣二臣，令奏于天皇曰："葛城县者，元臣之本居也，故因其县为姓名。是以冀之，常得其县，以欲为臣之封县。"于是，天皇诏曰："今朕则自苏何②出之，大臣亦

---

① 大臣，苏我马子。
② 苏何，推古女皇之母坚盐媛，与苏我马子是兄妹。

为朕舅也。故，大臣之言，夜言矣夜不明，日言矣不晚，何辞不用。然，今朕之世，顿失是县，后君曰：愚痴妇人，临天下以顿亡其县。岂独朕不贤耶，大臣亦不忠，是后叶之恶名，则不听。"

（《日本书纪》下，卷22，第211页）

（皇极）元年春正月丁巳朔辛未，皇后即天皇位，以苏我臣虾夷为大臣如故。大臣儿入鹿，更名鞍作。自执国政，威胜于父。

（皇极元年）是岁，苏我大臣虾夷立己祖庙于葛城高宫，而为八佾之儛。（略）又尽发举国之民，并百八十部曲，预造双墓于今来，一曰大陵，为大臣墓，一曰小陵，为入鹿臣墓，望死之后勿使劳人。更悉聚上宫乳部之民，役使茔垗所。于是，上宫大娘姬王，为愤而叹曰："苏我臣专擅国政，多行无礼，天无二日，国无二王，何由任意悉役封民。自兹结恨，遂取俱亡。"

（同上，卷24，第237、245页）

（皇极二年十月）壬子，苏我大臣虾夷缘病不朝，私授紫冠于子入鹿，拟大臣位。（略）戊午，苏我臣入鹿独谋，将废上宫王等①，而立古人大兄为天皇。（略）苏我臣入鹿深忌上宫，王等威名振于天下，独谟僭立。

（同上，卷24，第249～251页）

（皇极二年）十一月丙子朔，苏我臣入鹿遣小德巨势太臣、大仁土师娑婆连，掩山背大兄王等于斑鸠。（略）山背大兄仍取马骨投置内寝，遂率其妃并子弟等得间逃出，隐胆驹山。（略）巨势德太臣等烧斑鸠宫，灰中见骨，误谓王死，解围退去。由是，山背大兄王等，四五日间淹留于山，不得吃饭。三轮文屋君进而劝曰："请移向于深草屯仓，从兹乘马诣东国，以乳部为本，兴师还战，其胜必矣。"山背大兄王等对曰："如卿所导，其胜必然。但吾情冀，十年不役百姓，以一身之故，岂烦劳万民，又于后世，不欲民言由吾之故丧己父母，岂其战胜之后，方言丈夫哉？夫损身固国不亦丈夫者欤。"有人遥见上宫王等于山中，还导苏我臣入鹿，入鹿闻而大惧，速发军旅。（略）遣军将等求于胆驹，竟不能觅。于是，山背大兄王等自山还，入斑鸠寺。军将等即

---

① 上宫王等，是圣德太子的诸子，其中以山背大兄王颇有人望。

以兵围寺。于是，山背大兄王使三轮文屋君谓军将等曰："吾起兵伐入鹿者，其胜定之。然由一身之故，不欲残害百姓，是以吾之一身，赐于入鹿。"终与子弟、妃妾一时自经俱死也。于时，五色幡盖，种种伎乐，照灼于空，临垂于寺，众人仰观称叹，遂指示于入鹿。其幡盖等变为黑云。由是，入鹿不能得见。苏我大臣虾夷闻山背大兄王等，总被亡于入鹿而嗔骂曰："噫，入鹿极甚愚痴，专行暴恶，尔之身命，不亦殆乎。"

（同上，卷24，第251～253页）

（皇极三年）冬十一月，苏我大臣虾夷、儿入鹿臣，双起家于甘梼冈，呼大臣家曰上宫门，入鹿家曰谷宫门。呼男女曰王子。家外作城栅，门傍作兵库，每门置盛水舟一，木钩数十，以备火灾，恒使力人持兵守家。大臣使长直于大丹穗山造桙削寺。更起家于亩傍山东，穿池为城，起库储箭，恒将五十兵士，绕身出入，名健人，曰东方傧从者。氏氏人等入侍其门，名曰祖子孺者、汉直等，全侍二门。

（同上，卷24，第259～261页）

二、中大兄皇子与中臣镰足

（皇极）三年春正月乙亥朔，以中臣镰子连拜神祇伯，再三固辞不就，称疾退居三岛。（略）中臣镰子连为人忠正，有匡济心，乃愤苏我臣入鹿失君臣长幼之序，挟阙阚社稷之权，历试接于王宗之中，而求可立功名哲主，便附心于中大兄，疏然未获展其幽抱。偶预中大兄于法兴寺槻树之下打毬之侣，而候皮鞋随毬脱落，取置掌中，前跪恭奉。中大兄对跪敬执。自兹相善，俱述所怀，既无所匿。后恐他嫌频接，而俱手把黄卷，自学周孔之教于南渊先生所。遂于路上往还之间，并肩潜图，无不相协。于是，中臣镰子连议曰："谋大事者，不如有辅。请纳苏我仓山田麻吕①长女为妃，而成婚姻之昵。然后陈说，欲与计事。成功之路莫近于兹。"中大兄闻而大悦，曲从所议。中臣镰子连即自往媒要讫。

（同上，卷24，第253～255页）

---

① 苏我入鹿的从兄弟。

（皇极四年）六月丁酉朔甲辰，中大兄密谓仓山田麻吕臣曰："三韩进调之日，必将使卿读唱其表。"遂陈欲斩入鹿之谋，麻吕臣奉许焉。

（同上，卷24，第261~263页）

三、乙巳政变

（皇极四年六月）戊申，天皇御大极殿，古人大兄侍焉。中臣镰子连知苏我入鹿臣为人多疑，昼夜持剑，而教俳优，方便令解。入鹿臣咲而解剑，入侍于座。仓山田麻吕臣进而读唱三韩表文。于是，中大兄戒卫门府，一时俱镶十二道通门，勿使往来。召聚卫门府于一所，将给禄。时中大兄即自执长枪，隐于殿侧。中臣镰子连等持弓矢而为助卫。使海犬养连胜麻吕，授箱中两剑于佐伯连子麻吕与葛城稚犬养连网田曰："努力努力，急须应斩。"子麻吕等以水送饭，恐而反吐。中臣镰子连啧而使励。仓山田麻吕臣恐唱表文将尽，而子麻吕等不来，流汗浃身，乱声动手。鞍作臣怪而问曰："何故掉战？"① 山田麻吕对曰："恐近天皇，不觉流汗。"中大兄见子麻吕等畏入鹿威，便旋不进曰："咄嗟！"即共子麻吕等，出其不意，以剑伤割入鹿头肩，入鹿惊起。子麻吕运手挥剑，伤其一脚。入鹿转就御座，叩头曰："当居嗣位，天之子也。臣不知罪，乞垂审察。"天皇大惊，诏中大兄曰："不知所作，有何事耶？"中大兄伏地奏曰："鞍作尽灭天宗，将倾日位，岂以天孙代鞍作乎？"苏我臣更名鞍作。天皇即起入于殿中。佐伯连子麻吕、稚犬养连网田斩入鹿臣。是日，雨下潦水溢庭，以席障子覆鞍作尸。（略）中大兄即入法与寺，为城而备。凡诸皇子、诸王、诸卿、大夫、臣、连、伴造、国造，悉皆随侍。使人赐鞍作臣尸于大臣虾夷。于是，汉直等总聚眷属，擐甲持兵，将助大臣处设军阵。中大兄使将军巨势德陀臣，以天地开辟，君臣始有，说于贼党，令知所赴。于是，高向臣国押谓汉直等曰："吾等由君大郎②，应当被戮，大臣亦于今日明日立俟其诛决矣，然则为谁空战，尽被刑乎？"言毕解剑投弓，舍此而去。贼徒亦随散走。

（同上，卷24，第263~265页）

（皇极四年六月）已酉，苏我臣虾夷等临诛，悉烧天皇记、国记、珍宝。

---

① 《家传》："鞍作怪问曰：何故冰栗战？"
② 君大郎，据《传历》："苏我入鹿，时人称太郎也。"

船史惠尺即疾取所烧国记而奉献中大兄。是日，苏我臣虾夷及鞍作尸许葬于墓。

（同上，卷24，第265页）

四、大化新政权的建立

（皇极四年六月）庚戌，让位于轻皇子，立中大兄为皇太子。

（同上，卷24，第267页）

天丰财重日足姬天皇四年六月庚戌，天丰财重日足姬天皇[①]思欲传位于中大兄而诏曰云云。中大兄退语于中臣镰子连。中臣镰子连议曰：“古人大兄，殿下之兄也。轻皇子殿下之舅也。方今古人大兄在，而殿下陟天皇位，便违人弟恭逊之心。且立舅以答民望，不亦可乎。”于是，中大兄深嘉厥议，密以奏闻。天丰财重日足姬天皇授玺绶禅位，策曰：咨，尔轻皇子云云。（略）由是，轻皇子不得固辞，升坛即祚。（略）是日，奉号于丰财天皇曰皇祖母尊，以中大兄为皇太子，以阿倍内摩吕臣为左大臣，苏我仓山田石川麻吕臣为右大臣，以大锦冠授中臣镰子连为内臣，增封若干户，云云。中臣镰子连怀至忠之诚，据宰臣之势，处官司之上，故进退废置，计从事立，云云。以沙门旻法师、高向史玄理为国博士。

（同上，卷25，第269~271页）

乙卯，天皇、皇祖母尊、皇太子于大槻树之下，召集群臣盟曰：“告天神地祇曰，天覆地载，帝道唯一。而末代浇薄，君臣失序。皇天假手于我，诛殄暴逆，今共沥心血。而自今以后，君无二政，臣无弍朝，若弍此盟，天灾地妖，鬼诛人伐，皎如日月也。”改天丰财重日足姬天皇四年为大化元年。

（同上，卷25，第271页）

（大化元年七月）戊寅，天皇诏阿倍仓梯万侣大臣、苏我石川万侣大臣曰：“当遵上古圣王之迹而治天下，复当有信，可治天下。”

（同上，卷25，第273页）

---

① 天丰财重日足姬天皇，即皇极大王。

五、大化新政

1. 遣使问政

（1）任命东国国司

（大化元年）八月丙申朔庚子，拜东国等国司，仍诏国司等曰："随天神之所奉寄，方今始将修万国，凡国家所有公民，大小所领人众，汝等之任，皆作户籍及校田亩。其薗池水陆之利，与百姓俱。又国司等在国不得判罪，不得取他货赂，令致民于贫苦。上京之时，不得多从百姓于己。唯得使从国造、郡领。但以公事往来之时，得骑部内之马，得飡部内之饭。介以上奉法必须褒赏，违法当降爵位。判官以下，取他货赂，二倍征之，遂以轻重科罪。其长官从者九人，次官从者七人，主典从者五人，若违限外将者，主与所从之人，并当科罪。若有求名之人，元非国造、伴造、县稻置，而辄诈诉言，自我祖时领此官家，治是郡县，汝等国司不得随诈便牒于朝，审得实状而后可申。又于闲旷之所起造兵库，收聚国郡刀甲弓矢。边国近与虾夷接境处者，可尽数集其兵，而犹假授本主。其于倭国六县①被遣使者，宜造户籍并校田亩，谓检核垦田顷亩及民户口年纪。汝等国司，可明听退。"

（同上，卷25，第273~275页）

（2）遣使大寺院

（大化元年八月）癸卯，遣使于大寺，唤集僧尼而诏曰："于矶城岛宫御宇天皇②十三年中，百济明王奉传佛法于我大倭。是时，群臣俱不欲传，而苏我稻目宿祢独信其法。天皇乃诏稻目宿祢使奉其法。于译语田宫御宇天皇③之世，苏我马子宿祢追遵考父之风，犹重能仁之教，而余臣不信，此典几亡。天皇诏马子宿祢而使奉其法。于小垦田宫御宇天皇④之世，马子宿祢奉为天皇造丈六绣像、丈六铜像，显扬佛教，恭敬僧尼。朕更复思崇正教，光启大猷，故以沙门狛大法师、福亮、惠云、常安、灵云、惠至、寺主。僧旻、道登、惠

---

① 倭国六县，皇室直辖领地。据《延喜式》新年祭祝词中六御县为高市、葛木、十市、志贵、山边、曾布。

② 矶城岛宫御宇天皇，即为钦明大王。

③ 译语田宫御宇天皇，即为敏达大王。

④ 小垦田宫御宇天皇。即为推古女皇。

邻、惠妙而为十师，别以惠妙法师为百济寺寺主。此十师等宜能教导众僧，修行释教，要使如法。凡自天皇至于伴造所造之寺，不能营者，朕皆助作。今拜寺司等与寺主，巡行诸寺，验僧尼、奴婢、田亩之实而尽显奏。即以来目臣、三轮色夫君、额田部连甥为法头。

（同上，卷25，第277页）

（3）遣使诸国治兵、治政

（大化元年）九月丙寅朔，遣使者于诸国，治兵。或本云，从六月至九月，遣使于四方国，集种种兵器。

（同上，卷25，第277页）

（大化元年九月）甲申，遣使者于诸国，录民元数。仍诏曰："自古以降，每天皇时，置标代民，垂名于后。其臣连等，国造、伴造各置己民，恣情驱使。又割国县山海、林野、池田以为己财，争战不已。或者兼并数万顷田，或者全无容针少地。进调赋时，其臣连、伴造等，先自收敛，然后分进。修治宫殿，筑造园陵，各率己民随事而作。《易》曰：损上益下，节以制度，不伤财，不害民。方今百姓犹乏，而有势者分割水陆以为私地，卖与百姓，年索其价。从今以后，不得卖地，勿妄作主，兼并劣弱。百姓大悦。

（同上，卷25，第279页）

2. 设钟匮，听取民意

（大化元年八月丙申朔庚子）是日，设钟匮于朝，而诏曰："若忧诉之人，有伴造者，其伴造先勘当而奏。有尊长者，其尊长者先勘当而奏。若其伴造、尊长不审所诉，收牒纳匮，以其罪罪之。其收牒者，昧旦执牒，奏于内里，朕题年月，便示群卿。或懈怠不理，或阿党有曲诉者，可以撞钟。由是，悬钟置匮于朝。天下之民，咸知朕意。"

（同上，卷25，第275页）

（大化二年）二月甲午朔戊申，天皇幸宫东门，使苏我右大臣诏曰："（略）朕闻，明哲之御民者，悬钟于阙而观百姓之忧，作屋于衢而听路行之谤。虽蒭荛之说，亲问为师。由是，朕前下诏曰：古之治天下，朝有进善之旌，诽谤之木，所以通治道，而来谏者也。皆所以广询于下也。管子曰：黄帝立明堂之议者，上观于贤也。尧有衢室之问者，下听于民也。舜有告善之旌，而主不蔽也。禹立建鼓于朝，而备讯望也。汤有总术之庭，以观民非也。武王有灵台之囿，而贤者进也。此故，圣帝明王所以有而勿失，得而勿亡也。所以悬钟设匦，拜收表人，使忧谏人纳表于匦。诏收表人，每旦奏请。朕得奏请，仍示群卿，便使勘当，庶无留滞。如群卿等或懈怠不懃，或阿党比周，朕复不肯听谏，忧诉之人，当可撞钟。诏已如此，既而有民明直心，怀国土之风，切谏陈疏，纳于设匦，故今显示集在黎民。其表称：缘奉国政到于京民，官留使于杂役云々。朕犹以之伤恻，民岂复思至此。然迁都未久，还似于宾。由是，不得不使而强役之。每念于斯，未尝安寝。朕观此表，嘉叹难休，故随所谏之言，罢处处之杂役。"

（同上，卷25，第283～285页）

3. 迁都难波

（大化元年）冬十二月乙未朔癸卯，天皇迁都难波长柄丰碕。老人等相谓之曰："自春至夏，鼠向难波，迁都之兆也。"

（同上，卷25，第279页）

4. 移风易俗

（大化二年三月）甲申。诏曰："朕闻，西土之君①戒其民曰，古之葬者因高为墓，不封不树，棺椁足以朽骨，衣衿足以朽宍而已。故，吾营此丘墟不食之地，欲使易代之后不知其所。无藏金银铜铁，一以瓦器，合古涂车、刍灵②之义，棺漆际会三过，饭含③无以珠玉，无施珠襦玉柙，诸愚俗所为也。又曰：夫葬者藏也，欲人之不得见也。乃者，我民贫绝，专由营墓。爰陈其制，尊卑使别。夫王以上之墓者，其内长九尺，阔五尺，其外域方九寻，高五寻，役一千人，七日使讫。其葬时帷帐等用白布，有轜车④。上臣之墓者。其内长阔及高，皆准于上，其外域方七寻，高三寻，役五百人，五日使讫。其葬时帷帐等用白布，担而行之。盖此以肩担舆而送之乎。下臣之墓者，其内长阔及高，皆准于上，其外域方五寻，高二寻半，役二百五十人，三日使讫。其葬时帷帐等用白布，

---

① 中国皇帝。

② 送葬的泥车、草人。

③ 死者口中含玉，称"饭含"。《后汉书·礼仪志》载："饭含珠玉如礼"。

④ "轜"为葬屋，"轜车"运载葬屋的车。

亦准于上。大仁、小仁之墓者，其内长九尺，高阔各四尺，不封使平，役一百人，一日使讫。大礼以下小智以上之墓者，皆准大仁，役五十人，一日使讫。凡王以下小智以上之墓者，宜用小石。其帷帐等宜用白布。庶民亡时，收埋于地，其帷帐等可用麁布，一日莫停。凡王以下及至庶民，不得营殡。凡自畿内及诸国等，宜定一所而使收埋，不得污秽散埋处处。凡人死亡之时，若经自殉，或绞人殉及强殉亡人之马，或为亡人藏宝于墓，或为亡人断发刺股而诔，如此旧俗，一皆悉断。或本云，无藏金银锦绫五彩。又曰，自诸臣及至于民，不得用金银。纵有违诏，犯所禁者必罪其族。（略）"

（同上，卷25，第293~295页）

5. 定男女之法

（大化元年八月庚子）男女之法者，良男良女共所生子配其父，若良男娶婢所生子配其母。若良女嫁奴所生子配其父，若两家奴婢所生子配其母。若寺家仕丁之子者，如良人法。若别入奴婢者，如奴婢法。今克见人为制之始。

（同上，卷25，第277页）

六、维新之诏

（大化）二年正月甲子朔，贺正礼毕，即宣改新之诏曰：

其一曰，罢昔在天皇等所立子代之民、处处屯仓，及别臣连、伴造、国造、村首所有部曲之民、处处田庄①。仍赐食封大夫以上，各有差。降以布帛赐官人、百姓有差。又曰，大夫所使治民也，能尽其治则民赖之。故，重其禄，所以为民也。

---

① 关于部民、屯仓事，大化二年三月二十日孝德天皇与中大兄有如下的对话和决定：皇太子使使奏请曰："昔在天皇等世，混齐天下而治，及逮于今。分离失业，谓国业也。属天皇我皇可牧万民之运，天人合应，厥政惟新。是故庆之尊之，顶戴伏奏。现为明神御八岛国天皇问于臣曰：'其群臣连及伴造，国造所有，昔在天皇日所置子代入部、皇子等私有御名入部、皇祖大兄御名入部。谓彦人大兄也。及其屯仓，犹如古代而置以不。'臣即恭承所诏，奉答而曰：'天无双日，国无二王。是故，兼并天下，可使万民，唯天皇耳。别以入部及所封民，简充仕丁，从前处分。自余以外，恐私驱役，故献入部五百廿四口、屯仓一百八十一所。'"

其二曰，初修京师，置畿内国司、郡司、关塞、斥候、防人、驿马、传马，及造铃契，定山河。凡京每坊置长一人，四坊置令一人，掌按检户口，督察奸非。其坊令取坊内明廉强直堪时务者充。里坊长并取里坊百姓清正强干者充。若当里坊无人，听于比里坊简用。凡畿内，东自名垦横河以来，南自纪伊兄山以来，西自赤石栉渊以来，北自近江狭狭波合坂山以来为畿内国。凡郡以四十里为大郡，三十里以下四里以上为中郡，三里为小郡。其郡司并取国造性识清廉，堪时务者为大领、少领。强干聪敏，工书算者为主政、主帐。凡给驿马、传马，皆依铃传符刻数。凡诸国及关，给铃契，并长官执，无次官执。

其三曰，初造户籍、计帐、班田收授之法。凡五十户为里，每里置长一人，掌按检户口、课殖农桑、禁察非违、催驱赋役。若山谷阻险，地远人稀之处，随便量置。凡田长卅步，广十二步为段，十段为町。段租稻二束二把，町租稻廿二束。

其四曰，罢旧赋役而行田之调。凡绢、絁、丝、绵，并随乡土所出。田一町绢一丈，四町成匹，长四丈，广二尺半。絁二丈，二町成匹，长广同绢。布四丈，长广同绢絁，一町成端。丝绵绚屯，诸处不见。别收户别之调，一户赀布一丈二尺。凡调副物盐赘，亦随乡土所出。凡官马者，中马每一百户输一匹，若细马每二百户输一匹。其买马直者，一户布一丈二尺。凡兵者，人身输刀甲弓矢幡鼓。凡仕丁者，改旧每卅户一人而每五十户一人，以一人充厮。以充诸司。以五十户充仕丁一人之粮，一户庸布一丈二尺、庸米五斗。凡采女者，贡郡少领以上姊妹及子女形容端正者，从丁一人。从女二人。以一百户充采女一人粮，庸布、庸米皆准仕丁。

（同上，卷25，第281～283页）

七、新设百官

（大化二年）秋八月庚申朔癸酉，诏曰："原夫天地阴阳，不使四时相乱，惟此天地生乎万物。万物之内，人是最灵，最灵之间，圣为人主。是以，圣主天皇则天御寓，思人获所，暂不废胸，而始王之名名，臣连、伴造、国造分其品部，别彼名名。复以其民品部交杂使居国县，遂使父子易姓，兄弟异宗，夫妇更互殊名，一家五分六割。由是，争竞之讼，盈国充朝，终不见治，相乱弥盛。粤以，始于今之御寓天皇，及臣连等所有品部，宜悉皆罢为国家民。其假借王名为伴造，其袭据祖名为臣连，斯等深不悟情。忽闻若是所宣，当思祖名所借名灭。由是，预宣使听，知朕所怀。王者之儿，相续御寓，信知时帝与祖皇名，不可见忘于世。而以王名，轻挂川野，呼名百姓，诚可畏焉。凡王者之号，将随日月远流。祖子之名，可共天地长往，如是思，故宣之。始于祖子，奉仕卿大夫、臣连、伴造、氏氏人等，或本云，名名王民。咸可听闻，今以汝等使仕状者，改去旧职，新设百官及著位阶，以官位叙。"

（同上，卷25，第299~301页）

（大化五年二月）是月，诏博士高向玄理与释僧旻，置八省百官。

（同上，卷25，第307页）

八、制定冠位等

（大化三年）是岁，制七色一十三阶之冠：一曰织冠，有大小二阶，以织为之，以绣裁冠之缘，服色并用深紫。二曰绣冠，有大小二阶，以绣为之，其冠之缘、服色并同织冠。三曰紫冠，有大小二阶，以紫为之，以织裁冠之缘，服色用浅紫。四曰锦冠，有大小二阶，其大锦冠，以大伯仙锦为之，以织裁冠之缘。其小锦冠，以小伯仙锦为之，以大伯仙锦裁冠之缘，服色并用真绯。五曰青冠，以青绢为之，有大小二阶，其大青冠，以大伯仙锦裁冠之缘，其小青冠，以小伯仙锦裁冠之缘，服色并用绀。六曰黑冠，有大小二阶，其大黑冠，以车形锦裁冠之缘，其小黑冠，以菱形锦裁冠之缘，服色并用绿。七曰建武，初位。又名立身。以黑绢为之，以绀裁冠之缘。别有镫冠，以黑绢为之，其冠之背张漆罗，以缘与钿异其高下，形似蝉。小锦冠以上之钿，杂金银为之，大小青冠之钿以银为之，大小黑冠之钿以铜为之。建武之冠无钿也。此冠者，大会、飨客、四月七月斋时所著焉。

（同上，卷25，第303~305页）

（大化五年）二月，制冠十九阶。一曰大织，二曰小织，三曰大绣，四曰小绣，五曰大紫，六曰小紫，七曰大花上，八曰大花下，九曰小花上，十曰小花下，十一曰大山上，十二曰大山下，十三曰小山上，十四曰小山下，十五曰大乙上，十六曰大乙下，十七曰小乙上，十八曰小乙下，十九曰立身。

（同上，卷25，第307页）

九、遣使唐朝

（白雉）四年夏五月辛亥朔壬戌，发遣大唐大使小山上吉士长丹，副使小乙上吉士驹，驹，更名丝。学问僧道严、道通、道光、惠施、觉胜、辨正、惠照、僧忍、知聪、道昭、定惠、定惠，内大臣之长子也。安达、安达，中臣渠每连之子。道观；道观，春日粟田臣百济之子。学生巨势臣药、药，丰足臣之子。冰连老人老人，真玉之子。或本，以学问僧知辨、义德，学生坂合部连盘积而增焉。并一百廿一人，俱乘一船。以室原首御田为送使。又大使大山下高田首根麻吕，更名八掬脛。副使小乙上扫守连小麻吕，学问僧道福、义向并一百廿人，俱乘一船。以土师连八手为送使。

（白雉四年）秋七月，被遣大唐使人高田根麻吕等，于萨麻之曲、竹岛之间，合船没死。唯有五人，系胸一板，流遇竹岛。不知所计，五人之中，门部金采竹为筏，泊于神岛。凡此五人，经六日六夜而全不食饭。于是，褒美金，进位给禄。

（同上，卷25，第319、321页）

（白雉五年）二月，遣大唐押使大锦上高向史玄理，或本云，夏五月，遣大唐押使大华下高向玄理。大使小锦下河边臣麻吕，副使大山下药师惠日，判官大乙上书直麻吕、宫首阿弥陀、或本云，判官小山下书直麻吕。小乙上岗君宜、置始连大伯、小乙下中臣间人连老、田边史鸟等，分乘二船，留连数月，取新罗道泊于莱州，遂到于京，奉觐天子。于是，东宫监门郭丈举悉问日本国之地里（理）及国初之神名，皆随问而答。押使高向玄理卒于大唐。伊吉博得言，学问僧惠妙于唐死。知聪于海死。智国于海死。智宗以庚寅年，付新罗船归。觉胜于唐死。义通于海死。定惠以乙丑年，付刘德高等船归。妙位、法谤、学生冰连老人、高黄金并十二人、别倭种韩智兴、赵元宝，今年共使人归。

（同上，卷25，第323页）

第二节　近江朝廷①的内政外交

一、白村江战役的失败与迁都近江

1. 白村江战役前的日本国情

（1）大兴土木

（齐明二年）是岁，于飞鸟冈本更定宫地。时高丽、百济、新罗并遣使进调，为张绀幕于此宫地而飨焉，遂起宫室，天皇乃迁，号曰后飞鸟冈本宫，于田身岭，冠以周垣。田身，山名，此云大务。复于岭上两槻树边起观，号为两槻宫，亦曰天宫。时好兴事，迺使水工穿渠，自香山西至石上山，以舟二百只载石上山石，顺流控引于宫东山，累石为垣。时人谤曰："狂心渠，损费功夫三万余矣，费损造垣功夫七万余矣。宫材烂矣，山椒埋矣。"又谤曰："作石山丘，随作自破。"又作吉野宫。

（齐明三年七月）辛丑，作须弥山像于飞鸟寺西，且设盂兰瓮会。

（齐明四年）十一月庚辰朔壬午，留守官苏我赤兄臣语有间皇子曰："天皇所治政事有三失矣。大起仓库积聚民财一也，长穿渠水损费公粮二也，于舟载石运积为丘三也。"有间皇子乃知赤兄之善已而欣然报答之曰："吾年始可用兵时矣。"

（同上，卷26，第331、335页）

（2）有间皇子之乱

（齐明四年十一月）甲申，有间皇子向赤兄家，登楼而谋，夹膝自断。于是，知相之不祥，俱盟而止，皇子归而宿之。是夜半，赤兄遣物部朴井连鲔，率造宫丁围有间皇子于市经家，便遣驿使奏天皇所。

---

① 白村江战役失败后，天智天皇害怕唐朝军进军日本，在九州岛及濑户内海沿岸建造不少军事性防御山城，同将都城迁至地处内陆的近江，故迁都近江时期的天智朝亦被称为近江朝。

（齐明四年十一月）戊子，捉有间皇子与守君大石、坂合部连药、盐屋连鲻鱼，送纪温汤，舍人新田部米麻吕从焉。于是，皇太子亲问有间皇子曰："何故谋反。"答曰："天与赤兄知，吾全不解。"庚寅，遣丹比小泽连国袭，绞有间皇子于藤白坂。是日，斩盐屋连鲻鱼、舍人新田部连米麻吕于藤白坂。盐屋连鲻鱼临诛，言："愿令右手作国宝器。"流守君大石于上毛野国，坂合部药于尾张国。或本云，有间皇子与苏我臣赤兄、盐屋连小戈、守君大石、坂合部连药，取短籍卜谋反之事。或本云，有间皇子曰："先燔宫室。以五百人，一日两夜，邀牟娄津疾以船师断淡路国，使如牢圄，其事易成。"或人谏曰："不可也。所计既然而无德矣，方今皇子年始十九，未及成人，可至成人而得其德。"他日，有间皇子与一判事，谋反之时，皇子案机之脚无故自断。其谟不止，遂被诛戮也。

（同上，卷26，第335～337页）

（3）扩展北疆

（齐明四年）夏四月，阿陪臣率船师一百八十艘伐虾夷。腭田、淳代二郡虾夷，望怖乞降。于是，勒军陈船于腭田浦。腭田虾夷恩荷进而誓曰："不为官军故持弓矢，但奴等性食肉故持。若为官军以储弓矢，腭田浦神知矣。将清白心仕官朝矣。"仍授恩荷以小乙上，定淳代、津轻二郡郡领。遂于有间滨，召聚渡岛虾夷等，大飨而归。

（齐明四年）秋七月辛巳朔甲申，虾夷二百余诣阙朝献，飨赐赡给，有加于常。仍授栅养虾夷二人位一阶，淳代郡大领沙尼具那小乙下，或所云，授位二阶，使检户口。少领宇婆左建武，勇健者二人位一阶。别赐沙尼具那等，鲭旗廿头、鼓二面、弓矢二具、铠二领。授津轻郡大领马武大乙上，少领青蒜小乙下，勇健者二人位一阶。别赐马武等鲭旗廿头、鼓二面、弓矢二具、铠二领。授都岐沙罗栅造阙名。位二阶，判官位一阶。授淳足栅造大伴君稻积小乙下。又诏淳代郡大领沙奈具那，检核虾夷户口与虏户口。

（同上，卷26，第331、333页）

（齐明四年）是岁，越国守阿部引田臣比罗夫，讨肃慎[①]，献生罴二，罴皮七十枚。

---

① 此处所载的肃慎，日本列岛北方的少数族，似是虾夷族的一种。

（齐明五年三月）是月，遣阿倍臣率船师一百八十艘，讨虾夷国。阿倍臣简集饱田、渟代二郡虾夷二百卅一人，其虏卅一人，津轻郡虾夷一百十二人，其虏四人，胆振鉏虾夷廿人于一所，而大飨赐禄。

（同上，卷26，第337页）

（齐明天皇六年）三月，遣阿倍臣，率船师二百艘伐肃慎国。阿倍臣以陆奥虾夷，令乘己船到大河侧。于是，渡岛虾夷一千余屯聚海畔，向河而营。营中二人进而急叫曰："肃慎船师多来，将杀我等之故，愿欲济河而仕官矣。"阿倍臣遣船唤至两个虾夷，问贼隐所与其船数。两个虾夷便指隐所曰："船廿余艘。"即遣使唤而不肯来。阿倍臣乃积彩帛、兵、铁等于海畔而令贪嗜。肃慎乃陈船师，系羽于木，举而为旗，齐棹近来，停于浅处。从一船里出二老翁，回行熟视所积彩帛等物，便换著单衫，各提布一端，乘船还去。俄而老翁更来，脱置换衫，并置提布，乘船而退。阿倍臣遣数船使唤，不肯来。复于弊赂辨岛，食顷乞和。遂不肯听，弊赂辨，度岛之别也。据己栅战。于时，能登臣马身龙为敌被杀，犹战未倦之间，贼破杀己妻子。

（同上，卷26，第343页）

2. 救援百济及白村江败战

（1）百济乞师求援

（齐明六年）九月己亥朔癸卯，百济遣达率、沙弥觉从等来奏曰：或本云，逃来告难。"今年七月，新罗恃力作势，不亲于邻，引构唐人，倾覆百济。君臣总俘，略无噍类。或本云，今年七月十日，大唐苏定方率船师，军于尾资之津，新罗王春秋智率兵马，军于怒受利之山，夹击百济，相战三日，陷我王城。同月十三日，始破王城、怒受利山，百济之东堺也。于是，西部恩率鬼室福信，赫然发愤，据任射岐山，或本云，北任叙利山。达率余自进据中部久麻怒利城，或本云，都々岐留山。各营一所诱聚散卒。兵尽前役，故以梏战，新罗军破，百济夺其兵。既而百济兵翻锐，唐不敢入。福信等遂鸠集同国，共保王城。国人尊曰佐平福信、佐平自进。唯福信起神武之权，兴既亡之国。"

（齐明六年）冬十月，百济佐平鬼室福信，遣佐平贵智等来献唐俘一百余人。今美浓国不破、片县二郡唐人等也。又乞师请救，并乞王子余丰璋①，曰：或本云，佐平贵智，达率正珍也。"唐人率我蝥贼，来荡摇我疆场，覆我社稷，俘我君臣。百济王义慈、其妻恩古、其子隆等。其臣佐平千福、国辨成、孙登等，凡五十余，秋七月十三日，为苏将军所捉，而送去于唐国。盖是无故持兵之征乎。而百济国遥赖天皇护念，更鸠集以成邦。方今谨愿，迎百济国遣侍天朝王子丰璋，将为国主"云云。诏曰："乞师请救，闻之古昔，扶危继绝，著自恒典。百济国穷来归我，以本邦丧乱，靡依靡告，枕戈尝胆。必存拯救，远来表启。志有难夺，可分命将军，百道俱前，云会雷动，俱集沙啄，翦其鲸鲵，纾彼倒悬。宜有司具为与之，以礼发遣"云云。送王子丰璋及妻子与其叔父忠胜等，其正发遣之时，见于七年。或本云，天皇立丰璋为王，立塞上为辅，而以礼发遣焉。

（同上，卷26，第345～347页）

（2）应百济之乞，驰援受挫

（齐明六年）十二月丁卯朔庚寅，天皇幸于难波宫。天皇方随福信所乞之意，思幸筑紫，将遣救军。而初幸斯备诸军器。是岁，欲为百济将伐新罗，乃敕骏河国造船，已讫。挽至绩麻郊②之时，其船夜中无故舻舳相反，众知终败。科野国言："蝇群向西飞踰巨坂，大十围许，高至苍天，或知救军败绩之怪。"

（齐明七年）春正月丁酉朔丙寅，御船西征，始就于海路。甲辰，御船到于大伯海。（略）庚戌，御船泊于伊豫熟田津石汤行宫。三月丙申朔庚申，御船还至于娜大津③，居于盘濑行宫，天皇改此名曰长津。夏四月。百济福信遣使上表，乞迎其王子纠解④。释道显《日本世记》曰：百济福信献书，祈其君纠解于东朝。或本云，四月，天皇迁居于朝仓宫。五月乙未朔癸卯，天皇迁居于朝仓橘广庭宫。是时，斩除朝仓社木而作此宫之故，神忿坏殿，亦见宫中鬼火。由是，大舍人及诸近侍病死者众。

（同上，卷26，第347～349页）

---

① 百济王义慈子，舒明三年（631年）以人质身份赴日。其名在《三国史记》、《新唐书》中记为"丰"，而《日本书纪》多记为"丰璋"，也有记为"余丰"的。"余"是百济王的姓。

② 今伊势市西北。

③ 娜大津，即博多港。

④ 百济王子丰璋。

（齐明七年）秋七月甲午朔丁巳，天皇崩于朝仓宫。

（齐明七年）八月甲子朔，皇太子奉徙天皇丧，还至磐濑宫。是夕，于朝仓山上有鬼，著大笠，临视丧仪，众皆嗟怪。冬十月癸亥朔己巳，天皇之丧归就于海。于是，皇太子泊于一所哀慕天皇。（略）乙酉，天皇之丧还泊难波。十一月壬辰朔戊戌，以天皇丧，殡于飞鸟川原。自此发哀至于九日。

（同上，卷 26，第 351 页）

（3）白村江战役
（齐明七年）七月丁巳，（齐明天皇）崩。皇太子素服称制。

（齐明七年七月是月）皇太子迁居于长津宫，稍听水表①之军政。八月，遣前将军大花下阿昙比逻夫连、小花下河边百枝臣等，后将军大花下阿倍引田比逻夫臣、大山上物部连熊、大山上守君大石等，救于百济，仍送兵杖、五谷。或本续此末云，别使大山下狭井连槟榔、小山下秦造田来津，守护百济。九月。皇太子御长津宫，以织冠授于百济王子丰璋，复以多臣蒋敷之妹妻之焉。乃遣大山下狭井连槟榔、小山下秦造田来津，率军五千余卫送于本乡。于是。丰璋入国之时，福信迎来，稽首奉国朝政，皆悉委焉。

（同上，卷 26，第 353 页）

（天智）元年春正月辛卯朔丁巳，赐百济佐平鬼室福信矢十万只、丝五百斤、绵一千斤、布一千端、韦一千张、稻种三千斛。三月庚寅朔癸巳，赐百济王布三百端。是月，唐人、新罗人阀高丽。高丽乞救国家，仍遣军将据疏留城。由是，唐人不得略其南堺，新罗不获输其西垒。

（天智元年）五月，大将军、大锦中阿昙比逻夫连等，率船师一百七十艘，送丰璋等于百济国。宣敕：以丰璋等使继其位。又予金策于福信，而抚其背，褒赐爵禄。于时，丰璋等与福信稽首受敕，众为流涕。

（同上，卷 27，第 355 页）

---

① 水表之军政，即海外的军政，意指朝鲜半岛的军事情况。

（天智元年）冬十二月丙戌朔，百济王丰璋，其臣佐平福信等与狭井连、朴市田来津议曰："此州柔①者，远隔田亩，土地硗埆、非农桑之地，是拒战之场。此焉久处，民可饥馑，今可迁于避城②。避城者，西北带以古连旦泾之水，东南据深泥巨堰之防，缭以周田，决渠降雨，华实之毛则三韩之上腴焉。衣食之源，则二仪③之隩区矣。虽曰地卑，岂不迁欤。"于是朴市田来津独进而谏曰："避城与敌所在之间，一夜可行，相近兹甚，若有不虞，其悔难及者矣。夫饥者后也，亡者先也。今敌所以不妄来者，州柔设置山险，尽为防御。山峻高而溪隘，守易而攻难之故也。若处卑地，何以固居而不摇动及今日乎。"遂不听谏而都避城。

（天智元年）是岁，为救百济，修缮兵甲，备具船舶，储设军粮。（略）二年春二月乙酉朔丙戌，百济遣达率金受等进调。新罗人烧燔百济南畔四州，并取安德等要地④。于是，避城去贼近，故势不能居，乃还居于州柔，如田来津之所计。

（天智二年）三月，遣前将军上毛野君稚子、间人连大盖、中将军巨势神前臣译语、三轮君根麻吕、后将军阿倍引田臣比逻夫、大宅臣镰柄，率二万七千人打新罗。

（同上，卷27，第357页）

（天智二年）六月。前将军上毛野君稚子等，取新罗沙鼻岐、奴江二城。百济王丰璋嫌福信有谋反心，以革穿掌而缚。时难自决，不知所为，乃问诸臣曰："福信之罪，既如此焉，可斩以不？"于是，达率德执得曰："此恶逆人，不合放舍。"福信即唾于执得曰："腐狗痴奴。"王勒健儿，斩而醢首。

（天智二年）秋八月壬午朔甲午，新罗以百济王斩己良将，谋直入国，先取州柔。于是，百济知贼所计，谓诸将曰："今闻，大日本国之救将庐原君

---

①　州柔，亦称疏留，百济地名。《旧唐书》、《新唐书》、《资治通鉴》中称周留。

②　位于州柔的南方。

③　系指天地。

④　百济四城，即为居列、居忽、沙平、德安。史料中的"安德"即是德安之误。

臣，率健儿万余，正当越海而至，愿诸将军等应预图之，我欲自往待飨白村。"① 戊戌，贼将至于州柔，绕其王城。大唐军将率战船一百七十艘，阵烈（列）于白村江。戊申，日本船师初至者，与大唐船师合战，日本不利而退。大唐坚阵而守。己酉，日本诸将与百济王，不观气象而相谓之曰："我等争先，彼应自退。"更率日本乱伍中军之卒，进打大唐坚阵之军。大唐便自左右夹船绕战。须臾之际，官军败绩，赴水溺死者众，舻舳不得回旋。朴市田来津仰天而誓，切齿而嗔，杀数十人，于焉战死。是时，百济王丰璋与数人乘船逃去高丽。九月辛亥朔丁巳，百济州柔城始降于唐。是时，国人相谓之曰："州柔降矣。"事无奈何，百济之名绝于今日。

（同上，卷27，第359页）

3. 白村江败战后的天智王朝

（1）收留百济遗臣、遗民

（天智三年）三月，以百济王善光王等居于难波。

（天智四年二月）是月，勘校百济国官位阶级，仍以佐平福信之功，授鬼室集斯②小锦下。其本位达率。复以百济百姓，男女四百馀人居于近江国神前郡。（略）给神前郡百济人田。

（天智五年，是冬）以百济男女二千余人居于东国。

（天智十年正月）是月，以大锦下授佐平余自信、沙宅绍明，法官大辅。以小锦下授鬼室集斯，学职头。以大山下授达率谷那晋首、闲兵法。木素贵子、闲兵法。忆礼福留、闲兵法。答𤋱春初、闲兵法。𤋱日比子、赞波罗、金罗、金须、解药。鬼室集信，解药。以上小山上授达率德顶上、解药。吉大尚、解药。许率母、明五经。角福牟，闲于阴阳。以小山下授余达率等五十余人也。

（同上，卷27，第361、363、365、377页）

---

① 白村江，中国方面的史书称为白村。《三国史记》记为伎伐浦。地处熊津江，即锦江河口附近。

② 鬼室集斯，百济国大臣佐平福信之子。

（2）与唐的关系

（天智三年）夏五月戊申朔甲子，百济镇将刘仁愿，遣朝散大夫郭务悰等进表函与献物。（略）冬十月乙亥朔，宣发遣郭务悰等敕。是日，中臣内臣①遣沙门智祥，赐物于郭务悰。戊寅，飨赐郭务悰等。（略）十二月甲戌朔乙酉，郭务悰等罢归。

（天智四年）九月庚午朔壬辰，唐国遣朝散大夫、沂州司马、上柱国刘德高等。等，谓右戎卫郎将上柱国、百济祢军、朝散大夫柱国郭务悰，凡二百五十四人。七月廿八日至于对马，九月廿日至于筑紫，廿二日进表函焉。（略）十一月己巳朔辛巳，飨赐刘德高等。十二月戊戌朔辛亥，赐物于刘德高等。是月，刘德高等罢归。是岁，遣小锦守君大石等于大唐云云。等，谓小山坂合部连石积、大乙吉士岐弥、吉士针间，盖送唐使人乎。

（同上，卷27，第361~365页）

（天智六年）十一月丁巳朔乙丑，百济镇将刘仁愿，遣熊津都督府熊山县令、上柱国司马法聪等，送大山下境部连石积等于筑紫都督府。己巳，司马法聪等罢归。以小山下伊吉连博德、大乙下笠臣诸石为送使。

（天智八年）是岁，遣小锦中河内直鲸等使于大唐。（略）又大唐遣郭务悰等二千余人。

（同上，卷27，第367、373页）

（天智十年）十一月甲午朔癸卯，对马国司遣使于筑紫大宰府言："月生②二日，沙门道久、筑紫君萨野马、韩岛胜娑婆、布师首盘四人从唐来曰：'唐国使人郭务悰等六百人，送使沙宅孙登等一千四百人，总合二千人，乘船卌七只，俱泊于比知岛。相谓之曰："今吾辈人船数众，忽然到彼，恐彼防人惊骇射战，乃遣道久等预稍披陈来朝之意。'"

（同上，卷27，第379页）

（3）筑山城，防备唐军进攻

———————

① 中臣内臣，即内大臣中臣镰足。
② 月生，即为朔日。

（天智三年）是岁，于对马岛、壹岐岛、筑紫国等，置防与烽。又于筑紫筑大堤贮水，名曰水城。

（天智四年）秋八月，遣达率答㶱春初，筑城于长门国。遣达率忆礼福留、达率四比福夫，于筑紫国，筑大野及椽二城。

（同上，卷27，第363页）

（天智六年十一月）是月，筑倭国高安城①、赞吉国山田郡屋岛城②、对马国金田城③。

（同上，卷27，第367页）

（天智八年）秋八月丁未朔己酉，天皇登高安岭，议欲修城。仍恤民疲，止而不作。时人感而叹曰："实乃仁爱之德，不亦宽乎"云々。

（天智八年）是冬，修高安城，收畿内之田税。

（天智九年二月）于时，天皇幸蒲生郡匿连野而观宫地。又修高安城积谷与盐。又筑长门城一、筑紫城二。

（同上，卷27，第371~375页）

（4）迁都近江与天智天皇即位

（天智六年）三月辛酉朔己卯，迁都于近江。是时，天下百姓不愿迁都，讽谏者多，童谣亦众。日日夜夜失火处多。

（天智）七年春正月丙戌朔戊子，皇太子即天皇位。或本云，六年岁次丁卯三月即位。壬辰，宴群臣于内里。

（同上，卷27，第367页）

---

① 高安城，在今奈良县生驹郡和大阪府八尾市境内。
② 屋岛城，在今香川县高松市屋岛，是扼制濑户内海的战略要地。
③ 金田城，对马上下两岛间面临浅茅湾的要地。

4. 智朝的内政

（天智）三年春二月己卯朔丁亥，天皇命大皇弟[1]，宣增换冠位阶名及氏上、民部、家部等事。其冠有廿六阶：大织、小织、大缝、小缝、大紫、小紫、大锦上、大锦中、大锦下、小锦上、小锦中、小锦下、大山上、大山中、大山下、小山上、小山中、小山下、大乙上、大乙中、大乙下、小乙上、小乙中、小乙下、大建、小建，是为廿六阶焉。改前花曰锦。从锦至乙加十阶。又加换前初位一阶为大建、小建二阶。以此为异，余并依前。其大氏之氏上赐大刀，小氏之氏上赐小刀，其伴造等之氏上赐干楯、弓矢。亦定其民部、家部。

（同上，卷27，第361页）

（天智九年春正月）戊子，宣朝庭之礼仪与行路之相避。复禁断诬妄、妖伪。二月，造户籍，断盗贼与浮浪。

（天智九年）是岁，造水碓而冶铁。

（天智十年春正月）癸卯，大锦上中臣金连命宣神事。是日，以大友皇子拜太政大臣，以苏我赤兄臣为左大臣，以中臣金连为右大臣，以苏我果安臣、巨势人臣、纪大人臣为御史大夫。御史，盖今之大纳言乎。

（同上，卷27，第375页）

5. 中臣镰足之死

（天智八年）冬十月丙午朔乙卯，天皇幸藤原内大臣家，亲问所患而忧悴极甚。乃诏曰："天道辅仁，何乃虚说，积善余庆，犹是无征。若有所须，便可以闻。"对曰："臣既不敏，当复何言。但其葬事，宜用轻易。生则无务于军国，死则何敢重难"云々。时贤闻而叹曰："此之一言，窃比于往哲之善言矣，大树将军[2]之辞赏，可同年而语哉。"

庚申，天皇遣东宫大皇弟于藤原内大臣家，授大织冠与大臣位，仍赐姓为藤原氏。自此以后，通曰"藤原内大臣"。

---

① 太皇弟，即大海人皇子，壬申之乱后的天武天皇。

② 《后汉书·冯异传》有如下记载："诸将并坐论身，异常独屏树下，故军中号曰'大树将军'"。

辛酉，藤原内大臣薨。《日本世记》曰：内大臣春秋五十，薨于私第，乃殡于山南。天何不淑，不憗遗耆，呜呼哀哉。碑曰：春秋五十有六而薨。甲子，天皇幸藤原内大臣家，命大锦上苏我赤兄臣奉宣恩诏。仍赐金香炉。

（同上，卷27，第337页）

先此帝[1]令大臣撰述礼仪，刊定律令[2]，通天人之性，作朝廷之训。大臣与时贤人，损益旧章，略为条例。一崇敬爱之道，同止奸邪之路，理慎折狱，德洽好生，至于周之三典、汉之九篇，无以加焉。即位二年冬十月，稍缠沈痾，遂至大渐。帝临私第，亲问所患，请命上帝，求效翌日，而誓愿无征，病患弥重，即诏曰："若有所思，便可以闻"。大臣对曰："臣既不敏，敢当何言，但其葬事，愿用轻易。生则无益于军国，死何有劳于百姓。"即卧复无言矣。帝哽咽，悲不自胜，实时还宫，遣东宫太皇弟就其家，诏曰："邈思前代，执政之臣，时时世世，非一二耳，而计劳挍能，不足比公，非但朕宠汝身而已，后嗣帝王实惠汝子孙，不忘不遗，广厚酬答。顷闻病重，朕意弥轸，作汝可得之任，仍授大职冠，以任内大臣，改姓为藤原朝臣"。十六日辛酉，薨于淡海之第，时年五十有六。上哭之甚恸。废朝九日。

（《（藤原）家传》上，载《宁乐遗文》下卷《文学编》，第879页）

二、壬申兵变

1. 天智天皇与兄弟大海人皇子

（天智）七年正月，即天皇位，是为天命开别天皇。朝廷无事，游览是好，人无菜色，家有余蓄，民咸称太平之代。帝召群臣，置酒滨楼，酒酣极欢。于是，太皇弟以长枪刺贯敷板。帝惊大怒，以将执害。大臣[3]固谏，帝即止之。太皇弟初忌大臣所遇之高。自兹以后，殊亲重之。后值壬申之乱，从芳野向东土，叹曰：若使大臣生存，吾岂至于此困哉。人之所思，略此类也。

（同上，第879页）

（天智十年）九月，天皇寝疾不豫。或本云，八月天皇疾病。

---

① 天智天皇。

② "刊定律令"的律令，一般称之谓"近江令"。

③ 大臣，即中臣镰足。

（天智十年十月）庚辰，天皇疾病弥留，敕唤东宫①引入卧内，诏曰：
"朕疾甚，以后事属汝"云云。于是，再拜，称疾固辞不受，曰："请奉洪业，
付属大后②，令大友王奉宣诸政。臣请愿奉为天皇，出家修道。"天皇许焉。
东宫起而再拜，便向于内里佛殿之南，踞坐胡床，剃除鬓发，为沙门。于是，
天皇遣次田生盘送袈裟。壬午，东宫见天皇，请之吉野修行佛道。天皇许焉。
东宫即入于吉野，大臣等侍送，至菟道而还。

（《日本书纪》下，卷27，第379页）

2. 大海人皇子的反击

（1）大海人皇子与大友皇子的对立

（天智十年十一月）丙辰，大友皇子在内里西殿织佛像前，左大臣苏我赤
兄臣、右大臣中臣金连、苏我果安臣、巨势人臣、纪大人臣侍焉。大友皇子
手执香炉，先起誓盟："六人同心，奉天皇诏，若有违者，必被天罚"云云。
于是，左大臣苏我赤兄臣等，手执香炉随次而起，泣血誓盟曰："臣等五人，
随于殿下，奉天皇诏，若有违者，四天王打，天神地祇，亦复诛罚，卅三天
证知此事，子孙当绝，家门必亡"云云。（略）壬戌，五臣奉大友皇子盟天皇
前。（略）十二月癸亥朔乙丑，天皇崩于近江宫。癸酉，殡于新宫。

（同上，卷27，第381页）

（天武天皇即位前纪）四年③冬十月庚辰，天皇卧病，以痛之甚矣。于是
遣苏贺臣安麻侣召东宫，引入大殿。时，安摩侣素东宫所好，密顾东宫曰：
"有意而言矣"。东宫于兹疑有隐谋而慎之。天皇敕东宫授鸿业。乃辞让之曰：
"臣之不幸，元有多病，何能保社稷，愿陛下举天下附皇后，仍立大友皇子，
宜为储君。臣今日出家，为陛下欲修功德。"天皇听之。即日出家法服。因以
收私兵器，悉纳于司。壬午，入吉野宫。时，左大臣苏贺赤兄臣、右大臣中
臣金连，及大纳言苏贺果安臣等送之，自菟道返焉。或曰："虎著翼放之"。

（同上，卷28，第383页）

---

① "太皇弟"、"东宫"，即太皇弟大海人皇子。

② 大后，太后之误。

③ 四年，即为天智十年。

（2）壬申兵变

（天武天皇元年五月）是月，朴井连雄君奏天皇①曰："臣以有私事，独至美浓。时，朝庭②宣美浓、尾张两国司曰："为造山陵，豫差定人夫，则人别令执兵。臣以为，非为山陵，必有事矣。若不早避，当有危欤。"或有人奏曰："自近江京至于倭京，处处置候。亦命菟道守桥者，遮皇大弟宫舍人运私粮事。"天皇恶之，因令问察，以知事已实。于是诏曰："朕所以让位遁世者，独治病全身，永终百年，然今，不获已应承祸，何默亡身耶。"六月辛酉朔壬午，诏村国连男依、和珥部臣君手、身毛君广曰："今闻，近江朝庭之臣等，为朕谋害。是以，汝等三人急往美浓国，告安八磨郡汤沐令多臣品治，宣示机要，而先发当郡兵。仍经国司等，差发诸军急塞不破道。朕今发路。"甲申，将入东，时有一臣奏曰："近江群臣元有谋心，必害天下，则道路难通，何无一人兵，徒手入东？臣恐事不就矣。"天皇从之，思欲返召男依等，即遣大分君惠尺、黄书造大伴、逢臣志摩，于留守司高坂王而令乞驿铃。因以谓惠尺等曰："若不得铃，乃志摩还而复奏；惠尺驰之往于近江，唤高市皇子、大津皇子③逢于伊势。"既而惠尺等至留守司，举东宫之命，乞驿铃于高坂王，然不听矣。时，惠尺往近江，志摩乃还之复奏曰："不得铃也。"是日，发途入东国。（略）是时，近江朝闻大皇弟入东国，其群臣悉愕，京内震动，或遁欲入东国，或退将匿山泽。爰大友皇子谓群臣曰："将何计？"一臣进曰："迟谋将后，不如急聚骁骑，乘迹而逐之。"皇子不从。则以韦那公磐锹、书直药、忍坂直大摩侣遣于东国；以穗积臣百足、弟五百枝、物部首日向遣于倭京；且遣佐伯连男于筑紫；遣樟使主磐手于吉备国，并悉令兴兵。

（同上，卷28，第387～391页）

（天武天皇元年）秋七月庚寅朔辛卯，天皇遣纪臣阿闭麻吕、多臣品治、三轮君子首、置始连菟，率数万众，自伊势大山越之向倭。且遣村国连男依、书首根麻吕、和珥部臣君手、胆香瓦臣安倍，率数万众，自不破出，直入近江。恐其众与近江师难别，以赤色著衣上。然后别命多臣品治，率三千众屯于莿萩野。遣田中臣足麻吕，令守仓历道。时，近江命山部王、苏贺臣果安、巨势臣比等，率数万众将袭不破，而军于犬上川滨。山部王为苏贺臣果安、

---

① 此处的"天皇"，即指大海人皇子，亦即壬申兵变后的天武天皇。
② 此处的"朝廷"，是为大友皇子的近江朝廷。
③ 高市皇子、大津皇子，皆为大海人之子。

巨势臣比等见杀。由是乱，以军不进。乃苏贺臣果安自犬上返，刺颈而死。是时，近江将军羽田公矢国，其子大人等率己族来降，因授斧钺拜将军，即北入越。先是，近江放精兵，忽冲玉仓部邑，则遣出云臣狛击追之。壬辰，将军吹负屯于乃乐山上。时，荒田尾直赤麻吕启将军曰："古京是本营处也。宜固守。"将军从之，则遣赤麻吕、忌部首子人，令戍古京。于是，赤麻吕等诣古京而解取道路桥板，作楯竖于京边衢以守之。癸巳，将军吹负与近江将大野君果安，战于乃乐山，为果安所败，军卒悉走，将军吹负仅得脱身。于是。果安追至八口岔而视京，每街竖楯，疑有伏兵，乃稍引还之。

（天武元年七月戊戌）是日，东道将军纪臣阿闭麻吕等，闻倭京将军大伴连吹负为近江所败，则分军，以遣置始连菟率千余骑而急驰倭京。

（同上，卷28，第397～399页）

（天武元年七月）辛亥，男依等到濑田。时，大友皇子及群臣等，共营于桥西而大成阵，不见其后。旗帜蔽野，埃尘连天，钲鼓之声闻数十里。列弩乱发，矢下如雨。其将智尊率精兵以先锋距之。仍切断桥中须容三丈，置一长板，设有捣板，度者乃引板将堕。是以不得进袭。于是，有勇敢士，曰大分君稚臣，则弃长矛，以重擐甲，拔刀急蹈板度之。便断着板纲，以被矢入阵，众悉乱而散走之，不可禁。时，将军智尊拔刀斩退者而不能止。因以斩智尊于桥边，则大友皇子、左右大臣等，仅身免以逃之。男依等即军于粟津冈下。（略）壬子，男依等斩近江将犬养连五十君及谷直盐手于粟津市。于是，大友皇子走无所入，乃还隐山前，以自缢焉。时，左右大臣及群臣皆散亡。

（同上，卷28，第401页）

（天武元年七月）辛亥，将军吹负既定倭地，便越大坂往难波。以余别将军等，各自三道①，进至于山前，屯河南，即将军吹负留难波小郡，而仰以西诸国司等，令进官钥、驿铃、传印。癸丑，诸将军等悉会于筱浪②，而探捕左右大臣及诸罪人等。乙卯，将军（吹负）等向于不破宫，因以捧大友皇子头，而献于营前。

---

① 三道，即大和地区的上津道、中津道、下津道三条干道。

② 筱浪，在今滋贺县滋贺郡大津宫一带。

（天武元年）八月庚申朔甲申，命高市皇子宣近江群臣犯状，则重罪八人坐极刑，仍斩右大臣中臣连金于浅井田根。是日，左大臣苏我臣赤兄、大纳言巨势臣比等及子孙，并中臣连金之子、苏我臣果安之子悉配流，以余悉赦之。（略）丙戌，恩赦诸有功勋者而显宠赏。

（天武元年九月）庚子，诣于倭京而御岛宫。癸卯，自岛宫移岗本宫。是岁，营宫室于岗本宫南。即冬，迁以居焉，是谓飞鸟净御原宫。

（同上，卷28，第407页）

（天武二年）二月丁巳朔癸未，天皇命有司设坛场，即帝位于飞鸟净御原宫。

（同上，卷29，第411页）

第三节　天武、持统之治

一、强化皇权的天武之治

1. 天皇神格化①
大君本是神，赤驹驰骋之地，成为都城。

（《万叶集》卷19第4260首，译自《万叶集》四，第374页）

大君本是神，水鸟聚集之水沼，建为京师。

（同上，卷19第4261首，第374页）

---

① "大君本是神"二首载于《万叶集》卷十九，是歌颂天武天皇的。二首的现代日语译文是：大君は神にしせば　赤驹の腹這ふ田居を　都と成しつ大君は神にしせば　水鸟の集く水沼を都と成しつ

2. 推进律令制度建设

（天武十年）二月庚子朔甲子，天皇、皇后共居于大极殿，以唤亲王、诸王及诸臣，诏之曰："朕今更欲定律令，改法式。故俱修是事，然顿就是务，公事有阙，分人应行。"

（《日本书纪》下，卷29，第445页）

（天武十一年）十一月庚寅朔乙巳，诏曰："亲王、诸王及诸臣，至于庶民，悉可听之。凡纠弹犯法者，或禁省之中，或朝廷之中，其于过失发处，即随见随闻，无匿蔽而纠弹。其有犯重者，应请则请，当捕则捉。若对扞以不见捕者，起当处兵而捕之。当杖色，乃杖一百以下，节级决之。亦犯状灼然，欺言无罪，则不伏辨以争诉者，累加其本罪。"

（同上，卷29，第455~457页）

3. 实行吏治

（天武二年）五月乙酉朔，诏公卿、大夫及诸臣、连并伴造等曰："夫初出身者，先令仕大舍人，然后选简其才能，以充当职。又妇女者，无问有夫无夫及长幼，欲进仕者听矣。其考选准官人之例。"

（同上，卷29，第413页）

己丑，诏曰：甲子年诸氏被给部曲者，自今以后皆除之。又亲王、诸王及诸臣并诸寺等所赐山泽、岛浦、林野、陂池，前后并除焉。

（天武四年二月）癸巳，诏曰："群臣百寮及天下人民，莫作诸恶，若有犯者，随事罪之。"

（天武五年四月）辛亥，敕："诸王、诸臣被给封户之税者，除以西国，相易给以东国。"

（同上，卷29，第417、423页）

（天武七年十月）己酉，诏曰："凡内外文武官，每年史以上，其属官人等，公平而恪懃者，议其优劣，则定应进阶。正月上旬以前，具记送法官。

则法官校定，申送大辨官。然，缘公事以出使之日，其非真病及重服，轻缘小故而辞者，不在进阶之例。"

（同上，卷29，第431～433页）

（天武九年十一月）戊寅，诏百官曰："若有利国家，宽百姓之术者，诣阙亲申，则词合于理，立为法则。"

（同上，卷29，第443页）

4. 关注民生

（天武四年四月）壬午，诏曰："诸国贷税，自今以后，明察百姓，先知富贫，简定三等，仍中户以下应与贷。"

（天武五年）是年，将都新城，而限内田薗者，不问公私，皆不耕悉荒。然，遂不都矣。

（天武六年）九月庚申朔己丑，诏曰："凡浮浪人，其送本土者，犹复还到，彼此并科课役。"

（同上，卷29，第419、427、429页）

5. 整顿氏姓，建八色之姓

（天武十年九月）甲辰，诏曰："凡诸氏有氏上未定者，各定氏上而申送于理官。"

（天武十一年）十二月庚申朔壬戌，诏曰："诸氏人等，各定可氏上者而申送。亦其眷族多在者，则分各定氏上，并申送于官司。然后，斟酌其状而处分之。因承官判，唯因小故而非己族者，辄莫附。"

（天武十三年）冬十月己卯朔，诏曰："更改诸氏之族姓，作八色之姓，以混天下万姓。一曰真人，二曰朝臣，三曰宿祢，四曰忌寸，五曰道师，六曰臣，七曰连，八曰稻置。是日，守山公、路公、高桥公、三国公、当麻公、茨城公、丹比公、猪名公、坂田公、羽田公、息长公、酒人公、山道公十三氏赐姓曰真人。

（同上，卷29，第449、457、465页）

6. 推行四十八阶冠位制

（天武十四年正月）丁卯，更改爵位之号，仍增加阶级。明位二阶，净位四阶，每阶有大广①，并十二阶，以前诸王已上之位。正位四阶，直位四阶，勤位四阶，务位四阶，追位四阶，进位四阶，每阶有大广，并卅八阶，以前诸臣之位。是日，草壁皇子尊授净广壹位，大津皇子授净大贰位，高市皇子授净广贰位，川岛皇子、忍壁皇子授净大参位。自此以下诸王、诸臣等，增加爵位各有差。

（同上，卷29，第467～469页）

7. "政事之要，军事也"

（天武十二年）十一月甲申朔丁亥，诏诸国习阵法。

（天武十三年）闰四月壬午朔丙戌，诏曰："来年九月必阅之，因以教百寮之进止威仪。"又诏曰："凡政要者军事也。是以文武官诸人，务习用兵及乘马，则马、兵并当身装束之物，务具储足。其有马者为骑士，无马者步卒。并当试练，以勿障于聚会，若忤诏旨，有不便马、兵，亦装束有阙者，亲王以下逮于诸臣并罚之。大山位以下者可罚罚之，可杖杖之。其务习以能得业者，若虽死罪，则减二等。唯恃己才，以故犯者不在赦例。"

（同上，卷29，第461、463页）

8. 吉野宫盟誓

（天武八年）五月庚辰朔甲申，幸于吉野宫。乙酉，天皇诏皇后及草壁皇子尊、大津皇子、高市皇子、河岛皇子、忍壁皇子、芝基皇子曰："朕今日与

---

①　明大壹、明广壹，明大式、明广式；净大壹、净广壹，净大式、净广式，净大参、净广参，净大肆、净广肆。

汝等俱盟于庭，而千岁之后欲无事，奈之何？"皇子等共对曰："理实灼然。"
则草壁皇子尊先进盟曰："天神地祇及天皇证也。吾兄弟长幼并十余王，各出
于异腹，然不别同异，俱随天皇敕而相扶无忤。若自今以后，不如此盟者，
身命亡之，子孙绝之，非忘非失矣。"五皇子以次相盟如先。然后天皇曰：
"朕男等各异腹而生，然今如一母同产慈之。"则披襟抱其六皇子，因以盟曰：
"若违盟，忽亡朕身。"皇后之盟且如天皇。丙戌，车驾还宫。己丑，六皇子
共拜天皇于大殿前。

（同上，卷29，第435~437页）

二、持统女皇之治

1. 天武亡，皇后称制、称帝

（朱鸟元年）九月戊戌朔辛丑，亲王以下，逮于诸臣，悉集川原寺，为天
皇病誓愿云云。丙午，天皇病，遂不差，崩于正宫。

（同上，卷29，第481页）

朱鸟元年九月戊戌朔丙午，天渟中原瀛真人天皇崩。皇后临朝称制。

（持统）四年春正月戊寅朔，物部麻吕朝臣树大盾，神祇伯中臣大岛朝臣
读天神寿词毕，忌部宿祢色夫知奉上神玺、剑、镜于皇后，皇后即天皇位。
公卿百寮罗列，匝拜而拍手焉。

（同上，卷30，第487、501页）

2. 大津皇子事件

（朱鸟元年）冬十月戊辰朔己巳，皇子大津谋反发觉。逮捕皇子大津，并
捕为皇子大津所诖误直广肆八口朝臣音橿、小山下壹伎连博德与大舍人中臣
朝臣臣麻吕、巨势朝臣多益须、新罗沙门行心及帐内砺杵道作等卅余人。庚
午，赐死皇子大津于译语田舍，时年廿四。妃皇女山边被发徒跣，奔赴殉焉。

见者皆歔欷。皇子大津①，天渟中原瀛真人天皇②第三子也。容止墙岸，音辞俊朗，为天命开别天皇③所爱。及长，辨有才学，尤爱文笔，诗赋之兴自大津始也。丙申，诏曰："皇子大津谋反，诖误吏民、帐内不得已。今皇子大津已灭，从者当坐皇子大津者，皆赦之。但砺杵道作流伊豆。"又诏曰："新罗沙门行心与皇子大津谋反，朕不忍加法，徙飞驒国伽蓝。"

（同上，卷30，第487页）

3. 实施新朝服制

（持统四年四月）庚申，诏曰："百官人及畿内人，有位者限六年，无位者限七年。以其上日④选定九等，四等以上者，依考仕令，以其善最、功能、氏姓大小，量授冠位。其朝服者，净大壹已下，广式已上黑紫：净大参已下，广肆已上赤紫；正八级赤紫；直八级绯；勤八级深绿；务八级浅绿；追八级深缥；进八级浅缥。别净广式已上，一畐一部⑤之绫罗等，种々听用。净大参已下，直广肆已上，一畐二部之绫罗等，种种听用。上下通用绮带白袴。其余者如常。

（持统四年）秋七月丙子朔，公卿百寮人等始著新朝服。

（持统四年七月）壬午，诏令公卿百寮，凡有位者，自今以后，于家内著朝服，而参上未开门以前，盖昔者到宫门而著朝服乎。

（同上，卷30，第503、505页）

4. 建造藤原京

（持统四年十月）壬申，高市皇子观藤原宫地，公卿百寮从焉。

---

①　汉诗集《怀风藻》载有大津王子的传和诗。其传中载道："幼年好学，博览而能属文。及壮委武，多力而能击剑。性颇放荡，不拘法度，降节礼士。由是人多附托。"《怀风藻》河岛皇子传载："始与大津皇子为莫逆之契，及津谋逆，岛则告变。"

②　天武天皇。

③　天命开别天皇，即天智天皇

④　其上日，即指出勤天数。

⑤　"畐"即幅。"部"即一定宽长的绫罗。"一畐一部"其意是一幅绫罗绘有的纹样。

（持统四年十二月）辛酉，天皇幸藤原观宫地，公卿百寮皆从焉。

（持统五年十月）甲子，遣使者镇祭新益京。

（持统六年正月）戊寅，天皇观新益京路。

（同上，卷30，第 507、511、513 页）

（持统六年五月）丁亥，遣净广肆难波王等镇祭藤原宫地。庚寅，遣使者奉币于四所：伊势、大倭、住吉、纪伊大神，告以新宫。

（持统六年六月）癸巳，天皇观藤原宫地。

（持统七年）八月戊午朔，幸藤原宫地。

（持统八年）十二月庚戌朔乙卯，迁居藤原宫。戊午，百官拜朝。

（同上，卷30，第 517、523、527 页）

第四节　日本国号的成立

日本国者，倭国之别种也。以其国在日边，故以日本为名。或曰：倭国自恶其名不雅，改为日本。或云日本旧小国，并倭国之地。其人入朝者，多自矜大，不以实对，故中国疑焉。又云：其国界，东西南北各数千里，西界、南界咸至大海，东界、北界，有大山为限，山外即毛人之国。

（《旧唐书》卷199 上《东夷传·日本国传》，第 5340 页）

日本，古倭奴也。（略）太宗贞观五年，遣使者入朝，帝矜其远，诏有司毋拘岁贡。遣新州刺史高仁表往谕，与王争礼不平，不肯宣天子命而还。久之，更附新罗使者上书。永徽初，其王孝德即位，改元曰白雉。献虎魄大如斗，码磁若五升器。时，新罗为高丽、百济所暴，高宗赐玺书，令出兵援新罗。未几，孝德死，其子天丰财立[1]。死，子天智立。（略）天智死，子天武立[2]。死，子总持[3]立。咸亨元年，遣使贺平高丽。后稍习夏音，恶倭名，更号日本。使者自言，国近日所出，以为名。或云日本乃小国，为倭所并，故冒其号。使者不以情，故疑焉。又妄夸其国都方数千里，南、西尽海，东、北限大山，其外即毛人云。

（《新唐书》卷220《东夷传·百济传附日本传》，第6205页）

---

① 天丰财，即皇极女皇，孝德是其弟。孝德死后，皇极重登皇位，改称齐明天皇。故谓"孝德死，其子天豊财立"记载有误。

② 大海人皇子即位称天武天皇，天武乃天智天皇胞弟，故此处记载也有误。

③ 总持，系指持统天皇。持统乃天武天皇的皇后（菟野皇后），故此处记为"子总持"，有误。

第三章 律令制度

概 说

依据史料记载，日本开始建设律令制国家体制，最早见于记述中臣镰足事绩的《家传》。其中天智七年（668）条载道："先此帝令大臣撰述礼仪，刊定律令，通天人之性，作朝廷之训。大臣与时贤人，损益旧章，略为条例。"据"官位令集解"注解："近江朝廷，唯制令而不制律。"从严格意义上讲，日本律令的建设，首先是从制定行政法令开始的。天智朝制定的行政法令，被称为《近江令》。继《近江令》之后，天武朝制定了《飞鸟净御原令》（或称《净御原令》、《天武令》）。从《净御原令》的名称看，似乎它只是一部行政法（令），但实际上它包含行政法（令）和刑法（律）的两方面的内容。其根据，一是天武十年（681）二月，天武天皇的诏令中明白地提出："朕今更欲定律令，改法式"；二是持统七年（692）四月，内藏寮多名官员因贪赃，受到罢官退赃处分。其中关于退赃，《日本书纪》是这样记载的："赃者，依律征纳。"说明律的存在；三是文武元年（697）闰十二月庚申（十八日）条载："禁正月往来行拜贺之礼，如有违犯者，依净御原朝庭制决罚之。""决罚"两字似亦说明律的存在。

虽然《净御原令》包含了律、令两方面内容，但律令体制的确立的标志，是《大宝律令》的制定。对此，史料中屡屡可见时人的评语："大宝元年，甫制律令"（《类聚国史》卷147）；"大宝之年，律令初定"（《宁乐遗文》金石文）；"律令之兴，盖始大宝"（承和七年四月廿三日官符）。据学者研究，《大宝律令》以唐代的律令为范本，根据日本的具体情况而制定的。共计律六卷，令十一卷。此典已散佚。

《大宝律令》制定后的第十七个年头，即养老二年（718）再次进行了一次律令的勘修。勘修后的律令，称《养老律令》。实际上《养老律令》是在《大宝律令》和唐《永徽律令》的基础上作成的。即以《大宝律令》为底本，用唐《永徽律令》与当时的日本国情相对照，对《大宝律令》进行增删。虽然《养老律令》与《大宝律令》相比较，内容上有不少的差异，但主要是《大宝律令》中的赘文冗句的省略、字句的修改、名称的变更，以及对直译唐律令的生硬文句的改译，等等。在律（刑法）的指导思想方面，比《大宝律令》更宽、更轻。

《养老律令》之后，日本各代天皇，从政治需要出发，也多次进行律令格式的修订，但规模大多较小，内容上也多是《养老律令》的补充与增删。期间比较重要的修订有如下数次：延历十年（791），删定律令廿四条；次年，公布新弹例八十三条；延历二十二年（803），发布《交替式》一卷；弘仁十一年（820），敕令编纂了《弘仁格式》，上起大宝元年，下至弘仁十年，式四十卷，格十卷；天长年间（824—833），经十年努力，编成《令义解》；平安时代初，完成了《令集解》注释书，据说有五十卷，但现实存三十卷；贞观十年（868），完成《交替式》二卷；贞观十一年编成《贞观格》十二卷；次年编成《贞观式》二十卷；延喜年间（901—922），完成《延喜格式》（格十二卷、式五十卷）。

日本律令制的发展与完善，毋庸置疑，是受唐律令制的深刻影响的。其律令的结构、内容，都可以看到唐朝律令的烙印，尤其是制定律令的指导思想是基本相同的。譬如官制的设置，奈良和平安时代，在中央实施太政官制，它与唐朝的宰相制有一定的因缘关系，不但官吏设置模仿唐制，而且官吏职能也颇相似。宰相制是唐王朝的中央封建集权制下的核心官僚机构，是中枢指挥系统。日本的太政官制，也是以天皇为首的中央集权制下的核心官僚机构，中枢指挥系统。但是，应当指出的是，日本在吸收唐代律令文化的过程中，并没有简单地照搬照抄，而是根据自身的特点和需求，有选择地加以吸收、改造和创新的。例如日本令制中的神祇官的设置就与唐令中的神祇官不尽相似。在唐朝，拥有祭祀权的官吏是三公，而具体管理祭祀事务的官是礼部尚书，事务机关则是礼部属下的祠部。不论是三公，还是礼部尚书，虽然拥有祭祀权，但祭祀并不是他们的专职，只是他们工作范围的一部分。事务机关祠部也不是独立的机关，而是礼部属下的机关之一。日本就与唐不一样，掌握祭祀权的官吏是神祇伯，是独立于政府机关之外，负责全国各地祭祀活动的事务机关。它虽然位阶低于太政官，但是，在朝中的地位是与太政官并立的，直属于天皇的领导。

第一节 律令制度的建设

一、律令制建设的轨迹

1. 弘仁格式序

弘仁格式序

大纳言正三位兼行左近卫大将陆奥出羽，按察使臣藤原朝臣冬嗣等奉敕撰

盖闻律以惩肃为宗，令以劝诫为本，格则量时立制，式则补阙拾遗。四者相须，足以垂范，譬犹寒暑递以成岁，昏旦迭而育物，有沿有革，或轻或重，实治国之权衡，信驭民之辔策者也。古者世质时素，法令未彰，无为而治，不肃而化。暨乎推古天皇十二年，上宫太子亲作宪法十七个条，国家制法自兹始焉。降至天智天皇元年，制令廿二卷，世人所谓近江朝廷之令也。爰逮文武天皇大宝元年，赠太政大臣正一位藤原朝臣不比等奉敕撰律六卷，令十一卷。养老二年，复同大臣不比等奉敕更撰律令，各为十卷，今行于世律令是也。

（《类聚三代格》卷1，第1~2页）

2. 近江令

（天智十年春正月）甲辰，东宫太皇弟[①]奉宣或本云，大友皇子宣命。施行冠位法度之事，大赦天下。法度冠位之名，具载于新律令。

（《日本书纪》下，卷27，第357页）

3. 净御原令

（天武十年）二月庚子朔甲子，天皇、皇后共居于大极殿。以唤亲王、诸王及诸臣。诏之曰："朕今更欲定律令，改法式。故俱修是事。然顿就是务，

---

① 大海人皇子，即日后的天武天皇。

公事有阙，分人应行。"

（天武十一年）八月壬戌朔，令亲王以下及诸臣，各俾申法式应用之事。
（略）丙寅，造法令。殿内有大虹。

（同上，卷29，第445页）

（持统三年）六月庚戌，班赐诸司，令一部廿二卷。

（同上，卷30，第499页）

4. 大宝律令

（文武四年三月）甲子，诏诸王臣读习令文。又撰成律条。

（文武四年六月）甲午，敕净大参刑部亲王、直广壹藤原朝臣不比等、直
大弐粟田朝臣真人、直广参下毛野朝臣古麻吕、直广肆伊岐连博德、直广肆
伊余部连马养、勤大壹萨弘恪、勤广参土部宿祢甥、勤大肆坂合部宿祢唐、
务大壹白猪史骨、追大壹黄文连备、田边史百枝、道君首名、狭井宿祢尺麻
吕、追大壹锻造大角、进大壹额田部连林、进大弐田边史首名、山口伊美伎
大麻吕、直广肆调伊美伎老人等，撰定律令，赐禄各有差。

（《续日本纪》一，卷1，第26、28页）

（大宝元年三月）甲午，对马岛贡金。建元为大宝元年。始依新令改制官
名、位号。

（大宝元年）六月壬寅朔，令正七位下道君首名说《僧尼令》于大安寺。

（大宝元年六月）已酉，敕："凡其庶务，一依新令。又国宰郡司，贮置
大税，必须如法，如有阙怠，随事科断。"是日，遣使七道，宣告依新令为
政，及给大租之状，并颁付新印①样。

（同上，卷2，第36、40页）

---

① 地方各国的印鉴。公式令中载："诸国印（方二寸），上京公文及案、调物则印"。

（大宝元年八月）癸卯，遣三品刑部亲王、正三位藤原朝臣不比等、从四位下下毛野朝臣古麻吕、从五位下伊吉连博德、伊余部连马养等，撰定律令，于是始成。大略以净御原朝庭（令）为准正。仍赐禄有差。

（同上，卷2，第44页）

（大宝元年八月）戊申，遣明法博士于六道除西海道。讲新令。

（大宝二年）二月戊戌朔，始颁新律于天下。

（同上，卷2，第46、52页）

（大宝二年七月）乙亥，诏：令内外文武官读习新令。（略）乙未，始讲律。

（同上，卷2，第56～58页）

（大宝二年十月）戊申，颁下律令于天下诸国。

（同上，卷2，第60页）

5. 养老律令

（养老六年二月戊戌）赐正六位上矢集宿祢虫麻吕田五町，从六位下阳胡史真身四町，从七位上大倭忌寸小东人四町，从七位下盐屋连吉麻吕五町，正八位下百济人成四町，并以撰律令功也。又赐诸有学术者廿三人田各有数。

（《续日本纪》二，卷9，第110～112页）

（天平宝字元年五月）丁卯，以大纳言从二位藤原朝臣仲麻吕为紫微内相，从三位藤原朝臣永手为中纳言。诏曰："朕览《周礼》，将相殊道，政有文武，理①亦宜然。是以，新令之外，别置紫微内相一人，令掌内外诸兵事。其官位、禄赐、职分、杂物者，皆准大臣。"又敕曰："顷年，选人依格结阶，人人位高不便任官，自今以后，宜依新令。去养老年中，朕外祖故太政大臣②，奉敕刊修律令，宜告所司早使施行。"

① 此处的"理"字，有的版本为"臣"字。
② 系指藤原不比等。

（天平宝字元年十二月）壬子，太政官奏曰："（略）正五位上大和宿祢长冈、从五位下阳胡史真身，并养老二年修律令功田各四町；外从五位下矢集宿祢虫麻吕、外从五位下盐屋连古麻吕，并同年功田各五町；正六位上百济人成同年功田四町。五人并执持刀笔删定科条，成功纵多，事匪匡难。"

（《续日本纪》三，卷 20，第 186、242 页）

二、律令篇目

1. 律

律一部十卷 13 篇[1]

元正天皇养老二年，赠太政大臣正一位藤原朝臣不比等，奉敕作律令，并二十卷。天平胜宝九年五月廿日敕令施行。

第一名例上	第二名例下	第三卫禁、职制
第四户婚	第五厩库、擅兴	第六贼盗
第七斗讼	第八诈伪	第九杂
第十捕亡、断狱		

律附释一部十卷[2]

第一名例上	第二名例下	第三卫禁
第四职制	第五户婚	第六厩库、擅兴
第七贼盗	第八斗讼	第九诈伪、杂
第十捕亡、断狱		

律集解一部卅卷[3]

（略）

律疏一部卅卷

（略）

---

① 《养老律令》的律目。

② 律的注释书。其内容在《令集解》、《法曹至要抄》、《政事要略》等史籍中多有引录，但此书完整本已难见。

③ 《律集解》和《律疏》皆是律的注释书，大多已散佚。

律六卷^①大宝元年，不比等大臣与令遂作。

2. 令

令一部十卷卅卷^②

养老二年，与律遂作。天平胜宝九年五月廿一日，敕令施行。延历十一年六月，又令施行。天长十年二月十五日，右大臣清原夏野等奉敕撰义解。同年十二月，又上表义解。承和元年十二月八日，又令施行。

第一　官位一

第二　职员令二　后宫职员令三　东宫职员令四　家令职员令五

第三　神祇六　僧尼七

第四　户八　田九　赋役十　学十一

第五　选叙十二　继嗣十三　考课十四　禄十五

第六　宫卫十六　军防十七

第七　仪制十八　衣服十九　营缮廿

第八　公式廿一

第九　仓库廿二　厩牧廿三　医疾廿四　假宁廿五　丧葬廿六

第十　关市廿七　捕亡廿八　狱廿九　杂三十

令释一部七卷^③卅篇

（略）

令义解一部十卷卅篇并序，天长十年二月十五日右大臣清原夏野等奏进（篇目略）。

令廿二卷天智天皇元年作。近江国令是也。

令十一卷大宝元年，不比等大臣与律遂作。

3. 格

弘仁格一部十卷十五篇并序

① 大宝律。

② 《养老令》。

③ 令的注释书，其内容在《令集解》中多有引录。

起自大宝元年，迄于弘仁十年，凡一百十九年。弘仁十一年四月十一日，大纳言藤原冬嗣等奏进。

（略）

贞观格十八篇并序

上起弘仁十一年，下迄贞观十年，凡卅九年。贞观十一年四月十三日，大纳言藤原氏宗等奏进。（略）

延喜格十一篇并序

上起自贞观十一年，下至延喜七年，凡卅九年。延喜七年十一月十五日，左大臣藤原时平等奏进。（略）

已上三代格类聚已了①。

古格廿三卷

4. 式

弘仁式一部卅卷②弘仁十一年四月廿二日与格奏进。

（略）

贞观式一部廿卷贞观十三年八月廿五日奏进。

（略）

延喜式一部五十卷延喜五年十二月廿六日，左大臣藤原忠平等撰。

（略）

弘仁仪式一部十卷

（略）

贞观仪式一部十卷

（略）

延喜仪式一部

（略）

内里式三卷

（略）

内里仪式一卷

（略）

---

① 《类聚三代格》，大半内容至今尚存。

② 《弘仁式》大多散佚，今仅存二卷：卷十九式部下、卷二十五主税上。

交替式二卷①

新定内外官交替式一卷②贞观年中，勘解由使新定奏闻

内外官交替式③延喜廿一年正月廿五日，勘解由使奏闻

新定酒式一卷并序式部大辅菅清公撰

左右检非违使式一卷④贞观十七年四月廿七日，中纳言南渊年名等撰进

古式廿卷

北堂有司式一卷

（《本朝法家文书目录》⑤，
引自《史料による日本の步み》古代编，第 119～120 页）

第二节　官僚制度

一、中央机构与官员设置

1. 神祇官

神祇官

伯一人。掌神祇祭祀、祝部神户名籍、大尝、镇魂、御巫、卜兆、总判官事。余长官判事准此。大副一人。掌同伯。余次官不注职掌者，掌同长官。少副一人。掌同大副。大祐一人。掌纠判官内，审署文案、勾稽失、知宿直，余判官准此。少佑一人。掌同大佑。大史一人。掌受事上抄、勘署文案、检出稽失、读申公文。余主典准此。少史一人。掌同大史。神部卅人，卜部廿人，使部卅人，直丁二人。

（《令义解》卷 1《职员令》，第 29～30 页）

---

① 又名《延历交替式》。

② 又名《贞观交替式》，今仅存下卷 55 条。

③ 又名《延喜交替式》，共有 192 条。

④ 已散佚。

⑤ 《本朝法家文书目录》大约成书于 11 世纪，全书分为律、令、格、式、杂五部分，收录 42 种朝仪和法制典籍。今已不存，其篇目为《续续群书类丛》所收。

2. 太政官

太政大臣一人

右师范一人，仪形四海，经邦论道，燮理阴阳，无其人则阙。

左大臣一人。掌统理众务，举持纲目，总判庶事，弹正纠不当者兼得弹之。右大臣一人。掌同左大臣。大纳言四人。掌参议庶事、敷奏、宣旨、侍从、献替。少纳言三人。掌奏宣小事、请进铃印传符、进付飞驿函铃、兼监官印。其少纳言，在侍从员内。大外记二人。掌勘诏奏及读申公文、勘署文案、检出稽失。少外记二人。掌同大外记。史生十人。掌缮写公文、行署文案。余史生准此。左大辨一人。掌管中务、式部、治部、民部，受付庶事、纠判官内署文案、勾稽失、知诸司宿直、诸国朝集。若右辨官不在，则并行之。右大辨一人。掌管兵部、刑部、大藏、宫内，余同左大辨。左中辨一人。掌同左大辨。右中辨一人。掌同右大辨。左少辨一人。掌同左中辨。右少辨一人。掌同右中辨。左大史二人，右大史二人，左少史二人，右少史二人，左史生十人，右史生十人。左官掌二人。掌通传诉人、检校使部、守当官府、厅事铺设。右官掌二人。掌同左官掌。左使部八十人，右使部八十人，左直丁四人，右直丁四人。巡察使。掌巡察诸国，不常置，应须巡察，权于内外官，取清正灼然者充。巡察事条及使人数，临时量定。

（同上，卷1《职员令》，第30~32页）

3. 中务省管职一、寮六、司三。

卿一人。掌侍从、献替、赞相礼仪、审署诏敕文案、受事覆奏、宣旨、劳问、受纳上表、监修国史及女王内外命妇、宫人等名帐、考叙、位记、诸国户籍、租调帐、僧尼名籍事。大辅一人。掌同卿，唯规谏，不献替。少辅一人。掌同大辅。大丞一人。掌宫人考课，余准神祇大佑。少丞二人。掌同大丞。大录一人、少录三人、史生二十人、侍从八人。掌常侍、规谏、拾遗补阙。内舍人九十人。掌带刀宿卫、供奉杂使，若驾行，分卫前后。大内记二人。掌造诏敕，凡御所记录事。中内记二人。掌同大内记。少内记二人。掌同中内记。大监物二人。掌监察出纳、请进管钥。中监物四人。掌同大监物。少监物四人。掌同中监物。史生四人。大主铃二人。掌出纳铃印传符、飞驿函铃事。少主铃二人。掌同大主铃。大典钥二人。掌出纳管钥。少典钥二人。掌同大典钥。省掌二人。掌通传诉人、检校使部、守当省府、厅事铺设，余省掌准此。使部七十人。直丁十人。

（1）中宫职（略）　　（2）左大舍人寮（略）　　（3）右大舍人寮（略）

（4）图书寮（略）

（5）内藏寮（略）　　（6）缝殿寮（略）　　（7）阴阳寮（略）　　（8）画工司（略）

（9）内药司（略）　　（10）内礼司（略）

（同上，卷1《职员令》，第32～38页）

4. 式部省管寮二。

卿一人。掌内外文官名帐、考课、选叙、礼仪、版位、位记、校定勋绩、论功封赏、朝集、学校、策试贡人、禄赐、假使、补任家令、功臣家传田事。大辅一人。少辅一人。大丞二人。掌勘问考课，余同中务大丞。少丞二人。掌同大丞。大录一人。少录三人。史生二十人。省掌二人。使部八十人。直丁五人。

（1）大学寮（略）　　（2）散位寮（略）

（同上，卷1《职员令》，第38～39页）

5. 治部省管寮二、司二。

卿一人。掌本姓、继嗣、婚姻、祥瑞、丧葬、赠赗、国忌、讳及诸蕃朝聘事。大辅一人。少辅一人。大丞一人。少丞二人。大录一人。少录三人。史生十人。大解部四人。掌鞫问、谱第、争讼。少解部六人。掌同大解部。省掌二人。使部六十人。直丁四人。

（1）雅乐寮（略）　　（2）玄蕃寮（略）　　（3）诸陵司（略）　　（4）丧仪司（略）

（同上，卷1《职员令》，第39～42页）

6. 民部省管寮二。

卿一人。掌诸国户口名籍、赋役、孝义、优复、蠲免、家人、奴婢、桥道、津济、渠池、山川、薮泽、诸国田事。大辅一人。少辅一人。大丞一人。少丞二人。大录一人。少录三人。史生十人。省掌二人。使部六十人。直丁四人。

（1）主计寮（略）　　（2）主税寮（略）

（同上，卷1《职员令》，第42～43页）

7. 兵部省管司五。

卿一人。掌内外武官名帐、考课、选叙、位记、兵士以上名帐、朝集、禄赐、假使、差发兵士、兵器、仪仗、城隍、烽火事。大辅一人。少辅一人。大丞一人。掌准式部大丞。少丞二人。掌同大丞。大录一人。少录三人。史生十人。省掌二人。使部六十人。直丁四人。

（1）兵马司（略）　　（2）造兵司（略）　　（3）鼓吹司（略）　　（4）主船司（略）　　（5）主鹰司（略）

（同上，卷1《职员令》，第43～45页）

8. 刑部省管司二。

卿一人。掌鞫狱、定刑名、决疑谳、良贱名籍、囚禁、债负事。大辅一人。少辅一人。大丞二人。少丞二人。大录一人。少录二人。史生十人。大判事二人。掌案覆鞫状、断定刑名、判诸争讼。中判事四人。掌同大判事。少判事四人。掌同中判事。大属二人。掌抄写判文。少属二人。掌同大属。大解部十人。掌问穷争讼。中解部廿人。掌同大解部。少解部卅人。掌同中解部。省掌二人。使部八十人。直丁六人。

（1）赃赎司（略）　　（2）囚狱司（略）

（同上，卷1《职员令》，第45～46页）

9. 大藏省管司五。

卿一人。掌出纳、诸国调及钱、金银、珠玉、铜、铁、骨角齿、羽毛、漆、帐幕、权衡度量、卖买估价、诸方贡献杂物事。大辅一人。少辅一人。大丞一人。少丞二人。大录一人。少录二人。史生六人。大主钥二人。少主钥二人。藏部六十人。价长四人。典履二人。掌缝作靴履鞍具、检校百济手部。百济手部十人。掌杂缝作事。典革一人。掌杂革染作、检校狛部。狛部六人。掌杂革染作。省掌二人。使部六十人。直丁四人。驱使丁六人。百济户。狛户。

（1）典铸司（略）　　（2）扫部司（略）　　（3）漆部司（略）　　（4）缝部司（略）　　（5）织部司（略）

（同上，卷1《职员令》，第46～48页）

10. 宫内省管职一、寮四、司十三。

卿一人。掌出纳、诸国调、杂物、春米、官田及奏宣御食产、诸方口味事。大辅一人。少辅一人。大丞一人。少丞二人。大录一人。少录二人。史生十人。省掌二人。使部六十人。直丁四人。

（1）大膳职（略）　　（2）木工寮（略）　　（3）大炊寮（略）　　（4）主殿寮（略）

（5）典药寮（略）　　（6）正亲司（略）　　（7）内膳司（略）　　（8）造酒司（略）

（9）锻冶司（略）　　（10）官奴司（略）　　（11）园池司（略）（12）土工司（略）

（13）采女司（略）　　（14）主水司（略）　　（15）主油司（略）（16）内扫部司（略）

（17）筥陶司（略）　　（18）内染司（略）

（同上，卷1《职员令》，第49~55页）

11. 弹正台

尹一人。掌肃清风俗、弹奏内外非违事。弼一人。大忠一人。掌巡察内外、纠弹非违，余同神祇大佑。少忠二人。掌同大忠。大疏一人。少疏一人。巡察弹正十人。掌巡察内外、纠弹非违。史生六人。使部卅人。直丁二人。

（同上，卷1《职员令》，第55~56页）

二、地方官制

1. 左京职右京职准此，管司一。

大夫一人。掌左京户口名籍、字养百姓、纠察所部、贡举、孝义、田宅、杂徭、良贱、诉讼、市廛、度量、仓廪、租调、兵士、器仗、道桥、过所、阑遗杂物、僧尼名籍事。亮一人。大进一人。少进二人。大属一人。少属二人。坊令十二人。使部卅人。直丁二人。

东市司西市司准此（略）

（同上，卷1《职员令》，第57~58页）

2. 摄津职带津国。

大夫一人。掌祠社、户口簿帐、字养百姓、劝课农桑、纠察所部、贡举、孝义、田宅、良贱、诉讼、市廛、度量轻重、仓廪、租调、杂徭、兵士、器仗、道桥、津济、过所、上下公使、邮驿、传马、阑遗杂物、检校舟具及寺、僧尼名籍事。亮一人。大进一人。少进二人。大属一人。少属二人。史生三人。使部卅人。直丁二人。

（同上，卷 1《职员令》，第 59 页）

3. 大宰府带筑前国。

主神一人。掌诸祭祠事。帅一人。掌祠社、户口簿帐、字养百姓、劝课农桑、纠察所部、贡举、孝义、田宅、良贱、诉讼、租调、仓廪、徭役、兵士、器仗、鼓吹、邮驿、传马、烽候、城牧、过所、公私马牛、阑遗杂物及寺、僧尼名籍、蕃客、归化、飨燕事。大式一人。掌同帅。少式二人。掌同大式。大监二人。掌纠判府内、审署文案、勾稽失、察非违。少监二人。掌同大监。大典二人。掌受事上抄、勘署文案、检出稽失、读申公文。少典二人。掌同大典。大判事一人。掌案覆犯状、断定刑名、判诸争讼。少判事一人。掌同大判事。大令史一人。掌抄写判文。少令史一人。掌同大令史。大工一人。掌城隍、舟楫、戎器、诸营作事。少工二人。掌同大工。博士一人。掌教授经业、课试学生。阴阳师一人。掌占筮相地。医师二人。掌诊候疗病。算师一人。掌勘计物数。防人正一人。掌防人名帐、戎具、教阅及食料田事。佑一人。掌同正。令史一人。主船一人。掌修理舟楫。主厨一人。掌酰、醢、齑、菹、酱、豉、鲑等事。史生廿人。

（同上，卷 1《职员令》，第 59~60 页）

4. 大国

守一人。掌祠社、户口簿帐、字养百姓、劝课农桑、纠察所部、贡举、孝义、田宅、良贱、诉讼、租调、仓廪、徭役、兵士、器仗、鼓吹、邮驿、传马、烽候、城牧、过所、公私马牛、阑遗杂物及寺、僧尼名籍事，余守准此。其陆奥、出羽、越后等国兼知飨给、征讨、斥候。壹岐、对马、日向、萨摩、大隅等国，总知镇捍、防守及蕃客、归化。三关国，又掌关划及关契事。介一人。掌同守，余介准此。大掾一人。掌纠判国内、审署文案、勾稽失、察非违，余掾准此。少掾一人。掌同大掾。大目一人。掌受事上抄、勘署文案、检出稽失、读申公文，余目准此。少目一人。掌同大目。史生三人。

5. 上国

守一人。介一人。掾一人。目一人。史生三人。

6. 中国

守一人。掾一人。目一人。史生三人。

7. 下国

守一人。目一人。史生三人。

8. 大郡

大领一人。掌抚养所部、检察郡事、余领准此。少领一人。掌同大领。主政三人。掌纠判郡内、审署文案、勾稽失、察非违、余主政准此。主帐三人。掌受事上抄、勘署文案、检出稽失、读申公文，余主帐准此。

9. 上郡

大领一人。少领一人。主政二人。主帐二人。

10. 中郡

大领一人。少领一人。主政一人。主帐一人。

11. 下郡

大领一人。少领一人。主帐一人。

12. 小郡

领一人。主帐一人。

（同上，卷1《职员令》，第61～63页）

三、兵卫制度

1. 卫门府管司一。

督一人。掌诸门禁卫、出入、礼仪、以时巡检及隼人、门籍、门牓事。佐一人。大尉二人。少尉二人。大志二人。少志二人。医师一人。门部二百人。物部卅人。使部卅人。直丁四人。卫士。

隼人司（略）

2. 左卫士府右卫士府准此。

督一人。掌禁卫宫掖、检校队仗、以时巡检、卫士名帐及差科、大备、陈设、车驾出入、前驱后殿事。佐一人。大尉二人。少尉二人。大志二人。少志二人。医师二人。使部六十人。直丁三人。卫士。

3. 左兵卫府右兵卫府准此。

督一人。掌检校兵卫、分配阁门、以时巡检、车驾出入、分卫前后及左兵卫名帐、门籍事。佐一人。大尉一人。少尉一人。大志一人。少志一人。医师一人。番长四人。兵卫四百人。使部卅人。直丁二人。

4. 左马寮右马寮准此。

头一人。掌左闲马调习、养饲、供御乘具、配给谷草及饲部户口名籍事。助一人。大允一人。少允一人。大属一人。少属一人。马医二人。马部六十人。使部廿人。直丁二人。饲丁。

5. 左兵库右兵库准此。

头一人。掌左兵库仪仗兵器、安置得所、出纳、曝凉及受事覆奏事。助一人。大允一人。少允一人。大属一人。少属一人。使部廿人。直丁二人。

6. 内兵库

正一人。掌准兵库头。佑一人。令史一人。使部十人。直丁一人。

7. 军团

大毅一人。掌检校兵士、充备戎具、调习弓马、简阅陈列事。少毅二人。掌同大毅。主帐一人。校尉五人。旅帅十人。队正廿人。

（同上，卷1《职员令》，第56～63页）

四、官职与爵位的对应①

1. 亲王

一品谓品位也。亲王称品者，别于诸王。公式令云：应叙者，亲王四品，诸王五位，诸臣初位以上，是也。

太政大臣

二品

左右大臣

三品

四品

大纳言　大宰帅　八省卿

---

① 《官位令》卷首明言："大臣以下书吏以上曰官，一品以下初位以上曰位。凡位有贵贱，官有高下，阶贵则职高，位贱则任下。官位相当，各有等级。故曰官位也。令，谓教令也。教以法制，令其不相违越，故曰令也。"

2. 诸王　诸臣

正一位

从一位

　太政大臣

正二位

从二位

　左右大臣

正三位

　大纳言　勋一等略

从三位

　大宰帅　勋二等

正四位

　皇太子傅　中务卿

　　　以前上阶

　七省卿　勋三等

从四位

　弹正尹　左右大辨

　　　以前上阶

　神祇伯　中宫大夫　春宫大夫　勋四等

正五位

　左右中辨　大宰大弎　中务大辅　左右京大夫　大膳大夫　摄津大夫
卫门督　左右卫士督

　　　以前上阶

　左右少辨　七省大辅　弹正弼　大判事　勋五等

从五位

　中务少辅　左右大舍人头　大学头　木工头　雅乐头　玄蕃头　主计
头　主税头　图书头　左右兵卫督　左右马头　左右兵库头　大国守

　　　以前上阶

　神祇大副　侍从　少纳言　大宰少弐　七省少辅　大监物　中宫亮
春宫亮　左右京亮　大膳亮　摄津亮　卫门佐　左右卫士佐　皇太子学士
内藏头　缝殿头　大炊头　散位头　阴阳头　主殿头　典药头　上国守　一

品家令 职事一位家令 勋六等

正六位

神祇少副 大内记 弹正大忠 左右辨大史 正亲正 内膳奉膳 造酒正 兵马正 锻冶正 造兵正 画工正 典铸正 扫部正 内药正 东西市正 官奴正 鼓吹正 园池正 诸陵正 赃赎正 囚狱正 二品家令

以前上阶

大宰大监 八省大丞弹正少忠 中判事 左右大舍人助 大学助 木工助 雅乐助 玄蕃助 主计助 主税助 图书助 左右兵卫佐 左右马助 左右兵库助 内兵库正 土工正 葬仪正 采女正 主船正 漆部正 缝部正 织部正 隼人正 内礼正 内药侍医 大学博士 大国介 中国守 勋七等

从六位

神祇大佑 大宰少监 八省少丞 中监物 中宫大进 春宫大进 内藏助 缝殿助 大炊助 散位助 阴阳助 主殿助 典药助 主水正 主油正 内扫部正 笤陶正 内染正 舍人正 主膳正 主藏正 上国介 一品家扶 三品家令 职事一位家扶 职事二位家令

以前上阶

神祇少祐 少判事 大宰大判事 中宫少进 春宫少进 左右京大进 大膳大进 摄津大进 卫门大尉 左右卫士大尉 大藏大主钥 主鹰正 主殿首 主书首 主浆首 主工首 主兵首 主马首 下国守 勋八等

正七位

中内记 大外记 大宰大工 大宰少判事 左右辨少史 大宰大典 八省大录 弹正大疏 左右京少进 大膳少进 摄津少进 卫门少尉 左右卫士少尉 内藏大主钥 防人正 二品家扶 四品家令

以前上阶

大宰主神 弹正巡察 左右大舍人大允 大学大允 木工大允 雅乐大允 玄蕃大允 主计大允 主税大允 图书大允 左右兵卫大尉 左右马大允 左右兵库大允 少监物 大主铃 判事大属 助教 医博士 阴阳博士 天文博士 主酱 主菓饼 大国大掾 勋九等

从七位

少外记 左右大舍人少允 大学少允 木工少允 雅乐少允 玄蕃少允 主计少允 主税少允 图书少允 左右兵卫少尉 左右马少允 左右兵

库少允　内藏　缝殿允　大炊允　散位允　阴阳允　主殿允　典药允　音博
士　阴阳师　历博士　书博士　算博士　咒禁博士　大国少掾　上国掾　一
品家大从　一品文学　三品家扶　职事一位家大从　职事正三位家令

以前上阶

正亲佑　内膳典膳　造酒佑　兵马佑　锻冶佑　造兵佑　画工佑　典
铸佑　扫部佑　内药佑　东西市佑　官奴佑　鼓吹佑　园池佑　诸陵佑　赃
赎佑　囚狱佑　大解部　大宰博士　大典钥　大藏少主钥医师　漏剋博士
针博士　一品家少从　二品家从　二品文学　四品家扶　职事一位家少从
职事从三位家令　勋十等

正八位

少内记　大宰少典　八省少录　弹正少疏　内兵库佑　土工佑　葬仪
佑　采女佑　主船佑　漆部佑　缝部佑　织部佑　隼人佑　内礼佑　少主铃
　内藏少主钥　咒禁师　针师　药园师　典履　典革　大宰阴阳师　大宰医
师　大宰少工　大宰算师　中国掾　防人佑　大宰主船　大宰主厨

以前上阶

神祇大史　中宫大属　春宫大属　左右京大属　大膳大属　摄津大属
治部大解部　刑部中解部　卫门大志　左右卫士大志　判事少属　主水佑
主油佑　内扫部佑　筥陶佑　内染佑　舍人佑　主膳佑　主藏佑　按摩博
士　卫门医师　左右卫士医师　三品家从　三品四品文学　职事二位家从
勋十一等

从八位

神祇少史　中宫少属　春宫少属　左右京少属　大膳少属　摄津少属
卫门少志　左右卫士少志　左右大舍人大属　大学大属　木工大属　雅乐
大属　玄蕃大属　主计大属　主税大属　图书大属　左右兵卫大志　左右马
大属　左右兵库大属　少典钥　按摩师　雅乐诸师　左右兵卫医师　马医
四品家从　大国大目

以前上阶

刑部少解部　治部少解部　左右大舍人少属　大学少属　木工少属
雅乐少属　玄蕃少属　主计少属　主税少属　图书少属　左右兵卫少志　左
右马少属　左右兵库少属　内藏大属　缝殿大属　大炊大属　散位大属　阴
阳大属　主殿大属　典药大属　主计算师　主税算师　大国少目　上国目
一品家大书吏　职事一位家大书吏　勋十二等

大初位

内藏少属　　缝殿少属　　大炊少属　　散位少属　　阴阳少属　　主殿少属
典药少属　　正亲大令史　　内膳令史　　造酒令史　　兵马大令史　　锻冶大令史
造兵大令史　　画工令史　　典铸大令史　　扫部令史　　内药令史　　东西市令史
官奴令史　　鼓吹大令史　　园池令史　　诸陵令史　　赃赎大令史　　囚狱大令史
画师　　大宰判事大令史　　一品家少书吏　　二品家大书吏　　职事一位家少书吏

　　　　以前上阶

正亲少令史　　兵马少令史　　锻冶少令史　　造兵少令史　　典铸少令史
鼓吹少令史　　赃赎少令史　　囚狱少令史　　内兵库令史　　土工令史　　葬仪令史
采女令史　　主船令史　　漆部令史　　缝部令史　　织部令史　　隼人令史　　内礼
令史　　挑文师　　大宰判事少令史　　防人令史　　中国目　　二品家少书吏

少初位

主水令史　　主油令史　　内扫部令史　　筥陶令史　　内染令史　　舍人令史
主膳令史　　主藏令史　　染师　　下国目　　三品四品家书吏　　职事二位家书吏
略

　　　　以前上阶

主鹰令史　　主殿令史　　主书令史　　主浆令史　　主工令史　　主兵令史
主马令史　　职事三位家书吏

（同上，卷1《官位令》，第5～28页）

五、官员俸禄

凡位田①，一品八十町。二品六十町。三品五十町。四品卅町。正一位八十町。从一位七十四町。正二位六十町。从二位五十四町。正三位卅町。从三位卅四町。正四位廿四町。从四位廿町。正五位十二町。从五位八町。女减三分之一。

凡职分田②，太政大臣卌町，左右大臣卅町，大纳言廿町。

（同上，卷3《田令》，第107～108页）

凡食封者，一品八百户。二品六百户。三品四百户。四品三百户。内亲王

----

① 位田，朝廷颁给亲王和五位以上的诸王、诸臣的输租田。
② 职分田、职封，依据行政职务高低给予各级官员的田地。

减半。太政大臣三千户。左右大臣二千户。大纳言八百户。若以理解官及致仕者减半。正一位三百户。从一位二百六十户。正二位二百户。从二位一百七十户。正三位一百卅户。从三位一百户。其五位以上，不在食封之例。正四位絁十疋、绵十屯、布五十端、庸布三百六十常；从四位絁八疋、绵八屯、布卅三端、庸布三百常；正五位絁六疋、绵六屯、布卅六端、庸布二百卅常；从五位絁四疋、绵四屯、布廿九端、庸布一百八十常。女减半。其无故不上二年者，则停给。中宫汤沐二千户。东宫一年杂用料，絁三百疋、绵五百屯、系五百绚、布一千端、锹一千口、铁五百廷。

（同上，卷4《禄令》，第172~173）

凡功田，大功世世不绝，上功传三世，中功传二世，下功传子。

（同上，卷3《田令》，第108页）

六、官员的选叙与考课、奖惩

1. 选叙

凡内外五位以上敕授。内八位，外七位以上奏授。外八位及内外初位，皆官判授。

凡任官，大纳言以上，左右大辨、八省卿、五卫府督、弹正尹、大宰帅敕任。余官奏任。主政、主帐及家令等判任。舍人、史生、使部、伴部、帐内、资人等、式部判补。

凡应选者，皆审状迹，铨拟之日，先尽德行。德行同，取才用高者。才用同，取劳效多者。

（同上，卷4《选叙令》，第135~136页）

凡郡司，取性识清廉，堪时务者，为大领、少领；强干聪敏、工书计者为主政、主帐。其大领外从八位上，少领外从八位下叙之。其大领、少领，才用同者，先取国造。

（同上，卷4《选叙令》，第139页）

凡五位以上子出身者，一位嫡子从五位下，庶子正六位上。二位嫡子正六位下，庶子及三位嫡子从六位上，庶子从六位下。正四位嫡子正七位下，庶子及从四位嫡子从七位上，庶子从七位下。正五位嫡子正八位下，庶子及从五位嫡子从八位上，庶子从八位下。三位以上荫及孙，降子一等。外位荫准内位。其五位以上带勋位高者，即依当勋阶，同官位荫，四位降一等，五位降二等。

（同上，卷4《选叙令》，第145～146页）

2. 官员的培养

凡大学生，取五位以上子孙及东西史部子①为之。若八位以上子，情愿者听。国学生，取郡司子弟为之，大学生式部补，国学生国司补。并取年十三以上，十六以下聪令者为之。

凡经，《周易》、《尚书》、《周礼》、《仪礼》、《礼记》、《毛诗》、《春秋左氏传》，各为一经。《孝经》、《论语》，学者兼习之。

凡学生，通二经以上，求出仕者，听举送。其应举者，试问大义十条，得八以上，送太政官。若国学生虽通二经，犹情愿学者，申送式部，考练得第者，进补大学生。

凡学生，虽讲说不长，而闲于文藻，才堪秀才、进士者，亦听举送。

（同上，卷3《学令》，第129、130、132页）

3. 官员政绩考课及政绩优劣标准

凡内外文武官初位以上，每年当司长官考其属官。应考者，皆具录一年功过行能，并集对读，议其优劣，定九等第，八月卅日以前校定。京官、畿内，十月一日考文申送太政官。外国，十一月一日，附朝集使申送。考后功过，并入来年。若本司考讫以后，省未校以前，犯罪断讫，准状合解及贬降者，仍即附

---

① 史部，以文笔为职者，拥有史姓，大多是大陆移民的后裔。

校。有功应进者，亦准此。无长官，次官考。

（同上，卷 4《考课令》，第 149 页）

（官人政绩考察标准）

（1）善条

德义有闻者，为一善。

清慎显著者，为一善。

公平可称者，为一善。

恪勤匪懈者，为一善。

（2）最条

神祇祭祀，不违常典，为神祇官这最。谓少副以上。

献替奏查，议务合理，为大纳言之最。

承旨无违，吐纳明敏，为少纳言之最。

受付庶务，处分不滞，为辨官之最。谓少辨以上。

侍从覆奏，施行不停，为中务之最。谓少辅以上。

铨衡人物，擢尽才能，为式部之最。谓少辅以上。

僧尼合道，谱第不扰，为治部之最。谓少辅以上。

户口不滥，仓库有实，为民部之最。谓少辅以上。

铨衡武官，调充戎事，为兵部之最。谓少辅以上。

决断不滞，与夺合理，为刑部之最。谓少辅以上及判事。

谨于修置，明于出纳，为大藏之最。谓少辅以上。

堪供食产，催治诸部，为官内之最。谓少辅以上。

访察严明，纠举必当，弹正之最。谓忠以上及巡察。

兴崇礼教，禁断盗贼，为京职之最。谓亮以上。

监造御膳，净戒无误，为主膳之最。谓亮及典膳以上。

部统有方，警守无失，为卫府之最。谓尉以上。

（略）

礼仪兴行，戎具总备，为太宰之最。谓少式以上

强济诸事，肃清所部，为国司之最。谓介以上。

无有爱憎，供承善成，为国掾之最。

（略）

（同上，卷 4《考课令》，第 151~155 页）

4. 奖惩

一最以上有四善，为上上。一最以上有三善，或无最而有四善，为上中。一最以上有二善，或无最而有三善，为上下。一最以上有一善，或无最而有二善，为中上。一最以上，或无最而有一善，为中中。职事粗理，善最弗闻，为中下。爱憎任情，处断乖理，为下上。背公向私，职务废阙，为下中。居官谄诈，及贪浊有状，为下下。若于善最之外，别有可嘉尚，及罪虽成殿，情状可矜，或虽不成殿，而情状可责者，省校日，皆听临时量定。

凡国郡司，抚育有方，户口增益者，各准见户，为十分论，加一分。国郡司，谓掾及少领以上。各进考一等，每加一分，进一等。增户，谓增课丁，率一丁，同一户法，每次丁二口，中男四口，不课口六口。各同一丁例，其有破除者，得相折之。若抚养乖方，户口减损者，各准增户法，亦减一分，降一等。每减一分，降一等。课及不课，并准上文。其劝课田农，能使丰殖者，亦准见地，为十分论，加二分，各进考一等。每加二分，进一等。谓熟田之外，别能垦发者。其有不加劝课，以致损减者，谓熟田之内有荒废者。损一分，降考一等。每损一分，降一等。谓熟田之内有荒废者。若数处有功，并应进考者，亦听累加。

（同上，卷4《考课令》，第156～158页）

凡国司，每年量郡司行能功过，立四等考第。清谨勤公，勘当明审之类为上。居官不怠，执事无私之类为中。不勤其职，数有过犯之类为下。背公向私，贪浊有状之类为下下。其军团少毅以上，统领有方，部下肃整为上。清平谨恪，武艺可称为中。于事无勤，武艺不长为下。数有过失，武用无纪为下下。每年国司皆考对定，讫具记附朝集使送省。其下下考者，当年校定即解。

（同上，卷4《考课令》，第164～165）

第三节　土地、田租、徭役制度

一、土地制度

1. 班田制①

凡田，六年一班。神田、寺田，不在此限。若以身死，应退田者，每至班年，即从收授。

凡应班田者，每班年，正月卅日内申太政官。起十月一日，京、国官司，预校勘造簿。至十一月一日，总集应受之人，对共给授，二月卅日内使讫。

（同上，卷3《田令》，第110~111页）

凡给口分田者，男二段，女减三分之一。五年以下不给。其地有宽狭者，从乡土法。易田倍给。给讫，具录町段及四至。

（同上，卷3《田令》，第107页）

凡国郡界内，所部受田，悉足者为宽乡，不足者为狭乡。

凡狭乡田不足者，听于宽乡遥受。

凡官户奴婢口分田，与良人同。家人奴婢，随乡宽狭，并给三分之一。

凡给园地者，随地多少均给，若绝户还公。

（同上，卷3《田令》，第109、112页）

2. 土地、园地的租赁和卖买

凡卖买宅地，皆经所部官司申牒，然后听之。

---

① 又称班田收授制，仿唐代均田令而制定。

凡赁租田者，各限一年。园任赁租及卖，皆须经所部官司申牒，然后听。

凡官人、百姓，并不得将田宅园地，捨施及卖易与寺。

（同上，卷3《田令》，第110、112页）

3. 公田与官田①

凡诸国公田，皆国司随乡土估价赁租，其价送太政官，以充杂用。

凡畿内置官田，大和、摄津各卅町；河内、山背各廿町。每二町配牛一头，其牛，令一户养一头。② 谓中中以上户。

（同上，卷3《田令》，第109、114页）

二、租、庸、调③

1. 田租

凡田，长卅步，广十二步为段，十段为町④。段租稻二束二把，町租稻廿二束。

凡田租，准国土收获早晚，九月中旬起输，十一月卅日以前纳毕。其春米运京者，正月起运，八月卅日以前纳毕。

（同上，卷3《田令》，第107页）

---

① 公田与官田，是公营田，惩用农民徭役进行耕种，收获归国家所有。公田最早始于大宰府。官田设于畿内地区。

② 此处系指养牛之户，免杂徭。

③ 租、庸、调是律令制下的基本的实物租赋。租是田租，庸是用交纳实物替代劳役，调是由男丁负担的贡物，主要是绢、絁等各地的物产。田租入各地的官仓，庸、调送中央。

④ 地一段约收稻五十束，每束稻约可春得米五升。

2. 调、庸

凡调，绢、絁、丝、绵、布，并随乡土所出。正丁一人绢、絁八尺五寸，六丁成疋。长五丈一尺，广二尺二寸。美浓絁六尺五寸，八丁成匹。长五丈二尺，广同绢、絁。丝八两，绵一斤，布二丈六尺，并二丁成絇、屯、端。① 端长五丈二尺，广二尺四寸。其望陁布，四丁成端。长五丈二尺，广二尺八寸。若输杂物者，铁十斤、锹三口、每口三斤。盐三斗、鳆十八斤、坚鱼卅五斤、乌贼卅斤、螺卅二斤、熬海鼠廿六斤、杂鱼楚割五十斤、杂腊一百斤、紫菜卅八斤、杂海藻一百六十斤、海藻一百卅斤、滑海藻二百六十斤、海松一百卅斤、凝海菜一百廿斤、杂腊六斗、海藻根八斗、未滑海藻一石、泽蒜一石二斗、岛蒜一石二斗、鳆鲊二斗、贻贝鲊三斗、白贝菹三斗、辛螺头打六斗、贻贝后折六斗、海细螺一石、棘甲蠃六斗、甲蠃六斗、杂鮨五斗、近江鮒五斗、煮盐年鱼四斗、煮坚鱼廿五斤、坚鱼煎汁四升。

次丁二人，中男四人，并准正丁一人。其调副物，正丁一人，紫三两、红三两、茜二斤、黄连二斤、东木绵十二两、安艺木绵四两、麻二斤、熟麻十两十六铢、蒀十二两、黄蘗七斤、黑葛六斤、木贼六两、胡麻油七夕、麻子油七夕、荏油一合、曼椒油一合、猪脂三合、脑②一合五夕、漆三夕、金漆三夕、盐一升、杂腊二升、坚鱼煎汁一合五夕、山姜一升、青土一合五夕、橡八升、纸六张、长二尺，広一尺。筐柳一把、七丁席一张、苫一张、鹿角一头、鸟羽一只、砥一颗、二丁簧一张、三丁荐一张、十四丁樽一枚、受三斗。廿一丁樽一枚、受四斗。卅五丁樽一枚。受五斗。

京及畿内，皆正丁一人，调布一丈三尺，次丁二人，中男四人，各同一正丁。

（同上，卷 3《赋役令》，第 11 ~ 116 页）

凡调庸物，每年八月中旬起输。近国十月卅日，中国十一月卅日，远国十二月卅日以前纳讫。其调丝，七月卅日以前输讫。若调、庸未发本国间，有身死者，其物却还。其运脚均出庸调之家，皆国司领送，不得傜勾③随便杀输。

---

① 丝十六两为絇，绵二斤为屯，布五丈二尺为端。

② 马的脑髓。

③ 傜勾，系由国司收取赁金，代民客运调庸物。

（同上，卷3《赋役令》，第117页）

凡诸国贡献物者，皆尽当土所出。其金、银、珠、玉、皮、革、羽、毛、锦、罽、罗、縠、绸、绫、香、药、彩色、服食、器用及诸珍异之类，皆准布为价，以官物市充，不得过五十端。其所送之物，但令无损坏秽恶而已。不得过事修理，以致劳费。

（同上，卷3《赋役令》，第126页）

3. 徭役

凡正丁，岁役十日。若须收庸者，布二丈六尺。一日二尺六寸。须留役者，满卅日，租调俱免。役日少者，计见役日折免。通正役，并不得过卌日。次丁二人同一正丁，中男及京畿内，不在收庸之例。其丁赴役之日，长官亲自点检，并阅衣、粮周备，然后发遣。若欲顾当国郡人及遣家人代役者，听之。劣弱者不合，即于送簿名下，具注代人贯属、姓名。其匠欲当色顾巧人代役者，亦听之。

（同上，卷3《赋役令》，第118页）

凡令条外杂徭者，每人均使，总不得过六十日。

（同上，卷3《赋役令》，第126~127页）

凡仕丁者，每五十户二人，以一人充厮丁。三年一替。若本司籍其才用，仍自不愿替者听。其女丁者，大国四人，上国三人，中国二人，下国一人。

（同上，卷3《赋役令》，第127页）

凡官田，应役丁之处，每年宫内省，预准来年所种色目及町段多少，依式料功，申官支配。其上役之日，国司仍准役月闲要，量事配遣。其田司，年别相替，年终省校量收获多少，附考褒贬。

（同上，卷3《田令》，第114页）

4. 兵役

凡兵士简点之次，皆令比近团割，不得隔越。其应点入军者，同户之内，每三丁取一丁。

（同上，卷5《军防令》，第183页）

凡兵士上番者，向京一年，向防三年，不计行程。

凡兵士向京者名卫士，火别取白丁五人，充火头。守边者，名防人。

（同上，卷5《军防令》，第185页）

5. 高利贷（"出举"）

凡公①私以财物出举者，任依私契，官不为理。每六十日取利，不得过八分之一。虽过四百八十日，不得过一倍。家资尽者，役身折酬。不得回利为本，若违法责利，契外掣夺及非出息之债者，官为理。其质者，非对物主，不得辄卖。若计利过本不赎，听告所司对卖，即有乘还之。如负债者逃避，保人代偿。

（同上，卷10《杂令》，第336～337页）

凡以稻粟出举者，任依私契，官不为理。仍以一年为断，不得过一倍。其官半倍，并不得因旧本更令生利及回利为本。若家资尽，亦准上条。

凡出举，两情和同私契。取利过正条者，任人纠告，利物并给纠人。

（同上，卷10《杂令》，第337页）

6. 义仓

凡一位以下及百姓杂色人等，皆取户粟，以为义仓。上上户二石，上中户一石六斗，上下户一石二斗。中上户一石，中中户八斗，中下户六斗。下上户四斗，下中户二斗，下下户一斗。若稻二斗，大麦一斗五升，小麦二斗，大豆二斗，小豆一斗，各当粟一斗，皆与田租同时收毕。

（同上，卷3《赋役令》，第118页）

---

① 公，系指公廨之物。

安房国义仓帐

天平二年义仓帐

陆人小子　贰拾人正女　贰人小女

右贰拾捌人赈给粟贰斛捌斗　人别一斗。

遗旧粟漆拾壹斛陆升伍合

新输粟壹拾参斛参斗

都合粟捌拾肆斛参斗陆升伍合

见户肆伯壹拾伍　二户中中，二户中下，三户下上，十一户下中，六十九户下下。

右下下已上捌拾捌户，见输义仓粟。

参佰贰拾漆户不在输限

仓壹间

以前义仓收纳如件，仍具事状，付目大初位上忌部宿祢登里万里申上，谨解。

越前国义仓帐

稻谷肆佰漆拾斛三斗□□□□

天平二年见户壹仟壹拾玖烟。上上户一，上中户四，上下户七，中上户四，中中户五，中下户八，下上户一十一、下中户一十三，下下户卅五，自余户九百廿烟，不在输粟之例。

（《宁乐遗文》上卷《政治编》，第320页）

第四节　户籍、身份等级及婚姻制度

一、户籍

凡户籍，六年一造，起十一月上旬，依式勘造。里别为卷，总写三通。其缝皆注其国其郡其里其年籍，五月卅日内讫。二通申送太政官，一通留国。其杂户、陵户籍，则更写一通，各送本司。所须纸笔等调度，皆出当户，国司勘量所须多少，临时斟酌，不得侵损百姓。其籍至官并即先纳后勘，若有增减隐没不同，随状下推。国承错失，即于省籍，具注事由。国亦注帐籍。

（同上，卷 2《户令》，第 96~97 页）

凡官户奴婢，每年正月，本司色别，各造籍二通。一通送太政官，一通留本司。有工能者①，色别具注。

（同上，卷 2《户令》，第 104 页）

御野国山方郡三井田里太宝贰年户籍

太宝贰年十一月御野国山方郡户籍

三井田里户数五拾户

上政户拾壹。中下壹户，下上壹户，下中壹户，下下捌户。

中政户贰拾壹。下中伍户，下下拾陆户。

下政户拾捌。下上壹户，下中壹户，下下拾陆户。

口数捌佰仇（玖）拾仇（玖）

男肆佰贰拾贰，有位捌。正丁叁，次丁叁，废疾壹，耆老壹。

正丁壹佰伍拾叁之中，兵士叁拾贰，遗壹佰贰拾壹，锻壹。次丁拾。

少丁肆拾壹之中，兵士叁，遗叁拾捌。

小子壹佰肆拾肆，绿儿伍拾贰，废疾伍，笃疾贰，耆老柒。

女肆伯陆拾叁，有位次女壹，正女贰佰拾贰，次女拾伍，少女肆拾。

小女壹佰贰拾捌，绿女肆拾伍，耆女贰拾贰。

奴柒：正奴叁，次奴壹，少奴壹，小奴贰。

婢漆：正婢肆，小婢叁。

（《宁乐遗文》上卷《政治编》，第 57 页）

御野国味蜂间郡春部里太宝贰年户籍

上政户国造族石足户口十三：正丁二，少丁三，兵士二，小子二，绿儿一，并十。正女二，绿女一，并三。

下下户户主石足。年卅二，兵士。

户主兄国足，年卅四，正丁。嫡子安倍。年六，小子。

户主弟高岛，年廿七，兵士。嫡子八十麻吕。年二，绿儿。

户主弟久留麻吕，年廿五，正丁。次大罴，年廿，少丁。次广国，年十九，少

---

① 工，指工匠；能，指善书、算者。

丁。次友乎。年十八，少丁。

　　户主甥奈世麻吕。年十，小子。

　　户主母国造族麻奈卖。年卅七，正女。

　　户主妻国造族志祁多女。年卅二，正女。大罴儿。年二，绿儿。

　　　　　　　　　　　　　　　　（同上《政治编》，第31页）

二、计帐

　　凡造计帐，每年六月卅日以前，京、国官司，责所部手实，具注家口年纪。若全户不在乡者，即依旧籍转写，并显不在所由。收讫，依式造帐、联署，八月卅日以前，申送太政官。

　　　　　　　　　　　　　　　（《令义解》卷2《户令》，第96页）

右京计帐

右京三条三坊

户主于伊美吉子首户手实，天平五年。

去年计帐定良贱口拾伍人。男六，女四人，奴四人，婢一人。

今年计帐见定良贱大小拾伍人。

不课口拾肆人

男伍人。一人六位，四人小子。

女肆人

贱口伍人。奴四人，婢一人。

课口一人

见输一人。正丁。

课户主从六位上于伊美吉子首，年漆拾玖，下野国药师寺造司工。

嫡子于伊美吉丰人，年拾肆，小子。

男于伊美吉伊贺麻吕，年肆拾漆，正丁。左下唇黑子。

女于伊美吉酒刀自卖，年参拾贰，正女。左颊黑子。

伊贺麻吕男于伊美吉足次，年拾陆，小子。鼻上黑子。

男于伊美吉石次，年拾壹，小子。

男于伊美吉马养，年捌，小子。

女于伊美吉古阿麻卖，年贰拾，少女。颈左黑子。

寄口市往刀自卖，年肆拾参，正女。

弟市往伊毛卖，年参拾贰，正女。

户主奴大伴，年陆拾参，和铜七年逃。

奴尼麻吕，年陆拾壹。

奴黑栖，年捌。

奴小黑栖，年漆。

婢乎卖，年漆拾参，和铜七年逃。

天平五年七月十二日文进伊贺麻吕

令大初位下尾张连牛养

勘守マ小床

（《宁乐遗文》上卷《政治编》，第57页）

右京三条三坊，天平五年。

户主出庭德麻吕户手实。

去年计帐定良口拾伍人。男六人，女九人。

帐后破除壹人。女。

今年计帐见定良大小口拾肆人。

不课口拾贰人。

男肆人。并小子。

女捌人。五人正女，一人少女，一人耆女，一人小女。

课口贰人。

见输贰人。正丁，遭服母。

输调

课户主出庭德麻吕，年伍拾陆，正丁。颈左黑子，母服。

男出庭人麻吕，年拾伍，小子。

男出庭家足，年漆，小子。

女出庭御比卖，年叁拾，正女。额黑子。

女出庭小黑女，年贰拾伍，正女。

女出庭真黑女，年贰拾，少女。

弟出庭小虫，年肆拾捌，正丁。左手上黑子，母服。

男出庭君麻吕，年拾陆，小子。

男出庭缝麻吕，年拾壹，小子。

女出庭橘女，年拾贰，小女。

小虫姊出庭刀自卖，年伍拾壹，正女。

女纪朝臣虫女，年叁拾肆，正女。

妹出庭家虫女，年肆拾肆，正女。

姑出庭麻须卖，年捌拾肆，耆女。左目盲。

户主出庭德麻吕户别项

母出云部子孙女，年捌拾捌，天平五年五月死。

右一人帐后破除。

文进中务史生出庭臣乙麻吕

天平五年六月九日

坊令大初位下尾张连牛养。

勘他田东人。

（同上《政治编》，第 136～137 页）

三、良民户及户主

凡户，以五十户为里，每里置长一人。掌检校户口、课殖农桑、禁察非违、催驱赋役。若山谷阻险，地远人稀之处，随便量置。

（《令义解》卷 2《户令》，第 91 页）

凡户主，皆以家长为之。户内有课口者，为课户，无课口者，为不课户。不课，谓皇亲及八位以上，男年十六以下，并荫子、耆、废疾、笃疾、妻、妾、女、家人、奴婢。

凡户，皆五家相保，一人为长，以相检察，勿造非违。如有远客来过止宿，及保内之人有所行诣，并语同保知。

（同上，卷 2《户令》，第 92、93 页）

四、品部、杂户、贱民

古记及释云：别记云，锻户二百十七户，甲作六二户，靼作五七八户，弓削三十二户，矢作廿二户，鞦张廿四户，羽结廿户，桙刊卅户。右八色人等，自十月至三月，每户役一丁为杂户，免调役也。爪工十八户，楯缝卅六户，幄作十六户，右三色人等，临时召役为品部，取调免徭役。

（《令集解》卷4《职员令·兵部省·造兵司》，第102页）

古记及释云：别记云，漆部廿人之中，伴造七人。倭国经年役，伴造为伴部，漆部为品部。漆部十户，经年每户役，免调役也。泥障二户，革张一户，右二色人等，临时召役为品部，取调免徭役。限外漆部五人，泥障八户，革张三户，右三色人等为品部，取调免徭役，但漆部、伴部并得考。

（同上，卷4《职员令·大藏省·漆部司》，第116页）

古记云：别记云，锦绫织百十户，年料一人锦一疋、绫一疋令织，但贵锦一匹令织，锦机卅四枝，为品部，取调免徭役。吴服部七户，年料每户小绫二疋令织，为品部，取调免徭役。川内国广绢织人等三百五十户，机五十枝，一机七疋令织，取调免徭役。绯染七十户，役日无限，染缬无定，为品部，取调免徭役。蓝染卅三户，倭国廿九户，近江国四户。三户出女三人役，余户每丁令采薪，为品部，免调役。织手等一二人在司上，多在国织进耳。

（同上，卷4《职员令·大藏省·织部司》，第118页）

凡放家人奴婢为良及家人者，仍经本属，申牒除附。

凡家人所生子孙，相承为家人，皆任本主驱使，唯不得尽头驱使及卖买。

凡官户、陵户、家人、公私奴婢，与良人为夫妻所生男女，不知情者，从良，皆离之。其逃亡所生男女，皆从贱。

（《令义解》卷2《户令》，第104～105页）

五、婚姻

凡男年十五，女年十三以上，听婚嫁。

凡嫁女，皆先由祖父母、父母、伯叔父、姑、兄弟、外祖父母，次及舅、从母、从父兄弟。若舅从母、从父兄弟，不同居共财，及无此亲者，并任女所欲为婚主。

　　凡结婚已定，无故三月不成及逃亡一月不还；若没落外蕃，一年不还及犯徒罪以上，女家欲离者，听之。虽已成，其夫没落外蕃，有子五年，无子三年不归及逃亡；有子三年，无子二年不出者，并听改嫁。

　　凡弃妻，须有七出之状：一无子，二淫泆，三不事舅姑，四口舌，五盗窃，六妒忌，七恶疾，皆夫手书弃之，与尊属近亲同署。若不解书，画指为记。妻虽有弃状，有三不去：一经持舅姑之丧，二娶时贱后贵，三有所受无所归，即犯义绝、淫泆、恶疾，不拘此令。

　　凡陵户、官户、家人、公私奴婢，皆当色为婚。

　　　　　　　　　　（同上，卷2《户令》，第99、100、103页）

第五节　裁判、刑律制度

一、告发

　　凡告言人罪，非谋叛以上者，皆令三审。应受辞牒官司，并具晓示虚得反坐之状。每审皆别日。受辞官人，于审后署记，审讫然后推断。若事有切害者，不在此例。切害，谓杀人、贼盗、逃亡、若强奸良人及有急速之类。其前人合禁，告人亦禁，辨定放之。

　　　　　　　　　　（同上，卷10《狱令》，第321～322页）

二、审判

　　凡察狱之官，先备五听①，又验诸证信，事状疑似犹不首实者，然后拷

————————

　　① 五听：一曰辞听，"观其出言，不直则烦"；二曰色听，"观其颜色，不直则赧然"；三曰气听，"观其气息，不直则喘"；四曰耳听，"观其听聆，不直则惑"；五曰目听，"观其眸子，不直则眊然也"。

掠。每讯相去廿日，若讯未毕，移他司。仍须拷鞫者，囚移他司者，连写本案，
俱移。则通计前讯，以充三度。即罪非重害及疑似处少，不必皆须满三。若囚
因讯致死者，皆具申当处长官。在京者，与弹正对验。

（同上，卷 10《狱令》，第 324 页）

凡犯罪，皆于事发处官司推断。在京诸司人、京及诸国人，在京诸司事
发者，犯徒以上，送刑部省。杖罪以下，当司决。其卫府纠捉罪人，非贯属
京者，皆送刑部省。

（同上，卷 10《狱令》，第 311 页）

凡犯罪，笞罪郡决之。杖罪以上，郡断定送国，覆审讫。徒杖罪及流应
决杖①。若应赎者，即决配征赎。其刑部断徒以上，亦准此。刑部省及诸国，断
流以上。若除免官当者②，皆连写案申太政官。按覆理尽申奏，即按覆事有不
尽，在外者遣使就覆，在京者更就省覆。

（同上，卷 10《狱令》，第 312 页）

凡决大辟罪，在京者，行决之司三覆奏。决前一日一覆奏。日，再覆奏。
在外者，符下日三覆奏。初日一覆奏，后日再覆奏。若犯恶逆以上，唯一覆
奏。家人奴婢杀主，不须覆奏。其京内决囚日，雅乐寮停音乐。

（同上，卷 10《狱令》，第 313 页）

凡国有疑狱，不决者，谳刑部省。若刑部仍疑，申太政官。

（同上，卷 10《狱令》，第 328 页）

---

① "流应决杖"，是指处以流放，因某种原因，可以杖刑替代。据《名例律》规定，
凡"家无兼丁者"和"杂户、陵户犯流者"，可以杖刑替代流刑。

② "断流以上若除免官当者"，是指以官职抵罪、犯八虐等重罪者免官免职的规定。
如据《名例律》，官员犯罪当徒者，犯私罪，一品以下，三位以上，一官抵徒三年，五位
以上抵徒二年，八位以上抵徒一年。若犯公罪则加一年，即分别抵徒四年、三年、二年。

三、重罪和刑罚种类

1. 重罪

八虐

一曰谋反。谓谋危国家。

二曰谋大逆。谓谋毁山陵及宫阙。

三曰谋叛。谓谋背国从伪。

四曰恶逆。谓殴及谋杀祖父母、父母，杀伯叔父、姑、兄姊、外祖父母、夫、夫之父母。

五曰不道。谓杀一家非死罪三人、支解人、造畜蛊毒厌魅。若殴告及谋杀伯叔父、姑、兄姊、外祖父母、夫、夫之父母、杀四等以上尊长及妻。

六曰大不敬。谓毁大社及盗大祀神御之物、乘舆服御物；盗及伪造神玺、内印；和合御药，误不如本方及封题误；若造御膳，误犯食禁；御幸舟船，误不牢固；指斥乘舆，情理切害及对捍诏使，而无人臣之礼。

七曰不孝。谓告言、诅詈祖父母、父母，及祖父母、父母在，别籍异财；居父母丧，身自嫁娶，若作乐释服从吉；闻祖父母、父母丧，匿不举哀；诈称祖父母、父母死；奸父祖妾。

八曰不义。谓杀本主、本国守、见受业师；吏卒杀本部五位以上官长；及闻夫丧，匿不举哀，若作乐，释服从吉及改嫁。

（《律令·名例律第一》，第 16～18 页）

2. 刑罚

笞罪五。笞十赎铜一斤。笞卅赎铜三斤。

笞廿赎铜二斤。笞册赎铜四斤。

笞五十赎铜五斤。

杖罪五。杖六十赎铜六斤。杖八十赎铜八斤。

杖七十赎铜七斤。杖九十赎铜九斤。

杖一百赎铜十斤。

徒罪五。徒一年赎铜廿斤。徒二年赎铜卅斤。

徒一年半赎铜卅斤。徒二年半赎铜五十斤。

徒三年赎铜六十斤。

流罪三。近流赎铜一百斤。

中流赎铜一百廿斤。

远流赎铜一百卅斤。

死罪二。绞、斩二死，赎铜各二百斤。

（同上《名例律第一》，第 15 页）

3. 减罪（"六议"）

一曰议亲。谓皇亲及皇帝五等以上亲，及太皇太后、皇太后四等以上亲、皇后三等以上亲。

二曰议故。谓故旧。

三曰议贤。谓有大德行。

四曰议能。谓有大才艺。

五曰议功。谓有大功勋。

六曰议贵。谓三位以上。

（同上《名例律第一》，第 19～20 页）

凡犯罪应入议请者①，皆申太政官。应议者，大纳言以上及刑部卿、大辅、少辅、判事，于官议定。虽非六议，但本罪应奏，处断有疑及经断不伏者，亦众议量定。虽非此官司，令别敕参议者，亦在集限。若意见有异者，人别因申其议，官断简以状奏闻。

（《令义解》卷 10《狱令》，第 320 页）

---

① "犯罪应入议请者"，是指皇族及姻戚等犯罪，议请特别审议和实施减刑。

第四章　律令国家的发展——奈良时代

概　说

随着《大宝律令》的制定，律令制国家体制也随之确立。710 年，象征中央集权政治标志的都城平城京建成。三月迁都平城京（奈良），开始了奈良时代（710－793）。

奈良时代的统治，很多方面效仿隋、唐。治政方面，在治政理念上，受中国的诸子学说，尤其是儒学的影响极深。奈良时代的各代天皇，对于以礼、仁思想治国，殊为重视，提出了"为政之道，以礼为先"，"国家隆泰，要在富民"，"政先俭约"等治政理念。在经济方面，重视农业的发展。"食之为本，是民所天，随时设策，治国要政"，"用兵之要，衣食为本，镇无储粮，何堪固守"。这种视粮为统治稳固之要的思想，成为天皇念念不忘的头等大事。为了使各级官吏重视农业，朝廷在考核制度中，特别指出"务课农桑"的好坏，是官吏褒贬的重要条件。

从这种思想出发，政府奖励垦殖田地，兴修水利。治理水利工程之多，仅在畿内地区，就先后治理了四条大河、十四处水池、二十一条堤坝、七处沟渠。由于重视农业，农耕技术、种植品种均有明显的提高和发展。

与农业相伴，矿产开采和手工业发展也相当突出。因铸造钱币，建筑宫殿、官衙、寺院以及军事装备的需要，中央分别设立了典铸司、锻治司和造兵司等技术管理机构。各地方的矿业已形成了各自的特色，如武藏、周防、长门的铜，伊势的水银，对马、摄津的银，下野、陆奥的金，美作、备中、备后、近江的铁。手工业以绢、𬘓、丝、绵、布最为出色。中央设有织部司。技术上除手工编织外，已使用编织机。

农业、手工业的发展，推动了商品的交流。京城、国衙所在地、水陆交通要道、寺院神社门前出现了市场。各地之间的行商贸易也相当活跃。商业交易中货币也应运而生。铜钱"和铜开珎"开始在市场上流通。朝廷甚至推行"蓄钱叙位法",官吏的俸禄也一度改为以货币为主。

在大化改新时施行的班田制,由于土地的不足,朝廷推行多项增加田地的措施。先有开垦百万町田计划,后有"三世一身法"、"垦田永世私有令"。新土地政策的实施,使私有土地增加,促使以班田制为主体的公田公民制和赋税制,开始逐渐变化。

奈良时代的中央集权统治,总体上看是稳固的。但是,朝廷内部贵族之间并不是相安无事的,权力之争时有发生。著名的政治事件有长屋王事件、藤原广嗣之乱、橘奈麻吕之变、惠美押胜之乱以及道镜和尚企谋皇位事件等。

奈良朝廷对外推行开放政策,通过直接与邻国的交流,积极吸收域外的先进文化,经过消化,创建了日本式的政治、经济、文化制度。在对外交流中,以与唐的交往规模最大,内容丰富多彩。从 630 年派遣第一回遣唐使起至 894 年正式中止的 264 年间,日本先后任命过十八回遣唐使,其中有三回任命后未能成行,到达唐朝的共十五回。十五回遣唐使中,有一回是为迎接遣唐大使藤原清河而专门派遣的,称为"迎入唐使使";一回是送唐朝使节孙兴进归国而派遣的,称为"送唐客使"。因此,真正作为日本国使,仅十三回。从派遣遣唐使的时代背景及其目的考虑,十三回遣唐使大致可分为三期:第一期,630 年(舒明二年)至 669 年(天智八年),共六回;第二期,702 年(大宝二年)至 777 年(宝龟八年),共五回;第三期,804 年(延历二十三年)至 838 年(承和五年),共二回。

日本与朝鲜半岛的新罗之间,虽然时有矛盾和纠纷,但是彼此往来并未中断。据统计,奈良时代,日本向新罗派使节十六回,新罗向日本派使节二十二回。

8 世纪 20 年代以后,日本与渤海国的交往频繁。在奈良时代,渤海国遣使日本十二回,日本遣使渤海国二十二回。

奈良时代,以佛教文化为核心,在宗教思想、建筑、美术等等方面,具有显明的时代特征。在史学、文学、地志、汉诗、和歌等领域,出现了《古事记》、《日本书纪》、《风土记》、《怀风藻》、《万叶集》等传世之作。

第一节　平城京的建设

一、京城的勘定——从藤原京到平城京

（庆云元年十一月）壬寅，始定藤原宫地。宅入宫中百姓一千五百烟，赐布有差。

> （《续日本纪》一，卷3，第82~84页）

（庆云四年二月）戊子，诏诸王臣五位已上，议迁都事也。

> （同上，卷3，第108页）

（和铜元年九月）戊寅，巡幸平城，观其地形。

> （同上，卷4，第142页）

（和铜元年九月）戊子，以正四位上阿倍朝臣宿奈麻吕，从四位下多治比真人池守为造平城京司长官，从五位下中臣朝臣人足，小野朝臣广人，小野朝臣马养等为次官，从五位下坂上忌寸忍熊为大匠。判官七人，主典四人。

（和铜元年）冬十月庚寅，遣宫内卿正四位下犬上王，奉币帛于伊势大神宫，以告营平城宫之状也。

（和铜元年）十二月癸巳，镇祭平城宫地。

> （同上，第142~144页）

（和铜二年十月）癸巳，敕造平城京司："若彼坟陇，见发堀者，随即埋敛，勿使露弃，普加祭酹，以慰幽魂。"

> （同上，第156页）

（和铜二年十月）庚戌，诏曰："比者，迁都易邑，摇动百姓，虽加镇抚，

未能安堵。每念于此，朕甚愍焉，宜当年调、租并悉免之。"

（同上，第 156 页）

二、建造平城京的指导思想

（和铜元年二月）戊寅，诏曰："朕祇奉上玄，君临宇内，以菲薄之德，处紫宫之尊。常以为，作之者劳，居之者逸，迁都之事，必未遑也。而王公大臣咸言：往古已降，至于近代，揆日瞻星，起宫室之基，卜世相土，建帝皇之邑，定鼎之基永固，无穷之业斯在。众议难忍，词情深切，然则京师者，百官之府，四海所归。唯朕一人，（岂）独逸豫？苟利于物，其可远乎。昔殷王五迁，受中兴之号。周后三定，致太平之称，安以迁其久安宅。方今平城之地，四禽①叶图，三山②作镇，龟筮并从③，宜建都邑。其营构资，须随事条奏，亦待秋收后，合（令）造路桥。子来之义，勿致劳扰，制度之宜，合（令）后不加。

（同上，第 130 页）

三、迁都平城京

（和铜三年三月）辛酉，始迁都于平城。

（同上，卷45，第 160 页）

第二节　奈良时代的政冶

一、奈良朝廷的治政理念

---

①　四禽，即指青龙、白虎、朱雀、玄武。

②　三山，即是奈良盆地的春日山、平城山、生驹山。

③　龟，龟卜。筮，易筮。在测定平城京京地的风水时，同时采用龟卜和易筮两法进行卜占。

1. 国家隆泰，要在富民

（灵龟元年）冬十月乙卯，诏曰："国家隆泰，要在富民。富民之本，务从货食。故男勤耕耘，女修纴织。家有衣食之饶，人生廉耻之心，刑错之化爰兴，太平之风可致。（略）"

（《续日本纪》二，卷7，第4页）

（养老五年）三月癸丑，敕曰："朕君临四海，抚育百姓，思欲家之贮积，人之安乐。"

（同上，卷8，第90页）

2. 农者天下之本

（神护景云元年四月）癸卯，敕："夫农者天下之本也，吏者民之父母也。劝课农桑，令有常制。比来诸国频年不登，匪唯天道乖宜，抑亦人事怠慢。宜令天下勤事农桑。"

（《续日本纪》四，卷28，第160页）

（延历三年十一月）庚子，诏曰："民惟邦本，本固国宁。民之所资，农桑是切。比者，诸国司等，厥政多僻，不愧抚道之乖方，唯恐侵渔之未巧。或广占林野，夺苍生之便要；或多营田园，妨黔黎之产业，百姓雕弊，职此之由。宜加禁制，惩革贪浊。自今以后，国司等不得公廨田外更营水田。又不得私贪垦辟，侵百姓农桑地。如有违犯者，收获之实，垦辟之田，并皆没官，即解见任，科违敕罪。夫同僚并郡司等，相知容隐，亦与同罪。若有人纠告者，以其苗子与纠（告）人。"

（《续日本纪》五，卷38，第306页）

3. 政先俭约

（宝龟十一年正月）乙酉，诏曰："令顺四时，圣人之茂典，网解三面①，哲后之深仁。朕锡命上玄，君临下土，政先俭约，志在忧勤。虽道谢潜通，功惭日用，而迩安远至，岁稔时邕。今者，三元②初历，万物惟新，宜顺阳和，播兹凯泽。"

（同上，卷三十六，第124页）

4. 为政之道，以礼为先

（庆云三年三月）丁巳，诏曰："夫礼者，天地经义③，人伦镕范也。道德仁义，因礼乃弘，教训正俗，待礼而成④。"

（《续日本纪》一，卷3，第102页）

（庆云四年十二月）辛卯，诏曰："凡为政之道，以礼为先，无礼言乱，言乱失旨。"

（同上，卷4，第124页》）

5. 孝、仁乃安国布政之方

（养老六年四月）辛卯，诏曰："朕遐想千载，旁览九流⑤，详思布政之方，莫先仁恕之典。故赈恤之惠，无隔遐方，抚育之仁，普覃宇内。"

（《续日本纪》二，卷9，第114页）

---

① "网解三面"，出自《史记·殷本纪》："汤王出，见野张网四面。祝曰：自天下四方，皆入吾网。汤曰：嘻，尽之矣，乃其三面。祝曰：欲左左，欲右右，不用命乃入吾网。诸侯闻之曰：汤德至矣，及禽兽。"

② 元旦。此日是年、月、日之始，故称三元。

③ "天地经义"，源自《左传》昭公二十五年条："子产曰：夫礼，天之经也，地之义也。"

④ "道德仁义……待礼而成"，源自《礼记·曲礼》："道德仁义，非礼不成，教训正俗，非礼不备。"

⑤ "九流"，指儒学等诸学问，据《汉书·艺文志》，分为儒、道、阴阳、法、名、墨、纵横、杂、农九学派。

（天平宝字年夏四月辛巳）敕曰：“（略）古者，治民安国必以孝理，百行之本莫先于兹。宜令天下，家藏《孝经》一本，精勤诵习，倍加教授。百姓间有孝行通人，乡间钦仰者，宜令所由长官，具以名荐。其有不孝、不恭、不友、不顺者，宜配陆奥国桃生、出羽小胜，以清风俗，亦捍边防。”

（《续日本纪》三，卷20，第182页）

6. 严吏治

（天应元年）六月戊子朔，诏曰：“惟王之置百官也，量材授能，职员有限。自兹厥后，事务稍繁，即量剧官①，仍置员外，近古因循，其流益广，譬以十羊更成九牧，民之受弊，实为此焉。朕肇膺宝历，君临区夏，言念生民，情深抚育。思欲除其残害，惠之仁寿，宜内外文武官，员外之任，一皆解却。但郡司、军毅不在此限。又其在外国司，多乖朝委，或未知欠仓，且用公廨；或不畏宪纲，肆渔百姓。故今择其奸滥尤著者，秩虽未满，随事贬降。自今以后，内外官人，立身清谨，处事公正者，所司审访，授以显官。其在职贪残，状迹浊滥者，宜遣巡察采访黜降。庶使激浊扬清，变浇俗②于当年，忧国抚民，追淳风于往古。普告遐迩，知朕意焉。”

（《续日本纪》五，卷36，第192～194页）

（延历五年夏四月）庚午，诏曰：“诸国所贡庸调支度等物，每有未纳，交阙国用，积习稍久，为弊已深。良由国宰、郡司递相怠慢，遂使物漏民间，用乏官库。又其莅政治民，多乖朝委，廉平称职，百不闻一，侵渔润身，十室而九。忝曰官司，岂合如此，宜量其状迹，随事贬黜。其政绩有闻，执掌无废者，亦当甄录，擢以显荣。所司宜详沙汰，明作条例奏闻。于是，太政官商量，奏其条例：抚育有方，户口增益；劝课农桑，积实仓库；贡进杂物，依限送纳；肃清所部，盗贼不起，判断合理，狱讼无冤；在职公平，立身清慎，且守且耕，军粮有储；边境清肃，城隍修理。若有国宰、郡司、镇将边要等官，到任三年之内，政治灼然，当前二条已上者，五位已上者量事进阶，六位已下者擢之不次，授以五位。在官贪浊，处事不平；肆行奸猾，以求名

---

①　事务繁忙的官司。
②　人情轻薄之风俗。

誉；畋游无度，扰乱百姓；嗜酒沈湎，废阙公务；公节无闻，私门日益；放纵子弟，请托公行；逃失数多，克获数少；统摄失方，戍卒违命。若有同前群官不务职掌，仍当前一条已上者，不限年之远近，解却见任。其违乖抚育、劝课等条者，亦望准此而行之。奏可之。"

（同上，卷39，第364~366页》）

二、政治事件

1. 长屋王①事件

（天平元年）二月辛未，左京人从七位下漆部造君足，无位中臣宫处连东人等告密称："左大臣正二位长屋王私学左道，欲倾国家"。其夜，遣使固守三关②。因遣式部卿从三位藤原朝臣宇合、卫门佐从五位下佐味朝臣虫麻吕、左卫士佐外从五位下津岛朝臣家道、右卫士佐外从五位下纪朝臣佐比物等，将六卫兵围长屋王宅。

（《续日本纪》二，卷10，第204页）

（天平元年二月）壬申，以大宰大贰正四位上多治比真人县守、左大辨正四位上石川朝臣石足、弹正尹从四位下大伴宿祢道足，权为参议。已时，遣一品舍人亲王、新田部亲王、大纳言从二位多治比真人池守、中纳言正三位藤原朝臣武智麻吕、右中弁正五位下小野朝臣牛养、少纳言外从五位下巨势朝臣宿奈麻吕等，就长屋王宅穷问其罪。

癸酉，令王自尽。其室二品吉备内亲王、男从四位下膳夫王、无位桑田王、葛木王、钩取王等，同亦自经。乃悉捉家内人等，禁著于左右卫士、兵卫等府。

（同上，卷10，第206页）

甲戌，遣使葬长屋王、吉备内亲王尸于生马山③。仍敕曰："吉备内亲王

---

① 长屋王（684-729），天武天皇之孙，父高市皇子，母天智天皇之女御名部皇女。是具有皇位继承资格者。官至左大臣，与藤原氏政见不合，终遭陷害。

② 越前国爱发关、美浓国不破关、伊势国铃鹿关。

③ 似是生驹山。

者无罪，宜准例送葬，唯停鼓吹。其家令、帐内等并从放免。长屋王者依犯伏诛，虽准罪人，莫丑其葬矣。"长屋王天武天皇之孙，高市亲王之子也。吉备内亲王、日并知皇子尊①之皇女也。

（同上，卷10，第204～206页）

（天平十年七月）丙子，左兵库少属、从八位下大伴宿祢子虫，以刀斫杀右兵库头、外从五位下中臣宫处连东人。初，子虫事长屋王，颇蒙恩遇，至是适与东人任于比寮，政事之隙相共围碁，语及长屋王，愤发而骂，遂引剑斫而杀之。东人即诬告长屋王事之人也。

（同上，卷13，第340～342页）

2. 藤原广嗣②之乱

（天平十二年八月）癸未，大宰少贰、从五位下藤原朝臣广嗣上表，指时政之得失，陈天地之灾异，因以除僧正玄昉法师、右卫士督、从五位上下道朝臣真备为言。

九月丁亥，广嗣遂起兵反。敕：以从四位上大野朝臣东人为大将军，从五位上纪朝臣饭麻吕为副将军，军监、军曹各四人，征发东海、东山、山阴、山阳、南海五道军一万七千人，委东人等持节讨之。

（同上，卷13，第364～366页）

（天平十二年九月）戊申，大将军东人等言："杀获贼徒丰前国京都郡镇长、大宰史生、从八位上小长谷常人、企救郡板柜镇小长凡河内田道。但大长三田盐笼者，著箭二只逃窜野里。生房登美、板柜、京都三处营兵一千七百六十七人，器仗十七事。仍差长门国丰浦郡少领、外正八位上额田部广麻吕，将精兵卅人，以今月廿一日发渡。又差敕使、从五位上佐伯宿祢常人、从五位下安倍朝臣虫麻吕等，将隼人二十四人并军士四千人，以今月廿二日

---

①　天武天皇子草壁皇子。

②　大化改新中有功之臣中臣镰足，受赐"藤原"氏姓。其后，镰足子藤原不比等势倾朝廷。藤原不比等有藤原武智麻吕（南家）、藤原房前（北家）、藤原宇合（式家）、藤原麻吕（京家）四子。藤原广嗣是藤原宇合之子，曾任式部少辅兼大养德国守，后因"在京中谗乱亲族"，被左迁九州岛，任大宰少式。

发渡，令镇板柜营。东人等将后到兵，寻应发渡。"又间谍申云："广嗣于远珂郡家造军营、储兵弩，而举烽火征发国内兵矣。"

（天平十二年九月）己酉，大将军东人等言："丰前国京都郡大领、外从七位上楷田势麻吕将兵五百骑，仲津郡拟少领、无位膳东人兵八十人，下毛郡拟少领、无位勇山伎美麻吕，筑城郡拟（少）领、外大初位上佐伯丰石兵七十人来归官军。又丰前国百姓丰国秋山等，杀逆贼三田盐笼。又上毛郡拟大领纪乎麻吕等三人，共谋斩贼徒首四级。"

（同上，卷13，第366～368页）

（天平十二年九月）癸丑，敕筑紫府管内诸国官人、百姓等曰："逆人广嗣小来凶恶，长益诈奸。其父故式部卿常欲除弃，朕不能许，掩藏至今。比在京中谗乱亲族，故令迁远，冀其改心。今闻，擅为狂逆，扰乱人民，不孝不忠，违天背地，神明所弃，灭在朝夕。前已遣敕符，报知彼国。又闻，或有逆人，捉害送人，不令遍见，故更遣敕符数千（十）条，散掷诸国，百姓见者，早宜承知。如有人虽本与广嗣同心起谋，今能改心悔过，斩杀广嗣而息百姓者，白丁赐五位已上，官人随等加给，若身被杀者，赐其子孙。忠臣义士，宜速施行。大军续须发入，宜知此状。"

（天平十二年十月）壬戌，诏大将军东人，令祈请八幡神焉。大将军东人等言："逆贼藤原广嗣率众一万许骑到板柜河。广嗣亲自率隼人军为前锋，即编木为船，将渡河。于时，佐伯宿祢常人、安倍朝臣虫麻吕，发弩射之，广嗣众却，列于河西。常人等率军士六千余人陈于河东，即令隼人等呼云：'随逆人广嗣，拒扞官军者，非直灭其身，罪及妻子亲族者。'则广嗣所率隼人并兵等，不敢发箭。于时，常人等呼广嗣十度，而犹不答。良久，广嗣乘马出来云：'承敕使到来，其敕使者为谁?'，常人等答云：'敕使卫门督佐伯大夫、式部少辅安倍大夫，今在此间者。'广嗣云：'而今知敕使。'即下马，两段再拜。申云：'广嗣不敢扞朝命，但请朝廷乱人二人耳，广嗣敢扞朝廷者，天神地祇罚杀。'常人等云：'为赐敕符，唤大宰典已上，何故发兵押来?'广嗣不能辨苔，乘马却还。时，隼人三人，直从河中泳来降服，则朝廷所遣隼人等扶救，遂得著岸，仍降服隼人二十人。广嗣之众十许骑来归官军，获房器械如别。又降服隼人赠嗏君多理志佐申云：'逆贼广嗣谋云，从三道往，即广嗣自率大隅、萨摩、筑前、丰后等国军合五千人，从鞍手道往。纲手率筑后、肥前等国军合五千人许人，从丰后国往。多胡古麻吕不知所率军数从田河道往。但广嗣之众到来镇所，纲手、多胡古麻吕未到。'"

（同上，卷13，第370～374页）

（天平十二年十一月丙戌）是日，大将军东人等言："进士无位安倍朝臣黑麻吕，以今月廿三日丙子，捕获逆贼广嗣于肥前国松浦郡值嘉岛长野村。"诏报曰："今览十月廿九日奏，知捕得逆贼广嗣，其罪显露，不在可疑，宜依法处决，然后奏闻。"

（天平十二年十一月）戊子，大将军东人等言："以今月一日，于肥前国松浦郡，斩广嗣、纲手已讫。菅成以下从人已上及僧二人者，禁正身置大宰府，其历名如别。又以今月三日，差军曹海犬养五百依发遣，令迎逆人。广嗣之从三田兄人等廿余人，申云：'广嗣之船从知贺岛发，得东风往四个日，行见岛。船上人云，是耽罗岛①也。于时，东风犹扇，船留海中，不肯进行。漂荡已经一日一夜，而西风卒起，更吹还船。于是，广嗣自捧驿铃一口云："我是大忠臣也，神灵弃我哉。"乞赖神力，风波暂静。以铃投海，然犹风波弥甚，遂著等保、知驾岛、色都岛②矣。'"广嗣，式部卿马养之第一子也。

（同上，卷13，第376～378页）

3. 橘奈麻吕③谋变

（天平宝字年六月）甲辰，先是，去胜宝七岁冬十一月，太上天皇不豫，时左大臣橘朝臣诸兄祗承人④佐味宫守告云：大臣饮酒之庭，言辞无礼，稍有反状，云々。太上天皇优容不咎，大臣知之，后岁致仕。（略）至是，从四位上山背王复告橘奈良麻吕反道，备兵器，谋围田村宫，正四位下大伴宿祢古麻吕亦知其情。

（《续日本纪》三，卷20，第194～196页）

---

① 耽罗岛，今韩国济州岛。

② 等保、知驾岛、色都岛，今日本五岛列岛中小岛。

③ 橘奈麻吕，父左大臣橘诸兄之子，官至参议左大辨，受藤原氏排斥。

④ "祗承人"，大臣家的家司，亦称资人。

（天平宝字元年七月戊申）是日夕，中卫舍人、从八位上上道臣斐太都告内相云："今日未时，备前国前守小野东人唤斐太都，谓云：'有王臣谋杀皇子及内相，汝能从乎？'斐太都问云：'王臣者为谁等耶？'东人答云：'黄文王、安宿王、橘奈良麻吕、大伴古麻吕等，徒众甚多。'斐太都又问云：'众所谋者将若为耶？'东人答云：'所谋有二：一者驱率精兵四百，将围田村宫；二者陆奥将军大伴古麻吕今向任所，行至美浓关，诈称病，请欲相见一二亲情，蒙官听许，仍即塞关。'斐太都良久答云：'不敢违命。'先是，去六月，右大辨巨势朝臣堺麻吕密奏：为问药方，诣答本忠节宅。忠节因语云：'大伴古麻吕告小野东人云，有人欲劫内相，汝从乎？'东人答云：'从命'。忠节闻斯语，以告右大臣①。大臣答云：'大纳言年少也，吾加教诲，宜莫杀之。'是日，内相藤原朝臣仲麻吕具奏其状，警卫内外诸门。乃遣高丽朝臣福信等，率兵追捕小野东人、答本忠节等。并皆捉获，禁著左卫士府。又遣兵围道祖王②于右京宅。"

（天平宝字元年七月）己酉，敕右大臣藤原朝臣丰成、中纳言藤原朝臣永手等八人，就左卫士府勘问东人等。东人确导无之。即日夕，内相仲麻吕侍御在所，召盐烧王、安宿王、黄文王、橘奈良麻吕、大伴古麻吕五人。传太后诏宣③曰："盐烧等五人，人告谋反，汝等为吾近人。一怨吾事无所念，皇朝久优汝等，有何可怨者？然，吾思汝等将无所为，是以，免赐汝等罪者，今徃前然，莫再为也。"诏讫，五人退出南门外，稽首谢恩。

（同上，第 198～200 页）

（天平宝字年七月）庚戌，诏："更遣中纳言藤原朝臣永手等，穷问东人等，款云：'每事实也，无异斐太都语。'去六月中，期会谋事三度，始于奈良麻吕家。次于图书藏边庭，后于太政官院庭。其众者安宿王、黄文王、橘奈良麻吕、大伴古麻吕、多治比犊养、多治比礼麻吕、大伴池主、多治比鹰主、大伴兄人。自余众者，闇里不见其面。庭中礼拜天地四方，共歃盐汁，

---

① 藤原丰成。

② 道祖王，天武天皇之孙，天平胜宝八岁根据圣武天皇遗诏，被立为皇太子，后被废。

③ 太后诏文原文为"宣命体"文，此处系编者的意译。

誓曰：'将以七月二日闇头，发兵围内相宅，杀劫，即围大殿，退皇太子①，次倾皇太后宫而取铃玺，即召右大臣将使号令，然后废帝②，简四王中立以为君。'于是，追被告人等，随来悉禁著，各置别处，一一勘问。始问安宿（王），款云：'去六月廿九日黄昏，黄文（王）来云，奈良麻吕欲得语言云尔。'安宿即从往，至太政官院内。先有廿许人，一人迎来礼揖，近著看颜，是奈良麻吕也。又有素服者一人，熟看，此小野东人也。登时众人共云：'时既应过，宜须立拜'。安宿问云：'未知何拜耶？'答云：'拜天地而已'云尔。安宿虽不知情，随人立拜，被欺徃耳。又问黄文（王）、奈良麻吕、古麻吕、多治比犊养等。辞虽颇异，略皆大同。敕使又问奈良麻吕云：'逆谋缘何而起？'款云：'内相行政甚多无道，故先发兵，请得其人，后将陈状。'又问：'政称无道，谓何等事？'款云：'造东大寺，人民苦辛，氏氏人等，亦是为忧，又置刉奈罗③为已大忧。'问：'所称氏氏指何等氏？又造寺，元起自汝父时，今道人忧，其言不似。'于是，奈良麻吕辞屈而服。又问佐伯古比奈，款云：'贺茂角足④请高丽福信、奈贵王、坂上苅田麻吕、巨势苗麻吕、牡鹿岛足，于额田部宅饮酒。其意者，为令此等人莫会发逆之期也。又角足与逆贼谋，造田村宫图，指授入道。'于是，一皆下狱。又分遣诸卫，掩捕逆党。更遣出云守从三位百济王敬福、大宰帅正四位下船王等五人，率诸卫人等，防卫狱囚，拷掠穷问。黄文、改名多夫礼。道祖、改名麻度比。大伴古麻吕、多治比犊养、小野东人、贺茂角足改姓乃吕志。等，并杖下死。安宿王及妻子配流佐度，信浓国守佐伯大成、土左国守大伴古慈斐二人，并便流任国。其与党人等，或死狱中，自外悉依法配流。又遣使追召远江守多治比国人勘问，所款亦同，配流于伊豆国。又敕陆奥国，令勘问守佐伯全成，款云：去天平十七年，先帝⑤陛下行幸难波，寝膳乖宜。于时，奈良麻吕谓全成曰：'陛下枕席不安，殆至大渐。然，犹无立皇嗣，恐有变乎。愿率多治比国人、多治比犊养、小野东人，立黄文（王）而为君，以答百姓之望。大伴、佐伯之族随于此举，前将无敌。方今天下忧苦，居宅无定，乘路哭叫，怨叹实多，缘是议谋，事可必成，相随以否？'全成答曰：'全成先祖，清明佐时。全成虽

---

① 舍人亲王子，被孝谦女皇立为皇太子，后为淳仁天皇。

② 孝谦女皇。

③ "刉"，同"关"；"奈罗"，奈罗山。是大和通山背等地的交通要冲。

④ 大和地方的豪族。以下高丽福信等人系当时著名的武人。

⑤ 圣武天皇。

愚，何失先迹，实虽事成，不欲相从。’奈良麻吕云：‘见天下愁，而述所思耳，莫道他人。’言毕辞去。厥后，大尝之岁，奈良麻吕云：‘前岁所语之事，今时欲发，如何？’全成答曰：‘朝廷赐全成高爵、重禄，何敢违天发恶逆事。是言前岁已忘，何更发耶？’奈良麻吕云：‘汝与吾同心之友也，由此谈说，愿莫道他。’又，去年四月，全成赍金入京，于时奈良麻吕语全成曰：‘相见大伴古麻吕以否？’全成答云：‘未得相见’。是时奈良麻吕云：‘愿与汝欲相见古麻吕’。共至辨官曹司，相见语话。良久，奈良麻吕云：‘圣体乖宜，多经岁序，窥看消息，不过一日，今天下乱，人心无定，若有他氏立王者，吾族徒将灭亡。愿率大伴、佐伯宿祢，立黄文（王）而为君，以先他氏，为万世基。’古麻吕曰：‘右大臣、大纳言是两个人，乘势握权，汝虽立君，人岂合从，愿勿言之。’全成曰：‘此事无道，实虽事成，岂得明名。’言毕归去。奈良麻吕、古麻吕便留彼曹，不闻后语。勘问毕而自经。”

（天平宝字年七月）辛亥，授从四位上山背王、巨势朝臣堺麻吕并三位；从八位上上道臣斐太都从四位下；正七位下县犬养宿祢佐美麻吕、从八位上佐味朝臣宫守并从五位下。并是告密人也。

（同上，第 202~210 页）

（天平宝字年七月）戊午，（略）敕曰：“右大臣丰成者，事君不忠，为臣不义，私附贼党，潜忌内相，知构大乱，无敢奏上，及事发觉，亦不肯究，若怠延日，殆灭天宗。呜乎，宰辅之任，岂合如此！宜停右大臣任，左降大宰员外帅。”

（同上，第 214 页）

4. 惠美押胜谋乱

（天平宝字八年）九月丙申，以太师正一位藤原惠美朝臣押胜①为都督四畿内、三关、近江、丹波、播磨等国兵事使。

（《续日本纪》四，卷25，第 18 页）

---

① 藤原惠美朝臣押胜，原名藤原仲麻吕。其父藤原武智麻吕（南家）。

（天平宝字八年九月）乙巳，太师藤原惠美朝臣押胜逆谋颇泄。高野天皇遣少纳言山村王，收中宫院铃、印。押胜闻之，令其男训儒麻吕等邀而夺之。天皇遣授刀少尉坂上苅田麻吕、将曹牡鹿岛足等射而杀之。押胜又遣中卫将监矢田部老被甲骑马且劫诏使，授刀纪船守亦射杀之。敕曰："太师正一位藤原惠美朝臣押胜并子孙，起兵作逆，仍解免官位，并除藤原姓字已毕。其职分、功封等杂物，宜悉收之。即遣使固守三关。"（略）是夜，押胜走近江，官军追讨。

（天平宝字八年九月）丙午，高野天皇敕："今闻，逆臣惠美仲麻吕，盗取官印①逃去者。忝为人臣，饱承厚宠，宠极祸满，自陷深刑。仍复劫略愚民，欲为侥幸。若有勇士，自能谋计，急为剪除者，即当重赏。又北陆道诸国不须承用太政官印。

（同上，第 20 ~ 22 页）

（天平宝字八年九月）壬子，军士石村村主石楯斩押胜，传首京师。押胜者，近江朝内大臣藤原朝臣镰足曾孙、平城朝赠太政大臣武智麻吕之第二子也。率性聪敏，略涉书记，从大纳言阿倍少麻吕学算，尤精其术。自内舍人迁大学少允。天平六年，授从五位下，历任通显。胜宝元年，至正三位大纳言兼紫微令中卫大将，枢机之政，独出掌握。由是，豪宗右族皆妬其势。宝字元年，橘奈良麻吕等谋欲除之，事涉废立，反为所灭。其年，任紫微内相。二年拜大保②。优敕，加姓中惠美二字，名曰押胜，赐功封三千户，田一百町，特听铸钱、举稻，及用惠美家印。四年转太师③。其男正四位上真先、从四位下训儒麻吕、朝獦，并为参议，从五位上小汤麻吕、从五位下萨雄、辛加知、执棹，皆任卫府、关、国司。其余显要之官，莫不姻戚。独擅权威，猜防日甚。时道镜常侍禁掖，甚被宠爱，押胜患之，怀不自安，乃讽高野天皇为都督使。掌兵自卫，准据诸国试兵之法，管内兵士每国廿人，五日为番，集都督卫，简阅武艺。奏闻毕后，私益其数，用太政官印而行下之。大外记高丘比良麻吕惧祸及己，密奏其事。及收中宫院铃、印，遂起兵反。其夜，相招党与，道自宇治，奔据近江。山背守日下部子麻吕、卫门少尉佐伯伊多

---

① 事发前，藤原惠美朝臣押胜掌握太政官印，故所盗官印似应是太政官印。

② 大保，即为右大臣。

③ 太师，即为太政大臣。

智等，直取田原道，先至近江，烧势多桥，押胜见之失色。即便走高岛郡，而宿前少领角家足之宅。是夜，有星落于押胜卧屋之上，其大如瓮。伊多智等驰到越前国，斩守辛加知。押胜不知，而伪立盐烧①为今帝，真先、朝猎等皆为三品，余各有差。遣精兵数十而入爱发关，授刀物部广成等拒而却之。押胜进退失据，即乘船向浅井郡盐津，急有逆风，船欲漂没。于是更取山道，直指爱发。伊多智等拒之，八九人中箭而亡。押胜即又还，到高岛郡三尾埼，与佐伯三野、大野真本等相战，从午及申，官军疲顿。于时，从五位下藤原朝臣藏下麻吕将兵急至，真光引众而退。三野等乘之，杀伤稍多。押胜遥望众败，乘船而亡。诸将水陆两道攻之，押胜阻胜野②鬼江，尽锐拒战，官军攻击之。押胜众溃，独与妻子三四人乘船浮江。石楯获而斩之，及其妻子从党卅四人，皆斩之于江头，独第六子刷雄以少修禅行，免其死而流隐岐国。

（同上，第 24～30 页）

（天平宝字八年九月）癸亥，敕："逆贼惠美仲麻吕，为性凶悖，威福日久。然含容冀其自悛，而宠极势凌，遂窥非望。乃以今月十一日起兵作逆，掠夺铃、印，窃立冰上盐烧为今皇，造伪乾政官符，发兵三关诸国，奔据近江国，亡入越前关。官军贲赫，分道追讨。同月十八日，既斩仲麻吕并子孙，同恶相从冰上盐烧、惠美巨势麻吕、仲石伴、石川氏人、大伴古萨、阿倍小路等，剪除逆贼，天人同庆。宜布告遐迩，咸令闻知。"

（同上，第 36 页》

5. 道镜禅师觊觎皇位事

（天平宝字八年九月）甲寅，（略）又敕："以道镜禅师为大臣禅师，所司宜知此状。职分封户准大臣施行。"

（同上，第 34 页）

（天平宝字八年九月）壬戌，敕曰："今月廿八日，览大臣禅师让位表，具知来意，唯守冲虚③，确陈退让。然欲隆佛教，无高位则不得服众；劝奖缁

---

① 前述被孝谦女皇废除皇太子的道祖王之兄。

② 胜野，地名，在今滋贺县高岛野。

③ 冲虚，原意为淡泊虚静。此处意为专心奉佛。

徒，非显荣则难令速进。今施此位者，岂烦禅师以俗务哉。宜昭斯意，即断来表，所司一依前敕施行。”

（同上，第36页）

（神护景云二年十二月）甲辰，先是山阶寺僧基真，心性无常，好学左道，诈咒缚其童子，教说人之阴事，至乃作毘沙门天像，密置数粒珠子于其前，称为现佛舍利。道镜仍欲眩耀时人，以为己瑞，乃讽天皇①赦天下，赐人爵②。基真赐姓物部净志朝臣，拜法参议，随身兵八人。基真所作怒者，虽列大夫，不顾皇法③，道路畏之，避如逃虎。至是，凌突其师主法臣圆兴，摈飞騨国。

（神护景云三年正月）壬申，法王道镜居西宫前殿，大臣已下贺拜，道镜自告寿词。

（神护景云三年正月）丙子，御法王宫，宴于五位已上。道镜与五位已上折衣人一领，虾夷绯袍人一领，赐左右大臣绵各一千屯，大纳言已下亦有差。

（同上，卷29，第224、226页）

（神护景云三年九月）己丑，（略）初，大宰主神习宜阿曾麻吕，希旨媚事道镜，因矫八幡神④教言：“令道镜即皇位，天下太平。”道镜闻之，深喜自负。天皇召清麻吕⑤于床下，敕曰：“昨夜梦，八幡神使来云，大神为令奏事，请尼法均。宜汝清麻吕相代而往听彼神命。”临发，道镜语清麻吕曰：“大神所以请使者，盖为告我即位之事，因重募以官爵。”清麻吕行诣神宫，大神诧宣曰：“我国家开辟以来，君臣定矣。以臣为君，未之有也，天之日嗣必立皇绪，无道之人，宜早扫除。”清麻吕来归，奏如神教。于是，道镜大怒，解清麻吕本官，出为因幡员外介。未之任所，寻有诏，除名配于大隅。其姊法均还俗，配于备后。

① 孝谦女皇重祚，是为称德天皇。
② 称德天皇因此授道镜为“法王”。
③ 皇法，指律令制度。
④ 大分县宇佐八幡神宫所祭神。
⑤ 和气清麻吕

（同上，第 254 ~ 256 页）

（宝龟元年八月）丙午，葬高野天皇于大和国添下郡佐贵乡高野山陵，以从三位藤原朝臣鱼名为御前次第司长官，从五位下桑原王为次官，判官、主典各二人；从四位下藤原朝臣继绳为御后次第司长官，从五位下大伴宿祢不破麻吕为次官，判官、主典各二人。皇太子在宫留守。道镜法师奉梓宫，便留庐于陵下。天皇自幸由义宫①，便觉圣躬不豫。于是，即还平城，自此积百余日，不亲事。群臣曾无得谒见者，典藏从三位吉备朝臣由利，出入卧内，传可奏事。天皇尤崇佛道，务恤刑狱，胜宝之际，政称俭约。自太师②被诛，道镜擅权，轻兴力役，务缮伽蓝，公私雕丧，国用不足，政刑日峻，杀戮妄加。故后之言事者，颇称其冤焉。

（同上，第 296 ~ 298 页）

（宝龟元年八月）庚戌，皇太子③令旨："如闻，道镜法师，窃挟舐粳之心④，为日久矣。陵土未干，奸谋发觉。是则神祇所护，社稷攸佑。今顾先圣厚恩，不得依法入刑，故任造下野国药师寺别当发遣，宜知之。"即日，遣左大辨正四位下佐伯宿祢今毛人、弹正尹从四位下藤原朝臣枫麻吕，役令上道。

（同上，卷 30，第 298 ~ 300 页）

第三节　奈良时代推进经济发展的措施

一、货币铸造及其流通

---

① 原称弓削宫。

② 太师，即指前叙的藤原惠美押胜（又名藤原仲麻吕）。

③ 白璧王。

④ 《史记·吴王濞列传》中有"里语有之，舐糠及米"句。索隐注云："舐糠尽则至米，谓削土则至灭国也。"意指道镜谋篡皇位。

1. 银钱、铜钱的铸造

（和铜元年）二月甲戌，始置催铸钱司。以从五位上多治比真人三宅麻吕任之。

（和铜元年）五月壬寅，始行银钱。

（《续日本纪》一，卷4，第130、138页）

（和铜元年七月）丙辰，令近江国铸铜钱。

（和铜元年八月）己巳，始行铜钱。

（同上，第140页）

（和铜二年正月）壬午，诏：“国家为政，兼济居先，去虚就实，其理然矣。向者颁银钱，以代前银，又铜钱并行。比奸盗逐利，私作滥铸，纷乱公钱。自今以后，私铸银钱者，其身没官，财入告人。行滥逐利者，加杖二百，加役当徒。知情不告者，各与同罪。”

（同上，第146页）

2. 钱物比价

（和铜二年三月）甲申，制：凡交关杂物，其物价银钱四文已上，即用银钱；其价三文已下，皆用铜钱。

（和铜二年）八月乙酉，废银钱，一行铜钱。太政官处分，河内铸钱司官属。

（同上，第148、152页）

（和铜四年五月）己未，以谷六升当钱一文，令百姓交关，各得其利。

（同上，卷5，第166~168页）

3. 蓄钱叙位法

（和铜四年）冬十月甲子，敕："依品位始定禄法。职事二品、二位，各絁卅疋、丝一百绚、钱二千文。王三位，絁廿疋，钱一千文。臣三位，絁十疋，钱一千文。王四位，絁六疋、钱三百文。五位，絁四疋、钱二百文。六位、七位，各絁二疋、钱卅文。八位、初位，絁一疋、钱廿文。番上大舍人、带剑舍人、兵卫、史生、省掌、召使、门部、物部、主帅等，并丝二绚、钱十文。女亦准此。"

又诏曰："夫钱之为用，所以通财，贸易有无也。当今百姓，尚迷习俗，未解其理，仅虽卖买，犹无蓄钱者。随其多少，节级授位。其从六位以下，蓄钱有一十贯以上者，进位一阶叙；廿贯以上，进二阶叙；初位以下，每有五贯，进一阶叙；大初位上若初位，进入从八位下，以一十贯为入限；其五位以上及正六位，有十贯以上者，临时听敕；或借他钱而欺为官者，其钱没官，身徒一年。与者同罪。夫申蓄钱状者，今年十二月内，录状并钱申送讫。"

太政官议奏：令出蓄钱。敕："有进位阶，家存蓄钱之心，人成逐缰之趣，恐望利百姓，或多盗铸。于律，私铸犹轻罪法，故权立重刑，禁断未然。凡私铸钱者斩，从者没官，家口皆流。五保①知而不告者，与同罪。不知情者，减五等罪之。其钱虽用，悔过自首，减罪一等，或未用自首，免罪。虽容隐人，知之不告者，与同罪，或告者同前首法。"

（和铜四年）十一月甲戌，蓄钱人等始叙位焉。

（同上，第 170～174 页）

（和铜四年十二月）庚申，又制蓄钱叙位之法：无位七贯，白丁十贯，并为入限，以外如前。

（同上，第 176 页）

4. 以钱抵调、庸、徭役

（和铜五年）十二月辛丑，（略）诸国所送调庸等物，以钱换，宜以钱五

---

① 据《养老令》户令载："凡户，皆五家相保，一人为长，以相检察，勿造非违。"

文准布一常①。

（同上，第 190 页）

（养老六年）九月庚寅，令伊贺、伊势、尾张、近江、越前、丹波、播磨、纪伊等国，始输钱调。

（《续日本纪》二，卷 9，第 124 页）

（天平六年）五月戊子，太政官奏称："左右京百姓，夏输徭钱，其（甚）不堪辨②，宜其正丁、次丁，自九月始令输之，少丁勿输。"

（同上，卷 11，第 278 页）

（天平九年）冬十月壬寅，令左右京职停收徭钱。

（同上，卷 12，第 330 页）

5. 不得择钱令

（和铜七年）九月甲辰，制："自今以后，不得择钱。若有实知官钱，辄嫌择者，敕使杖一百。其滥钱者，主客相对破之，即送市司。"

（《续日本纪》一，卷 6，第 216 页）

二、土地政策的渐变

1. 班田农民的贫困与逃亡
（1）农民的贫困

---

① 依据《录令》，"常"是庸布的单位，一常为一丈三尺。又据《赋役令》，正丁输庸布二常，即二丈六尺。按一常抵五文计，正丁需输十文钱。

② 夏季是收获季节以前，其时稻米与钱互换价不合算，故延至秋季。

贫穷问答歌①山上忆良。

此夜风兼雨，此夜雨兼雪。

御寒终乏术，黑盐取以噬。

更饮糟汤酒，咳嗽兼喷嚏。

然而不自量，抚须自夸说。

天下除吾外，无人若我慧。

值兹寒气来，只有麻衣被。

所有布肩衣，尽著身上矣。

较我更穷人，寒夜如何济。

父母饥且寒，妻子求且泣。

试问当此时，如何度斯世？

——以上贫问

无地虽云广，为我却云狭。

日月虽曰明，照我却无法。

人皆如此苦，抑我独其然。

邂逅而为人，与人应并肩。

衣破如海松，肩衣布无绵。

褴褛已如此，犹在肩上悬。

泥土铺稻草，室卢低又小。

父母卧枕边，妻子随脚绕。

围居伴我眠，忧吟直达晓。

灶上无火气，甑中蛛网牢。

岂是忘饭炊，呻吟空哭号。

短物被斩截，漏船遇波涛。

里长携棍来，门前怒声高。

怒乎无术答，世间无路逃。

——以上穷答

① 《贫穷问答歌》载《万叶集》第892首，是奈良时代歌人山上忆良所作。作者以写实的手法描述了当时农民贫寒的景象。山上忆良702年，曾以遣唐使少录的身份来唐。704年归国后历任伯耆守、东宫侍讲、筑前守。此诗中文译文引自杨烈译：《万叶集》，湖南人民出版社1984年版，第192—193页。

（《万叶集》第892首，卷5，第99～101页。

　　田中真人广忠女者，赞歧国美贵郡大领、外从六位上小屋县主宫手之妻也。产八子，富贵宝，多有马牛、奴婢、稻、钱、田畠等。天年无道心，悭贪无给与，酒加水多，沽取多直（值），贷日与小升，偿日受大升。出举时用小斤，偿收大斤。息利强征大甚，非理或十倍征，或百倍征。债人涩取，不为甘心，多人方愁，弃家逃亡，跧跰①他国，无逾此甚。（略）

（《日本灵异记》②下卷第26，第392页）

（2）农民逃亡
（和铜二年冬十月）丙申，禁制：畿内及近江国百姓，不畏法律，容隐浮浪及逃亡③仕丁等，私以驱使。由是，多在彼，不还本乡、本主。非独百姓违慢法令，亦是国司不加惩肃，害蠹公私，莫过斯弊。自今以后，不得更然。宜令晓示所部检括。十一月卅日使尽，仍即申报。符到五日内，无问逃亡、隐藏，并令自首，限外不首，依律科罪。若有知情故隐，与逃亡同罪，不得官当荫赎。国司不纠者，依法科附。

（《续日本纪》一，卷4，第154～156页）

　　（灵龟元年）五月辛巳朔，敕诸国朝集使曰："天下百姓，多背本贯，流宕他乡，规避课役。其浮浪逗留，经三月以上者，即云断输调庸，随当国法。又抚导百姓，劝课农桑，心存字育，能救饥寒，实是国郡之善政也。若有身在公庭，心顾私门，妨夺农业，侵蠹万民，实是国家之大蠹也。宜其劝催产业，资产丰足者为上等。虽加催劝，衣食短乏者为中等。田畴荒废，百姓饥寒，因致死亡者为下等。十人以上④，则解见任。又四民之徒⑤，各有其业，

---

①　逃亡、逃散之意。
②　《日本灵异记》，日本最古的佛教说话故事集，共三卷，奈良药师寺僧景戒着。其中多有仿唐《冥报记》、《般若验记》的故事，但也有根据当时日本基层民众现实生活编写的故事。本文就是一例。
③　离开原籍的课丁，不缴课赋和服役，以及正在服役的役夫、杂匠逃役，皆称"逃亡"；课丁虽离本乡，移住他处，但仍然缴课赋和服役，称之为"浮浪"。
④　系指因饥寒而死者十人以上。
⑤　四民，即指士、农、工、商。《汉书·食货志》中有"士农工商，四民有业"内容。《大宝令》户令中，仿唐令，也有如此内容，但《养老令》被删除了。

今失职流散，此亦国郡司教导无方，甚无谓也。有如此类，必加显戮。自今以后，去（当）遣巡察使，分行天下，观省风俗，宜勤敦德政，庶彼周行。始今（令）诸国百姓，往来过所，用当国印焉。"

（同上，卷6，第224～226页）

（养老元年五月）丙辰，诏："率土百姓，浮浪四方，规避课役，遂仕王臣，或望资人，或求得度。王臣不经本属，私自驱使，嘱请国郡，遂成其志。因兹，流宕天下，不归乡里。若有斯辈，辄私容止者，搜状科罪，并如律令。"

（《续日本纪》二，卷7，第28页）

（养老四年三月）己巳，太政官奏①："比来百姓例多乏少，至于公私不辨者众。若不矜量，家道难存。望请，比年之间，令诸国每年春初出税，贷与百姓，继其产业，至秋熟后，依数征纳。其稻既不息利，令当年纳足，不得延引，谷有逋悬。又除租税外公稻，拟充国用，一概无利，恐其顿绝。望请：令诸国每年出举十束，取利三束。仍令当年本利俱纳。又百姓之间，负稻者多，缘无可还，频经岁月，若致切征，因即逃散。望请：限养老二年以前，无论公私，皆从放免，庶使贫乏百姓，各存家业。（略）又无知佰姓，不闲条章，规避徭役，多有逃亡，涉历他乡，积岁忘归。其中，纵有悔过还本贯者，缘其家业散失，无由存济。望请：逃经六年以上，能悔过归者，给复一年，继其产业。"奏可之。

（同上，卷8，第66～70页）

2. 推动私有土地的发展

（1）开垦良田百万町计画

（养老六年）闰四月乙丑，太政官奏曰："（略）食之为本，是民所天。随时设策，治国要政。望请：劝农积谷，以备水旱。仍委所司，差发人夫，开垦膏腴之地良田一百万町。其限役十日，便给粮食，所须调度，官物借之，秋收而后，即令造备。若有国郡司诈作逗留，不肯开垦，并即解却，虽经恩

---

① 本史料列举了三种放贷形式：一是官府的无息借贷；二是官府的有息借贷；三是私稻放贷，利息甚高。

赦，不在免限。如部内百姓，荒野、闲地能加功力，收获杂谷三千石已上，赐勋六等，一千石以上终身勿事。见带八位已上，加勋一转①。即酬赏之后，稽迟不营，追夺位记，各还本色。”

（同上，卷9，第116~118页）

（2）三世一身法

（养老七年夏四月）辛亥，太政官奏：“顷者，百姓渐多，田池窄狭。望请：劝课天下，开辟田畴。其有新造沟池，营开垦者，不限多少，给传三世。若逐旧沟池，给其一身。”奏可之。

（同上，第130页）

（3）垦田永世私有令②

（天平十五年）五月乙丑，诏曰：“如闻，垦田依养老七年格③，限满之后，依例收授。由是，农夫怠倦，开地后（复）荒。自今以后，任为私财，无论三世一身，咸悉永年莫取。其亲王一品及一位五百町，二品及二位四百町，三品、四品及三位三百町，四位二百町，五位百町，六位已下八位已上五十町，初位已下至于庶人十町。但郡司者，大领、少领三十町，主政、主帐十町。若有先给地过多，兹限，便即还公。奸作（诈?）隐欺，科罪如法。国司在任之日，垦田一依前格。”

（同上，卷15，第424~426页）

（天平神护元年）三月丙申，敕：“今闻，垦田缘天平十五年格，自今以后，任为私财，无论三世一身，咸悉永年莫取。由是，天下诸人竞为垦田，势力之家驱役百姓，贫穷百姓无暇自存。自今以后，一切禁断，勿令加垦。但寺先来定地开垦之次，不在禁限。又当土百姓一、二町者，亦宜许之。”

（《续日本纪》四，卷26，第76页）

---

①　“转”，勋位的基本单位。无勋位者，一转叙勋十二等，此后每加一转，勋进一等；勋六等以上者，每加二转进一等；勋二等以上者，每加三转进一等。

②　实际上，垦田永世私有令的发布，是对业已存在的公地公有制的否定，为以私有制为基础的庄园制的发展提供了条件。

③　“垦田养老七年格”，系指“三世一身法”。

太政官符
听垦田事①

右检案内，去天平神护元年三月六日，下诸国符称：奉敕，如闻，天下诸人竞为垦田，势力之家，驱使百姓，贫穷之民、百姓，无暇自存。自今以后，一切禁断，勿令加垦者。今被右大臣宣称：奉敕，自今以后，任令开垦，但其假势苦百姓者，宜严禁断，莫令更然。

宝龟三年十月十四日

（《类聚三代格》卷15，第441页）

三、关注农桑、织物等的生产

1. 鼓励种植杂粮

（灵龟元年）冬十月乙卯，诏曰："（略）今诸国百姓未尽产术，唯趣水泽之种，不知陆田之利。或遭涝旱，更无余谷，秋稼若罢，多致饥馑。此乃非唯百姓懈懒，固由国司不存教导。宜令佰姓兼种麦禾，男夫一人二段。凡粟之为物，支久不败，于诸谷中最是精好。宜以此状遍告天下，尽力耕种，莫失时候。自余杂谷，任力课之，若有百姓输粟转稻者听之。"

（《续日本纪》二，卷7，第4~6页）

（养老六年七月）戊子，诏曰："朕以庸虚，绍承鸿业，克己自勉，未达天心。是以，今夏无雨，苗稼不登。宜令天下国司，劝课百姓，种树晚禾、荞麦及大小麦，藏置储积，以备年荒。"

（同上，卷9，第122页）

太政官符
畿内七道诸国耕种大小麦事

右麦之为用，在人优切，求乏之要，莫过于此。是以，藤原宫御宇太上天皇之世②，割取官物，播殖天下。比年以来，多亏耕种，至于饥馑，艰辛良

---

① 此条太政官符是针对天平神护元年三月禁止垦田敕令而发的，宣布重新允许垦田事。

② 持统天皇。

深。非独百姓懈缓，实亦国郡罪过。自今以后，催劝百姓勿令失时，其耕种町段，收获多少，每年具录，附计帐使申上。

养老七年八月廿八日

（《类聚三代格》卷8，第327页）

太政官符

应营陆田事

右检案内，去养老七年八月廿八日格称："麦之为用，在人优切，求乏之要，莫过于此。是以，藤原宫御宇太上天皇之世，割取官物，播殖天下。比年以来，多亏耕种，至于饥馑，艰辛良深。非独百姓懈缓，实亦国郡罪过。自今以后，催劝百姓勿令失时，其耕种町段，收获多少，每年具录，附计帐使申送"者。今右大臣宣称：频年旱灾，水田不稔，黎民穷饥无所取活。往年诏、格虽设条章，近代牧宰曾无遵行，宜拣已上一人专当其事，使民因天之时，就地之利，播殖黍、稷、蓣、麦、大小豆及胡麻等之类，是则所以富国瞻民，支给凶年者也。若懈怠无勤，随状科责，唯不得因斯不务水田，变为陆田。

承和七年五月二日

（同上，第327~328页）

太政官符

应种大小麦事

右检太政官去天平神护二年九月十五日格称：大纳言、正三位吉备朝臣真吉备宣："奉敕，麦者，继绝救乏，谷之优良。宜令天下诸国，劝课百姓种大小麦，即勒国郡司恪勤者各一人，专当其事。其专当人名，附朝集使申上者。"今大纳言正三位藤原朝臣冬嗣宣称："奉敕，今闻黎民之愚，弃而不顾，至有绝乏，徒苦饥馑，或虽耕种，既失其时，空费功力，还不得实。是则国郡官司不慎格旨，授时乖方。此而从政，谁谓善吏？《月令》谓：仲秋之月，乃劝种麦，毋或失时。其有失时，行罪无疑。宜自今以后，始自八月，勤令播种，不得失时。自余事条，一依前格，若有乖犯，科违敕罪。"

弘仁十一年七月九日

（同上，第328页）

2. 织物、铜的生产

(1) 织绫锦之国

（和铜五年）秋七月壬午，（略）令伊势、尾张、参河、骏河、伊豆、近江、越前、丹波、但马、因幡、伯耆、出云、播磨、备前、备中、备后、安艺、纪伊、阿波、伊豫、赞岐等廿一国，始织绫锦。

（《续日本纪》一，卷5，第182页）

(2) 丝的产地及所产丝的等级

伊势、参河、近江、美浓、但马、美作、备前、备中、备后、安艺、纪伊、阿波

右十二国并上丝

伊贺、尾张、远江、若狭、越前、加贺、能登、越后、丹波、丹后、因幡、伯耆、出云、播磨、长门、赞岐、伊豫、土佐、筑前、筑后、肥前、肥后、丰前、丰后、日向

右廿五国中丝

骏河、伊豆、甲斐、相模、武藏、上总、下总、常陆、信浓、上野、下野

右十一国粗丝

（《延喜式》中篇卷24，第600～601页）

(3) 输绢、输絁之国

伊贺、伊势、尾张、参河、远江、近江、美浓、若狭、越前、加贺、能登、越后、丹波、丹后、但马、因幡、伯耆、出云、播磨、美作、备前、备中、备后、安艺、纪伊、阿波、赞岐、伊豫、土佐

右廿九国输绢

骏河、伊豆、甲斐、相模、武藏、上总、下总、常陆、上野、下野

右十国输絁

（同上，第601页）

(4) 织机和原料的购置

锦、绫、罗机　合壹拾叁具；

综　　　　　　壹伯壹拾肆条锦机别廿八条、罗机别二条、绫机别六条。

料丝　　　　　壹伯叁拾捌斤捌两

直（值）稻　　叁仟肆伯陆拾贰束伍把斤别廿五束。

锦机贰具、综伍拾陆条机别廿八条。料丝肆拾贰斤

罗机贰具、综肆条机别贰条。料丝玖斤

绫机玖具、综伍拾肆条机别六条。料丝捌拾柒斤捌两

大野郡壹仟捌伯束　　　江沼郡壹仟陆伯陆拾贰束伍把

　　　　（《正仓院文书》正集37，载《大日本古文书》卷1，第466页）

诸国织杂绫机一具、综料丝：一窠绫、鹦鹉绫、回草绫廿五斤，苎小二斤，臈大六两一分，胶大二两；二窠绫廿一斤十两，苎小二斤，臈大五两一分，胶大二两；三窠绫十八斤，苎小二斤，臈大四两二分，胶大二两；七窠绫、小鹦鹉绫、蔷薇绫十一斤、苎小二斤，臈大二两三分，胶大六两余杂绫准此。两面十斤，罗七斤八两苎、臈、胶并准此。并有破损者，先捡经年，乃听造换。国司检校旧综之中，若有全缕，交用新综。

　　　　　　　　　　　　　（《延喜式》中篇卷26，第660页）

（5）铜的开采

凡铸钱年料铜铅者，备中国铜八百斤，长门国铜二千五百十六斤十两二分四铢，铅千五百十六斤十两二分四铢。丰前国铜二千五百十六斤十两二分四铢，铅千四百斤。每年采送，即以铸钱司收文进官，下所司令勘会税帐。

凡备中、长门、丰前等国采铜铅料稻，斤别充三束九把六分五毛七厘。

　　　　　　　　　　　　　　　　　（同上，第662页）

第四节　疆域的拓展

一、西南隼人的归属

（文武二年四月）壬寅，遣务广贰文忌寸博士等八人于南岛觅国，因给戎器。

（文武三年）秋七月辛未，多褹、夜久、庵美、度感①等人，从朝宰而来贡方物，授位赐物各有差，其度感岛通中国②，于是始矣。

（《续日本纪》一，卷1，第18页）

（和铜三年正月）戊寅，（略）日向国贡采女，萨摩国贡舍人。

（同上，卷5，第160页）

（养老四年二月）壬子，大宰府奏言："隼人反，杀大隅国守阳侯史麻吕。"

（养老四年三月）丙辰，以中纳言、正四位下大伴宿祢旅人为征隼人持节大将军，授刀助、从五位下笠朝臣御室，民部少辅、从五位下巨势朝臣真人为副将军。

（《续日本纪》二，卷8，第66页）

（养老四年六月）戊戌，诏曰："蛮夷为害，自古有之。汉命五将③，骄胡臣服。周劳再驾④，荒俗来王。今西隅等贼，怙乱逆化，屡害良民，因遣持节将军正四位下、中纳言兼中务卿大伴宿祢旅人，诛罚其罪，尽彼巢居，治兵率众，剪扫凶徒，酋帅面缚，请命下吏，寇党叩头，争靡敦风。然，将军暴露原野，久延旬月，时属盛热，岂无艰苦。使使慰问，宜念忠勤。"

（同上，第72~74页）

（养老五年七月）壬子，征隼人副将军从五位下笠朝臣御室、从五位下巨势朝臣真人等还归。斩首获虏合千四百余人。

（同上，第100页）

---

① 多褹、夜久、庵美、度感，皆为西南诸岛中的岛屿。分别为今日的种子岛、奄美大岛、德之岛（一说宝七岛）。

② 此处的"中国"，系日本朝廷的自称。其时，日本一直企欲建立以自己为中心，包括朝鲜半岛在内的"中华帝国"。

③ 汉宣帝时，匈奴屡侵边境，并西伐乌孙。乌孙遣使乞援。宣帝于本始二年五月，派田广明、赵充国、田顺、范明友、韩增五位将军，率十五万骑支援乌孙抗击匈奴。

④ 出自《春秋左传》襄公三十一年，颂周文王威仪时，其中有"文王伐崇，再驾而降为臣，蛮夷帅服，可谓畏之"。

（养老七年五月）辛巳，大隅、萨摩二国隼人等六百二十四人朝贡。甲申，赐飨于隼人，各奏其风俗歌舞，酋师卅四人，叙位赐禄，人有差。

（同上，卷9，第132页）

（天平元年六月）庚辰，萨摩隼人等贡调物。癸未，天皇御大极殿阁门，隼人等奏风俗歌舞。甲申，隼人等授位赐禄，各有差。

（天平元年）秋七月己酉，大隅隼人等贡调物。辛亥，大隅隼人始孃郡少领、外从七位下、勋七等加志君和多利，外从七位上佐须岐君夜麻等久久卖，并授外从五位下，自余叙位赐禄，亦各有差。

（同上，卷10，第212~214页）

二、拓展北疆，征伐虾夷

（和铜元年九月）丙戌，（略）越后国言，新建出羽郡。许之。

（《续日本纪》一，卷4，第142页）

（和铜五年九月）己丑，太政官议奏曰："建国辟疆，武功所贵，设官抚民，文教所崇。其北道虾狄，远凭阻险，实纵狂心，屡惊边境。自官军雷击，凶贼雾消，狄部晏然，皇民无扰。诚望便乘时机，遂置一国，式树司宰①，永镇百姓。"奏可之。于是，始置出羽国。

（同上，卷5，第186页）

（和铜五年）冬十月丁酉朔，割陆奥国最上、置赐二郡，隶出羽国焉。

（同上，第188页）

（和铜七年十月）丙辰，敕：割尾张、上野、信浓、越后等国民二百户，配出羽栅户。

（同上，卷6，第216页）

---

①　司宰，即为国司。

（灵龟二年九月）乙未，从三位、中纳言巨势朝臣万吕言："建出羽国已经数年，吏民少稀，狄徒未驯。其地膏腴，田野广宽。请令随近国民，迁于出羽国，教喻狂狄，兼保地利。"许之。因以陆奥置赐、最上二郡及信浓、上野、越前、越后四国百姓各百户，隶出羽国焉。

（《续日本纪》二，卷7，第18页）

（养老元年二月）丁酉，以信浓、上野、越前、越后四国百姓各一百户，配出羽栅户焉。

（同上，第22～24页）

（天平九年四月）戊午，遣陆奥持节大使、从三位藤原朝臣麻吕等言："以去二月十九日，到陆奥多贺栅，与镇守将军、从四位上大野朝臣东人共平章①。且追常陆、上总、下总、武藏、上野、下野等六国骑兵，总一千人。闻山海两道②夷狄等咸怀疑惧，仍差田夷远田郡领、外从七位上远田君雄人遣海道，差归服狄和我君计安罍遣山道，并以使旨慰喻镇抚之。仍抽勇健一百九十六人委将军东人，四百五十九人分配玉造等五栅，麻吕等帅所余三百卅五人，镇多贺栅。遣副使、从五位上坂本朝臣宇头麻佐，镇玉造栅，判官、正六位上大伴宿祢美浓麻吕，镇新田栅，国大掾、正七位下日下部宿祢大麻吕，镇牡鹿栅。自余诸栅依旧镇守。廿五日，将军东人从多贺栅发。四月一日，帅使下判官、从七位上纪朝臣武良士等，及所委骑兵一百九十六人，镇兵四百九十九人，当国兵五千人，归服狄俘二百卅九人，从部内色麻栅发，即日到出羽国大室驿。出羽国守、正六位下田边史难波将部内兵五百人，归服狄一百卅人，在此驿相待。以三日，与将军东人共入贼地，且开道而行。但，贼地雪深，马刍难得，所以雪消草生，方始发遣。同月十一日，将军东人回至多贺栅，自导新开通道，总一百六十里；或克石伐树，或填涧疏峰，从贺美郡至出羽国最上郡玉野八十里，虽总是山野③，形势险阻，而人马往还，无大艰难；从玉野至贼地比罗保许山八十里，地势平坦，无有危崄。狄俘等曰：'从比罗保许山，至雄胜村五十余里，其间亦平。唯有两河④，每至水涨，并

---

① 平章，多义词。此处意为商议、研究。
② 海道为沿海地区，山道为内陆地区。
③ 山野，指横断奥羽的山脉。
④ 两河，系指雄物川及其支流役内川。

用船渡。'四月四日，军屯贼地比罗保许山。先是，田边难波状称：'雄胜村俘长等三人来降，拜首云：承闻官军欲入我村，不胜危惧，故来请降者。'东人曰：'夫狄俘者，其多奸谋，其言无恒，不可辄信，而重有归顺之语，仍共平章。'难破（波）议曰：'发军入贼地者，为教喻俘狄，筑城居民，非必穷兵，残害顺服。若不许其请，凌压直进者，俘等惧怨，遁走山野，劳多功少，恐非上策。不如示官军之威，从此地而返，然后，难破（波）训以福顺，怀以宽恩。然则，城郭易守，人民永安者也。'东人以为然矣。又，东人本计，早入贼地，耕种贮谷，省运粮费。而今春大雪倍于常年，由是，不得早入耕种。天时如此，已违元（原）意，其唯营造城壕，一朝可成。而守城以人，存人以食，耕种失候，将何取给。且夫兵者，见利则为，无利则止，所以引军而旋，方待后年，始作城壕。但为东人自入贼地，奏请将军镇多贺栅。今新道既通，地形亲视，至于后年，虽不自入，可以成事者。臣麻吕等愚昧，不明事机。但东人久将边要，勘谋不中，加以亲临贼境，察其形势，深思远虑，量定如此，谨录事状，伏听敕裁。但今间无事，时属农作，所发军士且放且奏。"

（同上，卷12，第314～320页）

第五节　与大陆诸国的交往

一、与唐的关系——遣唐使的派遣

1. 以多治比县守为首的遣唐使团

（灵龟二年八月）癸亥，（略）是日，以从四位下多治比真人县守为遣唐押使，从五位上阿倍朝臣安麻吕为大使，正六位下藤原朝臣马养为副使，大判官一人，少判官二人，大录事二人，少录事二人。

（同上，卷7，第18页）

（养老二年十二月）壬申，多治比真人县守等自唐国至。甲戌，进节刀。此度使人，略无阙亡。前年大使，从五位上坂合部宿祢大分，亦随而来归。

（养老三年正月）己亥，入唐使等拜见，皆著唐国所授朝服。

（同上，卷8，第50页）

2. 多治比广成为首的遣唐使团

（天平四年八月）丁亥，以从四位上多治比真人广成为遣唐大使，从五位下中臣朝臣名代为副使，判官四人，录事四人。

（同上，卷11，第258页）

（天平五年闰三月）癸巳，遣唐大使多治比真人广成辞见①，授节刀②。夏四月己亥，遣唐四船自难波津进发。

（同上，第268页）

（天平五年）七月庚午日，（略）遣唐大使多治比真人广成、副使中臣名代，乘船四艘，总五百九十四人渡海，沙门荣叡、普照法师等随使入唐。

（《扶桑略记》第6，第90页）

（天平七年）三月丙寅，入唐大使从四位上多治比真人广成等，自唐国至，进节刀。

（《续日本纪》二，卷12，第286页）

（天平七年四月）辛亥，入唐留学生、从八位下下道朝臣真备③献唐礼一百卅卷、太衍历经一卷、太衍历立成十二卷、测影铁尺一枚、铜律管一部、铁如方响写律管声十二条、乐书要录十卷、絃缠漆角弓一张、马上饮水漆角弓一张、露面漆四节角弓一张、射甲箭廿只、平射箭十只。

（天平七年五月）庚申，天皇御北松林览骑射。入唐回使及唐人奏唐国、

---

① 《养老令》仪制令规定："凡文武官三位以上，假使者，去皆奉辞，还皆奉见。其五位以上奉敕差使者，辞见亦如之。"

② 节刀，天皇授予使者的全权标识。

③ 吉备真备的原名。下道系其出身地备中国下道郡。天平十八年十月，天皇赐其吉备朝臣姓。

新罗乐拣枪。五位已上赐禄有差。壬戌，入唐使献请益秦大麻吕问答六卷。

（同上，第 288 页）

（天平八年）八月庚午，入唐副使、从五位上中臣朝臣名代等，率唐人三人、波斯人一人拜朝。

（同上，第 302 页）

（天平十一年）十一月辛卯，平郡朝臣广成拜朝。初，广成天平五年，随大使多治比真人广成入唐，六年十月事毕却归。四船同发，从苏州入海，恶风忽起，彼此相失，广成之船一百一十五人，漂著昆仑国①。有贼兵来围，遂被拘执，船人或被杀，或迸散，自余九十余人著瘴死亡。广成等四人仅免死，得见昆仑王。仍给升粮，安置恶处。至七年，有唐国钦州熟昆仑②到彼，便被偷载出来，既归唐国。逢本朝学生阿倍仲满③，便奏将（得）入朝，请取渤海④路归朝。天子⑤许之，给船粮发遣。十年三月，从登州入海，五月到渤海界，适遇其王大钦茂差使，欲聘我朝，实时同发。及渡沸海，渤海一船遇浪倾覆，大使胥要德等四十人没死。广成等率遗众，到著出羽国。

（同上，卷 13，第 356 页）

3. 藤原清河为首的遣唐使团

（天平胜宝二年九月）己酉，任遣唐使，以从四位下藤原朝臣清河为大使，从五位下大伴宿祢古麻吕为副使，判官、主典各四人。

（《续日本纪》三，卷 18，第 106 页）

（天平胜宝四年）三月庚辰，遣唐使等拜朝。（略）闰三月丙辰，召遣唐

---

①　《旧唐书·南纪蛮传》载："自林邑以南，皆卷发黑身，通号为'昆仑'。"林邑（9 世纪后，又称占城），今越南中南部。"林邑以南"，似在湄公河下游地域一带。

②　熟昆仑，意为臣服于唐的昆仑人。

③　阿倍仲满，即为留学唐朝，并在唐朝廷仕官的阿倍仲麻吕，在唐又名朝衡。

④　唐代中国东北地方以靺鞨粟末部为主体建立的政权。698 年由大祚荣建立，初称振国（又称震国），受唐册封。与日本有往来。故往来航路称渤海路。

⑤　唐玄宗。

使副使已上于内里，诏给节刀。仍授大使从四位上藤原朝臣清河正四位下，副使从五位上大伴宿祢古麻吕从四位上，留学生无位藤原朝臣刷雄从五位下。

（同上，第 118 页）

（天平宝字五年八月）甲子，迎藤原河清①使高元度等至自唐国。初，元度奉使之日，取渤海道，随贺正使杨方庆②等往于唐国。事毕欲归，兵仗样、甲胄一具、伐刀一口、枪一竿、矢二只分付元度。又有内使③宣敕曰："特进秘书监藤原河清，今依使奏，欲遣归朝。唯恐残贼未平，道路多难。元度宜取南路，先归复命。"即令中谒者谢时和押领元度等向苏州，与刺史李岵平章，造船一只长八丈，并差押水手官、越州浦阳府折冲、赏紫金鱼袋沈惟岳等九人，水手越州浦阳府别将赐绿陆张什等三十人，送元度等归朝，于大宰府安置。

（同上，卷23，第386页）

4. 小野石根为首的遣唐使团

（宝龟八年）六月辛巳朔，敕遣唐副使、从五位上小野朝臣石根，从五位下大神朝臣末足等："大使今毛人④，身病弥重，不堪进途。宜知此状，到唐下牒之日，如借问无大使者，量事分疏。其石根者著紫⑤，犹称副使，其持节行事，一如前敕。"

（《续日本纪》五，卷34，第40~42页）

（宝龟九年十月）乙未，遣唐使第三船⑥到泊肥前国松浦郡橘浦。判官敕旨大丞、正六位上兼下总权介小野朝臣滋野上奏言："臣滋野等，去宝龟八年六月廿四日，候风入海。七月三日，与第一船同到扬州海陵县。八月廿九日，

---

① 此处有误，应是藤原清河。

② 渤海国赴日本使。

③ 唐肃宗的使者。

④ 全名为佐伯今毛人，遣唐大使，因病未能成行。

⑤ 据《养老令》衣服令：一位礼服冠，深紫衣，二、三位浅紫衣，四位深绯衣，五位浅绯衣。小野石根是从五位上，应着浅绯衣。因为使团无大使，其以副使身分行大使之职，故天皇允其着紫服。

⑥ 当时的遣唐使团，一般是分四艘船来唐。

到（扬）州。即依式例，安置供给，得观察使兼长史陈少游处分。属禄山乱，常馆驿雕弊。入京使人，仰限六十人。以来十月十五日，臣等八十五人发州入京。行百余里，忽据中书门下牒，撙节人数，限以廿人。臣等请更加廿三人。持节副使小野朝臣石根、副使大神朝臣末足、准判官羽栗臣翼、录事上毛野公大川、韩国连源等卌三人，正月三日到长安城，即于外宅安置供给。特有监使，勾当使院，频有优厚，中使不绝。十五日，于宣政殿礼见，天子不衙。是日，进国信及别贡等物。天子非分喜观，班示群臣。三月廿二日，于延英殿对见，所请并允。即于内里设宴，官赏有差。四月十九日，监使杨允耀宣口敕云：'今遣中使赵宝英等，将答信物往日本国。其驾船者仰扬州造，卿等知之。'廿四日，事毕拜辞。奏云：'本国行路遥远，风漂无准，今中使云往，冒涉波涛，万一颠踬，恐乖王命。'敕答：'朕有少许答信物，今差宝英等押送，道义所在，不以为劳'。即赐银鋺酒，以惜别也。六月廿四日，到扬州，中使同欲进途，船难卒成。所由奏闻，便寄乘臣等船发遣。其第一、第二船，并在扬子塘头，第四船在楚州盐城县。九月九日，臣船得正南风，发船入海。行已三日，忽遭逆风，船著沙上，损坏处多，竭力修造。今月十六日，船仅得浮，便即入海。廿三日，到肥前国松浦郡橘浦，但今唐客随臣入朝，迎接祇供，令同蕃例。臣具牒大宰府，仰令准拟。"

（宝龟九年十月）庚子，敕大宰府："得今月廿五日奏状，知遣唐使判官滋野等乘船到泊。其寄乘唐使者，府宜且遣使劳问，判官滋野者速令入京。"

（同上，卷35，第72~76页）

（宝龟九年十一月）壬子，遣唐第四船来泊萨摩国甑岛郡，其判官海上真人三狩等，漂著耽罗岛，被岛人略留。但录事韩国连源等，阴谋解缆而去，率遗众四十余人而来归。乙卯，第二船到泊萨摩国出水郡。又第一船海中中断，舳舻各分，主神津守宿祢国麻吕，并唐行（判）官等五十六人，乘其舻而著甑岛郡。判官大伴宿祢继人，并前入唐大使藤原朝臣河清之女喜娘等四十一人，乘其舳而著肥后国天草郡。继人等上奏言："继人等，去年六月廿四日，四船同入海。七月三日，著泊扬州海陵县。八月廿九日，到扬州大都督府，即节度使陈少游，且奏且放，六十五人入京。十月十六日，发赴上都，至高邮县，有中书门下敕牒：'为路次乏车马，减却人数，定廿人。'正月十三日，到长安，即遣内使赵宝英，将马迎接，安置外宅。三月廿四日，乃对

（龙）颜奏事。四月廿二日，辞了首路。敕令内使杨光耀①监送，至扬州发遣，便领留学生越京。又差内使掖庭令赵宝英、判官四人，赍国土宝货，随使来朝，以结邻好。六月廿五日，到惟扬。九月三日，发自扬子江口，至苏州常耽县候风。其第三船在海陵县，第四船在楚州盐城县，并未知发日。十一月五日，得信风。第一、第二船同发入海，比及海中。八日初更，风急波高，打破左右棚、桅，湖（潮）水满船，盖板举流，人、物随漂，无遗勺撮米、水。副使小野朝臣石根等三十八人，唐使赵宝英等二十五人，同时没入，不得相救。但臣一人潜行，著舳槛角，顾眄前后，生理绝路。十一日五更，帆樯倒于船底，断为两段，舳、舻各去，未知所到。四十余人累居方丈之舳，举舳欲没，载缆抛枻，得少浮上。脱却衣裳，裸身悬坐，米水不入口，已经六日。以十三日亥时，漂著肥后国天草郡西仲岛。臣之再生，叡造所救，不任欢幸之至，谨奉表以闻。"

（同上，卷35，第76~80页）

（宝龟十年）二月乙亥，赠故入唐大使、从三位藤原朝臣清河从二位，副使、从五位上小野朝臣石根从四位下。清河，赠太政大臣房前之第四子也。胜宝五年，为大使入唐，回日遭逆风漂著唐国南边欢州，时遇土人，及合船被害，清河仅以身免，遂留唐国，不得归朝。于后十余年，薨于唐国。石根，大宰大贰、从四位下老之子也。宝龟八年，任副使入唐，事毕而归，海中船断，石根及唐送使赵宝英等六十三人，同时没死。故，并有此赠也。

（同上，第86~88页）

（宝龟十年四月）辛卯，领唐客使等奏言："唐使之行，左右建旗，亦有带仗，行官立旗前后。臣等稽之古例，未见斯仪，禁不之旨，伏请处分者。""唯听带仗，勿令建旗。"又奏曰："往时，遣唐使粟田朝臣真人等发从楚州，到长乐驿，五品舍人宣敕劳问。此时，未见拜谢之礼。又新罗朝贡使王子泰廉入京之日，官使宣命，赐以迎马，客徒敛辔，马上答谢。但渤海国使，皆悉下马，再拜舞踏。今领唐客，准据何例者？""进退之礼，行列之次，具载别式。令下使所，宜据此式，勿以违失。"（略）庚子，唐客入京，将军等率骑兵二百、虾夷二十人，迎接于京城门外三桥。

---

① 宝龟九年十月乙未条载为杨允耀。

（同上，第 90 ~ 92 页）

（宝龟十年）五月癸卯，唐使孙兴进、秦怠期等朝见。上唐朝书，并贡信物。诏曰："唐使上书，朕见之。唯客等远来，艰辛行路，宜归休于馆，寻欲相见。"丁巳，飨唐使于朝堂。中纳言、从三位物部朝臣宅嗣宣敕："唐朝天子及公卿、国内百姓，平安以不？又海路艰险，一二使人或漂没海中，或被掠耽罗，朕闻之凄怆于怀。又客等来朝道次，国宰祗供，如法以不？"唐使判官孙兴进等言："臣等来时，本国天子及公卿、百姓，并是平好。又朝恩遐覃，行路无恙，路次国宰，祗供如法。"又敕曰："客等比在馆中，旅情愁郁，所以聊设宴飨，加授位阶，即赐禄物，卿等宜知之。"庚申，右大臣飨唐客于第，敕赐绵三千屯。

（同上，第 92 ~ 94 页）

（宝龟十年五月）乙丑，唐使孙兴进等辞见。中纳言、从三位物部朝臣宅嗣宣敕曰："卿等到此，未经多日，还国之期，忽然已至。有渡海时，不可停住，今对分别，怅望而已。又为送卿等，新造船二艘，并差使令赍信物，领卿等遣回。又令所司置一杯别酒，兼有赐物，卿等好去。"孙兴进等奏："臣等多幸，得谒天阙，今乍拜辞，不胜怅恋。"

（同上，第 94 ~ 96 页）

二、与新罗的往来[①]

1. 新罗派遣赴日使节
（1）新罗使金儒吉
（庆云二年十二月）癸酉，（略）是日，新罗使金儒吉等入京。

（庆云三年）春正月丙子朔，天皇御大极殿受朝，新罗使金儒吉等在列，朝廷仪卫有异于常。己卯，新罗使贡调。壬午，飨金儒吉等于朝堂，奏诸方乐于庭，叙位赐禄各有差。丁亥，金儒吉等还蕃。赐其王敕书曰：

---

① 奈良時代，新罗遣使日本 22 次，日本遣使新罗 16 次。

"天皇敬问新罗王，使人一吉飡金儒吉、萨飡金今古等至，所献调物并具之。王有国以还，多历年岁，所贡无亏，行李相属，款诚既著，嘉尚无已。春首犹寒，比无恙也，国境之内，当并平安。使人今还，指宣往意，并寄土物如别。"

（《续日本纪》一，卷3，第92~94页）

（2）新罗使金信福

（和铜二年五月）乙亥，（略）是日，新罗使金信福等贡方物。壬午，宴金信福等于朝堂，赐禄各有差，并赐国王绢廿疋、美浓絁卅疋、丝二百絇、绵一百五十屯。是日，右大臣藤原朝臣不比等引新罗使于辨官厅内，语曰："新罗国使自古入朝，然未曾与执政大臣谈话，而今日披晤者，欲结二国之好，成往来之亲也。"使人等即避座而拜，复座而对曰："使等，本国卑下之人也。然受王臣教，得入圣朝，适从下风，幸甚难言，况引升榻上，亲对威颜，仰承恩教，伏深欣惧。"

（同上，卷4，第148~150页）

（3）新罗使金元静

（和铜七年十一月）乙未，新罗国遣重阿飡金元静等廿馀人朝贡。差发畿内七道骑兵合九百九十，为拟入朝仪卫也。己亥，遣使迎新罗使于筑紫。

（和铜七年十二月）己卯，新罗使入京，遣从六位下布势朝臣人、正七位上大野朝臣东人，率骑兵一百七十迎于三崎①。

（同上，卷6，第218~220页）

（养老三年）闰七月癸亥，新罗使人等献调物，并骡马牡、牝各一匹。丁卯，赐宴于金长言等，赐国王及长言等禄有差。

（《续日本纪》二，卷8，第58页）

（4）新罗使金长孙

（天平四年）正月丙寅，新罗使来朝。

---

① 亦称"三桥"，位于平城京朱雀大路南端罗城门外。

（同上，卷11，第254页）

（天平四年五月）壬子，新罗使金长孙等四十人入京。庚申，金长孙等拜朝，进种种财物并鹦鹉一口、鸲鹆一口、蜀狗一口、猎狗一口、驴二头、骡二头。仍奏请来朝年期。壬戌，飨金长孙等于朝堂。诏："来朝之期，许以三年一度。"宴讫，赐新罗王并使人等禄各有差。

（同上，第256页）

（5）罗使金相贞

（天平七年）二月癸卯，新罗使金相贞等入京。癸丑，遣中纳言、正三位多治比真人县守于兵部曹司，问新罗使入朝之旨。而新罗国辄改本号曰王城国。因兹返却其使。

（同上，卷12，第286页）

（6）新罗使金序贞

（天平十五年三月）乙巳，筑前国司言：新罗使萨飡金序贞等来朝。于是，遣从五位下多治比真人土作、外从五位下葛井连广成于筑前，检校供客之事。

（同上，卷15，第416页）

（天平十五年四月）甲午，检校新罗客使多治比真人土作等言："新罗使调改称土毛，书直注物数，稽之旧例，大失常礼。"太政官处分："宜召水手已上，告以失礼之状，便即放却。"

（同上，第418页）

（7）新罗王子金泰廉

（天平胜宝四年闰三月）己巳，大宰府奏："新罗王子韩阿飡金泰廉，贡调使大使金暄，及送王子使金弼言等七百馀人，乘船七艘来泊。"乙亥，遣使于大内、山科、惠我、直山等陵①，以告新罗王子来朝之状。

（《续日本纪》三，卷18，第118页）

---

① 大内为天武、持统天皇陵，山科为天智天皇陵，惠我为应神大王陵，直山为元明天皇陵。

（天平胜宝四年）六月己丑，新罗王子金泰廉等拜朝，并贡调。因奏曰："新罗国王言日本照临天皇朝庭：新罗国者，始自远朝，世世不绝，舟楫并连，来奉国家。今欲国王亲来朝贡进御调，而顾念一日无主，国政绝乱。是以，遣王子韩阿飡泰廉，代王为首，率使下三百七十余人入朝，兼令贡种种御调，谨以申闻。"诏报曰："新罗国始自远朝，世世不绝，供奉国家。今复遣王子泰廉入朝，兼贡御调，王之勤诚，朕有嘉焉。自今长远，当加抚存。"泰廉又奏言："普天之下，无匪王土，率土之滨，无匪王臣。泰廉幸逢圣世，来朝供奉，不胜欢庆，私自所备国土微物，谨以奉进。"诏报："泰廉所奏，闻之。"壬辰，（略）是日，飨新罗使于朝堂。诏曰："新罗国来奉朝庭者，始自气长足媛皇太后平定彼国①，以至于今，为我蕃屏。而前王承庆②、大夫思恭等，言行怠慢，阙失恒礼，由欲遣使问罪之间，今彼王轩英，改悔前过，冀亲来庭，而为顾国政，因遣王子泰廉等，代而入朝，兼贡御调。朕所以嘉欢勤款，进位赐物也。"又诏："自今以后，国王亲来，宜以辞奏，如遣余人入朝，必须令赍表文。"

（同上，第 120 ～ 124 页）

（8）新罗使金贞卷

（天平宝字四年）九月癸卯，新罗国遣级飡金贞卷朝贡。使陆奥按察使、从四位下藤原惠美朝臣朝猎等问其来朝之由。贞卷言曰："不修职贡，久积年月。是以本国王令赍御调贡进。又无知圣朝风俗、言语者，仍进学语二人。"问曰："凡是执玉帛行朝聘，本以副忠信通礼义也。新罗既无言信，又阙礼义，弃本行末，我国所贱。又王子泰廉入朝之日，申云：每事遵古迹，将供奉。其后遣小野田守③时，彼国阙礼，故田守不行使事而还归。王子尚犹无信，况复轻使，岂足为据。"贞卷曰："田守来日，贞卷出为外官，亦复贱人不知细旨。"于是，告贞卷曰："使人轻微，不足宾待，宜从此却回，报汝本国，以专对之人，忠信之礼，仍旧之调，明验之言，四者备具，乃宜来朝。"

---

① 气长足媛皇太后，系《日本书纪》卷九中的神功皇后。据载，神功皇后曾率群卿、百僚亲征新罗。由于《日本书纪》卷十以前各卷，史料可信性较弱，故神功皇后征新罗事，有待进一步深究。

② 据《三国史记·新罗本纪》载："孝成王立，讳承庆，圣德王第二子，母照德王后"。

③ 天平胜宝五年奈良朝廷遣新罗大使。

（同上，卷23，第362~364页）

（9）新罗使金体信

（天平宝字七年二月）癸未，新罗国遣级飡金体信已下二百十一人朝贡。遣左少辨、从五位下大原真人今城，赞岐介、外从五位下池原公禾守等，问以约束贞卷之旨①。体信言曰："承国王之教，唯调是贡，至于余事非敢所知。"于是，今城告曰："乾政官处分，此行使人者唤入京都，如常可遇。而使等约束贞卷之旨，曾无所申。仍称：'但赍常贡入朝，自外非所知者'，是乃为使之人，非所宜言。自今以后，非王子者，令执政大夫等入朝。宜以此状，告汝国王知。"

（同上，卷24，第426~428页）

（10）新罗使金才伯

（天平宝字八年七月）甲寅，新罗使大奈麻金才伯等九十一人到著大宰博德津。遣右少辨、从五位下纪朝臣牛养，授刀大尉、外从五位下粟田朝臣道麻吕等，问其由绪。金才伯等言曰："唐国敕使韩朝彩，自渤海来云：'送日本国僧戒融②，令达本乡已毕。若平安归乡者，当有报信，而至于今日，寂无来音，宜差此使，其消息欲奏天子③。'仍赍执事牒，参大宰府。其朝彩者，上道在于新罗西津。本国谢恩使苏判金容，为取大宰报牒，寄附朝彩，在京未发。"问："比来彼国投化百姓言：本国发兵警备，是疑日本国之来问罪也。其事虚实如何？"对曰："唐国扰乱，海贼实繁，是以征发甲兵，防守缘边，乃是国家之设，事既不虚。"及其归日，大宰府报牒新罗执事曰："检案内，被乾政官符称：得大宰府解称，得新罗国牒称，依韩内常侍请，欲知僧戒融达不，府具状申上者，以去年十月，从高丽国还归圣朝。府宜承知，即令报知。"

（《续日本纪》四，卷25，第16~18页）

（11）新罗使金初正

---

① "约束贞卷之旨"，系指天平宝字四年，日本提出的"专对之人，忠信之礼，仍旧之调，明验之言"四条要求。

② 入唐学问僧。

③ 唐代宗。

（神护景云三年十一月）丙子，新罗使汲飡金初正等一百八十七人，及导送者三十九人，到著对马岛。

（同上，卷30，第268页）

（神护景云三年十二月）癸丑，遣员外右中辨、从四位下大伴宿祢伯麻吕，摄津大进、外从五位下津连真麻吕等于大宰，问新罗使入朝之由。

（同上，第272页）

（宝龟元年三月）丁卯，初问新罗使来由之日，金初正等言："在唐大使藤原河清、学生朝衡等，属宿卫王子金隐居归乡，附书送于乡亲。是以，国王差初正等，令送河清等书。又因使次，便贡土毛。"又问："新罗贡调，其来久矣，改称土毛，其义安在？"对言："便以附贡，故不称调。"至是，遣左大史、外从五位下坚部使主人主，宣告初正等曰："前使贞卷归国之日，所仰之政，曾无申报，今亦徒持私事参来。所以，此度不预宾礼。自今以后，宜如前仰，令可申事人入朝者，待之如常。宜以此状，告汝国王知。但进唐国消息，并在唐我使藤原朝臣河清等书，嘉其勤劳，仰大宰府安置餼赐，宜知之。赐国王禄絁二十五疋，丝一百绚，绵二百五十屯。大使金初正已下各有差。"

（同上，第274~276页）

（12）新罗使金兰荪

（宝龟十一年正月）已巳，天皇御大极殿受朝，唐使判官高鹤林，新罗使萨飡金兰荪等，各依仪拜贺。辛未，新罗使献方物，仍奏曰："新罗国王言，夫新罗（者），开国以降，仰赖圣朝世世天皇恩化，不乾舟楫，贡奉御调，年纪久矣。然，近代以来，境内奸冠，不获入朝，是以，谨遣萨飡金兰荪、级飡金严等贡御调，兼贺元正。又访得遣唐判官海上三狩①等，随使进之。又依常例进学语生。"参议左大辨、正四位下大伴宿祢伯麻吕宣敕曰："新罗国世连舟楫，供奉国家，其来久矣。而泰廉等还国之后，不修常贡，每事无礼，所以顷年返却彼使，不加接遇。但今朕时，遣使修贡兼贺元正，又搜求海上三狩等，随使送来，此之勤劳，朕有嘉焉。自今以后，如是供奉，厚加恩遇，

---

① 原名男三狩王，天平胜宝三年（751），孝谦女皇赐姓海上真人。宝龟六年（775）任命为遣唐使判官。归国时所乘第四船遭风浪，飘至耽罗岛。

待以常礼。宜以兹状，语汝国王知。"是日，宴唐及新罗使于朝堂，赐禄有差。

（宝龟十一年正月）壬申，授新罗使萨飡金兰荪正五品上，副使级飡金岩正五品下，大判官韩奈麻萨仲业、少判官奈麻金贞乐、大通事韩奈麻金苏忠三人，各从五品下，自外六品已下各有差，并赐当色并履。

（《续日本纪》五，卷36，第122页）

（宝龟十一年二月庚戌），新罗使还蕃。赐玺书曰："天皇敬问新罗国王，朕以寡薄，纂业承基，理育苍生，宁隔中外。王自远祖，恒守海服，上表贡调，其来尚矣。日者亏违蕃礼，积岁不朝，虽有轻使，而无表奏。由是，泰廉还日，已具约束。贞卷来时，更加谕告。其后类使曾不承行，今兰荪犹陈口奏，理须依例从境放还，但送三狩等来，事既不轻，故修宾礼，以答来意，王宜察之。后使必须令赍表函，以礼进退。今敕筑（筑）紫府及对马等戌，不将表使，莫令入境，宜知之。春景韶和，想王佳也。今因还使，附答信物，遣书指不多及。"

（同上，第130～132页）

2. 日本派遣赴新罗使节

（庆云三年八月）壬辰，以从五位下美弩连净麻吕为遣新罗使。

（庆云三年）十一月癸卯，赐新罗国王敕书曰："天皇敬问新罗国王。朕以虚薄，谬承景运，惭无练石之才[①]，徒奉握镜之任[②]。日旰忘飡，翼翼之怀愈积，宵分辍寝，业业之想[③]弥深，冀覃覆载之仁，遐被寰区之表。况王世居国境，抚宁人民，深秉并舟之至诚，长修朝贡之厚礼。庶盘石开基，腾茂响于廥岫，维城作固，振芳规于雁池，国内安乐。风俗淳和。寒气严切，比如何也。今故遣大使从五位下美努连净麻吕、副使从六位下对马连坚石等指宣

---

①　《列子》汤问："昔者女娲氏，练五色石，以补其阙。"此处"练石之才"意为辅佐天帝之能力。

②　"握镜之任"，意指皇权。《帝范》序中有"启金镜而握金枢"句。

③　"业业之想"，惶恐、不安之意。《尔雅》释训："业业，危也。"

往意，更不多及。"

（《续日本纪》一，卷3，第106～108页）

（和铜五年）九月乙酉，以从五位下道君首名为遣新罗大使。

（同上，卷5，第186页）

（养老二年三月）乙卯，以少纳言正五位下小野朝臣马养为遣新罗大使。

（《续日本纪》二，卷8，第42页）

（养老三年闰七月丁卯），是日，以大外记、从六位下白猪史广成，为遣新罗使。

（同上，第58页）

（天平四年正月甲子），以从五位下角朝臣家主为遣新罗使。

（同上，卷11，第254页）

（天平八年二月）戊寅，以从五位下阿倍朝臣继麻吕为遣新罗大使。

（同上，卷12，第300页）

（天平九年正月）辛丑，遣新罗使大判官、从六位上壬生使主宇太麻吕，少判官、正七位上大藏忌寸麻吕等入京。大使、从五位下阿倍朝臣继麻吕泊津岛卒，副使、从六位下大伴宿祢三中染病不得入京。

（同上，第308页）

（天平九年二月）己未，遣新罗使奏："新罗国失常礼，不受使旨。于是，召五位已上并六位已下官人，总四十五人于内里，令陈意见。丙寅，诸司奏意见表，或言遣使问其由，或发兵加征伐。"

（同上，第362页）

（天平十二年）三月辛丑，以外从五位下纪朝臣必登为遣新罗大使。

（同上，卷13）

（天平胜宝五年二月）辛巳，以从五位下小野朝臣田守为遣新罗大使。

（《续日本纪》三，卷19，第128页）

3. 淳仁朝廷与新罗关系一度紧张

（天平宝字三年六月）壬子，令大宰府造行军式，以将伐新罗也。

（同上，卷22，第320页）

（天平宝字三年）八月己亥，遣大宰帅、三品船亲王于香椎庙，奏应阀新罗之状。

（同上，第326页）

（天平宝字三年九月）壬午，造船五百艘：北陆道诸国八十九艘，山阴道诸国一百四十五艘，山阳道诸国一百六十一艘，南海道诸国一百五艘，并逐闲月营造，三年之内成功，为征新罗也。

（同上，第328页）

三、与渤海国的交往①

1. 渤海国使高齐德

（神龟四年十二月丁亥），渤海郡王使高齐德等八人入京。丙申，遣使赐高齐德等衣服、冠、履。渤海郡者，旧高丽国也。淡海朝廷七年冬十月，唐将李勣伐灭高丽②，其后朝贡久绝矣。至是，渤海郡王遣宁远将军高仁义等二十四人朝聘，而著虾夷境，仁义以下十六人并被杀害，首领齐德等八人仅免死而来。

（《续日本纪》二，卷10，第186页）

---

①　奈良时代，渤海国遣使日本12次，日本遣使渤海国9次。

②　唐总章元年九月李勣攻陷平壤，高句丽灭亡。有关唐灭高句丽事，《日本书纪》卷27天智七年冬十月条，有如下记载："大唐大将军英公打灭高丽。高丽仲牟王初建国时，欲治千岁也。母夫人云：'若善治国不可得也，但当有七百年之活也。'今此国亡者，当在七百年之末也。"

（神龟五年正月）甲寅，天皇御中宫，高齐德等上其王书并方物。其词曰："武艺启，山河异域，国土不同，延听风猷，但增倾仰。伏惟大王天朝受命，日本开基，奕叶重光，本枝百世。武艺忝当列国，滥总诸蕃，复高丽之旧居，有扶馀之遗俗。但以天崖路阻，海汉悠悠，音耗未通，吉凶绝问。亲仁结援，庶叶前经，通使聘邻，始乎今日。谨遣宁远将军郎将高仁义、游将军果毅都尉德周、别将舍航等二十四人赍状，并附貂皮三百张奉送。土宜虽贱，用表献芹之诚；皮币（弊）非珍，还惭掩口之诮。生理有限，披瞻未期，时嗣音徽，永敦邻好。"于是，高齐德等八人并授正六位上，赐当色服。仍宴五位已上及高齐德等，赐大射及雅乐寮之乐。宴讫，赐禄有差。二月壬午，以从六位下引田朝臣虫麻吕为送渤海客使。

（同上，第 188 页）

（神龟五年四月）壬午，齐德等八人，各赐綵帛、绫、绵有差。仍赐其王玺书曰："天皇敬问渤海郡王，省启具知。恢复旧壤，聿修曩好，朕以嘉之。宜佩义怀仁，监抚有境，沧波虽隔，不断往来。便因首领高齐德等还次，付书并信物：綵帛一十疋、绫一十疋、絁廿疋、丝一百绚、绵二百屯。仍差送使发遣归乡。渐热，想平安好。"

（同上，第 192～194 页）

2. 渤海国使己珍蒙

（天平十一年）十二月戊辰，渤海使己珍蒙等拜朝，上其王启并方物。其词曰："钦茂启，山河杳绝，国土夐遥，傃望风猷，唯增倾仰。伏惟，天皇圣叡，至德遐畅，奕叶重光，泽流万姓。钦茂忝继祖业，滥总如始，义洽情深，每修邻好。今彼国使朝臣广业等，风潮失便，漂落投此，每加优赏，欲待来春放回。使等贪前，苦请乃年归去，诉词至重，邻义非轻，因备行资，即为发遣。仍差若忽州都督胥要德等充使，领广业等令送彼国，并附大虫皮、黑皮各七张、豹皮六张、人参三十斤、密三斛进上，至彼请检领。"

（同上，卷 13，第 356～358 页）

（天平十二年正月）甲午，渤海郡副使云麾将军己珍蒙等，授位各有差，即赐宴于朝堂。赐渤海郡王美浓絁卅疋、绢卅疋、丝一百五十绚、调绵三百屯。己珎蒙美浓絁廿疋、绢十疋、丝五十絇、调绵二百屯。自馀各有差。

（同上，第 358～360 页）

3. 渤海国使慕施蒙

（天平胜宝五年五月）乙丑，渤海使辅国大将军慕施蒙等拜朝，并贡信物。奏称："渤海王言，日本照临圣天皇朝，不赐使命，已经十余岁。是以，遣慕施蒙等七十五人，赍国信物，奉献阙庭。"

（《续日本纪》三，卷 19，第 130～132 页）

（天平胜宝五年）六月丁丑，慕施蒙等还国，赐玺书曰："天皇敬问渤海国王，朕以寡德，虔奉宝图，亭毒黎民，照临八极。王僻居海外，远使入朝，丹心至明，深可嘉尚。但省来启，无称臣名。仍寻高丽旧记，国平之日，上表文云：'族惟兄弟，义则君臣'，或乞援兵，或贺践祚。修朝聘之恒式，效忠款之恳诚。故先朝善其贞节，待以殊恩，荣命之隆，日新无绝。想所知之，何假一、二言也。由是，先回之后，既赐敕书，何其今岁之朝，重无上表？以礼进退，彼此共同，王孰思之。季夏甚热，比无恙也。使人今还，指宣往意，并赐物如别。"

（同上，第 132 页）

4. 渤海国使杨承庆

（天平宝字二年十二月）壬戌，渤海使杨承庆等入京。

（同上，卷 21，第 300 页）

（天平宝字三年）正月戊辰朔，御大极殿受朝，文武百官及高丽蕃客等，各依仪拜贺。庚午，帝临轩，高丽使杨承庆等贡方物。奏曰："高丽国王大钦茂言，承闻，在于日本照临八方圣明皇帝，登遐天宫，攀号感慕，不能默止。是以，差辅国将军杨承庆、归德将军杨泰师等，令赍表文并常贡物入朝。"诏曰："高丽国王遥闻先朝登遐天宫，不能默止，使杨承庆等来慰。闻之感痛，永慕益深。但岁月既改①，海内从吉，故不以其礼相待也。又不忘旧心，遣使来贡，勤诚之至，深有嘉尚。"

（同上，卷22，第302～304页）

（天平宝字三年正月）乙酉，帝临轩，授高丽大使杨承庆正三位、副使杨泰师从三位、判官冯方礼从五位下、录事已下十九人各有差。赐国王及大使已下禄有差。

（同上，第304页）

（天平宝字三年）二月戊辰朔，赐高丽王书曰："天皇敬问高丽国王，使杨承庆等远涉沧海，来吊国忧，诚表愍懃，深增酷痛。但随时变礼，圣哲通规，从吉履新，更无馀事，兼复所贻信物，依数领之。即因还使，相酬土毛绢卅疋、美浓絁卅疋、丝二百绚、绵三百屯。殊嘉尔忠，更加优赐锦四疋、两面二疋、缬罗四疋、白罗十疋、彩帛卅疋、白绵一百帖。物虽轻尠，寄思良深，至宜并纳。国使附来，无船驾去，仍差单使送还本蕃，便从彼乡达于大唐，欲迎前年入唐大使藤原朝臣河清，宜知相资。余寒未退，想王如常，遣书指不多及。"

（同上，第304～306页）

5. 渤海国使王新福

（天平宝字六年闰十二月）癸巳，高丽使王新福等入京。

（同上，卷24，第416页）

（天平宝字七年）正月甲辰朔，御大极殿受朝，文武百寮及高丽蕃客，各依仪拜贺。（略）丙午，高丽使王新福贡方物。庚戌，帝御阁门，授高丽大使王新福正三位、副使李能本正四位上、判官杨怀珍正五位上、品官著绯达能信从五位下，余各有差。赐国王及使谦人已上，禄亦有差。宴五位已上及蕃客，奏唐乐于庭，赐客主五位已上禄各有差。

（同上，卷，第416～418页）

---

① 杨承庆是渤海国派来吊唁圣武太上天皇的丧事的，但圣武已亡二年多，故有"岁月既改"之说。

6. 渤海国使壹万福

（宝龟二年六月）壬午，渤海国使青绶大夫壹万福等三百廿五人，驾船十七只，著出羽国贼地野代凑，于常陆国安置供给。

（《续日本纪》四，卷31，第344页）

（宝龟二年十二月）癸酉，渤海使壹万福等入京。

（同上，第360页）

（宝龟三年）春正月壬午朔，天皇御大极殿受朝。文武百官、渤海蕃客、陆奥、出羽虾夷，各依仪拜贺。（略）甲申，天皇临轩，渤海国使青绶大夫壹万福等贡方物。

（同上，卷32，第362页）

（宝龟三年正月）丁酉，先是，责问渤海王表无礼于壹万福。是日，告壹万福等曰："万福等，实是渤海王使者，所上之表，岂违例无礼乎。"由兹，不收其表。万福等言："夫为臣之道，不违君命，是以不误封函，辄用奉进。今为违例，返却表函，万福等实深忧栗。"仍再拜据地而泣，更申："君者彼此一也，臣等归国，必应有罪。今已参渡在于圣朝，罪之轻重无敢所避。"（略）庚子，却付渤海国信物于壹万福。（略）丙午，渤海使壹万福等改修表文，代王申谢。

（同上，第364~366页）

（宝龟三年二月癸丑），是日，飨五位已上及渤海蕃客于朝堂，赐三种之乐。万福等入，欲就座言上曰："所上表文缘乖常例，返却表函并信物讫。而圣朝厚恩垂矜，万福等预于客例，加赐爵禄，不胜庆跃，奉拜阙庭。"授大使壹万福从三位、副使正四位下、大判官正五位上、少判官正五位下、录事并译语并从五位下、著绿品官已下各有差。赐国王美浓絁卅疋、绢卅疋、丝二百绚、调绵三百屯。大使壹万福已下亦各有差。

（同上，第368页）

（宝龟三年二月）己卯，赐渤海王书云："天皇敬问高丽国王。朕继体承基，临驭区宇，思覃德泽，宁济苍生。然则，率土之滨，化有辑于同轨，普天之下，恩无隔于殊邻。昔高丽全盛时，其王高氏，祖宗奕世，介居瀛表，亲如兄弟，义若君臣，帆海梯山，朝贡相续。逮乎季岁，高氏沦亡。自尔以来，音问寂绝。爰泊神龟四年，王之先考、左金吾卫大将军渤海郡王①，遣使来朝，始修职贡，先朝嘉其丹款，宠待优隆。王袭遗风，纂修前业，献诚述职，不坠家声。今省来书，顿改父道，日下不注官品、姓名，书尾虚陈天孙僭号。远度王意，岂有是乎。近虑事势，疑似错误，故仰有司，停其宾礼，但使人万福等，深悔前咎，代王申谢。朕矜远来，听其悛改，王悉此意，永念良图。又高氏之世，兵乱无休，为假朝威，彼称兄弟。方今大氏曾无事故，妄称舅甥，于礼失矣。后岁之使，不可更然。若能改往自新，实乃继好无穷耳。春景渐和，想王佳也。今因回使，指此示怀，并赠物如别。"庚辰，渤海番客归乡。

（同上，第 368～372 页）

7.　渤海国使乌须弗

（宝龟四年六月）丙辰，能登国言："渤海国使乌须弗等，乘船一艘来著部下，差使勘问。乌须弗报书曰：'渤海日本，久来好邻，往来朝聘，如兄如弟。近年，日本使内雄等住渤海国，学问音声，却返本国。今经十年，未报安否。由是，差大使壹万福等，遣向日本国，拟于朝参，稍经四年，未返本国。更差大使乌须弗等卅人，面奉诏旨，更无余事。所附进物及表书，并在船内。'"戊辰，遣使宣告渤海使乌须弗曰："太政官处分，前使壹万福等，所进表词骄慢，故告知其状，罢去已毕。而今能登国司言，渤海国使乌须弗等所进表函，违例无礼者。由是，不召朝廷，返却本乡。但表函违例者，非使等之过也，涉海远来，事须怜矜，仍赐禄并路粮放还。又渤海使取此道来朝者，承前禁断，自今以后，宜依旧例，从筑紫道来朝。"

（同上，第 406～408 页）

---

① 　渤海国第二代王武王大武艺。

8. 渤海国使史都蒙

（宝龟七年十二月）乙巳，渤海国遣献可大夫、司宾少令、开国男史都蒙等一百八十七人，贺我即位，并赴彼国王妃之丧，比著我岸，忽遭恶风，柁折帆落，漂没者多，计其全存，仅有卌六人，便于越前国加贺郡安置供给。

（《续日本纪》五，卷34，第20～22页）

（宝龟八年正月）癸酉，遣使问渤海使史都蒙等曰："去宝龟四年，乌须弗归本蕃日，太政官处分：'渤海入朝使，自今以后，宜依古例向大宰府，不得取北路来。'而今违此约束，其事如何？"对曰："乌须弗来归之日，实承此旨。由是，都蒙等发自弊邑南海府吐号浦，西指对马岛竹室之津，而海中遭风，著此禁境，失约之罪，更无所避。"

（同上，第26页）

（宝龟八年二月）壬寅，召渤海使史都蒙等卅人入朝。时都蒙言曰："都蒙等一百六十馀人，远贺皇祚，航海来朝，忽被风漂，致死一百廿，幸得存活，才卌六人。既是险浪之下，万死一生，自非圣朝至德，何以独得存生，况复殊蒙进入，将拜天阙。天下幸民，何处亦有，然死余都蒙等卅余人，心同骨完，期共苦乐，今承十六人别被处置，分留海岸，譬犹割一身而分背，失四体而匍匐。仰望，宸辉曲照，听同入朝。"许之。

（同上，第30～32页）

（宝龟八年四月）庚寅，渤海使史都蒙等入京。辛卯，太政官遣使慰问史都蒙等。

（宝龟八年四月）癸卯，渤海使史都蒙等贡方物，奏曰："渤海国王，始自远世，供奉不绝。又国使壹万福归来，承闻圣皇新临天下，不胜欢庆。登时，遣献可大夫、司宾少令、开国男史都蒙入朝，并戴荷国信，拜奉天阙。"

（同上，第34页）

（宝龟八年四月）戊申，天皇临轩，授渤海大使献可大夫、司宾少令、开国男史都蒙正三位，大判官高禄思、少判官高郁琳并正五位上，大录事史通仙正五位下，少录事高肄宣从五位下，馀各有差。赐国王禄，具载敕书。史都蒙已下亦各有差。

（同上，第 36 页）

（宝龟八年五月）癸酉，渤海使史都蒙等归蕃。以大学少允、正六位上高丽朝臣殿继为送使。赐渤海王书曰："天皇敬问渤海国王。使史都蒙等，远渡沧溟，来贺践祚。顾惭寡德，叨嗣洪基，若涉大川，罔知攸济。王①修朝聘于典故，庆宝历于惟新，勤恳之诚，实有嘉尚。但都蒙等比及此岸，忽遇恶风，有损人物，无船驾去，想彼闻此，复以伤怀，言念越乡，倍加轸悼。故造舟差使，送至本乡。并附绢五十疋、絁五十疋，丝二百绚、绵三百屯。又缘都蒙请，加附黄金小一百两、水银大一百两、金漆一缶、漆一缶、海石榴油一缶、水精念珠四贯、槟榔扇十枝，至宜领之。夏景炎热，想平安和。"又吊彼国王后丧曰："祸故无常，贤室殒逝，闻以恻怛，不淑如何②。虽松槚未茂③，而居诸稍改，吉凶有制，存之而已。今因还使，赠绢二十疋、絁二十疋、绵二百屯、宜领之。"

（同上，第 38~40 页）

9. 渤海国使张仙寿

（宝龟十年正月）丙午，渤海使张仙寿等献方物，奏曰："渤海国王言，圣朝之使高丽朝臣殿嗣④等失路，漂著远夷之境，乘船破损，归去无由。是以，造船二艘，差仙寿等，随殿嗣令入朝，并载荷献物，拜奉天朝。"

（宝龟十年正月）戊申，宴五位以上及渤海使仙寿等于朝堂，赐禄有差。诏渤海国使曰："渤海王使仙寿等来朝拜觐，朕有嘉焉。所以加授位阶，兼赐禄物。"

（宝龟十年正月）丁巳，宴五位已上及渤海使于朝堂，赐禄。己未，内

---

① 指渤海国王。
② 慰问之辞。
③ 松槚，墓上之树。此处意为死者被葬不久。
④ 宝龟八年五月条载为："高丽朝臣殿继"。

射，渤海使亦在射列。

（同上，卷35，第84页）

（宝龟十年二月癸酉），渤海使还国，赐其王玺书，并附信物。

（同上，第86页）

10. 日本遣渤海国使小野朝臣田守及其奏呈唐"安史之乱"消息

（天平宝字二年十二月）戊申，遣渤海使小野朝臣田守等奏唐国消息曰："天宝十四载，岁次乙未十一月九日，御史大夫兼范阳节度使安禄山反，举兵作乱，自称大燕圣武皇帝。改范阳作灵武郡，其宅为潜龙宫，年号圣武。留其子安卿绪知范阳郡事。自将精兵廿余万骑，启行南行。十二月，直入洛阳，署置百官。天子①遣安西节度使哥舒翰，将卅万众，守潼津关。使大将军封常清，将十五万众，别围洛阳。天宝十五载，禄山遣将军孙孝哲等，帅二万骑攻潼津关。哥舒翰坏潼津岸，以坠黄河，绝其通路而还。孝哲凿山开路，引兵入至于新丰。六月六日，天子逊于剑南。七月甲子，皇太子玙即皇帝位于灵武郡都督府，改元为至德元载。己卯，天子至于益州。平卢留后事徐归道，遣果毅都尉行柳城县兼四府经略判官张元涧，来聘渤海，且征兵马曰：'今载十月，当击禄山，王须发骑四万，来援平贼。'渤海疑其有异心，且留未归。十二月丙午，徐归道果鸩刘正臣于北平，潜通禄山。幽州节度使史思明谋击天子，安东都护王玄志仍知其谋，帅精兵六千余人，打破柳城斩徐归道，自称权知平卢节度，进镇北平。至德三载四月，王玄志遣将军王进义，来聘渤海，且通国故②曰：'天子归于西京，迎太上天皇于蜀，居于别宫，殄灭贼徒，故遣下臣来告命矣。渤海王为其事难信，且留进义，遣使详问。行人未至，事未可知，其唐王赐渤海国王敕书一卷，亦副状进。'"于是，敕大宰府曰：安禄山者，是狂胡狡竖也，违天起逆，事必不利，疑是不能计西，还更掠于海东。古人曰：'蜂虿犹毒，何况人乎。'其府帅船王，及大贰吉备朝臣真备，俱是硕学，名显当代，简在朕心，委以重任，宜知此状。预设奇谋，纵使不来，储备无悔。其所谋上策，及应备杂事，一一具录报来。"

（《续日本纪》三，卷21，第296~298页）

---

① 唐玄宗。

② 国故，意为固有的国家关系。

第六节 奈良文化

一、史书和地志的编纂

1. 古事记序

（略）暨飞鸟清原大宫御大八州天皇御世①，潜龙体元，洊雷应期。开梦歌而相纂业，投夜水而承基。然，天时未臻，蝉蜕于南山，人事共给，虎步于东国。皇舆忽驾，凌渡山川，六师雷震，三军电逝。杖矛举威，猛士烟起，绛旗耀兵，凶徒瓦解，未移浃辰，气沴自清。乃放牛息马，恺悌归于华夏，卷旌戢戈，儛咏停于都邑。岁次大梁，月踵夹钟，清原大宫，升即天位。道轶轩后，德跨周王，握乾符而总六合，得天统而包八荒。乘二气之正，齐五行之序，设神理以奖俗，敷英风以弘国。重加，智海浩汗，潭探上古，心镜炜煌，明睹先代。

于是，天皇②诏之："朕闻诸家之所赍帝纪及本辞③，既违正实，多加虚伪。当今之时，不改其失，未经几年，其旨欲灭。斯乃，邦家之经，王化之鸿基焉。故惟，撰录帝纪，讨核旧辞，削伪定实，欲流后叶。时有舍人，姓稗田，名阿礼，年是廿八，为人聪明，度目诵口，拂耳勒心。即敕语阿礼，令诵习帝皇日继及先代旧辞。然，运移世异，未行其事矣。

伏惟，皇帝陛下，得一光宅④，通三亭育，御紫宸而德，被马蹄之所极，坐玄扈而化照船头之所逮。日浮重晖，云散非烟。连柯并穗之瑞，史不绝书，列烽重译之贡，府无空月，可谓名高文命，德冠天乙⑤矣。

---

① 指天武天皇。此句以下，至"明睹先代"，叙述天武天皇在"壬申政变"中的史事。

② 亦指天武天皇。

③ "帝纪"，皇统谱；"本辞"，神话、传说。

④ 指元明天皇即位。《老子》中有"王侯得一以为天下贞"句。此段叙述元明天皇的德化。

⑤ 殷汤王。

于焉，惜旧辞之误忤，正先纪之谬错，以和铜四年九月十八日，诏臣安万侣，撰录稗田阿礼所诵之敕语、旧辞以献上者，谨随诏旨，子细采摭。然，上古之时，意言并朴，敷文构句，于字即难。已因训述者，词不逮心，全以音连者，事趣更长。是以，今或一句之中，交用音训，或一事之内，全以训录。即辞理叵见，以注明，意况易解，更非注。亦于姓日下，谓玖沙诃，于名带字，谓多罗斯。如此之类，随本不改。大抵所记者，自天地开辟始，以讫于小治田御世①。故，天御中主神②以下，日子波限建鹈草葺不合命以前为上卷；神倭伊波礼毘古天皇以下，品陀御世③以前为中卷；大雀皇帝④以下，小治田大宫以前为下卷。并录三卷，谨以献上。臣安万侣，诚惶诚恐，顿首顿首。

和铜五年正月廿八日　　　　　　　正五位上勋太朝臣安万侣

（《古事记. 序，第 44 ~ 48 页》）

2. 日本书纪

（天武天皇十年三月）丙戌，天皇御于大极殿，以诏川岛皇子、忍壁皇子、广濑王、竹田王、桑田王、三野王、大锦下上毛野君三千、小锦中忌部连首、小锦下阿昙连稻敷、难波连大形、大山上中臣连大岛、大山下平群臣子首，令记定帝纪及上古诸事。大岛、子首亲执笔以录焉。

（《日本书纪》下，卷 29，第 445 ~ 447 页）

（养老四年五月癸酉），先是，一品舍人亲王奉敕修日本纪，至是功成奏上，纪卅卷，系图一卷。

（《续日本纪》二，卷 8，第 72 页）

3. 风土记

（和铜六年）五月甲子，畿内、七道、诸国郡、乡名，着好字。其郡内所

---

① 小治田御世，即推古女皇在位时期。
② 神话中的高天原神。
③ 品陀御世，即应神大王之世。
④ 大雀皇帝，即仁德大王。

生银、铜、彩色、草木、禽兽、鱼虫等物，具录色目，及土地沃墝，山川原野名号所由，又古老相传旧闻、异事，载于史籍，亦宜言上。

(《续日本纪》一，卷26，第196~198页)

常陆国司 解：申古老相传旧闻事

问国郡旧事 古老答曰：古者，自相模国足柄岳坂①以东诸县，总称我姬国。是当时不言常陆，唯称新治、筑波、茨城、那贺、久慈、多珂国，各遣造、别令检校。其后，至难波长柄丰前大宫临轩天皇②之世，遣高向臣、中臣幡织田连等，总领自坂已东之国。于是，我姬之道，分为八国③，常陆国居其一矣。所以然号者，往来道路，不隔江海之津济，郡乡境界，相续山河之峰谷，取直通之义以为名称焉。或曰：倭武天皇④巡狩东夷之国，幸过新治之县，新遣国造毗那良珠命，新令堀井，流泉净澄，尤有好爱，时停乘舆，酌水洗手，御衣之袖，垂泉而沾，便依渍袖之义，以为此国之名。风俗谚云：筑波岳黑云挂，衣袖渍国是矣。

夫常陆国者，堺是广大，地亦缅邈，土壤沃坟，原野肥衍，垦发之处，山海之利，人人自得，家家足饶。设有身劳耕耘，力竭纺蚕者，立即可取富丰，自然应免贫穷，况复求盐鱼味。左山右海，植桑种麻，后野前原，所谓水陆之府藏，物产之膏腴，古人云常世之国，盖疑此地。但以所有水田，上小中多，年遇霖雨，即闻苗子不登之叹。岁逢亢阳，唯见谷实丰稔之欢欤。

(《风土记·常陆国风土记》，第34~36页)

丰后国者，本与丰前国合为一国，昔者，缠向日代宫御宇大足彦天皇⑤，诏丰国直等祖菟名手，遣治丰国，往到丰前国仲津郡中臣村。于时，日晚侨宿，明日昧爽，忽有白鸟从北飞来，翔集此村。菟名手即勒（劝）仆者，遣看其鸟，鸟化为饼，片刻之间，更化芋草数千许株，花叶冬荣。菟名手见之为异，欢喜云："化生之芋，未曾有见，实至德之感，乾坤之瑞。"既而参上朝庭，举状奏闻。天皇于兹欢喜之有，即敕菟名手云："天之瑞物，地之丰

---

① 静冈县与神奈川县的分界处。
② 即孝德天皇。
③ 八国，即相模、武藏、上总、下总、上野、下野、常陆、陆奥。
④ 传说中的日本武尊。其事见《日本书纪》景行纪。
⑤ 系《日本书纪》景行纪中的景行大王。

草，汝之治国，可谓丰国。"重赐姓曰："丰国直。"因曰：丰国。后分两国，以丰后国为名。

（同上"丰后国风土记"，第356页）

4. 万叶集①

大津皇子赠石川郎女御歌一首

　　山中细雨飘，吾待阿妹来。

　　久待山雨中，衣裳遍身湿。

（《万叶集一》第107首，卷2，第71页；译文依据
《万叶集（译文篇）》，第24页）

石川郎女奉和歌一首

　　待吾细雨里，阿哥衣裳湿。

　　愿为山中雨，与君幸相逢。

（同上108首，卷2，第73页；译文篇，第25页）

防人歌

　　早朝防人起，拂晓离家门。

　　握手道惜别，唯见妹泪泣。

（同上第3569首，卷14，第455页；
译文篇，第389页）

山上忆良沉疴自哀文

　　窃以，朝夕佃食山野者，犹无灾害而得度世，昼夜钓渔河海者，尚有庆福而全经俗。况乎我从胎生迄于今日，自有修善之志，曾无作恶之心。所以礼拜三宝，无日不勤。敬重百神，鲜夜有阙。嗟乎愧也，我犯何罪，遭此重疾。初沉疴已来，年月稍多。是时，年（已）七十有四，鬓发斑白，筋力尫羸。不但年老，复加斯病。谚曰：痛疮灌盐，短材截端，此之谓也。四支不

---

① 《万叶集》，和歌集。收录了上自7世纪前半叶舒明朝，下至8世纪中叶淳仁朝约150年间的4500余首和歌，共20卷。内容涉及宫廷仪式、宴席、羁旅、恋歌、挽歌等。作者，上自天皇、皇族、显贵、杰出歌人，下至无名民众。编纂者大伴家持等人。

动，百节皆疼，身体太重，犹负钧石。悬布欲立，如折翼之鸟，依杖且步，
比跛足之驴。吾以身已穿俗，心亦累尘。欲知祸之所伏，祟之所隐，龟卜之
门，巫祝之室，无不往问。若实若妄，随其所教，奉币帛，无不祈祷，然而
弥有增苦，曾无减差。（略）《抱朴子》曰，："神农云，百病不愈，安得长
生。"帛公又曰："生好物也，死恶物也。"若不幸不能长生，犹以生涯无病患
者，为福大哉。今吾为病见恼，不得卧坐，向东向西，莫知所为。无福至甚，
总集于我。人愿天从，如有实者，仰愿顿除此病，赖得如平。以鼠为喻，岂
不愧哉。

（同上第 896 首，卷 5，第 104～112 页）

5.《怀风藻》①

（略）余以薄官余间，游心文囿，阅古人之遗迹，想风月之旧游。虽音尘
眇焉，而余翰斯在。抚芳题而遥忆，不觉泪之泫然。攀缛藻而遐寻，惜风声
之空坠。遂乃收鲁壁②之余蠹，综秦灰③之逸文。远自淡海④，云暨平都⑤。凡
一百二十篇，勒成一卷。作者六十四人，具题姓名，并显爵里，冠于篇首。
余撰此文意者，为将不忘先哲遗风。故以怀风名之云尔。于时，天平胜宝三
年，岁在辛卯冬十一月也。

（《怀风藻》序，第 61～62 页）

五言　述怀一绝。

淡海朝大友皇子⑥

道德承天训，盐梅寄真宰。

羞无监抚术，安能临四海。

（同上，第 71 页）

---

①《怀风藻》，日本最古的汉诗集。编纂者未详，有淡海三船说，葛井广成说，石上
宅嗣说。收录 64 人 120 首诗作。作者中有天皇、皇子等。

② 鲁壁，指孔子的鲁国遗宅之壁。

③ 秦灰，系秦始焚烧典籍。此处暗示壬申政变时，因兵火烧毁的诗文。

④ 淡海，天智天皇的近江朝。

⑤ 平都，平城京时的奈良朝。

⑥ 天智天皇长子。天智死后掌控朝政。在壬申之乱中被叔父大海人皇子（天武天
皇）击败。此诗感叹了自己的无能。

五言 临终一绝。

大津皇子①

金乌临西舍，鼓声催命短。

泉路无宾主，此夕离家向。

（同上，第 77 页）

二、国教化的奈良佛教

1. 国家对佛教的控制

（1）实行度牒制（"公验"）

（神龟元年）冬十月丁亥朔，治部省奏言："勘检京及诸国僧尼名籍②，或入道元由，披陈不明；或名存纲帐③，还落官籍；或形貌志麤，既不相当。总一千一百廿二人，准量格式，合给公验，不知处分，伏听天裁。"诏报曰："白凤以来，朱雀④以前，年代玄远，寻问难明，亦所司记注多有粗略，一定见名，仍给公验。"

（《续日本纪》二，卷9，第 152 页）

（2）国家掌握僧尼得度权

（天平六年十一月）戊寅，太政官奏："佛教流传，必在僧尼，度人才行，实简所司。比来出家，不审学业，多由嘱请，甚乖法意。自今以后，不论道俗，所举度人，唯取闇诵《法华经》一部，或《最胜王经》一部，兼解礼佛，净行三年以上者。令得度者，学问弥长，嘱请自休。其取僧尼儿，诈作男女，令得出家者，准法科罪。所司知而不正者，与同罪，得度者还俗。"奏可之。

———————————

① 天智天皇第三子。天武天皇时，天武与六位异腹皇子（包括大津皇子）共立盟互相协力而不生间隙。天武死后，大津以谋害皇太子之嫌被捕，后自尽。死前吟了《临终》一首。

② 据《养老令·杂令》，僧尼名籍，"每六年一造籍三通，各显出家年月，夏臈及德业，依式印之。一通留职国，以外申送太政官，一通送中务，一通送治部。"

③ 纲帐，由僧官三纲（僧正、僧都、律师）提出的僧尼名簿。

④ 白凤、朱雀皆为年号。前者即孝德朝的白雉（650－654），后者即天武朝的朱鸟（686）。

（同上，卷 11，第 282～284 页）

2．佛教护国思想

（天平九年四月）壬子，律师道慈①言："道慈奉天敕，任此大安寺修造以来，于此伽蓝恐有灾事，私请净行僧等，每年令转《大般若经》一部六百卷。因此，虽有雷声，无所灭害。请自今以后，撮取诸国进调庸各三段物，以充布施，请僧百五十人令转此经。伏愿，护寺镇国，平安圣朝，以此功德，永为恒例。"敕许之。

（同上，卷 12，第 312 页）

（天平九年八月）丙辰，为天下太平，国土安宁，于宫中一十五处，请僧七百人，令转《大般若经》、《最胜王经》，度四百人，四畿内、七道诸国五百七十八人。

（同上，第 326 页）

（天平九年十月）丙寅，讲《金光明最胜王经》于太极殿。朝廷之仪，一同元日。请律师道慈为讲师、坚藏为读师，听众一百，沙弥一百。

（同上，第 332 页）

（天平十五年正月）癸丑，为读《金光明最胜王经》，请众僧于金光明寺。其词曰："天皇敬谘四十九座诸大德等，弟子阶缘宿殖，嗣膺宝命②，思欲宣扬正法，导御蒸民。故以今年正月十四日，劝请海内出家之众于所住处，限七七日，转读大乘《金光明最胜王经》。又令天下，限七七日，禁断杀生及断杂食。别于大养德国金光明寺，奉设殊胜之会，欲为天下之摸（模）③。诸

---

① 关于道慈生平，诗集《怀风藻》中有载："释道慈者，俗姓额田氏，漆下人。少而出家，聪敏好学，英材明悟，为众所推。大宝元年，遣学唐国，历访明哲，留连讲肆，妙通三藏之玄宗，广谈五明之征旨。时，唐简于国中义学高僧一百人，请入宫中，令讲上仁王般若。法师学业颖秀，预入选中。唐王怜其远学，特加优赏。游学西土，十有六岁。养老二年，归来本国，帝嘉之，拜僧纲律师。性甚骨鲠，为时不容，解任归，游山野。时出京师，造大安寺，年七十余。"

② 宝命，天之命，意为皇位。

③ 天下之摸，即为天下之范本。

德等，或一时①名辈，或万里嘉宾②，金曰人师，咸称国宝，所冀屈彼高明，随兹延请，始畅慈悲之音，终谐微妙之力。仰愿，梵宇增威，皇家累庆，国土严净，人民康乐，广及群方，绵该广类，同乘菩萨之乘，并坐如来之座，像法中兴，实在今日。凡厥知见，可不思哉。"

（同上，卷15，第414～416页）

（天平十八年三月）丁卯，敕曰："兴隆三宝，国家之福田，抚育万民，先王之茂典。是以，为令皇基永固，宝胤长承，天下安宁，黎元利益，仍讲《仁王般若经》。于是，伏闻其教，以慈为先，情感宽仁，事深隐恻。"

（《续日本纪》三，卷16，第22页）

3. 推行国分寺制

（天平十三年三月）乙巳，诏曰："朕以薄德，忝承重任，未弘政化，寤寐多惭。古之明主，皆能先业，国泰人乐，灾除福至。修何政化，能臻此道。顷者，年谷不丰，疫疠频至，惭惧交集，唯劳罪己。是以，广为苍生，遍求景福。故，前年驰使增饰天下神宫，去岁普令天下造释迦牟尼佛尊像，高一丈六尺者各一铺，并写《大般若经》各一部。自今春已来，至于秋稼，风雨顺序，五谷丰穰。此乃征诚启愿，灵贶如答，载惶载惧，无以自宁。案经云：'若有国土，讲宣读诵，恭敬供养，流通此经王者，我等四王，常来拥护，一切灾障，皆使消殄，忧愁疾疫，亦令除差。'所愿遂心，恒生欢喜者。宜令天下诸国，各令敬造七重塔一区，并写《金光明最胜王经》、《妙法莲华经》各一部。朕又别拟写《金字金光明最胜王经》，每塔各令置一部。所冀圣法之盛，与天地而永流，拥护之恩，被幽明而恒满。其造塔之寺，兼为国华，必择好处，实可长久。近人则不欲薰臭所及，远人则不欲劳众归集。国司等各宜务存严饰，兼尽洁清，近感诸天，庶几临护。布告遐迩，令知朕意。又每国僧寺，施封五十户、水田一十町，尼寺水田十町。僧寺必令有廿僧，其寺名为金光明四天王护国之寺。尼寺一十尼，其名为法华灭罪之寺。两寺相去，宜受教戒。若有阙者，即须补满。其僧尼，每月八日，必应转读《最胜王经》。每至月半，诵《戒羯磨》。每月六斋日，公私不得渔猎杀生，国司等宜

---

① 当代。

② 来自国外的高僧。

恒加检校。"

（《续日本纪》二，卷14，第386～390页）

4. 僧尼位阶制

（天平宝字四年七月）庚戌，大僧都良辨、少僧都慈训、律师法进等奏曰："良辨等闻，法界混一，凡圣之差未著，断证以降，行住之科始异，三贤十地①，所以开化众生，前佛后佛，由之劝勉三乘。良知，非酬勋庸，无用证真之识，不差行住②，讵劝流浪之徒。今者，像教将季，缁侣稍息，若无褒贬，何显善恶。望请，制四位十三阶③，以拔三学六宗。就其十三阶中，三色师位并大法师位，准敕授位记式，自外之阶，准奏授位记式。然则，戒定慧行，非独昔时，经论律旨，方盛当今。庶亦永息滥位之讥，以兴敦善之隆。良辨等，学非涉猎，业惟浅近，辄以管见，略事采择。叙位节目，具列别纸。"敕报曰："省来表，知具示。劝诫缁徒，实应利益，分置四级，恐致劳烦。故，其修行位、诵持位，唯用一色，不为数名。若有诵经忘却，戒行过失者，待众人知，然后改正。但师位等级，宜如奏状。"

（《续日本纪》三，卷23，第356～358页）

5. 建造东大寺卢舍那铜佛像

（天平十五年）冬十月辛巳，诏曰："朕以薄德，恭承大位，志存兼济，

---

① 佛教的菩萨修行，分为五十二阶段，即十信、十住、十行、十回向、十地及等觉、妙觉。十地以前的四十个阶段是"凡夫阶段"，十地以后的十二个阶段，是"圣人阶段"。此处的"三贤"系指十住、十行、十回向三十个阶段。"十地"，即为四十一至五十阶段，具体是：欢喜地、离垢地、发光地、焰慧地、难胜地、现前地、远行地、不动地、善慧地、法云地。

② 行，十行：欢喜行、饶益行、无违逆行、无屈挠行、无碍乱行、善现行、无着行、难得行、善法行、真实行；住，十住：发心住、治地住、修行住、生贵住、方便住、正心住、不退住、童真住、法王子住、灌顶住。

③ 授与僧尼的位阶。对于四位十三阶的具体建制，学术界虽有不同见解，但基本并无大差别，即四位：法师位、满位、住位、入位；十三阶：大法师位、传灯法师位、传灯满位、传灯住位、传灯入位；修行法师位、修行满位、修行住位、修行入位；诵持法师位、诵持满位、诵持住位、诵持入位。

勤抚人物。虽率土之滨，已霑仁恕，而普天之下，未洽法恩。诚欲赖三宝之威灵，乾坤相泰，修万代之福业，动植咸荣。粤以天平十五年岁次癸未十月十五日，发菩萨大愿，奉造卢舍那佛金铜像一躯。尽国铜而镕象（像），削大山以构堂。广及法界，为朕知识，遂使同蒙利益，共致菩提。夫有天下之富者朕也，有天下之势者朕也。以此富势造此尊像，事也易成，心也难至。但，恐徒有劳人，无能感圣，或生诽谤，反堕罪辜。是故，预知识者，恳发至诚，各招介福，宜日每三拜卢舍那佛，自当存念，各造卢舍那佛也。如更有人情愿持一枝草、一把土助造像者，恣听之。国郡等司，莫因此事侵扰百姓，强令收敛。布告遐迩，知朕意焉。"

（《续日本纪》二，卷15，第430~432页）

大佛殿碑文障子铭文也。

（略）太政官奉敕，普告天下，□□知识，以天平十五年岁次癸未十月十五日，于近江国信乐京，奉创佛像。其处已止，更以天平十七年岁次乙酉八月廿三日，于大和国添上郡，奉创同像。天皇专以御袖入土持运加于御座。然后，召集氏氏人等，运土筑坚御座。以天平十九年岁次丁亥九月廿九日，始奉铸镕。以胜宝元年岁次巳丑十月廿四日，奉铸已了。三个年八个度奉铸御体。以天平胜宝四年岁次壬辰三月十四日，始奉涂金。未毕之间，以同年四月九日，储于大会，奉开眼也。（略）金铜卢舍那铜佛像一体，结跏趺坐，高五丈三尺五寸，面长一丈六寸（尺）。（略）用熟铜七十三（五）万九千五百六十斤，白镴一万二千六百千（十）八斤，炼金一万四百卅六两，水银五万八千六百廿两，炭一万六千六百五十六斛。（略）大佛殿一宇，二重十一间，高十二（五）丈六尺，东西长廿九丈，广十七丈。（略）塔二基并七重，东塔高廿三丈八寸，西塔高廿三丈六尺七寸，露盘高八丈，尺二寸。（略）

（《东大寺要录》卷2，（非卖品），第35~36页）

6. 高僧行基和鉴真

（1）行基

（养老元年四月）壬辰，诏曰："（略）凡僧尼，寂居寺家，受教传道。准令云：'其有乞食者，三纲连署，午前捧钵告乞，不得因此更乞馀物。'方今小僧行基并弟子等，零迭街衢，妄说罪福；合构朋党，焚剥指臂；历门假说，强乞余物；诈称圣道，妖惑百姓；道俗扰乱，四民弃业。进违释教，退犯法令，二也；僧尼依佛道持神咒以救溺徒，施汤药而疗痼病，于令听之。方今，僧尼辄向病人之家，诈祷幻怪之情，戾执巫术，逆占吉凶，恐胁毫釐，稍致有求，道浴无别，终生奸乱，三也；如有重病应救，请净行者经告僧纲，三纲联署，期日令赴，不得因兹逗留延日。实由主司不加严断，致有此弊。自今以后，不得更然，布告村里，勤加禁止。"

（《续日本纪》二，卷7，第26~28页）

（天平十五年十月）乙酉，皇帝御紫香乐宫，为奉造卢舍那佛像，始开寺地。于是，行基法师率弟子等劝诱众庶。

（同上，卷15，第432页）

（天平十七年正月）己卯，诏：以行基法师为大僧正。

（《续日本纪》三，卷16，第6页）

（天平胜宝元年）二月丁酉，大僧正行基和尚迁化。和尚，药师寺僧，俗姓高志氏，和泉国人也。和尚真粹天挺，德范夙彰。初出家，读《瑜伽唯识论》，即了其意。既而周游都鄙，教化众生，道俗慕化追从者，动以千数。所行之处，闻和尚来，巷无居人，争来礼拜。随器诱导，咸趣于善。又亲率弟子等，于诸要害处造桥筑陂，闻见所及咸来加功，不日而成。百姓至今蒙其利焉。丰樱彦天皇[1]甚敬重焉。诏授大僧正之位，并施四百人出家。和尚灵异神验，触类而多。时人号曰：行基菩萨。留止之处，皆建道场，其畿内凡卌九处，诸道亦往往而在。弟子相继，皆守遗法，至今住持焉。薨时年八十[2]。

（同上，卷17，第60~62页）

（2）鉴真

（天平宝字七年）五月戊申，大和上鉴真物化。和上者，杨州龙兴寺之大德也。博涉经论，尤精戒律，江淮之间，独为化主。天宝二载，留学僧荣叡、业行等白和上曰："佛法东流，至于本国，虽有其教，无人传授。幸愿，和上东游兴化。"辞旨恳至，咨请不息。乃于杨州买船入海，而中途风漂，船被打破，和上一心念佛，人皆赖之免死。至于七载，更复渡海，亦遭风浪，漂著

---

① 圣武天皇。
② 《元亨释书》载，薨时八十二岁。

日南①。时，荣叡物故，和上悲泣失明。胜宝四年，本国使②适聘于唐，业行乃说以宿心，遂与弟子二十四人，寄乘副使大伴宿祢古麻吕船归朝，于东大寺安置供养③。于时有敕，校正一切经论。往往误字诸本皆同，莫之能正，和上谙诵，多下雌黄。又以诸药物，令名真伪。和上一一以鼻别之，一无错失。圣武皇帝师之受戒焉。及皇太后不念，所进医药有验，授位大僧正④，俄以纲务烦杂，改授大和上之号，施以备前国水田一百町。又施新田部亲王之旧宅以为戒院，今招提寺是也。和上预记终日，至期端坐⑤，怡然迁化，时年七十有七。

（同上，卷24，第430～432页）

---

① 汉代所置郡名，在今越南北部。据《大唐和尚东征传》载，鉴真一行漂流至海南岛的振州，并非日南。

② 藤原清河。

③ 天平胜宝六（754）年抵达日本。

④ 据《续日本纪》天平胜宝八年五月丁丑条，授予"大僧都"职。

⑤ 《士唐和尚东征传》："是岁（天平宝字七年）五月六日，结跏趺坐，面西而化"。

第五章　律令制国家由盛渐趋衰弱
——平安时代（上）

概　说

天应元年（781）四月，桓武天皇继承皇位，推行"桓武新政"。桓武天皇的新政，在都城建设、吏治、拓疆等方面尤为突出。

在都城建设方面，选择京都盆地西部向日丘陵地方作为新都之地。此地交通便利，是桂川、宇治川、木津川等河流的汇合处，又是陆路通向东山、北陆、山阴、山阳等地的要冲。此京便是长冈京。延历三年（784）十一月，迁都长冈京。然而，迁都以后，国情多难，接连不断地出现天灾人祸，可谓"国哀相寻，灾变未息"。于是，桓武决定放弃长冈京，另建新京。延历十三年（794），新京建成。新京"山河襟带，自然作城"，被定名为平安京。当年十月迁都新京，开始了平安时代。

桓武天皇的吏治，一是整顿冗官；二是严格官吏纲纪，设立勘解由使，规定考课条例，巡察地方政治等；三是撰定交替式，官吏新任和卸任，严格交任手续等。

桓武朝廷对于北疆虾夷地区的拓展，倾注了极大的人力和物力，经历了失败和进展的曲折。朝廷先后三次派军远征。延历八年（789）的第一次征阀，由于作战计划的不细，对运输、后勤保障困难的估计不足等原因，终至失败。延历十三年（794）实施的第二次征阀，虽然史书记载欠详，战事的详情不明，但从现知的有限资料可知，鉴于第一次失败的教训，此次出征前，作了四年余的准备工作，出征取得了一定的战果。延历十六年（797）开始进行的第三次征讨，战果显著：官军占领了胆泽，建立了胆泽城，成为北阀的重要据点；延历二十一年（802），虾夷族首领阿弓利为等人率五百余人降伏；次年，在胆泽城以北的一百二十里处筑志波城；此后又数度遣军，疆域迅速向北扩展。

延历二十四年（805）三月，恒武天皇去世，平城天皇继位。平城天皇虽然"克己思治，励精施政"，但因身有病患，遂于大同四年（809）让位于嵯峨天皇。退位后的平城，仍欲掌控朝政，受到了嵯峨天皇的强力抵制。平城在宠妃藤原药子的怂恿下，决定前往东国起兵对抗。但未及进入东国，就被阻止而失败。此事史称"平城太上天皇之变"，或称"药子之变"。

"平城太上天皇之变"之后，天皇实权开始由顶峰渐趋衰落，藤原氏势力成了左右朝政的主力。

藤原氏之兴，缘起于大化改新功臣中臣镰足。天智八年（669）十月，中臣镰足殁。天智天皇奖励其功绩，授其大织冠和大臣位，并赐姓藤原朝臣。其后，文武天皇时，曾发布诏书，宣布享有"藤原朝臣之姓"者，只限于镰足的次子不比等家系。藤原不比等有四子，即武智麻吕（南家）、房前（北家）、宇合（式家）、麻吕（京家）。在政治发展过程中，北家藤原房前系独荣不衰，其他三家日渐失势。在藤原良房及其养子基经时期，藤原氏北家确立了霸权地位。藤原氏在朝廷中地位的晋升和巩固，与其策划和参与下述三事件，密切相关：

第一件事是"承和之变"。承和九年（842），藤原良房为拥立有藤原氏血缘关系的道康亲王，以"计划谋叛"的罪名，逮捕并流放了春宫坊带刀伴健岑和但马权守橘逸势。受伴健岑案牵连者多达六十余人，其中皇太子恒贞亲王被废。道康亲王被立为皇太子。"承和之变"后，藤原良房官至大纳言。为扩张权势，良房之女明子入住东宫，成为皇太子妃。嘉祥三年（850），道康亲王即位，是为文德天皇。文德体弱，常因"羸病"而"频废万机"，因此政务皆靠良房。天安元年（857），藤原良房官至太政大臣。天安二年，藤原良房立外孙惟仁亲王继承皇位，是为清和天皇。清和年幼，不能理政，藤原良房以外戚身份，总揽朝政。

第二件事是"应天门事件"。贞观八年（866）闰三月十日晚，平安京的朝堂院正门应天门发生火灾，正门及东、西楼被焚毁。火灾后，朝廷大臣间，有人利用此事排斥异己。大纳言伴善男得到右大臣藤原良相（良房之弟）的支持，告发左大臣源信是火灾主谋。藤原良相等准备派兵包围源信宅时，藤原良房出面制止，保护了源信。不久，有人反告伴善男是火灾主谋。最终伴善男被定罪，被判处流放刑。在这件事件中，左大臣源信和右大臣藤原良相都受到冲击，事件后两人相继上表辞职。唯一受益的是藤原良房，清和天皇敕令其"摄行天下之政"。后又享有三宫（太皇太后、皇太后、皇后）的待遇。藤原良房死后，其养子藤原基经接续藤原氏正宗，活耀政坛。

第三件事是所谓的"阿衡事件"。贞观十八年（876），清和天皇以"热病频发，御体疲弱，不堪听政"为由，让位于九岁的贞明亲王，是为阳成天皇。藤原基经外舅辅政，"摄行天子之政"。及阳成元服，亲理朝政，舅、外孙之间出现矛盾，直至藤原基经扶植光孝天皇上台。五十五岁的光孝十分感激基经的扶植，因此，继位伊始发布了关于任命基经为"关白"的诏书："坐官厅，领行万政，入辅朕，出总百官。应奏之事，应下之事，必先咨禀。"仁和三年（887），光孝死，宇多天皇继位，新天皇也发布了"万机巨细，百官总己，皆关白于太政大臣，然后奏下，一如旧事"的诏书。对于宇多的诏令，基经按惯例，上表推辞。宇多让近臣橘广相起草敕文，请基经不要推辞。橘广相起草的新敕文中没有使用"关白"一词，而是用"以阿衡之佐为卿之任"词。"阿衡"一词源自中国，原指殷代宰相伊尹，后被用作三公的官名。藤原基经以"阿衡"之任是否如同"关白"之问，再次上表推辞。此事引发了朝廷大臣间的争论。最后，天皇屈服于基经的压力，宣布阿衡之言不当，起草者橘广相被处罪。通过这件事，藤原基经既确保了关白的政治地位，势凌天皇，又排斥了朝中与己政见不合者。此后，藤原氏利用外戚地位，天皇幼时，以摄政之任，天皇成年，则以关白之任，长期控制朝政，成为名副其实的藤原氏时代。

进入九世纪以后，律令制国家体制内逐渐萌生新的统治方式，中央集权发生渐变。至十世纪，律令制国家体制出现了明显的质变。其表现，在中央出现令制外官僚机构，如藏人所、检非违使等。令制外官僚机构直接受命于天皇，不受律令的限制。在地方行政管理上，则出现了遥任国司和受领层。

律令制国家体制的质变，反映在经济领域的重要标志，则是公地公民制的土地制度松弛和瓦解。八世纪前半叶推行的"三世一身法"和"垦田永世私有令"，极大地推进了土地私有化，加速了公有土地制的瓦解。私有土地，尤其是贵族和寺院拥有的大土地私有化，造成了国家财政收入的锐减。为了解决中央、地方财政困境，出现了各种名目的官田。从表面看，官田等的设置，似乎在一定程度上缓解了中央、地方政府的财政困境，但实际上，却给国司等地方官吏，乘机利用公权力，着力于聚集个人所有的私有土地的机会。国司等地方官吏的私有土地的积累，促进了土地私有化的进程。

庄园土地所有制就是在土地私有化的基础上发展起来的。九世纪以后，通过购买、兼并、寄进等手段，庄园又获得了急速的发展。在庄园发展过程中，寺社、王公贵族利用自己的地位和权力，以种种借口要求朝廷给予他们的庄园以不纳租的特权，即"不输权"。九世纪中叶至十世纪间，不纳租庄园增加很快。后来又要求拥有拒绝国家行政机关对庄园事务的检查与干预的权力，即"不入权"。既有"不输权"，又有"不入权"的庄园，不但不纳租赋，且排除了地方国衙拥有的警察、治安权，成为公权力无法进入的领地，直接威胁国家的利益，这就为十世纪至十一世纪间的庄园整理政策的推行埋下了伏笔。

第一节　桓武新政

一、建设新都城

1. 迁都长冈京①

（延历三年五月）丙戌，敕：遣中纳言、正三位藤原朝臣小黑麻吕、从三位藤原朝臣种继、左大辨从三位佐伯宿祢今毛人（略）等于山背国相乙训郡长冈村之地，为迁都也。

（《续日本纪》五，卷38，第296页）

（延历三年六月）己酉，以中纳言、从三位藤原朝臣种继、左大辨、从三位佐伯宿祢今毛人（略）等，为造长冈宫使。六位官八人。于是，经始都城，营作宫殿。

（延历三年六月）壬子，遣参议近卫中将、正四位上纪朝臣船守于贺茂大神社奉币，以告迁都之由焉。又今年调庸并造宫工夫用度物，仰下诸国，令进于长冈宫。

（同上，卷38，第298页）

---

① 长冈京，在今京都府向日市附近。

（延历三年十一月）戊申，天皇移幸长冈宫。

（同上，卷38，第306页）

（延历三年十二月）乙酉，山背国葛野郡人、外正八位下秦忌寸足长筑宫城。

（同上，卷38，第312页）

（延历四年七月）癸丑，（略）又敕："造宫之务，事弗获已，所役之夫，宜给其功。于是，和雇①诸国百姓卅一万四千人。

（同上，卷38，第340页）

（延历四年九月）乙卯，中纳言、正三位兼式部卿藤原朝臣种继②被贼射薨。丙辰，车驾至自平城，捕获大伴继人、同竹良并党与数十人，推鞠之，并皆承伏。依法推断，或斩或流。其种继，参议式部卿兼大宰帅、正三位宇合之孙也。神护二年，授从五位下，除美作守，稍迁。宝龟末，补左京大夫兼下总守，俄加从四位下，迁左卫士督兼近江按察使。延历初，授从三位，拜中纳言兼式部卿。三年，授正三位。天皇甚委任之，中外之事皆取决焉。初首建议迁都长冈。宫室草创，百官未就，匠手役夫，日夜兼作。至于行幸平城，太子及右大臣藤原朝臣是公、中纳言种继等，并为留守。照炬催检，烛下被伤，明日薨于第，时年卅九。天皇甚悼惜之，诏赠正一位左大臣。

（同上，卷38，第346~348页）

（延历四年九月）乙卯，中纳言兼式部卿、近江按察使藤原种继，被贼袭射，两箭贯身，薨。丙辰，车驾至自平城，云云。种继已薨，乃诏有司搜捕其贼云云。

（《日本纪略》第二前篇下，第260页）

---

① 付给庸赁的征役。庸赁由公家支付。《养老令·营缮令》："凡有所营造及和雇造作之类，所司皆先录所须总数，申太政官。"

② 藤原种继是造长冈宫使，他的被杀，反映了朝廷内部围绕建造长冈京的不同政见的对立。

（延历七年九月）庚午，诏曰："朕以眇身①，忝承鸿业，水陆有便，建都长冈。而宫室未就，兴作稍多，征发之苦，颇在百姓。是以，优其功货②，欲无劳烦。今闻，造宫役夫，短褐不完，类多羸弱。静言于此，深轸于怀。宜诸进役夫之国，今年出举者，不论正税、公廨，一切减其息利。纵贷十束其利五束，二束还民，三束入公。其敕前征纳者，亦宜还给焉。"

（《续日本纪》五，卷39，第412页）

（延历十年九月）甲戌，仰越前、丹波、但马、播磨、美作、备前、阿波、伊豫等国，坏运平城宫诸门，以移作长冈宫③矣。

（同上，卷39，第506页）

2. 新都平安京

（延历十二年正月）甲午，遣大纳言藤原小黑麻吕、左大辨纪古佐美等，相山背国葛野郡宇太村之地，为迁都也。

（《日本纪略》第二前篇下，第266页）

（延历十二年三月）乙酉，新京宫城之内，百姓地卅四町，给三年价直。（略）庚寅，令五位已上及诸司主典已上进役夫，筑新京宫城。

（延历十二年六月）庚午，令诸国造新宫诸门。④

（延历十三年六月）丙子，发诸国夫五千，扫新宫。

---

① "眇身"，天皇的谦称。
② "功货"，系指造宫所用的劳力和物资。
③ 长冈宫的官门，不少是从平城宫拆移过去的，上述诸国分别负责拆移工作。从《拾芥抄》记载可知，平城宫各门的拆移的具体负责国，分别是：美福门（越前国）、伟鉴门（丹波国）、藻壁门（但马国）、待贤门（播磨国）、阳明门（备前国）、谈天门（阿波国）、郁芳门（伊豫国）。
④ 据《拾芥抄》记载，各国分配负责的平安宫宫门如下：尾张、美浓二国造殷富门；越前国造美福门；若狭、越中二国造安嘉门；丹波国造伟鉴门；但马国造藻壁门；播磨国造待贤门；备前国造阳明门；备中、备后二国造达智门；阿波国造谈天门；伊豫国造郁芳门。

（延历十三年）七月辛未朔，迁东西市于新京，且造廛舍，且迁市人。

（延历十三年十月）辛酉，车驾迁于新京。

（同上第二前篇下，第267页）

（延历十三年十一月丁丑）此国山河襟带，自然作城。因斯形胜，可制新号，宜改山背国为山城国。又子来之民，讴歌之辈异口同辞，号曰"平安京"。

（同上第二前篇下，第268页）

（延历）十四年正月乙酉，宴侍臣。奏踏歌曰：
山城显乐旧来传，帝宅新成最可怜。
郊野道平千里望，山河擅美四周连。
新京乐，平安乐土，万年春。

冲襟乃眷八方中，不日爰开亿载宫。
壮丽裁规传不朽，平安作号验无穷。
新京乐，平安乐土，万年春。

新年正月北辰来，满宇韶光几处开。
丽质佳人伴春色，分行联袂傩皇垓。
新京乐，平安乐土，万年春。

卑高泳泽洽欢情，中外含和满颂声。
今日新京太平乐，年年长奉我皇庭。
新京乐，平安乐土，万年春。

（《类聚国史》第二，卷72《岁时三踏歌》，第323页）

（延历十六年三月癸卯），令远江、骏河、信浓、出云等国，进雇夫二万卌人，以供造宫役①。

（《日本后纪》卷5，第13页）

（延历廿四年十二月）壬寅，公卿奏议曰："伏奉纶旨，营造未已，黎民或弊。念彼勤劳，事须矜恤。加以，时遭灾疫，颇损农桑。今虽有年，未闻复业。宜量事优矜，令得存济者（略）。"是日，中纳言、近卫大将、从三位藤原朝臣内麻吕侍殿上，有敕令参议、右卫士督、从四位下藤原朝臣绪嗣与参议、左大辨、正四位下菅野朝臣真道相论天下德政。于时，绪嗣议云："方今天下所苦，军事与造作②也。停此两事，百姓安之。"真道礭执异议，不肯听焉。帝善绪嗣议，即从停废。有识闻之，莫不感叹。

（同上，卷13，第48～49页）

（大同元年七月）甲辰，诏曰："比公卿奏，日月云除，圣忌将周，国家恒例。就吉之后，迁御新宫，请预营构者。此上都，先帝所建，水陆所凑，道里惟均。故不惮蹔劳，期以永逸。栋宇相望，规摸合度，欲使后世子孙无所加益。朕忝承圣基，嗣守神器，更事兴作，恐乖成规。夫汉代露台，尚爱十家之产，大厦层构，亦非一木之枝，朕为民父母，不欲烦劳，思据旧宫，礼亦宜之。卿等合知朕此意焉。"

（同上，卷14，第65页）

二、严格吏治

1. 整顿冗官

（天应元年）六月戊子朔，诏曰："惟王之置百官也，量材授能，职员有限。自兹厥后，事务稍繁，即量剧官③，仍置员外。近古因循，其流益广，譬以十羊更成九牧，民之受弊，实为此焉。朕，肇膺宝历，君临区夏，言念生民，情深抚育。思欲除其残害，惠之仁寿。宜内外文武官员外之任，一皆解

---

① 延历十三年十月虽迁都平安京，但是建筑工程并未完全完成，所以征召官役连年不断。

② "军事"，指远征虾夷；"造作"，指建平安京。

③ 事务繁忙的官司。

却。但郡司、军毅不在此限。又其在外国司，多乖朝委，或未知欠仓，且用公廨，或不畏宪纲，肆渔百姓。故，今择其奸滥尤著者，秩虽未满①，随事贬降。自今以后，内外官人，立身清谨，处事公正者，所司审访，授以显官。其在职贪残，状迹浊滥者，宜遣巡察采访黜降，庶使激浊扬清，变浇俗②于当年，忧国抚民，追淳风于往古。普告遐迩，知朕意焉。"

（《续日本纪》五，卷36，第192～194页）

太政官符

应禁断副拟郡司事

右大纳言、从三位神王宣称："奉敕，郡司之员，明具令条。而诸国司等，一员有阙，便拟数人，正员之外，更置副拟。无益公务，已润私门，侵渔百姓，莫过斯甚。自今以后，简堪时务者，拟用阙处，正任之外，不得复副，延历十七年二月十五日。

（《类聚三代格》卷7《郡司事》，第309页）

2. 严肃官吏纲纪

（延历五年六月己未朔）又敕："抚育百姓，纠察部内，国郡官司同职掌也。然则，国郡功过共所预知，而顷年有烧正仓，独罪郡司不坐国守，事稍乖理，岂合法意。自今以后，宜夺国司等公廨，总填烧失官物。其郡司者不在会赦之限。"

（《续日本纪》五，卷39，第370页）

太政官谨奏③

一抚育有方，户口增益。一劝课农桑，积实仓库

一贡进杂物，依限送纳。一肃清所部，盗贼不起

一剖断合理，狱讼无冤。一在职公平，立身清慎

一且守且耕，军粮有储。一边境清肃，城隍修理

右国宰、郡司、镇将、边要等官，到任三年之内，政治灼然，当前件二

---

① 任期未满。

② 腐败不正的风俗。

③ 此为桓武朝整治官吏的奖惩条例，史称"十六条"。

条已上者，伏望：五位已上者量事进阶，六位已下者，擢之不次，授以五位。

一在官贪浊，处事不平。一肆行奸猾，以求名誉。

一畋游无度，扰乱百姓。一嗜酒沉湎，废阙公务。

一公节无闻，私门日益。一放纵子弟，请托公行。

一逃失数多，克获数少。一统摄失方，戍卒违命。

右同前群官不务职掌，仍当前件一条已上者，伏望：不限年之远近，解却见任。其违乖抚育、劝课等条者，亦望准此。（略）

延历五年四月十九日

（《类聚三代格》卷7《牧宰事》，第287～288页）

（延历十八年十一月）甲子，敕："先遣问民苦使，采访政迹，思明激扬，以严黜陟。今阅使状，违犯者多，理须峻刑，永惩后辈。但以泣辜解纲，叡哲良规，宥过刑故，古今通典。去延历十四年简差使者，拟遣巡察，虑彼自新。未遽发遣，而慢法不悛，纵欲无厌。此而可原，孰不可恕。其延历十五年以还，有犯国司以下，宜依法断，以惩将来。但犯佃田三町以下，及駈使兵士者，特从宽宥。其十四年以往所犯，积习已久，卒难洗荡，宜事无轻重，一从原免。"

（《日本后纪》卷8，第25～26页）

（大同元年六月）壬寅，手诏曰："（略）谨读延历五年四月十一日诏下者称：诸国庸调支度等物，每有未纳，交阙国用，良由国郡司递相怠慢。又莅政治民，多乖朝委，宜量其状迹，随事贬黜。所司宜作条例奏闻。公卿即依制旨上一十六条事①。自兹厥后，既经年所，空设宪章，未闻遵行。是则，国郡官司不练之所致也。今为行十六条，量置六道观察使，道别一人、判官一人、主典一人。所以移风淳风，易俗雅俗，激扬清浊，黜陟幽明也。其事有大小，使有轻重，自非国由废兴，政关成败，宜遣判官以下督察，兼复取所司清廉干了。（略）"

（同上，卷14，第62～63页）

---

① 即是上引延历五年四月十九日的"太政官奏"。

3. 完善地方官吏交接制度

（延历元年十二月壬子），诏曰："公廨之设①，先补欠负，次割国储，然后作差处分。如闻，诸国曾不遵行，所有公廨，且以费用，至进税帐，诈注未纳。因兹，前人②滞于解由③，后人④烦于受领，于事商量，甚乖道理。又其四位已上者，冠盖既贵，荣禄亦重，授以兼国，伫闻善政。今乃苟贪公廨，征求以甚。至于迁替，多无解由，如此不责，岂曰皇宪。自今以后，迁替国司，满百廿日未得解由者，宜夺位禄、食封，以惩将来。"

（《续日本纪》五，卷 37，第 252 页）

"以前，从政之方，法令为本，守职之道，格式为先。是以，行违故实，向途而迷，事乖旧章，面墙而碍也。方今，或人私抄古来敕书、官符、省例、问答等，名曰交替式者，见有数卷，未审谁撰。而闻见互异，趣舍不同。事或既停，率尔难悟。以此为政，所失实多，国吏之迷，莫不由矣。（略）故，今撰集法令格式，应预交替之事者，以类相随，令易披阅。（略）至有所论，殊附今案，以决古今之疑滞矣。勒成一轴，名曰《撰定交替式》。伏望，仰畿内七道朝集使，各写一本，藏之府库，庶令诸国遵奉以不失，使司勘据而无疑。谨录事状，伏听天裁。谨以申闻，谨奏。

延历廿二年二月廿五日

使正四位下、行左大辨兼左卫士督、皇太子学士、但马守菅野朝臣真道（以下署名略）"

左大臣宣："奉敕，依奏。"

（《延历交替式》，引自《史料による日本の步み》
古代篇，第 223 页）

---

① 平安时代地方各国以一定数量的官稻放贷的制度。每年所收的利息，一部分充抵租税滞纳和官衙经费，所余部分，分配给国司等。745 年（天平十七年）规定了各国放贷定额，757 年（天平宝字元年）规定了国司间的分配率。

② 前任国司。

③ 亦称解由书。是平安时代御任国司从新任国司取得承认事务交接完毕，并无遗留问题的文书。

④ 新任国司。

三、巩固东北疆域的统治

1. 陆奥国伊治呰麻吕叛反

（宝龟十一年三月）丁亥，陆奥国上治郡大领、外从五位下伊治公呰麻吕反，率徒众杀按察使、参议、从四位下纪朝臣广纯于伊治城。广纯，大纳言兼中务卿、正三位麻吕之孙，左卫士督、从四位下宇美之子也。宝龟中，出为陆奥守，寻转按察使。在职视事，见称干济。伊治呰麻吕，本是夷俘之种也。初，缘事有嫌，而呰麻吕匿怨，阳媚事之。广纯甚信用，殊不介意。又牡鹿郡大领道岛大楯，每凌侮呰麻吕，以夷俘遇焉，呰麻吕深衔之。时，广纯建议造觉鳖栅，以远戍候，因率俘军入，大楯、呰麻吕并从。至是，呰麻吕自为内应，唱诱俘军而反。先杀大楯，率众围按察使广纯，攻而害之。独呼介大伴宿祢真纲，开围一角而出，护送多贺城。其城久年国司治所，兵器、粮蓄不可胜计。城下百姓竞入，欲保城中。而介真纲、掾石川净足，潜出后门而走，百姓遂无所据，一时散去。后数日，贼徒乃至，争取府库之物，尽重而去。其所遗者，放火而烧焉。

（《续日本纪》五，卷36，第138~140页）

（宝龟十一年五月）己卯，敕曰："狂贼乱常，侵扰边境，烽燧多虞，斥候失守。今遣征东使并镇狄将军[1]分道征讨。期日会众，事须文武尽谋，将帅竭力，刈夷奸轨，诛戮元凶。宜广募进士，早致军所。若感激风云，奋厉忠勇，情愿自效，特录名贡。平定之后，擢以不次。"

（同上，卷36，第144页）

（宝龟十一年六月辛酉），敕："陆奥持节副将军大伴宿祢益立等，去五月八日奏书云：'且备兵粮，且伺贼机。方以今月下旬进入国府，然后候机乘变，恭行天诛者。'既经二月，计日准程，伫待献俘。其出军讨贼，国之大事，进退动静，续合奏闻。何经数旬，绝无消息，宜申委曲。如书不尽意者，差军监已下堪辨者一人，驰驿申上。"

（同上，卷36，第146页）

---

① 本年三月，任命中纳言藤原继绳为征东大使，大伴益立、纪古佐美为副使；任命大伴真纲为陆奥镇守副将、安倍家麻吕为出羽镇狄将军。

（宝龟十一年七月）癸未，征东使请甲一千领，仰尾张、参河等五国令运军所。（略）甲申，征东使请襖四千领，仰东海、东山诸国便造送之。敕曰："今为讨逆虏，调发阪东军士，限来九月五日，并赴集陆奥国多贺城。其所须军粮，宜申官送。兵集有期，粮馈难继，仍量路便近，割下总国糒①六千斛，常陆国一万斛，限来八月廿日以前，运输军所。"

（同上，卷36，第148页）

（宝龟十一年十月）己未，敕征东使："省今月廿二日奏状，知使等延迟，既失时宜。将军发赴，久经日月，所集步骑数万余人。加以入贼地期，上奏多度。计已发入，平殄狂贼。而今奏：'今年不可征讨者'。夏称草茂，冬言袄乏，纵横巧言，遂成稽留。整兵设粮，将军所为。而集兵之前，不加辨备，还云：'未储城中之粮者。'然则，何月何日诛贼复城。方今，将军为贼被欺，所以缓怠致此逗留。又未及建子②，足以举兵，而乖敕旨，尚不肯人。人马悉瘦，何以对敌。良将之策，岂如此乎！宜加教喻，存意征讨。若以今月不入贼地，宜居多贺、玉作等城，能加防御，兼练战术。"

（同上，卷36，第158～160页）

2. 平安朝廷对虾夷的第一次征伐

（延历七年二月丙午），陆奥按察使守、正五位下多治比真人宇美为兼镇守将军，外从五位下安倍猿岛臣墨绳为副将军。

（同上，卷36，第398页）

（延历七年）三月庚戌，军粮三万五千余斛，仰下陆奥国运收多贺城。又糒二万三千余斛并盐，仰东海、东山、北陆等国，限七月以前转运陆奥国，并为来年征虾夷也。辛亥，下敕："调发东海、东山、阪东诸国步骑五万二千八百余人，限来年三月，会于陆奥国多贺城。其点兵者，先尽前般入军经战

---

① 干粮。
② 北斗的斗柄所指曰建。十一月为建子，十二月为建丑，正月曰建寅，二月曰建卯。

叙勋者，及常陆国神贱①，然后简点余人堪弓马者。"

（同上，卷36，第398~400页）

（延历七年七月）辛亥，以参议、左大辨、正四位下兼春宫大夫、中卫中将纪朝臣古佐美为征东大使。

（同上，卷36，第408页）

（延历七年）十二月庚辰，征东大将军纪朝臣古佐美辞见。诏召升殿上赐节刀，因赐敕书曰："夫择日拜将，良由纶言。推毂分阃②，专任将军。如闻，承前别将等不慎军令，逗阙犹多，寻其所由，方在轻法。宜副将军有犯死罪，禁身奏上，军监以下依法斩决。阪东安危，在此一举，将军宜勉之。"

（同上，卷36，第414页）

（延历八年三月）辛亥，诸国之军会于陆奥多贺城，分道入贼地。

（同上，卷40，第420页）

（延历八年）五月癸丑，敕征东将军曰："省比来奏状，知官军不进，犹滞衣川③。以去四月六日奏称：'三月廿八日，官军渡河，置营三处，其势如鼎足者。'自尔以还，经卅余日，未审缘何事故，致此留连，居而不进，未见其理。夫兵贵拙速，未闻巧迟。又六七月者，计应极热，如今不入，恐失其时。已失其时，悔何所及。将军等应机进退，更无间然。但久留一处，积日费粮。朕之所怪，唯在此耳。宜具滞由及贼军消息，附驿奏来。"

（同上，卷40，第424~426页）

（延历八年）六月甲戌，征东将军奏："副将军、外从五位下入间宿祢广成，左中军别将、从五位下池田朝臣真枚，与前军别将、外从五位下安倍猿

---

① 所属神社的贱民。常陆国的神贱，主要所属鹿岛神社。据《新抄格敕符抄》所载全国百数十神社中，只有鹿岛神社拥有"五十烟神贱"。

② "毂"，车轮中心部的轮毂；"阃"，宫中小门，门内为宫，门外为宫外。此句意为出兵远征将军拥有之权限，即是"阃外之事，将军制之"。《汉书·冯唐传》中有如下记载："臣闻上古王者遣将也，跪而推毂曰：'阃以内寡人制之，阃以外将军制之'"。

③ 汇入北上川的河流，在今岩手县境。

岛臣墨绳等议，三军同谋并力渡河①讨贼，约期已毕。由是，抽出中后军各二千人，同共凌渡。比至贼帅夷阿弖流为之居，有贼徒三百许人，迎逢相战。官军势强，贼众引遁。官军且战且烧，至巢伏村，将与前军合势。而前军为贼被拒，不得进渡。于是，贼众八百许人，更来拒战。其力太强，官军稍退，贼徒直冲。更有贼四百许人，出自东山，绝官军后，前后受敌，贼众奋击，官军被排。别将丈部善理、进士高田道成、会津壮麻吕、安宿户吉足、大伴五百继等并战死。总烧亡贼居十四村，宅八百许烟，器械杂物如别。官军战死廿五人，中矢二百卅五人，投河溺死一千卅六人，裸身游来一千二百五十七人。别将出云诸上、道岛御楯等引余众还来。"于是，敕征东将军曰："省比来奏云：'胆泽之贼，总集河东，先征此地，后谋深入者。'然则，军监已上率兵，张其形势，严其威容，前后相续，可以薄伐。而军少将卑，还致败绩，是则，其道副将等计策之所失也。至于善理等战亡及士众溺死者，恻怛之情，有切于怀。"

　　庚辰，征东将军奏称："胆泽之地，贼奴奥区。方今大军征讨，剪除村邑，余党伏窜，杀略人物。又子波、和我②，僻在深奥。臣等远欲薄伐，粮运有艰。其从玉造塞，至衣川营四日，辎重受纳二个日。然则，往还十日。从衣川至子波地，行程假令六日，辎重往还十四日。总从玉造塞至子波地，往还廿四日程也。途中逢贼相战，及妨雨不进之日，不入程内。河、陆两道辎重一万二千四百卅人，一度所运糒六千二百十五斛，征军二万七千四百七十人，一日所食五百卅九斛。以此支度，一度所运，仅支十一日。臣等商量，指子波地，支度交阙，割征兵加辎重，则征军数少不足征讨。加以，军入以来，经涉春夏，征军、辎重，并是疲弊。进之有危，持之无利，久屯贼地，运粮百里之外，非良策也。虽蠢尔小寇，且逋天诛，而水陆之田，不得耕种，既失农时，不灭何待。臣等所议，莫若解军遗粮，支拟非常，军士所食，日二千斛。若上奏听裁，恐更多糜费。故，今月十日以前解出之状，牒知诸军。臣等愚议，且奏且行。"敕报曰："今省先后奏状曰：'贼集河东，抗拒官军。先征此地，后谋深入者。'然则，不利深入，应以解军者，具状奏上，然后解出，未之晚也。而曾不进入，一旦罢兵，将军等策，其理安在。的知将军等畏惮凶贼，逗留所为也。巧饰浮词，规避罪过，不忠之甚，莫先于斯。又广

---

① 渡北上川。此河的东岸是胆泽地方虾夷的根据地。

② 地名。分别离胆泽城约 60 公里和 15 公里。

成①、墨绳②久在贼地，兼经战场，故委以副将之任，仁其力战之效，而静处营中坐见成败。差入裨将，还致败绩。事君之道，何其如此！夫师出无功，良将所耻。今损军费粮，为国家大害。阃外之寄，岂其然乎！"

（同上，卷40，第430～436页）

（延历八年）九月丁未，持节征东大将军纪朝臣古佐美至自陆奥，进节刀。

（同上，卷40，第440页）

（延历八年九月）戊午，敕：遣大纳言、从二位藤原朝臣继绳，中纳言、正三位藤原朝臣小黑麻吕，从三位纪朝臣船守，左兵卫佐、从五位上津连真道，大外记、外从五位下秋篠宿祢安人等于太政官曹司，勘问征东将军等逗留败军之状。大将军、正四位下纪朝臣古佐美，副将军、外从五位下入间宿祢广成，镇守副将军、从五位下池田朝臣真枚，外从五位下安倍猿岛臣墨绳等，各申其由，并皆承伏。于是，诏曰："赐任讨治陆奥国荒虾夷大将军、正四位下纪古佐美朝臣等，受命讨治，不遵原定谋略，进入奥地消极不进，败军费粮，返归参来。依法该赏问罪，念其承前忠心仕奉，免问其罪。又镇守副将军、从五位下池田朝臣真枚，外从五位下安倍猿岛臣墨绳等，愚顽畏拙，进退失度，军期阙怠。今依法，墨绳者当斩刑，真枚者当解官取冠。然，墨绳者，久历边戍，仕奉劳在，免处斩刑，取官冠免职。真枚者，日上之凑，扶拯溺军有功，免处取冠罪，解除官职。"

（同上，卷40，第442～444页）

3．平安朝廷对虾夷的第二次征伐

（延历九年闰三月）庚午，敕：为征虾夷，仰下诸国，令造革甲二千领，东海道骏河以东，东山道信浓以东，国别有数。限三个年并令造讫。

（同上，卷40，第462页）

（延历九年闰三月）乙未，敕：东海相摸以东，东山上野以东诸国，干备

---

① 征东副将军入间广成。
② 镇守副将军猿岛墨绳。

军粮糒十四万斛，为征虾夷也。

（同上，卷40，第466页）

（延历十年正月）己卯，遣正五位上百济王俊哲、从五位下阪上大宿祢田村麻吕于东海道，从五位下藤原朝臣真鹫于东山道，简阅军士，兼检戎具，为征虾夷也。

（同上，卷40，第488页）

（延历十年七月）壬申，从四位下大伴宿祢弟麻吕为征夷大使，正五位上百济王俊哲，从五位上多治比真人滨成，从五位下阪上大宿祢田村麻吕、从五位下巨势朝臣野足，并为副使。

（同上，卷40，第502页）

（延历十年九月）庚辰，下野守、正五位上百济王俊哲为兼陆奥镇守将军。

（延历十年十月）壬子，仰东海、东山二道诸国，令作征箭三万四千五百餘具。

（延历十年）十一月己未，更仰阪东①诸国，辨备军粮糒十二万余斛。

（同上，卷40，第510页）

（延历十二年二月）丙寅，改征东使为征夷使。

（延历十三年）正月乙亥朔，赐征夷大将军大伴弟麻吕节刀。

（《日本纪略》第二前篇下，第266、267页）

（延历十三年十月）丁卯，征夷大将军大伴弟麻吕奏："斩首四百五十七级，捕虏百五十人，获马八十五匹，烧落七十五处。"

———————

① 坂东，东海道足柄峠，东山道碓冰峠为界，以东地区而为坂东。

（延历十四年正月）戊戌，征夷大将军大伴弟麻吕朝见，进节刀。（略）二月乙巳，诏曰：云云。征夷大将军以下加爵级。

（同上前篇下，第 268 页）

4. 平安朝廷对虾夷的第三次征阀

（延历十五年十月）甲申，（略）近卫少将、从四位下阪上大宿祢田村麻吕为兼镇守将军，□□□□为军监。

（延历十五年十一月己丑）陆奥国伊治城、玉造塞，相去卅五里，中间置驿，以备机急。

（《日本后纪》卷 5，第 6 页）

（延历十五年十一月戊申）发相模、武藏、上总、常陆、上野、下野、出羽、越后等国民九千人，迁置陆奥国伊治城。

（同上，卷 5，第 7 页）

（延历十六年十一月）丙戌，从四位下阪上大宿祢山村麻吕为征夷大将军有副将军等。

（《日本纪略》第二前篇下，第 272 页）

（延历十九年）五月戊午，陆奥国言："归降夷俘，各集城塞，相参相续，出入实繁。夫驯荒之道，在威与德，若不优赏，恐失天威。今夷俘食料充用不足，伏请佃卅町以充杂用。"许之。

（延历十九年）十一月庚子，遣征夷大将军、近卫权中将、陆奥出羽按察使、从四位上兼行陆奥守、镇守将军阪上大宿祢田村麻吕，检校诸国夷俘。

（《类聚国史》第四，卷 190《风俗·俘囚》，第 335 页）

（延历二十年二月）丙午，征夷大将军阪上田村麻吕赐节刀。

（延历二十年十月）丁巳，征夷大将军阪上田村麻吕进节刀。

（延历二十年）十一月己未朔乙丑，诏曰："（略）陆奥国虾夷等，历代涉时，侵乱边境，杀略百姓。是以，遣从四位上阪上田村麻吕大宿祢等，阀平扫治，云云。"田村麻吕授从三位，已下授位。

（《日本纪略》第二前篇下，第276页）

（延历二十一年正月）丙寅，遣从三位阪上大宿祢田村麻吕造陆奥国胆泽城。戊辰，敕："官军薄阀，辟地瞻远，宜发骏河、甲斐、相模、武藏、上总、下总、常陆、信浓、上野、下野等国浪人四千人，配陆奥国胆泽城。"

（延历二十一年）四月庚子，造陆奥国胆泽城使田村麻吕等言："夷大墓公阿弖利为、盘具公母礼等率种类五百余人降。辛亥，任官。

（延历二十一年七月）甲子，造陆奥国胆泽城使田村麻吕来，夷大墓公二人并从。（略）己卯，百官抗表贺平虾夷。

（同上前篇下，第277页）

（延历二十一年八月）丁酉，斩夷大墓公阿弖利为、盘具公母礼等。此二虏者，并奥地之贼首也。斩二虏时，将军等申云："此度任愿返入，招其贼类。"而公卿执论云："野性兽心，反覆无定，傥缘朝威获此枭帅，纵依申请，放还奥地，所谓养虎遗患也。"即捉两虏，斩于河内国杜山。

（同上前篇下，第277～278页）

第二节　藤原氏势力的伸张与摄关政治

一、承和之变与藤原良房就任太政大臣

1. 承和之变

（承和九年七月）丁未，太上天皇崩于嵯峨院，春秋五十七。（略）戊申，择山北幽僻之地定山陵。以商布二千段，钱一千贯文，奉充御葬料，即

日御葬毕。

（《续日本后纪》卷12，第 136~137 页）

（承和九年七月己酉）是日，春宫坊带刀伴健岑、但马权守、从五位下橘朝臣逸势等谋反事发觉，令六卫府固守宫门并内里。遣右近卫少将、从五位上藤原朝臣富士麻吕，右马助、从五位下佐伯宿祢宫成，率勇敢近卫等，各围健岑、逸势私庐，捕获其身。于时，伊势斋宫主马长伴水上来在健岑庐，有嫌疑同被捕。又召右近卫将曹伴武守、春宫坊带刀伴甲雄等，令解兵仗，并五个人分付左近卫、左卫门、左兵卫等三府，并令枏禁。仰左右京职警固街巷，亦令固山城国五道。遣神祇大副、从五位下藤原朝臣大津守宇治桥，弹正少弼、从五位上丹墀真人门成守大原道，侍从、从五位下清原真人秋雄守大枝道，散位、从五位上朝野宿祢贞吉守山崎桥，大藏少辅、从五位下藤原朝臣势多雄守淀渡。先是，弹正尹、三品阿保亲王缄书[1]，上呈嵯峨太皇太后。太后唤中纳言、正三位藤原朝臣良房于御前，密赐缄书，以传奏之。其词曰："今月十日，伴健岑来语云：'嵯峨太上皇今将登遐，国家之乱在可待也，请奉皇子入东国者。'书中词多，不可具载。"

庚戌，遣参议、从四位上、左大辨正躬王，参议、从四位上、右大辨和气朝臣真纲于左卫门府，推勘橘逸势、伴健岑等谋反之由。日暮不得问穷。（略）辛亥，正躬王、真纲朝臣等穷问罪人，奏其日记。

（《续日本纪》二，卷12，第 137~138 页）

（承和九年七月壬子）遣左大辨正躬王、右大辨和气朝臣真纲于左卫门府，拷问逸势、健岑等。右兵卫督橘朝臣永名、右卫门少尉橘朝臣时枝、右马大允橘朝臣三冬等，解所带兵仗自进，以逸势近亲也。

（承和九年七月）乙卯，敕使左近卫少将藤原朝臣良相率近卫卌人，围守皇太子直曹，[2] 于时天皇权御冷然院，皇太子从之。唤集带刀等，令脱兵仗，积置于敕使前。又直曹前右兵卫阵下张幄一宇，散禁坊司及侍者带刀等于其中，自余杂色诸人散禁于左右卫门阵。又遣左卫门权佐、从五位下藤原朝臣岳雄，右马助、从五位下佐伯宿祢宫成等，率近卫唤绊大纳言、正三位藤原朝臣爱

---

① 缄书，又称缄札，是封口的书信。
② 恒贞亲王，系淳和天皇之子。直曹：官署。

发，中纳言、正三位藤原朝臣吉野，参议、正四位下文室朝臣秋津幽于院中，各异其处。

（同上，卷12，第138页）

（承和九年七月）丙辰，废皇太子。（略）敕遣参议、正四位下勋六等朝野宿祢鹿取等于嵯峨山陵，告废皇太子状曰："（略）比者，东宫带刀舍人伴健岑与橘朝臣逸势，挟怀恶心，谋倾国家，挂畏山陵之厚顾。其事发觉，搜求事迹，事缘皇太子。因随国法，申告皇太子位停退状。"

（同上，卷12，第139页）

（承和九年七月）庚申，罪人橘逸势，除本姓，赐非人姓，流于伊豆国。伴健岑流于隐岐国。

（同上，卷12，第141页）

（承和九年八月）乙丑，（略）是日，立皇太子①。

（《续日本后记》卷12，第141页）

2. 藤原良房就任太政大臣

（天安元年二月）丁亥，右大臣、正二位藤原朝臣良房为太政大臣，大纳言、从二位源朝臣信为左大臣，大纳言、正三位藤原朝臣良相为右大臣。宣制曰："天皇诏旨，敕命亲王、诸王、诸臣、百官人等，天下公民众知：右大臣、正二位藤原良房朝臣，朕之外舅。又稚亲王时，助导供奉，今又持忠贞之心，久助国家，行天下之政。闻古人有言，德无不酬。而今，所在之官，先帝所赐，朕未有所酬。是以，特赐太政大臣之官。又大纳言、从二位源信朝臣，朕之伯父，亦依旧故，特赐官左大臣。大纳言、正三位藤原良相朝臣赐右大臣。"

（《日本文德天皇实录》卷9，第91~92页）

（天安元年二月辛卯）是日，太政大臣、正二位藤原朝臣良房抗表曰：

---

① 道康亲王。其母藤原顺子，系藤原良房之妹。

"臣良房言，臣年发已衰，羸病弥积，仍比陈表，乞停所职。祗奉还诏，未蒙矜许。重欲上诚，伏伺隙。何谓圣造无訾，殊奖更加，不以臣之不肖，委以大臣非分之荣，已出虑外，骨惊毛竖，转增忧惧。臣闻，太政大臣者，君人取则，玉烛攸调，无其人则阙①，诚有以也。尔惟臣列祖、先臣，升此位者居多②，皆以礼隔于人存，号阔于身后。而今德不半古，荣则独新，耻彻幽明，悲缠允满，似骑虎而未下，如履冰而将陷，衰容更衰，危命增危。伏愿，曲照丹心，俯收玄泽，使荡荡之化，无偏于圣图；炎炎之谣，获免于愚鄙。则彝序无秽，国经克全。岂臣轻菲，独所荷赖，不胜丹慊之至。谨拜表以陈闻。"敕答："不许。"

（同上，卷9，第94页）

（贞观八年八月）十九日辛卯，敕："太政大臣摄行天下之政。"

（《日本三代实录》前篇卷13，第193页）

3. 应天门事件

（贞观八年闰三月）十日乙卯夜，应天门火，延烧栖凤、翔鸾两楼。（略）廿二日丁卯，会百官，大秡于会昌门前，以应天门火也。

（同上前篇卷13，第180页）

（贞观八年七月）六日戊申，遣使于伊势神宫，告以应天门火。

（同上前篇卷13，第190页）

（贞观八年八月）三日乙亥，左京人备中权史生、大初位下大宅首鹰取，告大纳言伴宿祢善男、右卫门佐伴宿祢中庸等，同谋行火烧应天门。四日丙子，禁鹰取身，下左检非违使。

（同上前篇卷13，第192页）

---

① 据《养老令》职员令载，太政大臣职责为"师范一人，仪形四海，经邦论道，燮理阴阳，无其人则阙"。

② 藤原良房以前，被任命为太政大臣职的藤原氏出身者，有藤原仲麻吕一人，而以左右大臣职，成为太政官的藤原氏则有多人。

（贞观八年八月七日已卯）敕：参议正四位下、行左大辨兼勘解由长官南渊朝臣年名、参议正四位下、行右卫门督兼赞岐守藤原朝臣良绳于勘解由使局，鞫问大纳言、正三位兼行民部卿、太皇大后宫大夫伴宿祢善男。

（同上前篇卷13，第192～194页）

（贞观八年八月）廿九日辛丑，禁右卫门佐、从五位上伴宿祢中庸于左卫门府。是日，拷讯杀大宅鹰取女子者生江恒山。

卅日壬寅，拷讯与恒山同谋者伴清绳，并是大纳言伴宿祢善男之仆从也。

（同上前篇卷13，第194页）

（贞观八年九月廿二日甲子）是日，大纳言伴宿祢善男、善男男右卫门佐伴宿祢中庸、同谋者纪丰城、伴秋实、伴清绳等五人，坐烧应天门，当斩，诏降死一等，并处以远流。善男配伊豆国，中庸隐岐国，丰城安房国，秋实壹岐岛，清绳佐渡国。相坐配流者八人：从五位上、行肥后守纪朝臣夏井配土佐国，从五位上、行下野守伴宿祢河男能登国，上总国权少掾、正八位上伴宿祢夏影越后国，伴冬满常陆国，纪春道上总国，伴高吉下总国，纪武城日向国，伴春范萨摩国。（略）善男者，左京人也。（其）祖继人，官为从五位下左少辨，延历四年为皇太子谋，与右卫门大尉大伴竹良，射杀中纳言兼式部卿藤原朝臣种继①，皇太子坐而见废，继人系死狱中。（其）父国道缘坐其父继人事，配流于佐渡国。为人聪敏颇有才，国宰优爱，引为师友，至有疑难，每事取决，案牍文簿，成于其手。廿四年会恩赦，得入都，职历内外，常居清显，爵至从四位上，官登参议。善男是国道之第五子也，生而爽俊，天资鬼脉，见之（见）者皆曰："黠儿"。为人奇貌，深眼长鬓，身体矬细，意气半岸，弱冠入直校书殿，侍奉仁明天皇。稍被知宠，任寄日重。（略）善男性忍酷，有口辩，当官干理，察断机敏，政务变通，朝庭制度多所详究，问无不对。但心不宽雅，出言舛剥，弹斥人短，无所畏避，徼幸叨承，为人主所爱也。自初为内记，累迁显要，八年间，早登公卿，位望渐贵，物议咸忌。（略）贞观之初，与左大臣源朝臣信有隙，数年之后，诬告大臣谋为返逆，殆欲陷害。其后犯大逆之罪，父子自绝于天。积恶之家，必有余殃，盖斯之谓欤。

---

① 藤原种继被刺杀事件，见本章第一节"建设新都城"目。

（同上前篇卷 13，第 195～197 页）

4. 藤原基经就任摄政

（元庆八年六月）五日甲午，敕曰："天皇诏旨①，宣命众知，太政大臣藤原朝臣②先世，世世济助天下，总摄朝政，为国家建大义，为社稷立忠谋。万机之政，忽授朕身③，存闲退之心，执高尚之节。朕闻定策之勋，自古先录。又赏不踰月，是政之先。闻大臣功绩，既高古之伊霍④，更益乃祖淡海公⑤，叔父美浓公⑥。朕将议其赏。大臣素怀谦挹心，必固辞退，则政事若壅也。本官之任，思行其职，令勘所司，师范训道，内外之政无（所）不统。（略）自今日，就坐官厅，领行万政，入辅朕躬，出总百官，应奏之事，应下之事，必先谘禀，朕将垂拱而仰。"

（同上后篇卷46，第 565～566 页）

5. 藤原基经就任关白与阿衡事件

赐摄政太政大臣关白万机诏⑦

诏：朕以凉德奉兹乾符，临凤宸而如履薄冰，抚龙轩而若涉渊水。自非太政大臣之保护扶持，何得恢宝命于黄图，正旋机于紫极哉。鸣呼，三代⑧摄政，一心输忠。先帝圣明，仰其摄录。朕之冲眇，重以孤茕。其万机巨细，百官总己，皆关白于太政大臣，然后奏下，一如旧事，主者施行。

仁和三年十一月廿一日

（《政事要略》前篇卷30，第 232 页）

---

① 此为光孝天皇诏书。

② 系指藤原基经。

③ 应天门事件后，掌握朝政的藤原良房于 872 年病亡，其养子藤原基经继掌朝政。876 年，幼年的阳成天皇嗣位，基经摄政。阳成天皇 17 岁时，基经废阳成，拥立年已 55 岁的光孝天皇。穷迫的老皇子光孝，突然继位，受宠若惊，感激万分，故有此诏。

④ 伊，殷初名相伊尹；霍，西汉名臣霍光。

⑤ 系藤原不比等。

⑥ 系藤原良房。

⑦ 这是宇多天皇任命藤原基经关白职的第一份诏书。

⑧ 指清和、阳成、光孝三代天皇。

太政大臣辞摄政第一表

臣基经言：伏奉去月廿一日诏书：万机巨细，关白于臣者。臣再三揣已，遂知不堪。臣基经诚恐诚惶，顿首顿首，死罪死罪。臣性固庸疏，器亦灌落，期以早退。如秋叶之待风，顾而自危，喻春冰之向日。况亦耄随老及，病乘衰侵，筋骨难支。惊空穴于虎啸，行步易失，苦平地于羊肠。然臣犹扶残喘，未敢乞骸。将争载营之暂留，以效乃心之不贰。今幸逢无为之代，庶作少事之臣，何忘昧暮之身，更滞明时之政。臣虽欲自勉，力难随心，无水如流，不寒而栗。伏愿陛下特赐允许，及污宠章，慰微臣流行之意，垂恩苦请，免微臣叩恩之讥，无任搛恳之至。谨奉陈请以闻。臣基经诚恐诚惶，顿首顿首，死罪死罪。

（同上前篇卷30，第232页）

答太政大臣辞关白敕①

敕太政大臣藤原卿：中务省昨进表函，披而读之，有辞摄政，怃然方寸，不知所为。卿自天成德，惟岳降神，风概冠时，忠贞卫国。（略）伏案：先帝诏命，今以为卿勋效之高，古之未有。将议其赏答其劳。卿素履谦光，常怀揭施，受宠有忧色，临荣有退情。若其让章敕答，比相往还，恐一日万机或致稽壅。故言不及赏，心在分忧。况朕愚未学政，孝何改道。卿秉钧奕世，佐命受遗，所谓社稷之臣非朕之臣，宜以阿衡之任②为卿之任。先帝③右执卿手，左抚朕④头，托以父子之亲，结以鱼水之契，宛如在耳，岂而忘乎。援笔哽咽，言多不及。

仁和三年闰十一月廿七日

（同上前篇卷30，第233页）

---

①　仁和三年十一月二十一日，宇多天皇发布藤原基经"万机巨细，百官总己"关白朝政的诏书后，藤原基经随后向天皇提出辞职表。此处引录的敕，即是宇多天皇回答藤原基经辞表的诏书。文中的"以阿衡之任为卿之任"句，引发了"阿衡"事件。此敕文起草者为橘广相。

②　"阿衡"，有多种解释。有的认为是商代的官名，太师、大傅、太保之职。商初伊尹任此职；有的认为是国家辅弼之任，宰相之职。《诗·商颂》："实维阿衡，实左右商王。"《毛诗》："阿衡，伊尹也"。

③　光孝天皇。

④　宇多天皇。

御日记云①：仁和四年五月十五日，太政大臣进奏状称，可被定行杂务事。太政官奏事："右国家之事，一日万机，而自去年八月迄于今日，未奏太政官所申之政云云。臣②伏奉去年十一月廿一日诏书：'万机巨细，关白于臣。'幸遇无为之世，当作少事之臣，由是上表辞谢，不敢曰当。又奉同年闰十一月廿七日敕旨：'宜以阿衡之任，为汝之任者。'其矜臣以阿衡之任，是增臣以素飡之责也。但未知阿衡之任，如关白何，仍持疑久矣。伏闻，左大臣令明经博士等勘申云：'阿衡之任，可无典职者，以其可无典职，知阿衡之为贵。'以臣比拟，非所克堪，抑至于无分职，知暗合臣愿，为少事臣之请。伏望，早仰执奏之官，莫令拥滞万机。"③

（同上前篇卷30，第238页）

天皇诏旨④，宣命众知：太政大臣藤原朝臣，先先御世，世世济助国家，总摄朝政。又援立先帝，保护朕躬，功大德高，超古之周霍。（略）去十一月廿一日，下诏书云："万机巨细，皆关白于太政大臣，然后奏下。"而上表固执闲退之志。爰即令左大辨橘朝臣广相作敕答而下之。其结句"以阿衡之任为卿之任"而尚持疑，不肯视事。天下之务，皆尽拥滞。于是，使明经、纪传之道人人等勘之。申云："阿衡者，是殷世三公官名。三公者，坐而论道，无典职。然则，以三公之贵，更不在烦碎事务。然而，朕之本意，在于万政关白，欲赖其辅导。前诏下而奉旨作敕答之人广相，引阿衡，已乖朕之本意。弥固辞退，尤感震惊。再次宣述朕意：自今以后，太政大臣，众务辅行，百官统赐，应奏之事，应下之事，如先谘稟，朕将垂拱而仰。"

（同上前篇卷30，第238页）

---

① 此条史料记载藤原基经上表对"阿衡之任"的质疑。
② 藤原基经。
③ 此诏书，原文为宣命体古日语。
④ 这是宇多天皇对于藤原基经"阿衡之任"质疑的回敕。

二、摄关政治的确立和藤原道长的专权

1. 安和之变

（安和二年三月）廿五日壬寅，以左大臣兼左近卫大将源高明①为大宰员外帅，以右大臣藤原师尹为左大臣，以大纳言同在衡为右大臣。左马助源满仲、前武藏介藤原善时等密告中务少辅源连、橘繁延等谋反由，仍右大臣以下诸卿忽以参入，被行诸阵、三寮警固、固关等事。令参议文范遣密告文于太政大臣职曹司，诸门禁出入。检非违使捕进繁延、僧莲茂等。仍参议文范、保光两大辨也，于左卫门府勘问之，无所避，伏其罪。又检非违使源满季捕进前相模介藤原千晴、男久赖及随兵等，禁狱。又召内记，有敕符木契等事。禁中骚动，殆如天庆大乱②。

（《日本纪略》第三后篇，第110页）

（安和二年三月）廿六日癸卯，文范、保光重以勘问繁延等。（略）今日，丞相③出家。

（同上第三后篇，第111页）

（安和二年三月）廿七日甲辰，行密告赏。叙位：正五位下源满仲，从五位下藤原善时等也。又繁延、千晴等贯户，可勘申之由，被宣下毕。

（同上第三后篇，第111页）

（安和二年四月一日戊申）午刻，员外帅西宫家④烧亡，所残杂舍两三也。橘繁延配流土佐国。（略）二日己酉，藤原千晴配流隐岐国，僧莲茂配流佐渡国。三日庚戌，五畿七道诸国，可追讨谍反党类源连、平贞节，并下野国可加教喻故藤原秀乡子孙官符等也。

---

① 源高明，醍醐天皇之子，延喜二年（920）降为臣籍，赐姓源氏，官至左大臣。其女是村上天皇次子为平亲王之妃，引起藤原氏的警觉和嫉恨。藤原氏策划安和事件，以阴谋拥立为平亲王的罪名，将源高明排挤出朝廷。此后，藤原氏代代为摄政、关白。
② 即天庆二（939）年藤原纯友之乱。
③ 源高明。
④ 源高明府邸。

（同上第三后篇，第 111 页）

2. 藤原氏内部的权力之争

（宽和二年六月）廿三日庚申，今晓丑刻许，天皇密密出禁中，向东山华山寺落饰。于时，藏人左少辨藤原道兼①奉从之。先于天皇，密奉剑玺于东宫，出宫内云云年十九。翌日，招权僧正寻禅剃御发，僧名入觉。外舅中纳言藤原义怀卿，藏人权左中辨藤原惟成等，相次出家。义怀卿法名悟真，惟成法名悟妙。皇太子嗣祚。

（同上第三后篇，第 157~158 页）

（长德二年四月）廿四日甲午，宣命以内大臣藤原伊周朝臣②为大宰权帅，以权中纳言同隆家朝臣为出云权守。去正月，依奉射华山院法皇，又奉咒咀东三院之闻也。又缘坐左迁者有其数。五月一日庚子，出云权守隆家卿进发，赴任所。敕使相送于皇嘉门下，抑车奏请听出家留京。敕不许。遂赴谪处。又大宰权帅逃脱不赴，仍令寻求之。今日，皇后定子落馀为尼。四日，权帅自春日社归京，即赴谪所，敕使相送。

（同上第三后篇，第 185 页）

3. 藤原道长的专权

道长公传

康保三年丙寅。诞生。天元三（年）正（月）七（日）从五位下，同五年正（月）十日升殿。（略）正历元年正（月）七（日）正三位。同年十

---

① 安和之变后不久，藤原实赖任太政大臣。翌年五月实赖亡。实赖的兄弟的长子藤原伊尹继任摄政职。任摄政两年余，伊尹亡故。此时，次任摄政最有力的竞争者是伊尹之弟藤原兼通、兼家，二人为此进行了争斗。兼家官职高于兼通，而兼通的升迁快于兼家，最终兼通继任摄政职。藤原兼通死后，摄政、关白职由藤原赖忠担任。藤原兼家不甘心。其子藤原道兼为帮助父亲实现夙愿，劝动花山天皇出家。于是兼家立七岁的一条天皇继位，终以外祖父身份占据摄政职。

② 兼家担任摄政以后不久，摄政职让与长子道隆。此时，道隆弟道兼为内大臣、道长为权大纳言、妹诠子为皇太后、道隆之子伊周为参议、女儿定子成为中官。道隆死后，道兼为关白，伊周极为不平，演变为新的兄弟之争。

（月）五（日）中宫大夫。同二年九（月）七（日）权大纳言。同三年四（月）廿七（日）从二位。同六年四（月）廿七（日）兼左大将。同年五（月）十一（日）宣旨：权大纳言藤原朝臣①可御览太政官文书。同年六（月）廿九（日）任右大臣。同月廿一（日）大将如元。同年七（月）廿八（日）为藏人所别当。长德二（年）七（月）廿（日）转左大臣，即日叙正二位。同日大将如元。（略）长和五（年）正（月）廿九（日）摄政同日敕授。（略）同年六（月）十（日）准三宫②。又，本封外加食邑三千户。宽仁元（年）十（月）六（日）重上表摄政以男赖通为摄政，兵仗如元。同日叙从一位。同年十二（月）四（日）太政大臣。（略）宽仁三年三月廿一日出家法名行观，后改行觉。（略）万寿四（年）十一（月）八（日）中宫行启于法成寺。入道大相国访也。同日给千度者。同十二日天下非常大赦，依入道大相国病恼也。（略）十二月四日遂以薨逝六十二。在官关白、摄政劳廿三年。长德元以后长和六年以前。

（《尊卑分脉》，引自《史料による日本の步み》古代编，第302页）

（宽仁二年六月）廿日辛亥，长星如去夜。土御门殿寝殿③，以一间配诸受领④不论新旧，撰勘事者。令营，云云。未闻之事也。造作过差⑤，万倍往迹。又伊予守赖光家中杂具，皆悉献之：厨子、屏风、唐柜笃具、韩柜、银器铺设、管弦具、剑，其外物不可记尽。厨子纳种种物，辛柜等纳夏冬御装束，件唐柜笃等具，皆有二具。又有枕笃等，屏风二十帖，几帐二十基云云。稀有之希事也。文集杂诗云："小人知所好，怀宝四方来。奸邪得籍手，从此幸门开。"古贤遗言，仰以可信。当时，太阁德如帝王。（略）件物，当日以数多夫，运进上东门第云云。连月京中人到彼第见风流，不能比肩，还可谓怪欤。

（《小右记》二，第196～197页）

---

① 藤原道长。
② 享受皇后、皇太后、太皇太后三宫待遇。
③ 藤原道长府邸正殿。
④ 以诸国国司为主的地方官吏。
⑤ 过差：奢华过度。

（宽仁二年十月）十六日乙巳，今日以女御藤原威子①立皇后之日也。前太政大臣第三女。一家立三后②，未曾有。（略）。太阁③招呼下官④云：“欲读和歌，必可和者？”答云：“何不奉和乎。”又云：“有夸歌，但非宿构者。‘斯世我所有，一如我所思；皎皎十五月，满圆无缺时。’”⑤余⑥申云：“御歌优美也。无方酬答，满座只可诵此御歌。元稹菊诗，居易不和，深赏叹。终日吟咏，诸卿响应。余也数度吟咏。”太阁和解，殊不责和。夜深月明，扶醉各各退出。

（同上，第 203～205 页）

（长和五年）七月廿一日癸亥，丑终⑦，东方有火。见之，相当土御门方⑧，（略）数屋一时成灰。（略）凡从土御门大路至二条北，五百余家烧亡。

（长和五年七月）廿四日丙寅，（略）播磨守（藤原）广业朝臣为问火事上道⑨。廿七日己巳，伊势守（藤原）孝忠为问火事参上。廿九日辛未，入夜，越前守（藤原）安隆参上，为问火事。

（长和五年八月一日壬申）入夜，尾张（藤原）经国为问火事参上。（二日）癸酉，美浓守（源）赖光依火事从国来。八日己卯，备前守（大江）景理参上，依火事也。（略）备中守（藤原）知光参。

（《御堂关白记》，引自《史料による日本の步み》古代编，第 305 页）

（万寿二年七月）十一日辛卯，（略）去九日，丹生使藏人检非违使栋

---

① 藤原道长三女，宽仁二年四月成为后一条天皇的女御，十月升为中官。
② 系指藤原道长的三个女儿均为皇妃，即长女彰子（上东门院）是后一条天皇的中宫，次女妍子是三条天皇的中宫，三女威子是一条天皇的中宫。
③ 藤原道长。
④ 右大臣。《小右记》作者藤原实资谦称。
⑤ 此和歌为翻译文。原文为“此世乎は我世と所思望月乃虧たる事も無と思へは”。
⑥ 藤原实资。
⑦ 早晨三时左右。
⑧ 太政大臣藤原道长府邸所在。
⑨ 藤原道长府邸遭火灾后，各地方官吏纷纷赴京慰问，足见道长的威势。

仲、大纳言能信卿[1]山城国庄杂人，打破小舍人头，监行无极。仍差遣使官人云云。天下□地悉为一家领[2]，公领无立锥地欤，可悲之世也。

（《小右记》三，第 53 页）

三、摄关时期的政务

1. 公卿会议[3]的构成

治安二年壬戌

官职	位阶	姓名	年龄	兼职
太政大臣	从一位	藤公季	六十六	七月十四日赐随身八人、左右近卫四人
关白右大臣	从一位	同赖通	三十一	
右大臣	正二位	同实资	六十六	右大将、皇太弟傅
内大臣	正二位	同教通	二十七	左大将
大纳言	正二位	同齐信	五十六	中宫大夫
权大纳言	正二位	同公任	五十七	按察使
		同行成	五十一	
		同赖宗	三十	春宫大夫
		同能信	二十八	中宫权大夫
中纳言	正二位	同隆家	四十四	
权中纳言	正二位	源经房	五十四	大宰权帅
	从二位	藤兼隆	三十八	左卫门督
		同实成	四十八	右卫门督
		源道方	五十五	宫内卿、皇大后宫大夫
参议	从二位	藤公信	四十六	左兵卫督、使别当、春宫权大夫、备中权守
	正三位	藤经通	四十一	治部卿、右兵卫督、赞岐权守、大皇大后宫权大夫

———————

[1]　藤原道长之子。

[2]　意为天下之地成为摄关藤原氏一家的领地。

[3]　参加公卿会议者，包括大臣以下中纳言以上者、参议和位爵三位以上、参议四位者。从史料可知藤原氏一族势力最强。

从三位	同通任	五十	大藏卿
	同朝经	五十	左大辨、勘长官、正月卅日兼伊与权守
	同资平	三十七	皇大后宫权大夫、侍从、九月廿三日正三位
正四位上	同广业	四十六	式部大辅、伊予权守
正四位下	同定赖	三十一	右大辨、十二月十八日从三位

（略）

（《公卿补任》，引自《史料による日本の步み》
古代编，第 298～299 页）

2. 摄政、关白家的政所成为国家政事的决策场所

（贞元元年七月）廿六日辛卯，（略）申刻，天皇①自职曹司②迁御太政大臣③堀川第，不称警跸。今日，造宫事始也。

（《日本纪略》第三后篇，第 131 页）

关白、左大臣家政所下④

摄津国岛上郡水成濑乡刀祢住人等仰下杂事两个条

一可停止东大寺领水成濑庄肆个处前庄司秦重时等造新券文，估却不知名行愿寺别当并山崎住人等，如旧任四至为庄领事

右被庄司丹后掾藤井安吉愁状云："件畠，年来作人僧法道、尾张为道、秦重时、物部常延、同近赖等六人之中，至于重时者，本自为旧庄司，乍存条里四至并绘图等，同心合力，俄造新券文，估却件辈，甚以左道也。加之，案庄内四至，南限善法寺领，东限大路，北限河，西限山也。真伪之至，之

① 圆融天皇。
② 据记载，贞元元年五月十一日，内里发生火灾，"天皇出自玄辉门，御桂芳坊。依火气炽，天皇迁御曹司。中官、皇太子御缝殿寮厅。"（《日本纪略》后篇六）本史料是说，天皇又从御曹司迁至关白、太政大臣藤原兼通邸居住。
③ 藤原兼通。
④ 关白藤原兼通家的政所所下达的文书。在摄关时期，摄关家的政所下文具有极大的权威性，其作用似同天皇圣旨。本政所下文是有关东大寺领水成濑庄的庄司不法和迟纳租税的处理文件。文中口气如同天皇诏旨。

（已）以揭焉。就中，年来地子，无有究进，未济多数。□（旱）被停止件谋计，欲被放避作手。爰重案由绪，件庄绘图并四至之内，何有私人之领乎？为愁之甚，莫过于斯者。所仰如件，在地刀禰住人等宜承知之，召问重时等，与使者共相定真伪，事在实者，如旧为庄领矣。"

一可早辨进同庄田去、今两年地子物等事

右同庄安吉愁状云："件辈为田堵①，年来耕作庄田，不辨济地子物。或称八幡宫寄人，或号殿下散所杂色②，镇致遁避者，同欲被令究济地子物，勿令致遁避。故下。"

以前杂事，所仰如件，在地宜承知之，与使者共相定，依件行之，不可违失，故下。

宽德二年五月十八日　案主清原③在判

（以下人名略）

（《平安遗文》第 2 卷，引自《史料による日の步み》古代编，第 299～300 页）

第三节　律令政治的质变

一、"政"（外记政）④ 与 "定"

1. "政"（外记政）

（宽和二年正月）二十五日甲午，天晴。中纳言源重光卿、权中纳言同保光卿、参议源忠清著左卫门阵座，移著于厅听政，有辨申文。次移著侍从所，次参著左仗座。衙后参著，左大臣、右大臣、权中纳言藤原义怀卿、参议藤

---

①　田堵：庄园耕作者。

②　散所杂色：贵族、寺院的杂役者。

③　案主清原以下二十人，皆是藤原赖通家政所的职员，由此可见摄关家政所的组织状况。

④　"政"是天皇和太政官政务处理方式。本由天皇听政，后由于天皇听政的日渐减少，日常政务就由太政官听政、议政。听政场所一般在内里近旁的侯厅（又称外记厅）、南所（侍从所）。

原公季卿、同佐理卿、源伊陟卿著左仗座。依有今明日御物忌，左大臣、右大臣、权中纳言藤原义怀卿侯，诸卿久退出。

（《本朝世纪》第十，第 130 页）

2. "定"①

（长保六年三月）七日辛卯，参内。左大臣就阵，申所宛文②定安房守秀俊申杂事六个条、上总国司申三个条、下总国守忠能申五个条、近江守知章朝臣申六个条、下野守为元申四个条、陆奥守道贞朝臣申五个条、丹后守行衡申二个条、因幡国言上陵岛人十一人事等，定文③在别。又定季御读经事。又西大寺别当仁宗秩满替（任事）、纪伊国前司景理过事④了。余申好明寺加举本稻见物之由，有新司返牒，殊可被副过字（事）。亦仁宗替者，以药师寺权别当辅静可被任软。诸卿一同被申此由，有内文⑤。左卫门督、左大辨。

（《权记》二，第 6～7 页）

（宽弘二年四月）十四日辛卯，参内。有阵定，大式上野介忠范、加贺守兼亲、因幡守行平等申请事也。

（同上，第 31 页）

（宽弘二年四月十四日辛卯）参内。左、右、内相府，中纳言齐信、时光、隆家，参议有国、怀（平）、行平等参入，定申太宰大式并诸国司申请杂事。入夜退出。

（《小右记》一，第 186 页）

---

① "定"是摄关时代朝廷处理政务的重要形式，即公卿合议国家的政事会议。会议地点曾先后在日华门北、宣阳殿西厢、紫宸殿东北厅等处，后移至左卫门府。因卫府是军事机关，故将在卫府举行的政事会议，名为"阵定"。本条史料主要记载了长保六年三月的一次阵定中所讨论的事情，以及用"宛文"、"内文"将讨论意见、结果上呈左大臣藤原道长。

② 记录阵定中参加者的意见的文书。

③ 阵定议事录。

④ 过错事。

⑤ 盖有天皇御玺的公文书。

□□□□藤原朝臣①申请被裁许杂事五个条事

一请令修造大府②并管内国岛神社物宝、诸寺堂塔佛像等事

左大臣、右大臣、内大臣、右大将藤原朝臣、右卫门督藤原朝臣、弹正尹藤原朝臣、权中纳言藤原、勘解由长官藤原朝臣、左兵卫督藤原朝臣、右大辨藤原朝臣③等定申④云："神社、佛寺等可修造之由，下知诸国先毕。任申请重可给官符欤。"

二请任前例，停止出纳所司以当任贡上物越纳、往年未进事

左大臣、右卫门督藤原朝臣、□□□□□□□□□□："所进调庸，每任自有未进，而遍依当任之勤，若放其返抄者，前任调庸可有牢笼。然则，纵越纳往年之未进，犹可知当任之劝济。公事辨济，事理有限，犹不超越，可请返抄欤。"右大臣、内大臣、右大将藤原朝臣、弹正尹藤原、权中纳言藤原朝臣、勘解由长官藤原朝臣、左兵卫督藤原朝臣、右大辨藤原朝臣等定申云："彼府调庸以当任之勤济，补前任之未进，诸司所执，理虽可然，不可越纳之由有裁许之例。然则，依申请，可被裁许欤。"

三请任前例，调庸杂物违期不进，管内国、岛司，停厘务，诫傍辈事（略）

四请任前例，进纳调绢率分⑤、杂染绢并绵代练用绢事（略）

五从当年计历⑥事（略）

上野介橘朝臣忠范申请被裁许杂事三个条事

一请因准傍例，一任间，纳官，封家调、庸布端别充六十文，商布段别充廿文进济事（略）

二请因准傍例，赐押领使官符于下野、武藏、上总、下总、常陆等国，

---

① 此处的藤原朝臣，系指常时的大宰大式藤原高远。本条史料是宽弘四年（1007）四月十四日阵定的会议记录。这次阵定讨论了大宰府、上野、加贺、因幡等国提出的申请五件事。记录了每个参加会议的公卿，对每一件事作出的决议（裁许）。

② 太宰府。

③ 左大臣藤原道长、右大臣藤原显光、内大臣藤原公季、右大将藤原实资、右卫门督藤原公任、弹正尹藤原时光、权中纳言藤原斋信、勘解由长官藤原有国、左兵卫督藤原怀平、右大辨藤原行成。

④ 定申：阵定的决议。

⑤ 按前一年度未交纳的调庸的十分之一，计入当年的缴纳份额之内。

⑥ 地方官吏的勤务年数。

捕纠凶贼，兼赐随兵廿人事（略）

三请兼被赐官符，停止隣国国司并随兵、郎等，恣越来残灭所部事（略）

加贺守藤原朝臣兼亲申请，殊蒙天裁，

被优许杂事二个条事

一请任前例，裁许举国二个年给复①事（略）

一请依国国例，一任间纳官，封家调绢疋别充钱六百文辨济事（略）

因幡守行平朝臣申请，裁许杂事二个条事

一请任代代例，一任间，神寺、院、宫家封户，充调绢代疋别钱五百文、庸绵屯别卅文进济事（略）

一请因准先例，裁许举国给复一年调庸杂物事（略）

宽弘二年四月十四日

（《平松文书》，引自《史料大系日本の历史》
第 2 卷中世Ⅰ，第 36～37 页）

二、令制外官职的设置

1. 藏人②

弘仁元三十补藏人头。（头始也，冬嗣并补也）八月十五月兼中务大辅。

弘仁二年辛卯（略）

（参议）从四位上　藤（原）冬嗣三十七.

宝龟六年辛卯生。延历廿闰正六任大判事，廿一三任左卫士大尉，（略）大同元年十九从五位下。（略）（大同五年）三月十（日）补藏人头（是头始也，野足同补）

（《公卿补任》，引自《史料大系日本の历史》
第 2 卷中世Ⅰ，第 270 页）

---

①　为复兴加贺国财政，给予免除税收。

②　9 世纪初，即大同、弘仁间，平城太上天皇与嵯峨天皇不和。期间嵯峨天皇为防止朝廷秘密泄漏于太上天皇，故设置藏人所，由亲信任藏人头负责。原为临时设置，后成为常设。

2．检非违使①

（嘉祥三年十一月）己卯，从四位下、治部大辅兴世朝臣书主卒。书主，右京人也，本姓吉田连，其先出自百济。（略）书主为人恭谨，容止可观。昔者，嵯峨太上天皇在藩之时，殊怜其进退。延历廿五年为尾张少目。大同四年四月为缝殿少允。弘仁元年正月迁为内匠少允，四年五月迁为左兵卫权大尉，七年二月转为左卫门大尉兼行检非违使事，有顷，迁右近卫将监。

（齐衡二年三月）乙巳，制：大和国检非违使、正六位上伊势朝臣诸预把笏。诸国检非违使把笏，始于此人。

（《日本文德天皇实录》，《新订增补国史大系》卷7，第72页）

太政官符

应纳杂色人赎物事

右太政官去弘仁十一年十一月廿五日下刑部省符称："大纳言、正三位兼行左近卫大将、陆奥出羽按察使藤原朝臣冬嗣宣，杂色人赎物可令检非违使催征之宣旨，下彼使毕，宜移之者，今得使解称，使所行之事，非唯巡检京中，拷决犯盗，临时勘事触类繁多。又去弘仁十一年十二月十一日宣旨称，检非违使所掌之事与弹正同。临时宣旨，亦纠弹之者。加以者，看督长左右各二人。差科非一，无有暂暇。今预征赎物，谁用济使事，谨请官裁者。"（略）

天长九年七月九日

（《类聚三代格》卷20断罪赎铜事，第645页）

凡检校左京非违者，佐一人、尉一人、志一人、府生一人、火长九人。二人看督长，一人案主，四人佐尉从各二人，志从一人、府生从一人。

凡检非违使别当，充随身火长二人。

（《延喜式》，《新订增补国史大系》后篇卷46左右卫门府，

---

①　令外官之一。初为纠察京中非违，后权力扩大，掌弹正台、卫府的检察权和刑部省、京职的司法权。

第 963 页）

左卫门府式云：检校左京非违者，佐一人、尉一人、志一人、府生一人、火长九人。二人看督长，一人案主，四人佐尉从各二人，一人志从、一人府生从。

又云：检非违使别当，充随身火长二人。

案：式已上二条，右卫门府准此者。

弘卫式云：凡检校右京非违者，官人一人、府生一人、火长五人。二人看督长，二人官人从，一人府生从。

贞卫式云：前式凡检校右京非违者今案，可注左京，佐一人、尉志各一人今加志一人。天安二年正月廿三日始任之。云云、火长五人云云、官人从、今加二人，佐尉各一人。志从一人、案主一人。

（《政事要略》后篇卷 61《纠弹杂事》，第 517 页）

3. 受领与遥任国司①

（1）受领

散位从五位上源朝臣为宪诚惶诚恐谨言

请被殊蒙天恩，依远江国所济功并成业劳

拜任 美浓、加贺等国守阙状

右为宪，去正历二年拜任远江守，长德元年得替解任。去年正月，依治国加一阶，抑沿革随宜，弛张有时者，明王之宪法也。有法不行，自古而无矣。谨检案内，去长德元年八月下给诸国官符称："受领之吏，不可残灭任国，随其状迹，可明赏罚。"同年十二月，重被下官符称："去任之吏，二个年中，不究济公事之辈，其子不得叙用者。"朝议之兴，为公为国，内诚缓急之吏，外恤穷弊之民也。夫赏罚之道，本必相并，既下诚罚之新令，何无劝赏之殊恩哉？为宪拜任之国，初其凋残，谨廻治略，适令兴复。是则，前司任终年，国内作田千二百余町也，为宪终年，见作三千五百余町也。又件起

---

① 律令制时期的地方国司由守、介、掾、目构成，分担政务，但一有过失，集体连带责任。平安中期，中央为解决调庸迟纳、未纳，保证国家财政收入，改集体连带责任制为长官个体责任制，一国政务由长官（一般为守）全权负责，长官则保证调庸等按时按量进纳。一国政务长官即为受领。与受领不同，9 世纪时，出现了遥任国司，即任命为国司的中央官吏，不亲赴任国主持国政，任国事务由代理人具体管理。

请官符未出之前，任中，正历五年十二月，勘抄帐受总返抄先毕，得替。长德元年十二月，勘税帐受返却帐①又毕。先后之勤，共叶时议。而去年春及度度阙国，拜除旧吏总七人，勘帐之期，皆无先于为宪之人，抚民之闻，共无及于为宪之辈。（略）既而兴复任国之治术，人口自传，勘济公文之年月，账面既明。以一身兼三功者，去今年间，为宪而已。若预今春之拜任，定继去年之讴歌。望请天恩被任件阙，使当时后代，仰我后择吏之明鉴。为宪诚惶诚恐谨言。

长德三年正月二十三日

（《本朝文粹》卷6，引自《本朝文粹の研究》第1卷校本篇，第222~223页）

（长保五年四月）廿六日乙酉，（略）有阵定②，远江守惟贞、下总守为重申十个条；上总前□□□□申曲殿之事等，及上总国、相模国申文，下总国申文日记等事也。储汤溃，又□除目问□吏等事。重定尾张元□非过③，纪伊条理过，阿波忠良、安隆等事，非可谓过之由，诸卿一同定之，弼相公独云过，但未一定。

（《权记》一，第287页）

源国盛朝臣任越前守，藤原为时任淡路守。为时朝臣附于女房献书曰："除目春朝，苍天在眼。主上④览之，敢不上羞膳，入夜御帐，涕泣而卧。左相⑤参入，知其如此，忽召国盛，令进辞书，令为时朝臣任越前守。国盛家中，上下啼泣。国盛朝臣自此受病，及秋任播磨守，犹以此病死。⑥（略）

但马守源章任朝臣者，近江守高雅朝臣之第二子也。母从三位藤原基子，

---

①　"总抄返"，国司任期内完成调庸缴纳任务后，中央发给的凭证（收据）；"返却帐"，国司任期内完成赋税缴纳任务后，中央发给的凭证（收据）。

②　此条史料的阵定，主要讨论受领的功过事，所以又可称"功过定"。公卿们根据受领的治绩作出是否予以加阶，或再任的决定。

③　过：意为通过。

④　一条天皇。

⑤　藤原道长。

⑥　国司受命之国，有大有小，有富有贫。受命大国、富国，就喜，反之则悲，反映了当时中流贵族阶层的欲望和心态。

后一条院乳母也。自少年时，盛会风云，补夕郎，预荣爵①。历近卫少将、右马头，吏于四个国，美作、丹波、伊豫、但马。家大豪富，财货盈藏，米谷敷地，庄园家地，布满天下。本朝之陶朱、倚顿②也。（略）

（《续本朝往生传》，引自《史料による日の步み》古代编，第309页）

（长元二年七月）十一日戊辰，昨夕，前大式惟宪妻入京，即参内云云。惟宪明后日入洛，随身珍宝不知其数，云云。九国二岛③物，扫底夺取，唐物又同。已似忘耻，近代以富人为贤者。

（《小右记》三，第206页）

（2）遥任国司

（仁和二年）二月辛亥朔，三日癸丑，左右大臣奉敕，于左仗④下召问拜除之后未赴任吏：摄津守从五位上多治比真人藤善、伊势守从五位上藤原朝臣继荫、甲斐守从五位下藤原朝臣当兴、安房守正六位上当麻真人安氏、上总介从五位上小野朝臣国梁、隐岐守正六位上伴宿祢有世、纪伊守从五位下伴宿祢春雄、肥后守正五位下藤原朝臣时长、丰后守从五位下橘朝臣长茂、对马守正六位上纪朝臣经业等不进发之状，或误发期，或谢依病淹留之由。

（《日本三代实录》卷49，第605页）

（仁和二年五月十八日丙申）是日，敕：肥后守正五位下藤原朝臣时长、摄津守从五位上多治比真人藤善、丰后守从五位下橘朝臣长茂、甲斐守从五位下藤原朝臣当兴等四人，并降一阶。下知左右京职，追其告身⑤。时长等拜官经年，不赴任国，仍有此敕，断也。

（同上，卷49，第610页）

---

① "夕郎"，任藏人职；"荣爵"，五位爵。

② "陶朱"，春秋末越国大夫范蠡的别名，是他后来到陶后改的名。后从商致富；"倚（猗）顿"，与范蠡同时人，鲁国人，受范蠡影向，后成为大富豪。

③ 九州地区及对马、壹岐岛。

④ 在左近卫府的举行阵定的地方。

⑤ 从《位记》中除名。

（3）厅宣和在厅官人①

新司宣：

加贺国在厅官人杂任等

仰下三个条事

一可早进上神宝勘文事

右件神宝，或于京储之，或于国调之者，且进上勘文，且可致其勤。

恒例神事，慆守式日，殊可勤行矣。

一可催行农业事

右国之兴复在劝农。农之要务，在修池沟。宜下知诸郡，早令催勤矣。

一下向事②

右大略某月比也，于一定者，追可仰下之。以前条事所宣如件，宜承知依件行之。

以宣。

延喜十年　月　日

（《朝野群载》卷 22 诸国杂事上，第 503 页）

三、地方官吏的恶政

1. 卖官

封事三（个/条）　　　菅原文时

（略）

二请停卖官事

右量能授官，官乃理。择材任职，职乃修。若不量而授，不择而任，则人谓之谬妄，俗为之衰亡。方今授任之道非不正，黜陟之规非不明，然时有以财官人矣。公家以为助国用，众庶以为轻天工，于是功劳之臣自退，聚敛之辈争进，至于令彼暴客猾民，殉不义之富，弥深虑于贪残。良吏胄子，企

---

① 遥任国司受任以后，以各种理留居京城，受任国时务由代理人目代管理。国衙具体行政事务则由衙厅官吏分工负责。衙厅官吏亦称在厅官人。遥任国司对任国事务的指导，通过文书形式（"厅宣"）下达目代和在厅官人。本条史料就是加贺新任国司向目代和在厅官人下达的"厅宣"。

② 国司赴任国事。

无厌之求，更薄情于宦学。望其化盛治平，不亦难哉！昔馆陶公主①为子求郎，明帝②不许，赐钱千万，所以轻厚赐重薄位者，为其官人失才，害及百姓也。降逮桓灵③之后，初开占卖之官，皇纲遂紊，王业已衰。历访汉家之典，略考皇朝之记，未有卖官敦俗，鬻职而安民者矣。伏望，早改彼浇时之政，令返于淳世之风。若忧国用，则每事必行俭约。若行俭约，则何因可乏货财。欲利之源，从此暗灭，廉政之路，自然将开。

（略）

（《本朝文粹》卷 2 校本篇，第 81 页）

2. 暴政

尾张国郡司、百姓等解④

申请官裁事：请裁断当国守藤原朝臣元命三个年内，

责取非法官物兼滥行横法卅一个条愁状

一请被裁断，例举⑤外三个年内，收纳加征正税卅三万千二百卅八束，

息利十二万九千三百七十四束四把一分事。（略）

一请被任官符旨裁断，不别租税、地子田⑥、偏准租税田加征官物事。（略）

一请被裁断，官法外任意加征租谷段别三斗六升事。（略）

一请被裁断，守元命朝臣正税利稻外，率征无由稻⑦事。（略）

一请被裁断，例数官法外加征段别租税地子，准颖十三束事。（略）

一请被裁断，所进调绢减值并精好生丝事。（略）

一请被裁断，号交易，诬取绢、手作布、信浓布、麻布、漆、油、苎、茜、绵等事。（略）

---

① 汉代王侯公主皆以封地命名。封地在馆陶的公主称"馆陶公主"。汉代封于馆陶的公主有三人：汉文帝女刘嫖，汉宣帝女刘施，汉光武帝女刘红夫。

② 汉光武帝之后的皇帝。汉明帝公元 57～75 年在位。

③ 桓灵即为东汉桓帝、灵帝在位期间（147～188 年）。

④ 解：下级向上级呈送的文书。

⑤ 正式规定的借贷稻

⑥ 官府用公田租赁农民，收取地子的田。

⑦ 正税和放贷所收的利稻以外私自强征的稻谷。

　　一请被裁断，代代国宰分附新、古绢布并米颖类等，自郡司责烟①事。（略）

　　一请被裁定，守元命朝臣三个年间，每月号借绢，诬取诸郡绢千二百十二疋，并使使副取土毛事。（略）

　　一请被裁恤，每年不下行物，实立用官帐，在路救民三个年料籾百五十石事。（略）

　　一请被裁断，不宛行诸驿②传食料并驿子口分田百五十六町直米事。（略）

　　一请被裁断，不下行三个所驿家杂用，准颖六千七百九十五束事。（略）

　　一请被裁断，不宛行三个年池沟并救急料稻③万二千余束事。（略）

　　一请被裁断，不放调绢旬法④符，隔五六日面面使使放入部内，令勘征事。（略）

　　一请被裁断，守元命朝臣，号田直代⑤，所部上中下征纳麦事。（略）

　　一请被裁断，令入部杂使等，所责取杂物事。（略）

　　一请被裁断，以旧年用残稻谷，令春运京宅事。（略）

　　一请被停止，号有藏人所召，例贡进外加征漆⑥拾余石事。（略）

　　一请被裁定，依无马津渡船，以所部少船并津边人令渡烦事。（略）

　　一请被裁定，三分⑦以下品官已上国司等公廨俸料稻不下行事。（略）

　　一请被裁纠，不下行书生并杂色人⑧等每日食料事。（略）

　　一请被裁断，以不法赁，令运京宅白米、糯、黑米并杂物等事。（略）

　　一请被裁断，非旧例，国杂色人并部内人民等差负夫马，京都、朝妻两所令运送杂物事。（略）

　　一请被裁断，不下行国分尼寺修理料稻万八千束事。（略）

---

　　①　烟即户。

　　②　当时尾张国共有三处驿站。每年每一驿站的费用来自驿田三十六町，传马料田十六町，共五十二町。按三年计算共为一百五十六町。

　　③　为修理池沟及救助贫困和疾病而设置的专项田的收获稻。

　　④　缴纳调绢的日期，尾张国规定是每年的六月上旬至九月下旬。

　　⑤　田直代：即田租之意。

　　⑥　此处的"漆"，即为数字"七"。

　　⑦　公廨稻的分配额，一般是国守占六分，介占四分，掾三分，目二分，史生一分。此条史料是指国司元命拖延掾以上官吏应有的公廨稻事。

　　⑧　国衙的下级官吏。

一请被裁断，不下行讲读师衣供并僧尼等每年布施稻万二千余束事。（略）

一请被裁定，守元命朝臣依无厅务，难通郡司，百姓愁事。（略）

一请被裁断，守元命朝臣子弟郎等，自郡司、百姓手乞取杂物事。（略）

一请被裁断，守元命朝臣息男赖方，国内宛负数疋夫駄，其功物以绢色强责取事。（略）

一请被永停止守元命朝臣子弟并郎等，令诬每郡司、百姓作佃数百町料获稻事。（略）

一请被裁断，守元命朝臣自京下向，每度引率有官散位从类，同不善辈事。（略）

一请被裁许，以去宽和三年三月七日诸国被下给九个条官符内，三个条令放知，六个条不令下知事①。（略）

以前条事，为知宪法之贵，言上如件。（略）望请，停止件元命朝臣，改任良吏，以将令他国之牧宰知治国优民之褒赏。方今不胜马风鸟枝之愁叹，宜衔龙门凤阙之纶旨，仍具勒三十一个条事状，谨解。

（《尾张国郡司百姓等解文》〔宝生院文书〕，

引自《史料による日の步み》古代编，第 311～312 页）

（永祚元年二月五日丙辰）又定尾张国百姓愁申守藤原元命可被替他人之由。

（《日本纪略》后篇九，第 165 页）

第四节　律令社会的变貌与庄园制的形成

一、律令社会的变貌

意见十二个条　　　善相公

臣某言：伏读去二月十五日诏，遍令公卿大夫、方伯牧宰，进谠议尽谟

---

① 中央下达的九条官符，藤原元命只选取对己有利的三条，指示部下执行。

谋，改百王之浇醨，拯万民之涂炭。虽陶唐①之置谏鼓，隆周②之制官箴，德政之美不能过之。臣某诚惶诚恐，顿首死罪。臣伏案旧记，我朝家神明传统，天险开疆，土壤膏腴，人民庶富。（略）自后风化渐薄，法令滋彰③，赋敛年增，徭役代倍，户口月减，田亩日荒。既而钦明天皇之代，佛法初传本朝，推古天皇以后，此教盛行。上自群公卿士，下至诸国黎民，无建寺塔者，不列人数，故倾尽资产，兴造浮图，竞舍田园，以为佛地，多买良人，以为寺奴。降及天平，弥以尊重，遂倾田园，多建大寺，其堂宇之崇，佛像之大，工功之妙，庄严之奇，有如鬼神之制，似非人力之为。又令七道诸国建国分二寺，造作之费，各用其国正税。于是，天下之费，十分而五。至于桓武天皇，迁都长冈。制作既毕，更营上都④，再造大极殿，新构丰乐院。又其宫殿楼阁，百官曹厅，亲王公主之第宅，后妃嫔御之宫馆，皆究土木之巧，尽赋调庸之用。于是天下之费，五分而三。仁明天皇即位，尤好奢靡，雕文刻镂，锦绣绮组，伤农事，害女功者。朝制夕改，日变月俊，后房内寝之饰，饫宴歌乐之储，丽靡焕烂，冠绝古今。府帑由是空虚，赋敛为之滋起。于是，天下之费，二分而一。贞观年中，应天门及大极殿顿有灾火，傥依太政大臣昭宣公匪躬之诚，具瞻之力，庶民子来，万邦麇至，修复此宇，期年而成。然而天下费，亦失一分之半。然则当今之时，曾非往世十分之一也。臣去宽平五年任备中介，彼国下道郡有迩磨乡，爰见彼国风土记，皇极天皇六年，大唐将军苏定方，率新罗军阀百济，百济遣使乞救，天皇行幸筑紫，将出救兵。时天智天皇为皇太子，摄政从行，路宿下道郡，见一乡户邑甚盛，天皇下诏征此乡军士，即得胜兵二万人。天皇大悦，此邑曰二万乡，后改迩磨乡。其后，天皇崩于筑紫行宫，终不遣此军。然则，二万兵士，弥可蕃息。而天平神护年中，右大臣吉备朝臣⑤，以大臣兼本郡大领，试计此乡户口，才有课丁千九百余人。贞观初，故民部卿藤原保则朝臣为彼国介时，见旧记，此乡有二万兵士之文。计大帐之次，阅其课丁，有七十余人。某到任，又阅此乡户口，有老丁二人，正丁四人，中男三人。去延喜十一年，彼国介藤原公利，

---

　　①　中国古帝尧，初封陶，后徙于唐。

　　②　中国周朝。"隆"，意为强盛。

　　③　法令的制定和颁布，即《净御原令》、《大宝令》、《养老令》等律令的制定、颁布。

　　④　平安京。

　　⑤　吉备真备。

任满归都，清行问："迩磨乡户口当今几何？"公利答曰："无有一人。"谨计年纪，自皇极天皇六年庚申至延喜十一年辛未，才二百五十二年，衰弊之速，亦既如此。以一乡而推之，天下虚耗指掌可知。方今陛下锺千年之期运，照万古之兴衰，降恻隐于兆庶，施惠爱于四方，霄衣旰食，夜念朝行，遍颁纶綍①，广访刍荛②。昔者虞舜之居，三年成都，仲尼之政，期月自理。然则，民之繁孳，不待必代之后，国之兴复，应期浃日之间。不任抃跃，敢陈狂愚，犹如管中见豹，才知一斑。井底望天，不过数尺，谨录如左，伏待天裁。

一应消水旱求丰穰事（略）

一请禁奢侈事（略）

一请敕诸国随见口数授口分田事（略）

一请加给大学生徒食料事（略）

一请减五节妓员事（略）

一请依旧增置判事员事（略）

一请平均充给百官季禄事（略）

一请停止依诸国少吏并百姓告言诉讼，差遣朝使事（略）

一请置诸国勘籍人定数事（略）

一请停以赎劳人补任诸国检非违使及弩师事（略）

一请禁诸国僧徒滥恶及宿卫舍人凶暴事（略）

一重请修复播磨国鱼住泊事（略）

延喜十四年四月廿八日

从四位上行式部大辅臣三善朝臣清行上

（《本朝文粹》卷2校本篇，第58~79页）

太政官符

应听畿内国司作田事

守十町和泉国守八町　介八町　掾六町　目四町　史生二町

右太政官去延历三年十一月三日符称：国司等不得公廨田外更营水田、陆田。又不得私贪垦辟，侵百姓农桑地。如有违犯者，收获之实，垦辟之田并皆没官，即解见任，科违敕罪。夫同僚并郡司等相知容隐，亦与同罪。若有人纠告者，以其苗子与纠告人者。今右大臣宣称：奉敕，出任之徒，各有

① 圣旨、诏令。

② 割草打柴人，即普指平民百姓。

田家，或住当处，还废生业。宜自今以后，依件耕作，若假托宰势，侵妨民要者，没官科罪，并如先符。

大同二年七月廿四日

（《类聚三代格》卷15 垦田并佃事，第442页）

二、土地的私有化与庄园制的形成

1. 挽救地方财政危机，设置官田
（1）国营地
（弘仁四年二月甲午）令石见国营乘田①卅町，以其所获，填故年未纳。营功种子，借充正税，限以三年，地子依例输之②。

（《日本后纪》卷22，第122页）

（2）公营田③
太政官谨奏　应令大宰府管内诸国佃公营地事④
一合九国口分并乘田七万六千五百八十七町
口分田六万五千六百七十七町
乘田一万九百十町
应割取佃一万二千九十五町国别有数
口分田五千八百九十四町
乘田六千二百一町
随色可输地子，而府解总申输租，宜依本色。
应役徭丁六万二百五十七人五人作一町。
右班田之岁，择取百姓口分及乘田水旱不损之田，依件割置，号公营田。率徭丁五人令营一町，给功并食一如民间，以正税充营料，秋收之后返纳本仓。每国令有乘田，若有年中益丁者，随亦割加。择村里干了者，各为正长，

---

① 班给口分田、位田、赐田（不包括垦田）之后剩余的田。租赁给农民耕种，依照规定，农民缴纳地子。
② 地子的数额，一般是收获的五分之一。
③ 公营田的田数，大约是口分田、乘田之和的六分之一。
④ 此史料为弘仁十四年二月廿一日太政官奏文的一部分。

量其所勘，令预一町以上，缘田之事总委任之。若遭风损虫霜之害，依实免损。近百姓居，各建小院①。所获之稻，除田租纳官两色以外，便纳此院，令易出纳。

获颖稻五百五万四千一百廿束（略）

除三百九十七万三千六百九十九束町别有数（略）。

纳官一百八万四百廿一束

右目录也。今纳官之数，超于论定之息利，须田租纳官二色为糙之功，率十束给一束，令易成事。（略）

　　　　　（《类聚三代格》卷15易田并公营田事，第434～435页）

（3）官田

太政官符

应割置田四千町事六个条内

山城国八百町　　大和国千二百町　　河内国八百町

和泉国四百町　　摄津国八百町

右正三位、行中纳言兼民部卿藤原朝臣冬绪奏状称："近代以来，一年例用位禄②、王禄③，准谷十七万余斛。又京库未行衣服月粮，必给外国④，其数亦多，并是正税用尽，终行不动。当今年中所用卅五六万斛，况亦有损之年，多费不动。件田散班于人者，口分为之不饶，混入于公者，国用由是可给。重请：依件割置，若获稻，若地子，量其便宜以支公用者。"从二位、行大纳言兼左近卫大将、陆奥出羽按察使源朝臣多宣：奉敕，依请。

元庆三年十二月四日

　　　　　　　　（同上，卷15易田并公营田事，第439页）

太政官符

一官田营料事

右不论上、中⑤，町别百廿束所定如件。宜春时充用正税，秋时返纳本

---

① 仓库。

② 令制规定，代替食封的俸禄，主要对象是四位、五位爵位者。

③ 发给年龄十三岁以上，爵位六位以下，或无官职者的皇族的春秋两季时服料。

④ 指地方国衙。

⑤ 上田、中田。

仓。

一同田获稻事

右获稻之数自有恒法①，然而欲令农民不有倦心，仍减定上田三百廿束，中田三百束。又若有营田之地去仓稍远，国司随其便宜，量建小院，令易出纳，以省民烦。

一营田预人事

右济事之道在于得人，得人之方，总资牧宰。宜不问土人、浪人，择取力田之辈，差为正长，令预其事。又正长等纵有家业，不必其人。临于辨事，恐致欠屃，仍须择诸司官人并近卫、兵卫、二宫舍人及杂任等为乡里所推让者，每乡配置，号云总监，令加催督，其名帐别录申官。若有从事恪勤，多致公益者，国司录状言上，随即褒赏。（略）

元庆五年二月八日

（同上，卷 15 易田并公营田事，第 439～440 页）

2. 田地买卖盛行

太政官符

禁凡下百姓将田宅、园地卖买与寺事

右案田令云："凡官人百姓并不得将田宅、园地舍施及卖易与寺。"又天平十八年五月九日符称："诸寺竞买百姓垦田、园地永为寺地，宜加禁断，不得为然，如有违犯者，卖买人并依法科罪。"又延历二年六月十日符称："自今以后，私立道场及将田宅、园地舍施并卖易与寺，主典已上解却见任，自余不论荫赎决杖八十。官司知而不禁者亦与同罪者。"右大臣宣称："奉敕，如闻，或寺诈附他名实入寺家，如此之类往往而在。前后虽禁，违犯犹多，此而不肃，岂曰皇宪。宜其承前施舍、卖易田宅园地，子细勘录，附使申上。自今以后，复有此类，咸皆没官，以惩将来。"

延历十四年四月廿七日

（同上，卷 19 禁止事，第 603 页）

太政官符

---

① 令制中，各等田地的收获量，都有明确规定，即上田五百束，中田四百束。公营田四百六十束或四百束。

禁断王臣诸家为定额寺檀越事

右大臣宣称：诸寺檀越名载流记，已入定额，岂合辄改。如闻，五畿内及近江、丹波等国，愚闇之徒，假托权势，以寺私付王臣，即诈称为檀越，遂乃有犯之僧纵任三纲。寺田之类，恣情卖买，事多奸滥，深乖道理。宜严禁断，依旧改正。自今以后不得更然。若犹不悛，录名言上。事缘敕语，不得疏略。

延历廿四年正月三日

（同上，卷3定额寺事，第116页）

太政官符

应禁断国司买垦田并占田地事

右太政官去延历三年十一月三日符称：比者诸国司等抚育乖方，侵渔肆意，或广占林野，或多营田园，百姓彫弊，职此之由者。今大纳言、正三位藤原朝臣园人宣称：奉敕，如闻，诸国司等不率朝宪，专求私利，百端奸欺，一无惩革；或假他人名多买垦田；或托言王臣，竞占腴地。民之失业，莫不由此。宜重下知，严加禁制，若亦有违犯者，解任科罪等事，一依先格，其所买占田地，亦依数没官。

弘仁三年五月三月

（同上，卷15垦田并佃事，第443页）

太政官符

应尽收入公敕旨并寺、王臣、百姓等

所占山川、海岛、浜野、林原等事

右件检案内，从乙亥年①暨于延历廿年，一百廿七岁之间，或颁诏旨，或下格符，数禁占兼，频断独利②。加以氏氏祖基及百姓宅边栽树为林等，所许步数具在明文。又五位以上六位以下及僧尼、神主等，违犯之类，复立科法。今山阳道观察使、正四位下、守皇太弟溥兼行宫内卿、勋五等藤原园人解称：山海之利，公私可共，而势家专点绝百姓活。愚吏阿容，不敢谏止。顽民之亡，莫过此甚。伏望依庆云三年诏旨，一切停止，谨请处分者。右大臣宣：

① 天武四年（675）。

② 曾在庆云三年（706）三月、和铜四年（711）十二月、延历十七年（798）十二月，相继发布过此等禁令。

奉敕，今如所申，则知徒设宪章，曾无遵行，率由所司阿纵，而今百姓有妨。宜一切收入，公私共之。若有犯者，依延历十七年十二月八日格①行之，一无所宥。自今以后，立为恒例。（略）

　　大同元年闰六月八日

（同上，卷16 山野薮泽江河池沼事，第 497～498 页）

3．庄园制的成立

（1）庄园的形成②

　　民部省符　丹波国司

　　永施入东寺③

　　田地肆拾肆町佰肆拾步　在多纪郡

　　垦田玖町壹佰肆拾肆步

　　池壹处堤长七十丈

　　野林叁拾伍町

　　四至东限公田　西限判山峰　南限川　北限大山峰

　　河内乡地一条三大山里一大山田东圭五段

　　二大山田东圭五段　　七陶小田三段三百八步

　　八山小田东圭一段百廿步　九池后田一段百卅四步（略）

以前，太政官去八月八日符称：少僧都传灯大法师位实惠奏称，有御愿于东寺奉造真言宗诸宝藏并奉写一切经诸仪轨，我朝所未曾有，雕餝尽备，既讫。忝以琐身敢专其事。先师故大僧都空海大法师，初建一簣，名曰综艺院④，将以设经史而备教业，配田园而充支用。宿心未毕，人化时迁，功业所

---

　　①　延历十七年十二月八日格规定：“如惯常不悛，违犯此制者，亦六位以下科违敕罪，五位已上及僧尼神主等录名申上。”

　　②　以下是关于东寺领有的丹波国大山庄的系列文书，依此可知该庄园成立过程及其中各方利益的胶着与争阗。

　　③　东寺建于延历十五年（796），位于平安京罗城门东，后赐空海，作为日本真言宗的道场。本小节所引史料，系该寺为在丹波国的领有庄园田地的所有权的正当性和争取“不输不入权”，多次与中央和地方官衙的申请和交涉。由此可见庄园形成及其发展之一斑。

　　④　全名为“综艺种智院”，天长五年（828），由空海建立。招收身份低下者。主要传授佛、儒等经典。

期，独方难□。弟子等商量，沽却彼，买取件田全（舍），即以为传法之资。夫田圃入寺，皇宪不听，仍假檀越等名，私为券契①之主，贻于升叶，非是隐宜。伏望，特蒙天造，以件等田便入东寺，永充传□（法）。御愿真言宗经律论疏之料，与居诸争照，将天地自存，若干功德，不暇敷陈，伏听天裁者。大纳言、正三位兼行右近卫大将、民部卿、陆奥出羽按察使藤原朝臣良房宣：奉敕，特准来奏者，省宜承知，依件勘入者，国宜承知，依件行之，符到奉行。

    少辅从五位下橘朝臣贞雄

    从八位上守少录船宿祢鲸

    承和十二年九月十日

    （《东大寺文书》，引自《史料による日本の歩み》古代篇，第258页）

    东寺传法供家牒　　丹波国多纪郡衙

    可蒙郡□（判）为治田庄地壹町陆段柒拾弍步之状

    一条三大山里南行一大山田东圭七段本田三段付图、新田七段

    二大山田东圭八段本田二段付图、新开八段

    十六池后田一段七十二步本田八段二百八十八步付图、新开一段七十二步

    牒：件治田，寺家券文所载肆拾肆町壹佰余步之内地也，而倾年依有水便，治开为田。望蒙郡判为后代公验，乞也衙察之状，勘合本券，欲被判许，以牒。

    延喜十五年九月十一日

    别当大法师"观照"　　小学头"平恒"

    大法师　　　　　　　小学头

    大学头大法师"延敞"　小学头

    大法师"神辨"

    郡判：依寺家送牒并本公验检图帐，件新开寺庄领地内，在事明白也之。

    检校大领日置公　　　主政桑原

    检校日置公　　　　　拟主帐多纪臣

    检校多纪臣（草名）　拟主帐多纪臣

    检校日置公　　　　　拟主帐多纪臣

---

①　土地买卖的凭证。

郡老权大领多纪臣"安氏"

郡老日置公

转拟大领日置公

拟□□多纪臣"□胜"

　　　（同上，引自《史料による日本の歩み》古代篇，第258～259页）

丹波国牒　　东寺传法供家

多纪郡大山庄田之状　合一町六段七十二步

一条三大山里南行一大山田东圭七段

二大山田东圭八段

十六池后田一段七十二步

　牒：依衙去九月十一日牒状，令下却在地郡，检见营使所，即勘申状云，彼庄地之内，图帐注公田七坪三百八步、十九坪四段七十二步之外，依员注寺田已了，无有他妨者。然则来牒所载件坪坪，尤寺田也，乞也察之，以牒。

　延喜十五年十月廿二月

少目高桥

守源朝臣"等"　　　　权掾　橘

介尾张连　　　　　　掾多治

大目物部

权少目山

　　　　　　　　　　　　　　　　　　　　（同上，第259页）

右大臣①家牒　　丹波国衙

欲任□□□□东寺传法料田地肆拾陆町肆段佰伍拾陆步事

在部下多纪郡东限公田，西限判山峰，南限川，北限大山峰。

　牒：得彼寺传法供所陈状云，件田地，故实惠少僧都为广布□教，护持国家，以去承和十二年，申下官省符于在地国，为传法料已了。仍建庄家勘纳地利。就中垦田十一町四段五十六步、林野卅五町、池二处。其林野之地，逐年亦加垦，而国郡司随庄开发，收公为剩田。由是，传法之处，忽乏福田之利。先师之誓，长失后学之便者。牒送如件，乞衙察状，事若有实者，依

_____

　①　藤原忠平。

旧令返领，事缘功德，莫以忍弃。今勒寺家使以牒。

延喜廿年九月十一日

知家事池田

令菅野"清赖"　　　　　从　　长岑

别当前右卫门权佐橘朝臣　代施药院权判官埋田

纪伊守伴宿祢　　　　　大书吏御立

主计头大藏宿祢"良实"　少书吏依智秦"廉赖"

民部少丞藤原"遂常"　　知家事台"是真"

荫孙藤原　　　　　　　村主"益国"

春宫大属上毛野"常秀"　神祇长上直"真保"

（同上，第 259～260 页）

东寺传法供家牒　　丹波国衙

欲被任先例免除大山庄预并庄子临时杂役状

在多纪郡

庄别当僧平秀　　专当乙训益福

田刀僧平基　　　僧势丰　僧平增

牒：件庄故实惠少僧都以去承和十二年九月十日，申下官省符，为寺家田，充用传法并写经料，年序已尚。而依彼庄预等愁申，取检校大臣家御牒，帐外浪人十人，以去延喜廿年二月七日，前源长官御时，破免寄已了。如是代代长官相劳明白也。具由在官省符并国牒面，乞也衙察之状，欲被任先例，免除庄预并庄子等临时杂役，事依功德，不随厌却，以牒。

延长二年八月七日

少学头僧　　别当权律师

少学头僧　　大法师

少学头僧　　大学头大法师

（《东大寺百合文书》，引自《史料による日本の步み》古代篇，第 260 页）

寺家传法供家牒　　丹波国衙（略）

一欲下符于多纪郡，任先牒旨，令免除剩田收公，庄司寄人临时杂役状

在河内乡

一条三大山里八坪式段佰捌拾捌步。被注乘田，本寺田一段七十二步，外勘益。

二条四桃本里十五坪式段。被注乘田。

十六坪式段佰肆拾肆步。被注乘田，已上两坪者，以四至内野地，请国判治开寺田。

廿六坪壹段式佰拾陆步。被注公田，载图帐寺田。

卅二坪壹段佰肆拾肆步。被注乘田，载官省符寺田。

右彼庄去月廿六月解状称：今年检田收纳，以件田称被取剩田、公田，责勘地子并付征色色杂物。因之庄司等，不勘辨进地子米者。依解状，检案内，件庄田依太政官去承和十二年八月八日符并民部省同年九月十日符，为寺家传法供家田先了。其后，虽经数代，专无他妨。而今俄在重事之愁。寺家之费，岂以如斯。今案事情，新药师寺因柄生庄田，悉皆被免除也。乞衙察状，准彼庄例，早欲被免除之。（略）

天禄四年九月一日　　　　　少学头僧

检校少僧都"救世"　　　　僧

别当大法师"仁遍"　　　　僧

大学头大法师"定兴"

大法师

（同上，第260~261页）

左辨官下　丹波国

应官使共任公验　堺四至东寺所领大山庄事

右得彼寺今月十日奏状称：件庄为寺领数百岁，而近代国司，乍见旧记，收公田地，付负公事[1]。依此，今年十月十三日，随申请，四至之内国使不可入勘之由，被下宣旨。爰国守藤原保家朝臣，乍见宣旨文，更以不承引，弥入乱，数多国使捕搦、责凌庄司、田堵等，敢不令东西者，为愁之甚尤在斯。望请天裁，且下给官使，任公验堺四至兼重下宣旨于国司，自今以后，永停止如此非理之妨者。权中纳言藤原定赖宣：奉敕，宜仰彼国官使，共任公验，堺四至者国宜承知，依宣行之。

长久三年十二月廿五日

左大史惟宗朝臣

中辨源朝臣

---

① 公事：杂税。

（同上，第 261 页）

（2）国司与庄园领主的争斗①

（宽和二年正月）十九日戊子，右京属②久鉴解却见任。为关白太政大臣③家使，下向备前国鹿田庄④之间，依有国司之诉也。

（宽和二年二月）廿六日甲子，兴福寺僧等诉申前备前守藤原理兼，损亡鹿田御庄事。

（《日本纪略》后篇八，第 156 页）

（宽和二年三月四日壬申）此日，为勘纠备前国守藤原理兼并鹿田御庄家烧亡犯人等，召遣左卫门大尉藤原为长、少志多米国远、看督一人、火长三人等。

（宽和二年四月廿八日丙寅）此日，为使左少史曰佐政文及右史生吉志连真、官掌丹波得任等，为令检封勘纠备前守藤原理兼并鹿田御庄烧亡犯人等。下遣检非违史左卫门大尉藤原为长、少志多米国定（远）等随身上道来。先是，件为长等不勤其节，多责凌人民及烦鹿田御庄所征取米及二千余石间。及天听，今日遣官使所检封也。

（《本朝世纪》第十，第 137 页）

仰书⑤　　送劝学院⑥

太政大臣⑦宣称：备前国鹿田庄者，任度度官符旨召国司寄人等，殊被苛责之由，度度言上。仍去年十二月，为闻其实否，差左京大属真发部久鉴，下遣彼国。爰理兼朝臣窃以上洛，多注无实，经奏闻，公家偏任国解文，解

---

① 随着庄园的发展，庄园势力与国司的矛盾日深。以下所引一组史料是围绕藤原氏所属鹿田庄的利益，庄园领主与国司之间的争斗，颇具典型性。

② 左右京职设有大夫、亮、进、属四等官。属为第四等官。

③ 藤原赖忠。

④ 此庄园为藤原氏所属庄园。

⑤ 藤原氏一族的氏长发给一族氏人的文书。

⑥ 藤原氏一族的子弟学校。

⑦ 藤原兼家。

却久鉴所带官。又被下可追捕庄司等宣旨，理兼朝臣逐电^①归国，召集数百人兵，去月廿五日乱入庄内，捕缚久鉴并庄司等，打开庄仓，下取地子米三百廿石，运纳迁替讫，捉搦久鉴及庄司等，归向国府，令拷掠庄司。又损亡庄司、寄人等居宅三百余烟，搜取内财杂物并运取庄司近江掾下野守真宅内财物之后，放火烧亡其宅已了。件庄，氏之长者代代传知，以其应输充用大原野二季祭飨^②、兴福寺长讲、法花两会料。而庄家悉亡，旧贯欲绝，佛神例用物可阙怠。理兼朝臣猥参氏族之末交，是破祖宗之本志，已类木中之蠹，何踏庙前之麈。本系取氏，又除其名，莫令预参氏事，是与氏诸卿金议^③所定也。须传后代，惩不义者。

　　宽和二年十一月廿日

　　　　　　　　　　　　　　　　　　別当民部大丞藤原为信奉
　　　　　　　　　　　　　　　　（《朝野群载》卷7摄篆家，第180页）

　　（3）庄园的不输权和不入权
　　太政官符　伊势国司
　　应为不输租田醍醐寺所领曾禰庄^④
　　并免庄司寄人^⑤等临时杂役事
　　在壹志郡
　　右得彼寺去七月七日解状称：件庄可被免除租税杂役之由，具注事状，言上先毕，而未承裁下。而间彼庄司今月九日解状称：件庄未有征租税之例，而当任守藤原朝臣国风，俄卒（乖）前例，庄田收公，付科杂役。望请，早被言上给官符，全运纳地子者。望请，任先解状，早给官符，免除租税杂役，将济庄务者。左大臣宣：奉敕，依请者，国宜承知，依宣行之，符到奉行。

　　　　　　　　　　　　　　　从五位下守右少辨藤原朝臣国光
　　　　　　　　　　　　　　　右大史下六位上兼行春宫坊大属

　　天历五年九月十五日

---

　　① 潜逃。
　　② 京都大原野神社的祭典，每年二月、十月举行。
　　③ 氏族全体会议。
　　④ 寄进醍醐寺的皇族庄园。在伊势国安艺郡安浓村。
　　⑤ 庄园耕作者。其身份尚未完全隶属庄园主。

民部省符　伊势国司

应为不输租税田醍醐寺壹志郡曾襧庄水田佰肆拾町佰步事

六条

右太政官去二月廿七日符称：得彼寺去年十一月十九月牒称，件庄家水田朱雀院所领也。而依宣旨，以去天历二年二月廿八日施入寺家。爰可免除庄田租税、庄司寄人杂役之由，太政官以去年九月十五日下符彼国，而国宰称：不载坪付，不给省符之由，犹课杂役。望请，被给官符于民部省，令下省符，永免除租税杂役，将省后烦者。右大臣宣：奉敕，依请者，宜承知，依件行之，符到奉行。

从五位上行少辅橘朝臣敏通

正六位行少录上村秋实

天历七年八月五日

（《醍醐寺杂事记》，引自《史料による日本の步み》古代篇，第261~262页）

左辨官下　　美浓国

应如旧立牓示，永止牢笼兼不入国使免除杂役，

偏令勤寺家杂事、所领大井①、茜部庄②事

右得东大寺去年十二月廿一日奏状称：谨检案内，件庄等者，或除祖（租）帐格前处，或官省符处也。而近代国司狼戾为宗，充负国役责勘之间，本寺例进，悉以阙怠。倩案旧记，以件庄所出之物，充用法花会布旋并修理作料，依是不入国使，不仰国役也。（略）望请官裁，早下遣官使寺家所领庄等，堺四至打牓示，永停止入国使并宛国役者。（略）右大臣宣：奉敕，宜仰彼国，如旧打牓示止牢笼。又不入国使免除杂役者，国宜承知，依宣行之，不可违失。

天喜四年闰三月廿六日

大史小槻宿祢

中辨平朝臣在判

（《东大寺文书》，引自《史料による日本の步み》古代篇，第263页）

---

① 天平胜宝七岁（755）孝谦天皇施入东大寺。在美浓国安八郡。

② 原为桓武天皇敕旨田，死后，其妹酒人内亲王于弘仁九年（818）施入东大寺。

（4）庄园的实际经营者、耕作者

①庄长

太政官符

应禁亲王及王臣家庄长①私佃事

右大纳言、从三位神王宣称：奉敕，诸家庄长多营私佃，假威乘势蠹民良深，奸猾之源不可不绝，宜加禁制不得更然。

延历十六年八月三日

（《类聚三代格》卷15《垦田并佃事》，第445页）

太政官符

应惩寄住亲王及王臣庄浪人②调庸事

右浮宕之徒集于诸庄，假势其主，全免调庸，郡国宽纵无催征，黎元积习常有规避。宜令国宰、郡司，勘计见口③，每年附浮浪帐，全征调庸。其庄长等听国检校，若有庄长拒捍及脱漏一口者，禁身言上，科违敕罪，国郡阿容亦与同罪者。以前大纳言、从三位神王宣称：奉敕如件，宜早下知。

延历十六年八月三日

（同上，卷8《调庸事》，第340页）

②田刀、作手、田堵大名、名主

近江国依智庄检田使勘定水田事

合叁町叁佰壹拾步（略）

八条九里十二胡桃本田五段六十步

十八胡桃本田一段七十步

右二坪，本自中田，今临地见，尤是上田。因兹召问田刀、前伊势宰依知秦公安雄，勘云：是尤上田，何进中田地子，岂无犯三宝物罪哉？答云：此昔所定，非今之事，作意不奸，有何罪矣。使④迫云：假令司愚，不辨愆之，田刀何不匡申，须任理为上田。答云：任理被行，若为拒捍，仍为上田，

---

① 八、九世纪，随着私有土地的发展，开始出现庄园。初期庄园的实际经营者即称庄长，他们大多是由庄园主任命的地方豪族和富农。

② 成为庄园劳动力的浮浪者。

③ 当时的实际户口。

④ 此处的"使"，系指检田使。

即进田子。（略）

以前，延保自去嘉祥元年至于贞观元年，其中间所成，大略如右。为后代记之，若有论者，以此决耳。

贞观元年十二月廿五日　　　　　使学头"延保"

（《东大寺文书》，引自林屋辰三郎等编：《史料大系日本の历史》第 2 卷中世一，第 24～26 页）

谨辞请申东大寺御领田事

合式町伍段式佰肆拾步

在摄津国岛上郡水成濑村（略）

右件御领田，年来作手也。仍所请申如件，但于御地子者，随见作可辨进之。仍注事状，以解。

宽治五年四月五日　　　左近卫将曹中臣"近友"

（《东大寺文书》，引自《史料による日本の步み》古代篇，第 271 页）

三君夫出羽权介田中丰益，偏耕农为业，更无他计，数町户主，大名田堵①也。兼想水旱之年，调锄、锹，闇度腴迫之地；缮马把（耙）、犁，或于堰塞、堤防、沟渠、畔畷之功，育田夫、农人；或于种莳、苗代、耕作播殖之营，劳五月男女之上手也。所作稙、稑、粳、糯，苅颖胜他人，舂法增每年。加之，薗畠所莳麦、大豆、大角豆、小角豆、粟、黍、蕛、荞麦、胡麻，员尽登熟。春以一粒虽散地面，秋以万倍□纳藏内。凡始自东作，至于西收，聊无违误。常怀五谷成熟，稼穑丰赡之悦，未会旱魃、洪水、蝗虫，不熟之损。检地收纳之厨，官使迎送之飧，更无所遁避。况地子、官物、租谷、租米、调庸、代稻、段米、使料、供给、土毛、酒直、种莳、营料、交易、佃、出举、班给等之间，未致束把合勺之未进。抑虽拙为输税赎课之民烟，遮莫未若困谀乞索之贫家。

（《新猿乐记》，引自《史料による日本の步み》古代篇，第 271～272 页）

东大寺灯油纳所返抄②

---

①　大名田堵系指经营农田规模大的田堵。史料具体描述了大田堵田中丰益在农业经营中的经验、技术等，反映了庄园时期，富裕农的概貌。

②　返抄：收受物品后的证书，即收据。

高市郡南乡检纳油陆升事

三升　广海正连上　　　三升　田口春员上

右灯油，当年料，玉手安吉名①所进。检纳如件，故返抄。

长保式年十一月廿二日

　　　　　　　预堂达"禅因"

　　　　　　　上座威仪师（草名）

（《东大寺文书》，引自《史料による日本の步み》古代篇，第272页）

大国御庄田堵等解申注进俣俣②干损③田段数坪付事

合拾町陆段百廿步

一麻宇曾沟俣俣

成任三反字居道　　　　　　常道三反半在五井于里

是枝安高等五反同里　　　　则平三反同里

祢宜本家二反同里

一永田井沟俣俣

次良五反字治田尻　　　　　亲平二反字大板

安任四反半字西永田　　　　为近四反同西永田

成任二反同西永田　　　　　武道三反中川原田返

正弘三百步字荒田，安富本名　为常二反字念佛尻惠

重友三反字中永田　　　　　安富五反中永田

定照三反小字中永田，并沟田　今常二百步字寺田，为常本名

时则七反字下永田　　　　　利助陆段字梅濑，南川原田，安平本名

力末一反大字忌部门，安平名田　清任近末等二反大字川原田，安平名

快能二反字川原田一川原田井沟俣俣但二越三越之渔用等也

亲平八反字梅濑，川原田　　　助平五反半字后惠久保，安富本名

---

① 名即为名田，系玉手安吉的名田。

② 灌溉水路。

③ 因干旱而损失。此条史料是田堵们将受灾田地面积数向上呈报的文书。这些田地都是以他们名字登录在案的，史称名田。从史料中还可见"安富本名"、"为常本名"、"安平本名"等。有的名主，除自己耕种外，还将一部分名田租给地少的名主（田堵）耕种。

安平七反字小西田　　　　　祭主御名田三反大字川原田

安任小字率波土　　　　　　为安六反六十步在二兄国里，无渔矣

右件田等，随见损之理，所注进如件

康和五年九月廿八日

田堵等

（《东寺文书》，引自《史料による日本の步み》
古代篇，第272～273页）

第六章　院政与武士的兴起——平安时代（下）

概　说

十世纪以后，藤原氏摄关政治开始渐趋衰落。其具体表现，一是社会治安不稳，尤其是"承平、天庆之乱"的发生，震动了朝野；二是皇室与藤原氏外戚之间的权力之争日趋深化，最终导致以太上天皇为核心的院政的建立。

在藤原专权之下，诸代天皇慑于外戚的威迫，表面上自甘傀儡地位，但内心深处多有怨恨。至十一世纪中叶，朝廷中批评藤原氏的声音渐多，天皇中出现了如后三条天皇那样，不再甘于当儿皇帝的人。后三条天皇是一百余年来与藤原氏没有直接血缘关系的天皇。在位期间着力加强皇权，凡事实行亲政，推行整理庄园政策等。为防止藤原氏势力的重振，后三条天皇于延久四年（1072）让位于白河天皇。退位的后三条天皇，准备建立太上天皇院厅，继续问政。然而，计划未及实现，却因病亡故了。

白河天皇继承后三条天皇的意愿，实行亲政。在位的第十四年，即1086年，决然把皇位让给年仅八岁的亲子善仁亲王（堀河天皇）。其退位的目的：从根本上摆脱藤原氏的影响，亲掌朝政，辅佐天皇，以保证自己的子孙延续皇位。让位后，他建立了院厅，开始"执天下之政"。日本历史上的"院厅政治"（简称"院政"）自此开始。

院政是为摆脱摄关政治，重振皇权的新的政权形态，某种意义上也可以说，是古代天皇制的变形。它的特点是太上天皇以"天皇之父"的身份"行天下之政"，"太上天皇是正帝"，"天下（天皇）如春宫"。

在中央集权的律令制时期，朝廷推行"义务兵役制"。由于中央集权制的衰弱，义务兵役制日益松弛，以郡司、豪强、富家子弟为主体的"健儿制"取而代之。由于纨袴子弟风流娴雅习气充斥军营，最后健儿制也名存实亡了。义务兵役制转变为健儿制的原因，除了义务兵役制不适应社会变化外，还因为平安中期以后，地方武装化趋势影响。

地方武装化的具体表现，一是庄园武装的出现；二是民间多有结群成党，私练武装截掠官物者；三是寺院建立僧兵，"不畏皇宪，各施威猛"；四是地方衙厅官吏的武装化等。地方武装势力的发展，为地域性武士集团的形成提供了条件。进入十一世纪后，地域性武士集团中，以源氏和平氏势力最强。

源氏之姓始于弘仁五年（814）。这一年，嵯峨天皇赐诸皇子"源朝臣"氏姓。嵯峨天皇之后，还有十四代天皇（淳和、仁明、文德、清和、阳成、光孝、宇多、醍醐、朱雀、村上、冷泉、圆融、花山、三条）向自己的皇子赐源氏姓。受赐源氏姓的皇子，大多离京，生活在封地领域内。在众多源姓皇子中，以武士著称者，是清和系皇子和村上系皇子。前者以源基经一族最盛，多是地方豪族、武士栋梁；后者以源师房一族最盛，不少人任朝中大臣或大将。清和源氏植根地方，积聚雄厚实力，特别受到摄关藤原氏的器重。

平氏之姓始于天长二年（825），桓武天皇赐皇孙高栋王"平朝臣"之姓。之后，桓武天皇又于宽平元年（889）赐平氏姓于曾孙高望王。除桓武之外，尚有仁明、文德、光孝等天皇，授皇族平氏之姓。在诸平氏皇子中，以桓武平氏高望王一族最盛。桓武平氏以上总国为中心发展势力。桓武平氏与院政关系密切。

当时，朝中形成了两大势力集团，即藤原氏、天皇、清和源氏集团和太上天皇、桓武平氏集团。

源氏和平氏两大武士集团，最终由地方武装步入中央政治舞台，是在"保元之乱"和"平治之乱"之后。

"保元之乱"发生在保元元年（1156）。这次战乱的焦点是争夺中央权力的控制权。战乱的特征是以太上天皇和天皇的对立为核心，出现兄弟、父子、叔侄相对立、相残杀的局面。崇德太上皇与后白河天皇是兄弟，藤原忠通和藤原赖长也是兄弟，武士源为义与源义朝是父子，平忠正与平清盛是叔侄。但他们分属太上皇一方和天皇一方。战乱的最终结果，崇德太上皇、藤原赖长、源为义一方大败，后白河天皇一方大胜。取得胜利后，后白河天皇对有功之臣和武士进行嘉奖，其中武士平清盛受到特别器重。

"平治之乱"发生在平治元年（1159）。"保元之乱"中，源义朝的功绩大于平清盛，但受到的奖励远低于平氏，源义朝甚为不满。保元三年（1158）八月，后白河让位建立院厅视政。让位不让权的行为，招致二条新天皇和关白藤原基实等朝廷大臣们的不满。以新天皇和关白为核心，结成了反后白河太上皇及其近臣藤原信西、平清盛的联合战线。反对派秘密策划铲除信西、清盛的政变计划。平治元年十二月，平清盛及长子平重盛离京赴熊野参拜神社。反对派乘机政变，软禁了后白河太上皇，袭击藤原信西宅。信西早已获讯，逃出京外，但预感前途不佳，遂在途中自杀。

正在赴熊野途中的平清盛听到政变消息，急速返回京都，并集聚兵力，战败了源氏军。形势急转直下，反对派成员或被杀，或逃窜。源义朝在逃亡途中被杀，其子源赖朝被流放伊豆。

"平治之乱"后，平清盛成了后白河太上皇的心腹和政治、军事的支柱。平氏据此在朝中扩张权势。据《平家物语》载，平氏一门有十六人成为公卿，三十余人成为殿上人，全国三十余国在平氏管辖之下。显然，朝廷实权已掌控在平氏之手。

在对外关系方面，自九世纪末，中止派遣遣唐使以后，日本的对外关系，基本上推行消极政策。无论是对朝鲜半岛的高丽，抑或是对吴越和宋，拒绝建立国交关系。彼此之间的交流，依赖于民间商人和僧侣。

在总体上推行消极对外政策的平安时代后期，但也出现过积极推进对外交流的人和事。特别应当提及的是平清盛对南宋贸易的热情。仁安元年（1167），平清盛升任太政大臣，开始了平氏政权时期。期间，平清盛对于与南宋贸易，做了三件具有开创性的事：一是允许南宋商人船进入濑户内海；二是一度以福原地方为都城，企图以此为基点，推进与南宋的贸易；三是力图促进与南宋皇朝的关系。承安二年（1172），南宋孝宗帝通过宋商人捎信和礼物给后白河太上皇、太政大臣平清盛。翌年，平清盛给南宋皇帝回信和赠物。他还向后白河太上皇引见了南宋商人。

第一节　10～11世纪地方叛乱蜂起

一、东部日本地区的"群盗"

（贞观三年十一月）十六日丙戌，武藏国每郡置检非违使一人，以凶猾成党，群盗满山也。

（《日本三代实录》前篇卷5，第82页）

太政官符

应相模国足柄坂、上野国碓冰坂置关勘过事

右得上野国解称："此国顷年强盗锋（蜂）起，侵害尤甚，静寻由绪，皆出傤马①之党也。何者？坂东诸国富豪之辈，啻以驮运物。其驮之所出，皆缘掠夺，盗山道②之驮以就海道③，掠海道之马以赴山道。爰以一疋之驽，害百姓之命，遂结群党，既成凶贼。因兹，当国、邻国共以追讨，解散之类赴件等堺。仍碓冰坂本权置遒逻，令加勘过兼移送相模国既毕。然而，非蒙官符，难可据行。望请官裁，件两个处特置关门，详勘公验，愊加勘过者。"左大臣宣："奉敕，宜依件令置，唯详拘奸类，勿妨行旅。"

昌泰二年九月十九日

（《类聚三代格》卷18 关并烽候事，第565页）

（昌泰四年二月）十五日戊辰，奉币诸社。自去宽平七年坂东群盗发向。其内信乃（浓）、上野、甲斐、武藏尤有其害。御祈也。

（《扶桑略记》第二十三里书，第184页）

太政官符大宰府六个条之内

一应管内游荡放纵致调庸租税之妨者，捕勘其身，任理科决事

右大式从四位下小野朝臣好古奏状称："谨检案内，管国司等率随子弟，成调庸租税之妨者，可捕其身。言上之状，具在太政官去承平六年闰十一月七日符。然则，国司弟子征捕无妨，而今如闻者，游荡放纵之辈，不必国司弟子，妄假威权，多成党类，练兵器，聚养人马；或托言田猎，或寄事负债，威劫郡司，压略民庶，凌辱妻子，夺掠牛马，以彼产业为己利润。昨为徒步单衣之辈，今率肥马轻裘之身。是养暴狂，称聚勇敢，蔑侮官吏，侵渔细民，时俗染化，稍为土风，田亩荒芜，赋税虚耗，国弊民亡，莫不由斯。若无惩肃，何救此费。望请，重被下知管内诸国，若非府国使，妄入部内。又多率人众，辄带弓箭，威劫人民，掠取杂物者，准之强盗，捕禁其身，所取杂物，以赃论之者。"右大臣宣："奉敕依请者。"

左大辨藤原朝臣在衡

---

①　雇用马运物。

②　东山道。

③　东海道。

左大史冰宿祢方盛

天庆九年十二月七日

（《政事要略》交替杂事卷五十一，第 270~271 页）

二、平将门之乱（亦称"承平之乱"）

（天庆二年十二月）廿七日癸亥，下总国丰田郡武夫奉于平将门并武藏权守、从五位下兴世王等谋反，虏掠东国。信浓国飞驿奏。二十九日乙丑，信浓国言："平将门附兵士等，追上上野介藤原尚范、下野守藤原弘雅、前守大中臣定行等由。同日，赐敕符于信浓国，应征发军兵，备守境内事。警固诸阵，三关国国及东山、东海道诸国要害。"入夜，武藏守贞连入京，召殿上前，被问军兵事起，云云。

（《日本纪略》后篇二，第 39 页）

（天庆二年十二月）廿九日乙丑，辰刻，信浓飞驿使到来，仍太政大臣被参式御曹司。左大臣已下诸卿参入，太相国左府候殿上。大纳言实赖卿著宜阳殿，开使奏状奏闻。其状云："平将门等围上野介藤尚范、下野前司大中臣定行、新司藤弘雅等馆，夺取印镒，追上其身。仍尚范等越来信乃（浓）国者，爰事出非常，无不骚动。"诸卿候殿上，相议三个国固关使、左右马兵库寮等敕使、东西要害关关处处警固使事。敕符、官符等请内外印。又前伊与（豫）掾藤纯友，年来住彼国，集党结群，行暴恶。去廿六日，虏备前介藤原子高已了。与平将门合谋通心，似行此事。仍东西遣警固使。今夜，太政大臣以下诸卿宿侍。

（《本朝世纪》第四，第 44 页）

（天庆三年正月）一日丁卯，宴会，无音乐，依东国兵乱也。今日任东海、东山、山阳道等追捕使以下十五人。（略）七日癸酉，宴会，不出御，依东国兵乱也。遣使于伊势大神宫，祈东国贼事。依宫中秽，不奉币物。九日乙亥，以武藏介源经基叙从五位下，依申东国凶贼平将门谋反之由也。

（《日本纪略》后篇二，第 39 页）

夫闻，彼将门者，天国押拨御宇柏原天皇①五代之苗裔，三世高望王②之孙也。其父陆奥镇守府将军平朝臣良持也。舍弟下总介平良兼朝臣，将门之伯父也。而良兼以去延长九年，聊依女论，舅甥之中既相违云云。（略）而间，常陆国居住藤原玄明等，素为国之乱人，为民之毒害也。望农节则贪町满之步数，至官物则无束把之辨济。动凌轹国使之来责，兼劫略庸民之弱身。见其行事则甚于夷狄，闻其操则伴于盗贼。于是，长官藤原维几朝臣，为令辨济官物，虽送度度移牒，对捍为宗，敢不府向。背公而恣施猛恶，居私而强冤部内也。长官稍集度度之过③，依官符之旨，拟追捕之间，急提妻子，遁渡于下总国丰田郡④之次，所盗渡行方、河内两郡不动仓谷、糒等，其数在郡司所进之日记也。仍可捕送之由，移牒送于下总国并将门。而常称逃亡之由，曾无捕渡之心。凡为国成宿世之敌，为郡张暴恶之行，镇夺往还之物为妻子之稔，恒掠人民之财为从类之荣也。将门素济佗人⑤而述气，顾无便者而托力。于时，玄明等为彼守（介）维几朝臣，常怀狼戾之心，深含虺饮之毒，或时隐身欲诛戮，或时出力欲合战。玄明试闻此由于将门，乃有可被合力之样，弥成跋扈之猛，悉构合战之方。内议已讫，集部内之干戈，发堺外之兵类，以天庆二年十一月廿一日涉于常陆国，国兼备警固，相待将门。将门陈云："件玄明等令住国土，不可追捕之牒奉国而不承引，可合战之由，示送返事。"仍彼此合战之程，国军三千人如员被讨取也。（略）于时，武藏权守兴世王窃议（于）将门云："今检案内，虽讨一国，公责不轻，同房掠坂东，暂闻气色者。"将门报答云："将门所念啻斯而已！其由何者，昔斑足王子⑥欲登天位，先杀千王颈⑦；或太子欲夺父位，降其父于七重之狱。苟将门，刹

①　桓武天皇。
②　桓武天皇之子，因降为臣籍，赐姓平氏，任上总介。是后述的平氏武士集团的始祖。
③　任职中所犯错误的记录。
④　平将门的根据地。
⑤　遇到困难的人。
⑥　印度传说中的天罗国太子。
⑦　此事的典故，载佛典《仁王经》护国品。其中佛说：斑足王子受邪教之教杀了千王，自己做了王。但最后还是皈依佛教。

帝①苗裔，三世之末叶也。同者始向八国②，兼欲虏领王城，今须先夺诸国印
镒，一向受领之限，追上于官堵（都），然则且掌入八国，且腰附万民者，大
议已讫。"又带数千兵，以天庆二年十二月十一日，先渡于下野国，各骑如龙
之马，皆率如云之从也。扬鞭催蹄，将越万里之山，心勇神奢，欲胜十万之
军。既就于国厅，张其仪式。于时，新司藤原公雅、前司大中臣全行朝臣等，
兼见欲夺国之气色，先再拜将门，便擎印镒，跪地奉授。如斯骚动之间，馆
内及府边，悉被虏领。令差干了之使，追上长官于官堵（都）③。（略）

　　将门以同月十五日，迁于上毛野之次，上野介藤原尚范朝臣被夺印镒。
以十九日兼付使追于官堵（都）。其后领府入厅，固四门之阵，且放诸国之除
目④。于时，有一昌伎⑤云者："偿八幡大菩萨使，奉授朕位于荫子平将门。
其位记⑥，左大臣、正二位菅原朝臣⑦灵魂表者，右八幡大菩萨起八万军，奉
授朕位。今须以三十二相⑧音乐，早可奉迎之。"爰将门捧顶再拜，况四阵举
而立欢，数千并伏拜。又武藏权守⑨并常陆掾藤原玄茂等，为其时宰人，喜悦
譬若贫人之得富，美笑宛如莲花之开敷。于斯，自制奏谥号，将门名曰新皇。
（略）武藏权守兴世王为时宰人，玄茂等为宣旨，且放诸国之除目：下野守叙
舍弟平朝臣将赖、上野守叙羽御厩别当多治经明、常陆介叙藤原玄茂、上总
介叙武藏权守兴世王、安房守叙文屋好立、相模守叙平将文、伊豆守叙平将
武、下总守叙平将为⑩，且诸国受领点定，且成可建王城议。其记文云："王
城可建下总国之亭南⑪，兼以檥桥，号为京山埼，以相马郡大井津号为京大
津，便左右大臣、纳言、参议、文武百官、六辨、八史皆以点定。内印外印

----

①　刹帝力的略称。印度四种姓中的第二种姓，即王族、武士阶级。此处系指桓武天
皇。

②　系指东日本八国：相模、武藏、安房、上总、下总、上野、下野。

③　官都，实指京都。

④　大臣以下的朝廷仪式。此处系指任命常陆、上野、下野三国国司的仪式。

⑤　娼妓，或巫女。

⑥　位记：授位阶的文书。

⑦　菅原道真。平安中期政治家，官至右大臣，受藤原氏陷害，被贬九州岛，郁闷而
死。

⑧　三十二相：系佛经《智度论》中三十二佛的瑞相。三十二音乐，据《玉叶》载，
是法会演奏的"华严音乐"。

⑨　兴世王。

⑩　将文、将武、将为，皆是平将门的弟弟。

⑪　亭，即是指居馆。亭南系指居馆之南。

可铸寸法，古文正字定了，但狐疑者历日博士而已。遍闻此言，诸国长官如鱼惊，如鸟飞，早上京洛。然后，迄武藏、相模等之国，新皇巡检，皆领掌印镒，可勤公务之由，仰留守之国掌，乃可预天位之状奏于太政官。自相模国归于下总，仍京官大惊，宫中骚动。

（《将门记》，第 55～117 页）

（天庆三年二月）廿五日辛酉，今日，信浓国驰驿来奏云：凶贼平将门，今月十三日于下总国幸岛合战之间，为下野、陆奥军士平贞盛、藤原秀乡等被讨杀。

（《日本纪略》后篇二，第 40 页）

三、藤原纯友之乱（亦称"天庆之乱"）

（承平六年）六月某日，南海贼徒首藤原纯友结党，屯聚伊豫国日振岛①，设千余艘，抄劫官物、私财。爰以纪淑人任伊豫守，令兼行追捕事。贼徒闻其宽仁，二千五百余人悔过就刑。魁帅小野氏彦、纪秋茂、津时成等合卅余人，束手进交名归降，即给衣食田畠，行种子，令劝农，号之前海贼。

（同上后篇二，第 35 页）

（天庆二年十二月廿一日丁巳）今日，伊豫国进解状："前掾藤纯友，去承平六年可追捕海贼之由蒙宣旨。而近来有相惊事。率随兵等，欲出巨海。部内之骚，人民（之）惊。纪淑人朝臣虽加制止，不承引。早被申（召）上纯友镇国郡之骚"云云。

（《本朝世纪》第四，第 44 页）

纯友追讨记云：伊豫掾藤原纯友居住彼国，为海贼首。唯唯所受性，狼戾为宗，不构礼法，多率人众，常行南海、山阳等国国，滥吹为事。暴恶之类，闻彼威猛，追从稍多。押取官物，烧亡官舍，以之为其朝暮之勤。遥闻将门谋反之由，亦企乱逆，渐拟上道②。此比，东西二京连夜放火，依之，男送夜于屋上，女运水于庭中。纯友士卒交京洛所致也。于是，备前介藤原子

---

① 今爱媛县宇和岛市所属一小岛。

② 上京。

高风闻其事，为奏其旨，天庆二年十二月下旬，相具妻子，自陆上道。纯友闻之，将为害子高，令郎（等）伺文元等追及摄津国菟原郡须岐驿。同十二月廿六日壬戌寅刻，纯友郎等等放矢如雨，遂获子高，即截耳割鼻，夺妻将去也，子息等为贼被杀毕。公家大惊，下固关使于诸国，且于纯友给教喻官符，兼预荣爵，叙从五位下。而纯友野心未改，猾贼弥倍。赞岐国与彼贼军合战，大破，中矢死者数百人。介藤原国风军破，招警固使坂上敏基，窃逃向阿波国也。纯友入国府，放火烧亡，取公私财物也。介国风更向淡路国，注于具状，飞驿言上。经二个月，招集武勇人，归赞岐国，相待官军到来。于时，公家遣追捕使，以右近卫少将小野好古为长官，以源经基为次官，以右卫门尉藤原庆幸为判官，以右卫门志大藏春实为主典，即向播磨、赞歧二国，作二百余艘船，指贼地伊豫国舣向。于是，纯友所储船，号千五百艘。官使未到以前，纯友次将藤原恒利脱贼阵窃逃来，著国风处。件恒利能知贼徒宿所隐家并海陆两道通塞案内者也。仍国风置为指南，副勇悍者令击，贼大败，散如叶，浮海上。且防陆地，绝其便道，且追海上，认其泊处。遭风波难，共失贼所向。相求之间，贼徒到大宰府。更所储军士，出壁防战，为贼所败。于时，贼夺取大宰府累代财物，放火烧府毕。寇贼部内之间，官使好古引率武勇，自陆地行向，庆幸、春实等鼓棹，自海上赴向筑前国博德津，贼即待战，一举欲决死生。春实战酣，裸袒乱发，取短兵，振呼入贼中。恒利、远保等亦相随遂入，截得数多贼。贼阵更乘船战之时，官军入贼船，著火烧船，凶党遂破，悉就擒杀。所取得贼船八百余艘，中箭死伤者数百人，恐官军威，入海男女不可胜计。贼徒主伴，相共各离散，或亡或降，分散如云。纯友乘扁舟逃归伊豫国，为警固使橘远保被擒。次将等皆国国处处被捕。纯友得捕，禁固其身，于狱中死。

（《扶桑略记》第二十五，第218～219页）

（天庆四年七月）七日乙丑，传贼徒藤原纯友并重太丸头。或云，橘远保诛纯友。

（《日本纪略》后篇二，第42页）

（天庆四年十一月五日辛酉，略）平将门去天庆二年十二月，率数千人兵，虏掠坂东诸国，相次有入京之思，云云。藤原纯友年来居住伊豫国为海贼，舣舟船泛沧海。其后到山阳、南海、西海诸国及大宰府等，夺取公私物之后，或致烧亡，遂至大宰府行火。因兹东国遣大将军，西国遣追捕使。依如此事，诸社有御祈。爰平将门以天庆三年二月为下野国押领使藤原秀乡被讨杀，四月廿五日进其头。藤原纯友今年五月廿日于大宰博多津，为使右近卫少将小野好古等被讨散，逃到伊豫国之日，彼国警固使橘朝臣远保斩获纯友并男重太丸。七月七日进其头，是尤神明诛罚也。

（《本朝世纪》第五，第70页）

（天庆四年十一月廿九日乙酉）此日，西国贼首藤原纯友之次将者佐伯是基，乍生将来左卫门府。但大宰府解文云："贼徒袭来管日向国。去八月十七、八两日合战，官军有利，讨杀凶贼之中，生获件是基，仍进上其身如件。即仰检非违使下左狱所已了。"又斩获同贼首□原生行首，所副进也。同府解云："丰后国九月十三日解，同十六日到来，称：追讨凶贼使权少式源朝臣经基，今日下文同日到来云，贼徒今月六日袭来当国海部郡佐伯院，爰始从申时至于酉刻，合战之间，生获件生行并击杀贼徒，及讨取马、船、绢绵、戎具杂物之由。依同七日，相副合战日记，进送大宰府已了。件生行，合战之日，数处被疵，生获之后，仅存其命，爰为进府，令禁之间，今月八日遂以死去，即斩其首，进送大宰府。"

（同上第五，第73~74页）

四、平忠常之乱[1]

（万寿五年）戊辰月日，安房守惟忠被下总权介平忠常烧死了。仍下遣追讨使右卫门尉平直方、志中原济道，八月五日进发。

（《应德元年皇代记》，引自《史料による日本の步み》古代篇，第291页）

（长元元年六月）廿一日甲申，右大臣以下著仗座[2]，定申下总国住人、前上总介平忠常等事。即遣检非违使右卫门少尉平直方、少志中原成（济）道等征讨之。给官符等于东海、东山道。

---

[1] 平忠常之乱起因与平将门之乱相似，反映武士与国司之间的对立。关于平忠常之乱的经过和朝廷镇压的详情不清。在《今昔物语》有源赖信与平忠常战斗的记叙，但可信度极低。

[2] 仗座，又称阵座、阵定，是公卿决关定政事之处。

（《日本纪略》后篇十四，第272页）

（长元三年九月）二日壬子，仰甲斐守源赖信并阪东诸国司等，可追讨平忠常之状。依右卫门尉平直方无勋功，召还之。

（同上后篇十四，第278页）

（长元四年六月）十一日丁亥，修理进忠节来云：忠常子法师，去年相从甲斐守赖信朝臣下向彼国，而只今京上申云，忠常去六日于美浓为野上之所死去了。仍触在国司令见知，并注日记。斩首令持彼从者上道者。

（《左经记》，引自《史料による日本の步み》古代篇，第292页）

（长元四年六月）十六日壬辰，赖信朝臣枭平忠常首入京件。忠常受病死去，但有议定，彼忠常从类，依为降人也。

（《日本纪略》后篇十四，第279~280页）

第二节　院政①

一、院政的社会基础

1. 院的近臣

（宽治二年正月）十九日丁卯，初有行幸院大炊殿。（略）次勘赏：

正二位　藤家忠院别当②

从二位　源家贤同、藤公实同

正三位　藤基忠同、藤经实同、藤通俊同、江匡房同、藤仲实同

---

①　院政是平安后期由退位天皇掌控统治权的政治体制。退位天皇称上皇，皈依佛门者称法皇，建立院厅。院政始于1086年，由白河上皇建立。院政分为前后两期，前期共历白河、堀河、鸟羽、崇德、近卫、后白河六代；后期历二条、六条、高仓、安德、后鸟羽五代。

②　院厅事务的最高统领者，均由太上皇的亲信担任。

正四位上　藤师信同

正四位下　藤隆宗斋宫职事①、源显仲同

从四位上　源高实姬宫职事、源师赖摄政殿御让

从四位下　藤宗通院别当、高为章同

正五位下　藤知纲摄政家司、藤行纲同

从五位上　藤隆时院判官代

从五位下　藤行实同如元、藤实义同

叙位于便所，摄政殿给行之，右大辨执笔也。

（《中右记》，引自《史料大系日本の历史》第 2 卷中世Ⅰ，第 114 页）

（宽治四年正月）十三日（略）太上皇今日始御熊野精进，仍昨日御幸鸟羽殿御精进所，师信朝臣直庐也。

上皇扈从熊野人人

上达部三人按察大纳言（实）、二位中将（经实）、宰相中将（基忠）

殿上人十一人丹波守师信朝臣、但马守为章朝臣、因幡守隆时、越后守国明、阿波守知纲、右卫门佐基信、宫内少辅显隆、藏人兵卫尉为行、同惟清、六位判官代季安（缺一人）

僧纲三人法印权大僧都增誉、权少僧都庆朝、权少僧都宽意（略）

廿二日，上皇御出门，上达部以下多以扈从。五年二月十七日丙午晓，太上皇参诣高野。来廿日御参著云云。御共人源大纳言师②、新大纳言家③、右卫门督公④、右兵卫督雅⑤、师信朝臣还了，宗通朝臣、隆宗朝臣、为章朝臣、行实、知纲、国明、显隆、基信、为行、惟清已上自京中著布衣、权大僧都宽意参入，但御经供养，被付寺僧云云。此外，检非违使平贞弘参入也。

（《中右记》，引自《史料による日本の步み》中世编，第 26 页）

（康和五年十二月）廿日乙丑，正四位下、行木工头兼丹波守高阶朝臣为

---

① 斋宫，奉仕伊势神宫的斋女居住之处。斋女由天皇委任未婚的内亲王（皇女）担当，代表皇室专事奉仕伊势神宫之神。

② 源师忠。

③ 藤原家忠。

④ 藤原公实。

⑤ 源雅俊

章卒。为章者，（略）永保元年正月七日叙从五位下，同廿六日出为越后守，以法胜寺①功也。（略）为章者，白河法皇宠遇之人也。于时，因幡守藤原隆时同为近臣。世语宠臣者，称此二人而已。卒时春秋卌五。

（《本朝世纪》第二十三，第348页）

（大治四年正月）十五日甲午，甲旦，下人来云，显隆卿薨。件卿者，故为房相公二男，毋源赖国女也。先补一院②藏人，次补内藏人，堀川院御时也。任左近将监。才经一月给爵，补院判官代③，任若狭守。（略）去保安元年十一月，自鱼水之契忽变④，合体之仪俄违以来，天下之政在此人一言也。威振一天，富满四海，世间贵贱无不倾首。公卿劳八个年，龄又五十八，余命未尽，忽以顿灭。此时为本院女院执行别当，知天下之万事。（略）良臣去国，天下大叹欤。

（《中右记》，引自《史料による日本の步み》中世编，第115页）

（大治四年八月）四日，参院。外记大夫役，仰预鸟羽殿⑤。加贺守家成，举天下事，一向归家成。

（《长秋记》，引自《史料による日本の步み》中世编，第115页）

2. 院与受领

（大治四年七月）十五日里书⑥云：

---

①　法胜寺的多座建筑，如讲堂、五大堂、八角九重塔等，都是由受领阶层捐建的。此处的"功"，似指捐建之功。

②　当时，同时存在二位太上皇，最先建立院政者为一院。此处系指白河太上皇。

③　院判官代，系院的官职。主要职责是根据院别当的指示，监督院厅内情，并处理院内杂务。显然其权力次于院别当，而高于院厅诸官。

④　此处的"鱼水之契"系指白河太上皇与关白藤原忠实的密切关系。保安元年（1120）底，忠实不顾白河太上皇的反对，将女儿泰子送入鸟羽天皇后宫，因此激怒了白河太上皇，遂罢忠实的内览职，并将其软禁。

⑤　鸟羽殿，即指鸟羽太上天皇。

⑥　大治四年（1129）七月七日，白河太上天皇去世。本史料是白河太上皇死时的遗书，回顾了自己治世时的作为。七件事中有五件是关于受领的事，可见受领与白河院政间的密切关系。

法皇御时初出来事

受领功万石万疋进上事①

十余岁人成受领事②

卅余国定任事③

始自我身至子三四人同时成受领事

神社佛事封家纳、诸国吏全不可辨济事

天下过差④逐日倍增、金银锦绣成下女装束事

御出家后无御受戒事

　　　　（《中右记》，引自《史料による日本の步み》中世编，第116页）

二、庄园的发展与院政的庄园政策

1. 寄进庄园⑤

院厅下备后国在厅官人等可早任尾张守平朝臣重衡⑥寄文，

为御领堺四至打牓示使者、国使相共立券言上，

大田并桑原两乡⑦荒野山河等事

在管世良郡东条内

四至东限矢田堺　南限西条堺　西限羽贺山　北限小童堺

使

右彼重衡今月日寄文称：“件所领荒野山川等常常荒野也。而募势为令开

---

① 受领通过向院贡纳米绢，以换取国守职的重新任命或延任。

② 十余岁就被授予地方官职，是当时政界的怪现象。受任者多是权贵之子。如院判官代藤原基隆之子，10岁任丹波国守，源能国之子，14岁任越后国守，院近五藤原显赖14岁任出云国守，等等。

③ 当时，日本全国分为六十六国，院方统领的分国达一半多。

④ 过差，奢侈之意。

⑤ 11至12世纪，日本全国庄园发展迅速，特别是一种在地领主将自己的庄园寄进权门势家的“寄进庄园”颇盛行。在地领主通过这种寄进形式，名义上庄园归属权门势家，而实际上自己以权门势家的庄官，行使对庄园的实际管理，从而确保了自己的利益。

⑥ 后述的平清盛第五子。以镇压南都佛教僧徒反乱、焚烧东大寺、兴福寺出名。

⑦ 在今广岛县世罗郡甲山、世罗两町。

发，所令寄进院领①也。于年贡者，马牛之衣并厩舍人、牛饲等之衣服料六丈白布佰端，每年可令进上院厅也。至于预所职②者，重衡子孙相传为令知行。寄进如件者，任申请旨为御领，堺四至打牓示，可立券言上也。至于年贡者，马牛衣并舍人、牛饲等衣服料六丈白布佰端，每年可备进也。于预所职者，重衡子孙相传可知行之状，所仰如件。在厅官人宜承知，不可违失，故下。

　　永万二年正月十日　　　　　　　主典代散位中原朝臣
　　　　　　　　　　　　　　　　　别当大纳言藤原朝臣（花押）
　　　　　　　　　　　　　　　　　判官代下野守藤原朝臣（花押）
　　　　　（《丹生神社文书》，引自《史料大系日本の历史》
　　　　　第 2 卷中世Ⅰ，第 127～128 页）

　　鹿子木③事
　　一、当寺相承者，开发领主沙弥寿妙④嫡嫡相传也。
　　一、寿妙之末流高方之时，为借权威，以实政⑤卿号领家，以年贡四百石割分之。高方者为庄家领掌进退之预所职。（略）
　　一、实政之末流愿西⑥微力之间，不防国衙之乱妨，是故愿西以领家得分二百石，寄进高阳院内亲王⑦。件宫薨去之后，为御菩提，被立胜功德院，被寄进彼二百石。其后为美福门院⑧御计，被进付御室，是则本家之始也。（略）
　　一、愿西之时，所立本家职之年贡二百石者，永代不可违失。愿西之时无枉法，本家又无违约故也。（略）
　　　　　（《东京百合文书》，引自《史料による日本の步み》古代编，第 264 页）

---

①　院领，系指后白河院领有的庄园。
②　庄园领主任命的代官，具体管理庄官及庄园的财产和事务。
③　肥后国饱田郡的鹿子木庄园，后为东寺领。
④　僧名。
⑤　全名为藤原实政，原为大宰大式。
⑥　藤原实政之孙。愿西为法名，原名藤原隆通，官至刑部大辅。
⑦　鸟羽天皇之女。
⑧　鸟羽天皇的皇后。

2. 庄园骤增，公地不几

左辨官下东大寺

应令如旧领掌庄家兼愧纠返本寺使所

押取官使山重成、纪安武等随身杂物事

右得伊贺国去月九日解状称："（略）谨案事情，当国本自狭少之地，管四个郡十七乡之内，三分之二已成高家①庄园，不随国务。仍先日注子细言上事由，随即显长朝臣以后庄园可停止官符宣旨明白也。（略）望请天恩，任实正道理之旨，被裁下给，将仰恩裁之贵者。"右大臣宣："奉敕，件庄准新立庄，纵令停止，本寺先注在状，可请官裁。而恣放使者射危官使，打缚从类，夺取杂物，须任犯过，各处罪科。然而，依有恩诏，会赦已了，殊诫将来，更勿令然。但于庄家，如旧早可免除之状，下知诸国已了。于官使等押取杂物者，愧以纠返，取进请文者，宜承知，依宣行之，不可违失。"

天喜元年八月廿六日　　　　　　　　大史小槻宿祢在判

　　　　　　　　　　　　　　　　权中辨藤原朝臣在判

（《东大寺文书》，引自《史料大系日本の历史》第 2 卷中世Ⅰ，第 129 页）

左辨官下纪伊国金刚峰寺

应以管那贺郡河北字名手村②田畠地利，

永宛大塔佛圣灯油料事

（略）

右得彼国在厅官人等去年十三月日注文称："当国者管七个郡也。所谓伊都、那河（贺）、名草、海郡（部）、在田、日高、牟娄等是也。件七个郡内，至于牟娄、日高、海郡、在田、伊都、那河（贺）六个郡者，每郡十分之八九已为庄领，公地不几，仅所残只名草一郡许也。件内又在日前国悬郡太祈曽、鸣神、纪三所并大小诸神社、佛寺领田畠等，仍庄领巨多，公地不几。就中伊都、那河（贺）两郡中，十分之九已为庄领，仅残一两村也。件一两村被奉免彼寺者，当国内，至于伊都、那河（贺）两郡，永可削其名字钦者。件村村子细，依御厅宣③，粗勒在状，言上如件者。"权中纳言源朝臣

---

①　有权有势的贵族和大寺大神社。

②　河北字名手村，在今和歌山市那贺町。

③　遥任国司下达任国国衙官吏的指示公文书。

雅俊宣："奉敕，宜以件村田畠地利宛彼料，但每年国司检注，计用所当者。同下知国司既毕，寺宜承知，依宣行之。"

　　嘉承二年正月廿五日

大史小槻宿祢在判

少辨源朝臣在判

（《高野山文书》，引自《史料大系日本の历史》第2卷中世Ⅰ，第129～130页）

　　3. 均等名①

注进

一乘院御领池田庄丸帐②事

合田畠荒熟参拾陆町佰捌拾步之中：

常荒③道沟七段八十步

年荒④六十步

细井池四町八段

见在田畠三十町五段卌步内：

除⑤十二町七段百卅步

堂敷地一段百八十步　　常乐会佛供免一町　　仓敷地一段

御佃⑥六段　　房官田一町一段　　预所给⑦二町六段内佃一町。

人给八段　　番小童给五段　　上番法师给三段　　田堵屋敷一町一段加下司定。

---

　　①　平安末期，田堵之称逐渐被"名主"之称所代替。其时，各名主拥有的名田数基本上是相近的，即每名拥有水田、旱地约二町，宅地一段。因此，学术界称此为"均等名"。下引史料中，原列有多位均等名主名，现只引录三位，即有友名、贞垣名、助方名，揭示他们所拥有的田地数。他们每年给庄园主的年贡和杂公事是按他们名下的田地数确定的。被省略的均等名是助方名、则元名、国则名、重远名、则行名、安近名、重方名、国末名、末贞名等。

　　②　丸帐，即检田帐。

　　③　长期荒芜。

　　④　当年荒芜。

　　⑤　又称除田，即免除年贡的田。

　　⑥　御田，庄园领主或庄官的直营地。

　　⑦　预所给，作为庄官薪俸的田，领主不收年贡。

损田①四町三段二百五十步　损畠一段六十步

定得田畠②十七町七段二百七十步内：

田十七町二段二百七十步　分米③五十一石八斗二升五合段别三斗

田率绢三十疋一丈一尺，町别二疋；红花四十五两一分，町别三两。但除下司名定畠五段分地子七斗五升段别一斗五升，代油五升。一斗五升别一升

有友名

添上郡京南一条四里卅～百卌步内荒五十步助贞

同二条四里二～二段荒九十步助贞

同坪二段内荒九十步重远　五～三段重远　十三～二段半内荒廿步助贞

廿一～一段重远　廿五～二百十步内荒卅步助贞

同坪一段卅步内荒小重远　廿七～二段大内荒六十步、白④一段重远

同坪二段大内荒八十步、白半助贞　廿八～一段助贞

同坪一段重远　卅～一段半重远　同坪一段半助贞

已上田一町九段三百卌步内：损田四段十步、荒一段百六十步；畠一段半内：屋敷一段、损田卅步

得田一町五段三百卌步　分米四石七斗七升五合

田率绢三疋一丈一尺，红花四两三分一朱

得畠百五十步　分地子六升三合代油四合二夕

贞垣名

京南一条四里卅～卌步内荒廿步

二条四里一～三段内荒小，白一段　四～八段内荒半，白一段半

十二～二段　廿五～二段小内荒百卌步　廿八～六段小荒半，畠一段

已上田一町六段六十步：损田三段九十步；畠三段百八十步内：屋敷一段、损畠半荒一段二百八十步

得田一町三段三百卌步　分米三石八斗七升五合

田率绢二疋三丈五尺，红花三两三分三朱

得畠二段　分地子三斗代油二升

---

① 因灾无收成或减少收获的田。
② 收取年贡、劳役、公事的田地。
③ 年贡米，又称斗代。
④ 白，与畠相通，即旱地。

助方名

京南二条四里一～二段内年荒六十步　四～二段　五～二段　十～三段

十五～三段　十六～一段　廿～五段　廿三～一段半内畠一段

廿六～大

已上田一町九段，损田三段三百步　畠一段　屋敷已①　年荒六十步

得田一町五段六十步　分米四石五斗五升

田率绢三疋二尺　红花四两二分二朱

（略）

右，注进如件

文治二年十二月　　日　　　　　　　御使　僧惠俊

僧林诠

勾当法师"静耀"

（《根津美术馆所藏文书》，引自《史料大系日本の历史》第 2 卷中世 I，
第 130～132 页）

4. 院政的庄园政策

（1）延喜庄园整理②

太政官符

应停止临时御厨并诸院、诸宫、王臣家厨③事

右案式条，五畿内及志摩、近江、若狭等廿一国贡旬料、节料、御赘。又畿内□□□□□年料。然而志摩、筑摩、网曳、江□御厨□□□国不□御厨。又其诸国所贡，足以供奉，而顷年所加置畿内并近畿诸国御厨往往有之。加以诸院、诸宫、王臣势家，竞相仿效，每国立厨，规锢边城，禁制山川，勾当小人独擅侵夺之利，近边百姓多失生产之便。左大臣宣："奉敕，内膳司元来所领厨及所禁制山河池沼等以外，不论公私，宜从停止。若立制之

---

① "已"，意为全部。

② 庄园的发展，造成了国库的空疏，影响了朝廷的稳固统治。为抑制庄园的发展，朝廷采取了多种措施，其中最重要的措施是实行庄园整理。从 10 世纪初至 11 世纪中叶，先后发布了四次庄园整理令，即"延喜庄园整理令"、"宽德庄园整理令"、"天喜庄园整理令"、"延久庄园整理令"。但成效甚微，庄园仍然不断增加。

③ 庄园的另一称谓。

后，惯常不赦者，犹其□□□牒院司、家司等姓名具注言上，随即科违敕罪。其署牒之人，科罪不须荫赎。国司许容，为人被告者，即解见任，以惩将来。仍须官符到后百日内辨行，具状言上。"

延喜二年三月十二日

（《类聚三代格》卷10供御事，第362页）

（2）延久庄园整理

（延久元年二月）廿三日，可停止宽德二年以后新立庄园①，纵虽彼年以往，立券不分明，于国务有妨者，同停止之由，宣下。闰二月十一日，始置记录庄园券契所②，定寄人等。于官朝所始行之。

（《百练抄》第五，第31页）

厅宣③东大寺玉泷御杣④司

可早进上御杣本公验⑤事

右，去治历五年三月廿三日，下五畿七道诸国官符⑥称：宽德二年以后新立庄园，永可停止者。加以，虽往古庄园，券契不明，有妨国务者，严加禁制，同以停止者。官符到来之日，早可进本公验之由，先日虽加催，于今不进上者，重所仰如件，严制重迭，不可延怠。故宣。

延久元年闰十月十一日

大介藤原朝臣（花押）

（《东南院文书》，引自《史料による日本の步み》古代编，第326页）

（宽治五年十二月）十二日丙寅，（略）右卫门权佐知纲来云："殿下⑦御

---

① 延喜庄园整理后，在宽德二年（1045）又发布了"宽德庄园整理令"，宣布五畿七道诸国，凡前任国司任期内建立的庄园一律停止。但宽德庄园整理，成果不多。

② 对各庄园的证券（证明庄园合法性的券契）进行调查的机关。

③ 厅宣，是遥任国司向在地官吏的指示文件。

④ 杣，山林也。玉泷御杣，由阀木工开垦的庄园。在今三重县阿山郡阿山町。

⑤ 官府颁给的正式文书。

⑥ 此处所说的"治历五年三月"，已使用延久年号。因此厅宣中所指的"官符"，似指延久庄园整理令。

⑦ 前太政大臣藤原师实。

消息云，土井庄事被仰也。件所者后三条院记录（所）之创，被停止①也。

（康和元年六月）十三日甲申，（略）左少辨时范②申云："昨日返事③云，庄园文书，后三条御时延久之比，依召所进也。望其时不进上之条有相违者，披见可然之文书，可令奏者也。"（略）④

　　　　　　　　　　（《后二条师通记》，引自《史料大系日本の历史》
　　　　　　　　　　　　　　　　　第 2 卷中世 I，第 108 页）

（3）白河院政的庄园政策

（宽治七年）三月三日庚辰，晴。未时头辨来云："院宣曰，诸国庄园溢满，思欲制止，如何？又延久、应德、宽治元年等可被停止⑤欤。内内所被寻仰也。"余申云："尤可之事也，于仗仪可被定申欤⑥。以此旨令奏之。"头辨云："更不可相叶"，云云。余云："其事如何，国司密密皆实所被立⑦也。嘲弄无极，受领八年任巡不被留"，云云。

　　　　　　　　　　（《后二条师通记》，引自《史料による日本の步み》中世编，第 27 页）

（天永二年）九月三日，（略）仰庄园记录所上卿并辨⑧，可置事。归家之后，以书状申殿下⑨了，屈不能重参也。

----

　　①　后三条天皇的延久庄园整理，受到权势之家和藤原氏的抵制。其所设立的"记录庄园券契所"，自然成为反对的主要目标。

　　②　关白藤原师通的家臣平时范。

　　③　这是藤原师通之父、前关白藤原师实就师通询问藤原氏所属庄园文书所在之事的回答。

　　④　以上两条史料表明，延久庄园整理中，院与摄关家的对立。前一条史料说明，由于摄关家的抵制，庄园整理记录所无法推进而停止运作；后一条说明，虽然摄关家抵制，但实际上摄关家还是有递交文书，受理检查的。

　　⑤　系指延久（1069—1073）、应德（1084—1086）、宽治元年（1087）年间新建立的庄园，应一律停止。

　　⑥　此句中的"仪"，意为道理。意思是说：可根据道理常规行事。

　　⑦　其意是：新立的庄园，有很多是地方国司恣意悄悄建立的。

　　⑧　本条史料记述了白河院政时，庄园记录整理所建立的过程、成员和任务。《中右记》是时任右大臣藤原宗忠实的日记。

　　⑨　摄政、太政大臣藤原忠实。

九日，（略）入夜，藏人辨雅兼来云："庄园记录所上卿可奉行①，辨雅兼、大记师远，大夫史盛仲，明法博士信贞可为寄人者，便仰左少辨了，是依延久例被仰下者。但件事国司与本家相论之时，可检知云云。不申上者，强不及沙汰软。"

十月五日，（略）今日庄园记录所事始也。以太政官朝所为其所。午刻许，人人参入，座二行，西座辨上官、东座寄人五位以下。诸司兼居膳三献了。被下文书中，九条前太政大臣家与右京权大夫家俊朝臣相论文书等，大略勘。始参仕人：大夫史盛仲、六位史友贞、大外记师远、明法博士信贞、勘解由次官行盛、藏人左少辨雅兼云云。余寄人不参。预件上卿，然而上卿不参彼所，后闻所记置也。

（《中右记》，引自《史料による日本の步み》中世编，第 27 页）

第三节　武士的兴起

一、武士兴起的社会基础

1. 健儿制的始行

太政官符　应差健儿事

大和国	卅人	河内国	卅人	和泉国	廿人	摄津国	卅人
山背国	卅人	伊贺国	卅人	伊势国	百人	尾张国	五十人
叁和国	卅人	远江国	六十人	骏河国	五十人	伊豆国	卅人
甲斐国	卅人	相模国	百人	武藏国	百五人	安房国	卅人
上总国	一百人	下总国	百五十人	常陆国	二百人	近江国	二百人
美浓国	一百人	信浓国	一百人	上野国	一百人	下野国	一百人
若狭国	卅人	越前国	一百人	能登国	五十人	越中国	五十人

---

① 新建的庄园记录所上卿一职，拟由中御门右大臣藤原宗忠（《中右记》作者）担任。

越后国	一百人	丹波国	卅人	丹后国	卅人	但马国	五十人
因幡国	五十人	伯耆国	五十人	出云国	一百人	石见国	卅人
隐歧国	卅人	播磨国	一百人	美作国	五十人	备前国	五十人
备中国	五十人	备后国	五十人	安艺国	卅人	周防国	卅人
长门国	五十人	纪伊国	卅人	淡路国	卅人	阿波国	卅人
赞岐国	五十人	伊豫国	五十人	土佐国	卅人		

以前，右大臣宣称："奉敕，今诸国兵士，除边要地①之外，皆从停废，其兵库、铃藏及国府等类，宜差健儿以充守卫。宜简差郡司子弟作番令守。"②

延历十一年六月十四日

（《类聚三代格》卷18健儿事，第558～559页）

太政官符

应废兵士置选士卫卒事

选士一千七百廿人分为四番，番别役卅日，年役总九十日

府③四百人先依符置

九国二岛一千三百廿人

右，得大宰府奏状称："兵士名备防御，实是役夫。其穷困之体令人忧烦。屡下严敕，禁止他役，时代既久，曾无遵行。其故何者？兵士之贱，无异奴仆。一人被点，一户随亡。军毅主帐、校尉□帅，各为虎狼，更相征索。唯求苟不合，乘势生疵。当有违阙，责庸倍多。唯利惟视，无惮宪章。因斯强士耻名，懦夫畏责，无告之人，犹不得免。裸身蓬头知用镰斧，弱臂瘦肩何任弯弓。无粮而来，寻却逃去。宽其穷困，竞习生常，依法为罪，追捕满狱。由役求食，甘之山野。他役难禁，率斯之渐也。臣等商量，解却兵士，停废军毅，更择富饶游手之儿，名曰选士。（略）此间民俗，甚远弓马，但丰后国大野、直入两郡，出骑猎之儿，于兵为要。（略）然则，田园归耒柜之夫，城府来弓马之士。（略）"

天长三年十一月三日

（同上，卷18统领选士、卫卒、卫士、仕事，第553～554页）

---

① 边要地包括：陆奥、出羽、佐渡以及西海道九国二岛。

② 轮流执勤。

③ 大宰府。

2. 地方官吏的武装化

太政官符

应禁止京户子弟居住外国事

（略）顷年京贯人庶、王臣子孙，或就婚姻，或遂农商，居住外国①，业同土民。既而凶党相招，横行村里，对捍宰吏，威胁细民。非唯妨国务，抑亦伤风教。右大臣宣："奉敕，宜加下知，严令督察。来年七月以前言上其去留状。若顽很之徒，犹犯不改，则不论荫赎，移配远处，一如前符，曾不宽宥。百姓尚容忍，官司不纠察，论罪科断，亦如前符。"

宽平三年九月十一日。

（同上，卷19，禁制事，第621页）

国司以下申带剑

骏河国司解申请官裁事

请因准诸国例，令国司并郡司杂任带剑状

右，谨检案内，当国西作远江国榛原郡，东承相模国足柄关，况复国内带清见、横走两关。坂东暴戾之类，得地往反，邻国奸猾之徒，占境栖集，侵害屡斗，夺击自发，百姓不安，境内无静。国宰守官符旨，勘纠奸犯之辈，不带弓箭，无便追捕。近则管益头郡司伴成正、判官代永原忠藤等，去天历八年被杀害，介橘朝臣忠干，去年被杀害也。是或拒捍公事，或忽结私怨，往往所侵也。重捡傍例，甲斐、信浓等国，虽云不置关门，去承平、天庆之间，任国申请，已被裁许。此国已带两关，何不申请。加以可捕纠私带兵仗之辈，及勤行警固之状，官符重迭，若无弓矢之储，何御非常之危。望请官裁，准诸国例，被裁许件带剑，将为不虑之备。仍录事状，谨请官裁，谨解。

天历十年六月廿一日

件带剑事，同年十一月廿一日中纳言师尹宣："奉敕，依请"。

（《朝野群载》卷22《诸国杂事上》，第510页）

国务条条事②

———————————

① 外国，系指京城、畿内以外的地方诸国。

② 国务条条共有四十二条，主要规定国司被任命后，赴任过程中的可行和不可行的事项。此处所引，系其中的第四十一条。

（略）

一　可随身堪能武者一两人事

时势之体，弓箭不觉之者，皆号新武者，暂虽张武威，遂有何益乎。抑良吏之法，虽不可用武者，人心如虎狼，自非常之事，必以要须也。可尚优国人，又无惮者也。（略）

（同上，卷22，第524页）

3. 武装的僧侣、神人①

座主权少僧都法眼和尚良源②敬启

为令法久住，立杂制廿六个条事

一　应禁制裹头妨法者事

右，秘面而不见者，是女人之仪也。男子僧侣曾不可然。而年来念佛之堂，讲法之处，白日西暮，黑闇迎来之时，裹头之僧③满于庭上，秽履之类入于堂中。若制之者，吐麁言而骂辱，扬刀杖而追打。行道之人见而退去，闻法之辈畏而还归，妨法之盛，莫过于此。（略）

一　应寻捕持兵杖出入僧房，往来山上者进公家事

右，兵器是在俗武士之所持，经卷是出家行人之所翫。在俗之士，设学经文，出家之人何用兵具。（略）而如闻者，或僧昔结党成群，忘恩报怨，怀中插著刀剑，恣出入僧房，身上带持弓箭，猥往还戒地。伤害任意，不异彼屠儿④，暴恶遍身，犹同于醉象⑤。（略）

天禄元年十月十六日

座主权少僧都法眼和尚位"良源"

奉行上座传灯大法师位"法俶"

寺主传灯大法师位"寿连"

----

① 院政时期，奈良、京都的寺院，以兴福寺、延历寺为首，盛行僧侣武装，不但互相争斗，而且还常以武力实行强诉，成为严重的社会问题。为抑制僧兵横行，寺院、朝廷制定了多项政策予以制止。

② 良源，延历寺座主，比叡山佛教圣地，在他的治下中兴。

③ 当时的僧兵装饰。

④ 宰杀畜为业者。

⑤ 狂暴之人。

都维那传灯大法师位"圣灯"

（《芦山寺文书》，引自《史料大系日本の历史》第2卷中世Ⅰ，
第118~119页）

太政官符　治部省
应停止僧纲、凡僧乖违法式，多率弟子童子事
今定：

僧正各从僧六口、童子十人　　　僧都各从僧五口、立童子八人
律师各从僧四口、童子六人　　　凡僧各沙弥二人、童子四人

右，检案内，僧纲、凡僧弟子引率之数，载在格条，非有改定，何得过差。而近年之间，奢僭之辈，不慎宪法，所率之从类，各二、三十人，以多为乐，以少为耻。志乖禅定，旨涉放逸。其尤甚者，好著奇服，间插短兵，恐耀武威，动致斗乱。非唯忘皇宪之严重，还亦致佛法之浇醨。仍可加禁遏之状，下知左右京职、左右近卫府、左右检非违使先了。左大臣宣："奉敕，宜加炳诫，依件定行者，省宜承知，依宣行之，不得违越，符到奉行。"

正四位下行右大辨藤原朝臣
正五位下行左大史兼备中权介大春日朝臣
永延二年六月二日

（《朝野群载》卷16佛事上，第414页）

停止所所神人、众徒等滥行之由，石清水宫奉宣命状云：

爰顷年以来，神人滥恶为先，缁侣贪婪为本，或押领公私田地，或掠取上下财物。不论京畿，不嫌边垂，结党成群，填城溢郭。啻非灭亡人民，兼成同侣同伴之合战。抛学横兵刀，脱方袍披甲胄，烧失梵宇，斫破房舍，左右之友携弓箭，朝夕以矢石之戏。浪霞之窗，为之变战场，卧云之栖，因其成军陈（阵）。宰吏明知，禁制无力，宪台近见，纠弹有惮，遂忘王法，已破律仪。譬师（狮）子身中之虫，如自食师（狮）子。（略）见神人滥行，万人切齿，闻众徒威势，四海反唇。内教凌迟，职此由。

天永四年四月十五日　　　　　　作者大内记永实藤

（《石清水文书》引自《史料大系日本の历史》第2卷中世Ⅰ，第120页）

二、源、平武士集团的形成

1．源氏武士势力的形成

（1）"前九年之役"①

（陆奥国）六个郡②之司有安倍赖良者，是同忠良子也。父祖忠赖东夷酋长，威风大振，村落皆服，横行六郡，劫略人民。子孙尤滋蔓，渐出衣川外，不输赋贡，无勤徭役，代代骄奢，谁人敢不能制之。永承之顷③，太守藤原朝臣登任，发数千兵攻之。出羽秋田城介平朝臣重成为前锋，太守率夫士在后。赖良以诸部俘囚拒之，大战于鬼切部。太守军败绩，死者甚多。于是朝廷有议，择追讨将军。众议所归，独在源朝臣赖义。赖义者，河内守赖信朝臣子也。性沈毅，多武略，最为将帅之器。长元之间④，平忠常为坂东奸雄，暴逆为事。赖信朝臣为追讨使，讨平忠常并嫡子。在军旅间，勇决拔群，才气被世，坂东武士多乐属者。素为小一条院⑤判官代。（略）因判官代劳为相模守。俗好武勇，民多归服。赖义朝臣威风大行，拒捍之类皆如奴仆，而爱士好施，会坂东弓马之士大半为门客。任终上洛，经数年间，忽应朝选，专征阀将帅之任，拜为陆奥守兼镇守府将军，令讨（安倍）赖良。天下素知才能，服其采择。入境著任之初，俄有天下大赦，赖良大喜，改名称赖时，同太守名有禁之故也。委身归服，境内两清，一任无事。任终之年，为行府务，入镇守府，数十日经回之间，赖时倾首给仕，骏马金宝之类，悉献幕下，兼给士卒。而归国府之道，阿久利河边，夜有人窃语权守藤原朝臣说贞之子光贞、元贞等野宿杀伤人马。将军召光贞问嫌疑人。答曰："赖时长男贞任以先年欲娉光贞妹而贱其家族，不许之，贞任深为耻。推之贞任所为矣，此外无他仇。"爰

---

① 前九年之役，是平安时代后期，陆奥地区囚犯发动的动乱。安倍氏是陆奥地区虾夷族俘囚之长。在朝廷扩展北疆的过程中，臣服中央。到了平安后期，安倍赖良成为俘囚之长后，开始抗拒中央，掠夺公领，侵占邻郡，危害北疆的安宁。对此，朝廷派遣武士源赖义、源义家父子前往镇压。大军压境形势之下，安信赖良一时臣服。然 1056 年又反叛。安倍赖良战死后，其子继续反叛。战事断断续续进行到 1062 年，最后叛乱被平。

② 陆奥六郡：胆泽、江刺、和贺、志波、岩手、稗拔等郡。

③ 1046—1053 年间。

④ 1028—1037 年间。

⑤ 三条天皇皇子敦明亲王。曾被立为皇太子，后因摄关藤原道长的抑制，辞太子职。历史上称其为"小一条院"。

将军怒召贞任欲罪之。赖时语其子侄曰："人伦在世皆为妻子也，贞任虽愚，父子爱，不克弃忘，一旦伏诛，吾何忍哉？不如闭关不听，若来攻我乎，吾众是拒战，未以为忧。纵战不利，吾侪死，不亦可哉！"其左右皆曰："公言是也。"请以一丸泥封衣川关①，谁敢有破者，遂闭道不通。将军弥嗔，大发军兵。（略）今年朝廷虽补新司，闻合战，告辞退不赴任。因之更重任赖义朝臣，犹令遂征阀。（略）天喜五年秋九月，进国解言上诛伐赖时之状称：臣使金为时、下毛野兴重等甘说奥地俘囚，令兴官军。（略）大战二日，顿时为流矢所中，还鸟海栅死，但余党未服。请赐官爵，征发诸国兵士，兼纳兵粮，悉诛余类焉。（略）同年十一月，将军率兵千八百余人，欲讨贞任，贞任等率精兵四千余人。以金为行之河崎栅为营，拒战黄海②。于时，风雪甚励，道路艰难，官军无食，人马共疲。（略）官军大败，死者数百人。将军长男义家骁勇绝伦，骑射如神，冒白刃突重围，出贼左右，以大镞箭频射贼帅。（略）夷人靡走，敢无当者。夷人立号曰八幡太郎。（略）同年十二月国解曰：诸国兵粮、兵士，虽有征发之名，无到来之实。当国人民悉越他国，不从兵役，诸国军兵、兵粮亦以不来。如此之间，不能重攻，贞任等益益横行诸郡，劫略人民。经清率数百甲士出衣川关，放使诸郡，征纳官物，命曰：可用白符，不可用赤符。白符者经请私征符也，不捺印，故曰白符。赤符者，国符也，有国印，故曰赤符。将军不能制之，而常以甘言说出羽山北俘囚主清原真人光赖、舍弟武则等，令与力官军。光赖等犹豫未决。将军常赠以奇珍，光赖、武则等渐以许诺。康平五年春，依赖义朝臣任终，更拜高阶朝臣经重为陆奥国守，扬鞭进发，入境著任之后，无何归洛，是国内人民皆随前司指㩵故也。朝议纷纭之间，赖义朝臣频求兵于光赖并舍弟武则等。于是，武则以同年秋七月，率子弟万余人兵，越来于陆奥国。将军大喜，率三千余人，以七月二十六日发国。（略）八月九日到粟原郡营山冈。昔田村麻吕将军征虾夷之日，于此支整军士。自其以来号曰营垒，迹犹存也。（略）同十六日定诸阵。（略）翌日到同郡获马场，去小松栅五町有余也。件栅者，是宗任叔父僧良昭栅也。贼众舍城逃走，则于火烧其栅兮。（略）休士卒整干戈，不追攻击。亦遭霖雨，徒送数日，粮尽食尽，军中饥乏。盘井以南郡郡，依宗任之海，遮夺官军之辎重、往反之人物。（略）如此之间，经十八个日，留营中者，六千五百余人也。贞任等风闻此由，（略）则以九月五日率精兵八千余人，动地袭来。（略）义家、义纲

---

① 在现岩手县西盘井郡平泉町。
② 文中的河崎栅、黄海，均在今岩手县东盘井村。黄海在河崎栅南。

等虎视鹰扬，斩将拔旗，贞任等遂以败北，官军乘胜追北。（略）贼众到盘井川。（略）遂弃高梨宿并石坂栅，逃入衣川关。（略）同六日午时，将军到高梨宿，即日欲攻衣川关。（略）即偷到藤原业近栅，俄放火烧。业近字大藤内，宗任腹心也。贞任等见业近栅烧亡，大骇遁奔，遂不拒关保鸟海栅。（略）同七日，破关到胆泽郡白鸟村，攻大麻生野及濑原二栅，拔之。（略）同十一日鸡鸣，袭鸟海栅，行程十余里也。官军未到之前，宗任、经清等，弃城走保厨川栅。将军入鸟海栅。（略）亦鹤脛、比与鸟二栅同破之。同十四日，向厨川栅。十五日，酉刻到著，围厨川、姬户二栅，相去七八町许也。（略）十七日未时，将军命士卒曰：“各入村落，坏运屋舍填之城隍，亦每人刈萱草积之河岸。”于是，坏运刈积，须更（臾）如山。（略）出风吹火，烧彼栅，则自把火称神火投之。（略）暴风忽起，烟焰如飞。先是，官军所射之矢，立栅面楼头，犹如蓑毛。飞焰随风著矢羽，楼橹屋舍一时火起。城中男女数千人，同音悲泣，贼徒溃乱，或投身于碧潭，或刎首白刃。（略）于是，生房经清。（略）将军深恶之，故以钝刀渐斩其首，是欲经清痛苦久也。贞任拔剑斩官军，官军以锋刺之，载于大楯，六人舁之，置将军之前，其长六尺有余，腰围七尺四寸，容貌魁伟，皮肤肥白也。（略）亦斩弟重任，字北浦六郎。但宗任自投深泥逃脱亡了。（略）其后不几，贞任伯父安倍为元、字赤村介。贞任弟家任归降。亦经数日，宗任等九人归降。同六年二月十六日，献贞任、重任、经清首三级。京都为壮观，车击毂，人摩肩。（略）同廿五日，除目之间，赏勋功，拜赖义朝臣为正四位下伊豫守，太郎义家为从五位下出羽守，次郎义纲为左卫门尉，武则为从五位下镇守府将军，献首使者藤原秀俊为右马允，物部长赖为陆奥大目。勋赏之新，天下为荣矣。

（《陆奥话记》，引自《史料大系日本の历史》

第2卷中世Ⅰ，第136～140页）

正四位下、行伊豫守源朝臣赖义诚惶诚恐谨言

请殊蒙天恩，依征夷功被下重任宣旨

兴复任国勘料公事状①

右，赖义谨检案内，依勋功蒙恩赏之者，本朝异域，轨躅多存。或起于徒隶，以升金紫之高位，或出于卒伍，以至相将之崇班。赖义为功臣之末叶，

---

① 此史料是前九年之役时奉命出征的将军源赖义为其下属奏请因功赏赐的上书，但朝廷未能应允。

持奉公之忠节。爰奥州之中，东夷蜂起，领郡县以为胡地，駈人民以为蛮虏。数十年之间，六个郡之内，不从国务，如忘皇威。就中近古以来，暴恶为宗。仍去永承六年，忽以赖义为令征罚，被任彼国。天喜元年，兼镇守府将军。赖义衔凤凰之诏，向虎狼之俗，纡甲胄以赴千里之路，交矢石以忘万死之命，运筹于毡帐之中，决胜于鸟塞①之外。为其魁者，安倍贞任、同重任、散位藤原经清等，适依兵略，皆伏诛戮，或传首于京师，或聚馘于陇道。其余丑虏，安倍致（宗）任等五人，束手归降。夷狄之居，已为公地，叛逆之辈，皆为王民。依其功绩，去康平六年，被任伊豫守矣。明圣之恩，尤足钦仰。赖义其年为平余类，逗留奥州，去年②一月适以入华③。须割虎符，早赴豫州。而征战之间，有军功之者十余人，可被抽赏之由，虽经言上，未有裁许，仍相待纶言，难赴任国。况去年九月，被赐任符，下向迟引，自然如是。然间，四年之任，二稔（年）空过，彼国官物不能征纳。然而，封家纳官，其责如云，仍以私物且勤进济。方今彼国杂掌申云：频遇旱损，稻粱不秀，境无秋实，民有菜色，须回兴复之计。且致辨济之勤者，重捡傍例，或寻荏境之年限以计历，或依举国之亡弊以重任之者。古今之间，实繁有徒，况致希代之大功，何无殊常之厚赏。昔班超之平西域也，早封千户之侯。今赖义之征东夷也，盍赐重任之赏。彼送三十年以彰功，此历十三年以立勋。迟速之间，已有优劣。采择之处，何无哀矜。望请天恩，依征夷功，被下重任宣旨，且回兴复之计，且致进济之勤也。赖义诚惶诚恐谨言。

> （《本朝续文粹》卷6，引自《史料大系日本の历史》第2卷中世Ⅰ，
> 第140～141页）

（2）后三年之役"④

此绘（《后三年绘》）⑤承安元年月日，依院宣，其时上座静贤法印，承

---

① 系指鸟海栅。

② 康平七年（1064）。

③ 归京都。

④ "后三年之役"是"前九年之役"结束后，陆奥地区发生的又一次战乱。"前九年之役"后，陆奥的豪族清原氏受朝廷器重，授以镇守府将军职，威势日盛。1083年清原氏内部发生争战。这一年，在"前九年之役"中立有战功的源赖义之子源义家被任命为陆奥守。源义家到任后，采取支持一派，打击一派政策，用官军进行围剿，1087年终于平定清原氏内争。通过"前九年之役"、"后三年之役"奠定了源氏武士集团势力在东部日本的坚实基础。

⑤ 《后三年绘》是根据光孝天皇敕令着手绘制的，完成于仁和四年（888）。

仰，令绘师明实图也。其绘滥觞者，奥州六个郡勇士真衡①，依无子，以成衡
为养子。而为此养子求妇之处②，迎故伊豫守赖义之娘也。依之，当国、邻国
之亲疏，出珍膳金帛于真衡之时，出羽国之秀武云者及七旬老屈，捧砂金跪
庭上之时，真衡与或僧弹围棊，不顾秀武及数刻之间。秀武者，真衡之亲类
也。忽起忿瞋，放火于我馆，潜驰下出羽了。然间，真衡进发欲讨止秀武之
处，秀武相语清衡、家衡③兄弟真衡亲族。之间，清衡、家衡押寄真衡馆进发出
羽之留守。放火。真衡途中闻之，虽引返，既不合敌之间，重欲发向出羽为讨
秀武。刻，八幡殿义家朝臣。受任奥州，入国也。真衡为太守八幡殿致仕，厚
礼义之后，又令进发出羽了。爰清衡、家衡又围真衡馆攻之间，真衡妻女相
语太守之被官人正经、助包，两人奥州郡使检田使也。巡国之时分也。太守之郡使
合力成衡，有合战，城中颇危，寄手清衡、家衡得利之间，太守义家朝臣自
率利兵有发向，被扶成衡。先之遣使于清衡、家衡仰云："可退欤，尚可战欤
也。"清衡、家衡申可退之由，欲避之处，清衡之亲族重光申云："虽一天之
君不可恐，况于一国之刺史哉？"既对楯交刃之间，申可战之由。与太守官军
及合战，重光被诛了。清衡、家衡两人跨一马没落了。此间，真衡于出羽发
向之路中，侵病顿死了。此后，清衡、家衡对太守不存野心，陈死亡之重光
为逆臣之由。请降之间，太守免许之。六郡割分，各三郡充被补清衡、家衡。
家衡虽逊申兄清衡，太守不许也。剩清衡有抽赏之间，家衡令同居清衡馆之
时，密谋青侍，青侍欲害清衡。清衡先知之，隐居丛中。家衡放火烧拂清衡
宿所，忽杀清衡妻子眷属了。清衡参太守，此叹诉申之间，自率数千骑发向
家衡城沼栅。送数月，遇大雪。官军失斗利及饥寒，军兵多寒死饥死。或切
食马肉，或太守怀人，令得温令苏生。如此之后，重率大军欲进发。太守
义家之弟义光于京都闻此大乱，虽申暇无敕许之间，辞官职，逃下，属太守
攻敌。此后，家衡打越伯父武衡馆相谈此事。武衡申云："太守天下之名将
也，已得胜军之名，非高运乎。可楯笼金泽城之由诱也。"武衡同所笼入也。
太守又攻此城。权五郎景正被射右眼。三浦拔此矢时，踏景正颊，景正拔剑欲害三
浦云："未闻以足踏人面"。怒之，仍跪拔矢云云。（略）此胜负时，大势出城中，有
大合战。后烧破金泽城，武衡引出城中，池底被切首。又生虏武衡之郎从平
千住，依恶口之咎，先拔舌，鐵钳结树头，不令踏地，踏武衡颈了与唐人缚人

---

① "前九年之役"史料中的清原武则之孙。

② "处"有多解。此处似为"正当……时候"之意。

③ 同母异父兄弟。清衡是藤原经清之子，家衡是母亲改嫁之后所生。

之法同也。（略）金泽城烧落之后，家衡如担夫，相交贱者落行之所，于城外发见，切杀了。太守征阀功终，虽被申上劝赏之由，为私合战，非公方忠战之由，有敕答①。仍武衡、家衡已下贼首被弃路次，云云。（略）

（《康富记》文安元年闰六月二十三日条，引自《史料大系日本の历史》第2卷中世Ⅰ，第140~141页）

（承德二年十月廿三日）前陆奥守义家朝臣，若狭守敦兼被听一院②升殿。（略）义家朝臣者，天下第一武勇之士也。被听升殿，世人有不甘心之气欤，但莫言。

（《中右记》，引自《史料大系日本の历史》第2卷中世Ⅰ，第145页）

2. 平氏③武士势力的形成

（嘉承二年十二月）卅日，（略）今夜流人源义亲④窃入洛之由风闻，仍又下知检非违使等，被固道了，云云。是或人说也。

（天仁元年正月廿四日）今夜除目之中，以因幡守正盛迁任但马守，并以男盛康任右卫门尉，以平盛良左卫门尉，是追讨恶人义亲之赏也。彼身虽未上洛，先有此赏也。件赏虽可然，正盛是下品者，被任第一国⑤，依殊宠者欤。凡不可陈左右，候院边人，天之与幸人欤。（略）廿九日庚辰，天晴。今日但马守正盛随身义亲首入洛，仍密密为见物候女车。午时许行向，先正盛宿久我边，经鸟羽殿，□御览之。于鸟羽作路边窥见，首指桙令持下人五人，

---

① 后三年之役中，源义家为了陆奥地区的安宁，平定了清原氏一族的内争。战后义家请求朝廷褒赏，朝廷以非公家命令进行的战争为由，未预以嘉奖，但源氏却在武士中确立了威信。

② 白河太上天皇院。

③ 平氏系皇族降籍为臣并赐以平姓者。桓武平氏以武士著称。桓武平氏始祖是桓武曾孙高望王。高望王曾孙平贞盛因征阀平将门之乱有功，其本人与子平维衡受到重用，势力大增。平正盛是平维衡曾孙。平正盛、忠盛父子投靠院政，与投靠摄关势家和朝廷的源氏相抗。

④ 源义家嫡子。

⑤ 国分大、上、中、下四等，第一国为大国或上国。但马国为上国。其时平正盛位阶低，却被任为上国守，足见其与院政的关系。

各付赤比礼①书名。贼首源义（亲），又从四人首。其左右取打物，步兵著甲胄者四、五十人许相从，次但马守正盛，次男降人，一人骑马相具，次郎等百人、郎从百人许，剑戟耀日，弓马连道。其路从九条东行，于七条末河原，检非违使等受取。经七条大路西行，升自而西大宫西行，升自西大宫路，悬首于西狱门树。（略）见物上下，车马夹道，凡京中男女，盈满道路，人人如狂。（略）

义亲者，是故（源）义家朝臣男也。先年成六位，国功任对马守。在任之间，杀害人民，推取公物。匡房卿②为（大宰）大式之时，滥恶千万之由进府解，仍拜（配）流隐歧国，而越来出云国。又以成恶行，去年杀国司家保目代，夺取官物。依如此恶事，催近境国国兵士，令因幡守正盛追讨之由，被下宣旨了。依切彼首，正盛迁任但马守。故义家朝臣年来为武士长者，多杀无罪人，云云。积恶之余，遂及子孙欤。未闻本在京都，身仕朝家子孙及如此罪。义亲曝骨于山野之外，悬首于狱门之前，后恶之者见之可恐欤。

（《中右记》，引自《史料による日本の步み》中世编，第17～18页）

（天永四年三月）十三日，戌刻，检非违使忠盛③破乱林房御仓犯人搦取将来，余④赐马。依物忌，不渡犯人于院，赐御马。十四日，大藏卿为房来，自院为御使来仰云："昨日追捕官人忠盛可被行赏欤，如何？"早可被行之由申了。

（《殿历》，引自史料による日本の步み》中世编，第20页）

（天永四年三月十四日）今日，依搦夏烧大夫⑤，左卫门尉平忠盛叙从五位下，院武者所宗友任左兵卫尉。件夏烧大夫神仁与同心，穿兰林房御藏（盗）取御物，云云。

（《长秋记》，史料による日本の步み》中世编，第20页）

----

① 红布，指红布上写着被杀者的名字。
② 大江匡房。
③ 平正盛之子。
④ 关白藤原忠实自称。
⑤ 夏烧大夫，当时京城的大盗贼。11世纪初，京城不安，盗贼盛行，夏烧大夫是其中的大盗。年轻的平忠盛智勇双全，受命追捕，捉拿了夏烧大夫，受到了太上天皇的嘉奖。

（元永二年五月六日）殿下①被仰云："近日京中强盗每夜不断，仍仰备前守正盛，可寻进之由被仰下，云云。（略）廿六日，今夕，备前守正盛叙正五位下，是强盗追捕之赏者。

（《中右记》，史料による日本の步み》中世编，第 19 页）

（元永二年十二月廿七日）今日，仁和寺宽助僧正、藤津庄司平清澄男直澄首入洛，云云②。仍密密于七条坊门河原见物，申刻首渡，次降人三人：源常弘五位。并一男某丸，二人被缚，但骑马，一人字纪权守，直澄妻父云。于常弘父子者住所，隐居直澄故，云云。随兵百人，多是西海、南海名士也。于四条河原，检非违使等请取首，云云。直澄父清澄，去年冬依僧正勘当，被召上京都不返遣，督（替）庄司遣僧范誉，可下向。后祸事苛责直澄，直澄随主人命，无敢便（抗）。然间，为父粮料米少少运上，而于道押留三四度，因之结怨心。搦范誉并妻及从类，放海岛，不授食。又捕同郎从五、六人切首，云云。依之，正盛蒙追捕宣旨，遣郎从搦得，云云。后闻正盛叙一阶，云云。

（《长秋记》，史料による日本の步み》中世编，第 19 页）

检非违使移③
山阳、南海两道国衙
欲令备前守忠盛朝臣搦进海贼事
右，院宣称：如闻者，项日海路之间，凶贼滋蔓，乘数十艘之船，浮百万里之波，或杀略往反（返）之旅客，或劫夺公私之胜载④，积恶弥长，宿暴日成，实惟诸国司等，各惮骁勇，无心捉搦之所致也。宜令忠盛朝臣搦进

---

① 关白藤原忠实。
② 这条史料是平正盛受院宣之旨，追讨肥前国藤津庄庄司平直澄的事。藤津庄是京城仁和寺僧正宽助的庄园，由平清澄管理。后受宽助之召，平清澄回京协助僧正事务，庄司之职由僧范誉担任。因范誉经常扣压应供平清澄的米粮，于是平清澄、平直澄父子绑架范誉及妻和从类。为此，白河太上天皇令平正盛前往追讨。平正盛因此次追讨之功，阶位晋升一阶。
③ "移"，公文传递的形式之一。一般用于没有上下级关系的机构之间的政务通报。本史料是令外官检非违使厅向各地通报院政已命令平忠盛追讨海贼一事。
④ 运输途中的公私物资。

件辈者，欲早任院宣，令搦进彼贼徒之状。依别当①宣、移进如件，乞衡察状，故移。

大治四年三月

正六位上、行左卫门尉明法博士中原朝臣明兼

从五位下、行左卫门少尉源朝臣辅远

（《朝野群载》卷11，第288页）

（保延元年四月）八日辛亥，晴。于关白②御宿所，定海贼事，云云。（略）头辨仰云："海贼事，不惮制符，弥以蜂起，依是海路济物并停滞，公家不加重制，滥觞不可绝，其事可定申。"显赖③卿定申云："早可遣追罚使。"人人皆同之。大宫权大夫师赖④卿申云："前日，仰国宰，可令各国内武勇辈追罚之由，宣下已毕者。国司各守制符，下知国武勇士，可令追罚也，而未件宣旨施行欤。又周防国司搦海贼进京都，先拷问件辈，随状可寻沙汰欤。"按察使闻之申云："近日为海贼首法师之骨肉皆在京由，承之尤可寻召欤。"头辨以比（此）旨申上皇，仰云："追罚使可然者，忠盛朝臣、源为义，此两人可遣何人哉，诸卿多（以）忠盛西海有有势之闻，发遣尤有便欤。"

八月十九日庚申，（略），忠盛朝臣虏海贼七十人，渡检非违使，盛道、资远、季则、近安、元方，于河原请取三十人也。于残自闲路渡是，天下人皆见物。日高禅师为贼首。此中多是非贼，只以非忠盛家人者，号贼虏进，云云。廿一日壬戌，雨。右兵卫佐清盛叙从四位下兼兵卫佐，鹫尾马允惟纲任右卫门尉，忠盛朝臣罚（讨）海贼赏也，大宫大夫宣下。

（长承二年八月十三日乙未）镇西⑤唐人船来著，府官等任例存问，随出和市物毕。其后备前守忠盛朝臣自成下文，号院宣，宋人周新船为神崎御庄

---

① 检非违使长官。

② 关白藤原忠通，1121～1158年间，即为鸟羽、崇德、近卫、后白河四代天皇的关白。

③ 藤原显赖，中纳言。

④ 藤原师赖，权大纳言。

⑤ 镇西，系大宰府。本史料是说，按惯例，宋商船到达九州岛后，由大宰府负责接待，查问人员、货物、交易等。但平忠盛则假造院宣，指令新到的宋商船与院所属庄园神崎御庄有关系，不许大宰府官员查问。

领，不可经问官之由，所下知也。此事极无面目，欲讼申院也。

（《长秋记》，史料による日本の步み》中世编，第21、23页）

（仁平三年正月）十五日乙巳，刑部卿忠盛朝臣卒。正四位上，先出家，云云，去十三日辞所带官。经数国史，富累巨萬，奴仆满国，武威轶人，然为人恭俭，未尝有奢侈之行，时人惜之。

（《宇槐记抄》，史料による日本の步み》中世编，第23页）

三、保元、平治之乱与武士势力的扩张

1. 保元之乱[1]

（1）太上天皇与天皇各自备战

（保元元年七月）五日甲辰，藏人大辅雅赖奉敕，召仰检非违使等，令停止京中武士。左卫门尉平基盛、右卫门尉惟繁、源义康等参入了。去月朔以后，依院宣，下野守义朝并义康等参宿阵头，守护禁中。又出云守光保朝臣、和泉守盛兼，此外源氏、平氏辈，皆悉率随兵，祗候于鸟羽殿[2]。盖是法皇[3]崩后，上皇[4]、左府[5]同心发军，欲奉倾国家，其仪风闻，旁被用心也。六日乙巳，左卫门尉平基盛于东山法住寺边，追捕源亲治男。件男赖治孙，亲弘男也。大和国有势者窃住京，为被寻由绪也。左府虽笼居宇县[6]，召件亲治被住京，尤有疑，云云。

八日丁未，（略）今日，藏人头左中辨雅教朝臣奉敕定，以御教书仰诸国

---

① 保元之乱发生在保元元年（1156）故名。这是朝廷内部天皇（后白河天皇）与太上天皇（崇德太上皇）为中心的上层贵族、武士之间的争乱。自院政出现以来，太上天皇的院政方与天皇的朝廷间，为争统治权，矛盾日渐激化。保元之乱就是崇德太上皇为首的院政方与以后白河天星为首的朝廷方的武装冲突。斗争双方的主要政治、军事成员大致如下：院政方　崇德太上皇　藤原赖长（左大臣）　源为义、平忠正；朝廷方　后白河天皇　藤原忠通（关白）　平清盛、源义朝

② 鸟羽殿，崇德太上皇所在的官殿，在今京都市的南区。

③ 鸟羽太上皇。

④ 崇德太上皇。

⑤ 前左大臣藤原赖长。

⑥ 又称宇治。在今京都府宇治市。

司云："入道前太政大臣并左大臣①，催庄园军兵之由有其闻，慥可令停止者。"今日，藏人左卫门尉俊成并义朝随兵等，押入东三条检知没官了。东藏町同前，即被仰预义朝了。其间，平等院供僧胜尊修秘法在彼殿中，中门南廊。直搦召，被寻问子细，于本尊并文书等者，皆悉被召了。是依左府命日来居住，云云。子细难尽笔端。

九日戊申，夜半，上皇自鸟羽田中御所，密密御幸白川②前斋院御所斋院去二日，渡御鸟羽殿了。上下成奇，亲疏不知，云云。

十日己酉，上皇于白川殿整军兵。是日来风闻，已所露显也。散位平家弘、大炊助同康弘、右卫门尉同盛弘、兵卫尉同时弘、判官代同时盛、藏人同长盛、源为国等各祗候。又前大夫尉源为义、前左卫门尉同赖贤、八郎同为知、九郎冠者等引率初参。顷年以来，依故院勘责各笼居，今当此时，恳切被召出也。晚头，左府自宇县参入。前马助平忠正、散位源赖宪，各发军兵，偏为合战仪。于时，上皇、左府合额议定。左京大夫教长卿同候御前。家弘、为义忽补判官代，直被召御前。赖贤父被补六位判官代了。禁中于时高松殿。依彼佥议，同被集武士。下野守义朝、右卫门尉义康，候于阵头。此外，安艺守清盛朝臣、兵库头赖政、散位重成、左卫门尉源季实、平信兼、右卫门尉平惟繁，依敕定参会。渐及晚头，军如云霞。关白殿并中纳言殿③令参内。此间，清盛朝臣、义朝□（等）依召参朝饷④，执奏合战筹策。入夜，清盛朝臣以下各著甲冑，引率军兵。

（《兵范记》，引自《史料大系日本の历史》第 2 卷中世Ⅰ，第 155～157 页）

（2）战乱经过和乱后对有功者的褒赏

（保元元年七月）十一日庚戌，鸡鸣，清盛朝臣、义朝、义康等，军兵都六百余骑，发向白河。清盛三百余骑自二条方，义朝二百余骑自大炊门方，义康百余骑自近卫方。此间，主上⑤召腰舆，迁幸东三条殿。（略）前藏人源赖盛，依召候南庭，同郎从数百人围绕阵头。此间，赖政、重成、信兼等，重遣白川了。彼是合战已及雌雄，由使者参奏。此间，主上立御愿，臣下祈念。辰刻，东

---

① 前者为太政大臣藤原忠实，后者为左大臣藤原赖长。

② 白川殿，在今京都市左京区。

③ 关白殿，即指藤原忠通。中纳言殿，即指藤原基实。

④ 天皇用膳之室。

⑤ 后白河天皇。

方起烟炎，御方军已责寄悬火了，云云。清盛等乘胜逐逃，上皇、左府晦迹逐电①，白川御所等烧失毕。斋院御所并院北殿也。御方军向法胜寺检知。又烧为义圆觉寺住所了。主上闻此旨，即还御高松殿，其仪如朝，贤所还御。午刻，清盛朝臣以下大将军皆归参内里。清盛、义朝直召朝饷奉敕定。上皇、左府不知行方，但于左府者，已中流矢由多以称申。为义以下军卒同不知行方，云云。宇治入道殿②闻左府事，急令逃向南都了，云云。左府虽中矢被疵，其命存否，今日不分明，云云。

（同上，第 157~158 页）

（保元元年七月）十一日，新院、左大臣③等有谋反之闻。主上④渡东三条（第）。官军清盛、义朝等袭白河仙居，前斋院御所。与新院军兵合战。院方军兵为义以下无裋败绩。院驾御马逃去，左大臣赖长骑马脱出之间，中流矢。白河仙居烧拂之。

（《百炼抄》第七，第 71 页）

（保元元年七月十一日庚戌）令关白前太政大臣藤原朝臣⑤，可为氏长者由，被宣下。此例未曾有事也。今度新仪，尤未珍重无极，云云。（略）

今夕行勋功赏：

播磨守平清盛　　右马权头源义朝

上卿按察使重通，头辨书除目，云云

义朝、左卫门尉义康廷尉

已上升殿

次宣下，可令义朝召进为义事。

（略）

右辨官下　下野国

应令守源朝臣义朝，慑召进前左卫门尉源朝臣为义身事

右，彼为义，猥属狼戾之辈，忽成乌合之群，谋略之甚，殆过上古，而

---

① 潜逃。

② 宇治入道殿，即藤原忠实。

③ "新院"，崇德太上皇；"左大臣"，藤原赖长。

④ 后白河天皇。

⑤ 藤原忠通。

被救官军、郎赴坂东。中纳言藤原朝臣重通宣："奉敕，宜仰义朝朝臣恺令召进其身者，国宜承知，依宣行之。"

保元元年七月十一日

左大史小槻宿弥

少辨藤原朝臣

十七日丙辰，常陆守赖盛、淡路守教盛听升殿。勋功之间，清盛朝臣申请之故也。

（《兵范记》，史料による日本の步み》中世编，第39页）

（3）乱后的惩罚

（保元元年七月廿三日壬戌）今日，入道、太上天皇①被奉移赞岐国，兼日公家有御沙汰。（略）

廿八日丁卯，今夕行斩罪，云云：

忠贞、长盛、忠纲、正纲、道行忠贞郎等

已上播磨守清盛朝臣于六波罗边斩，云云。

卅日已巳，又行斩罪：

家弘、康弘、盛弘、时弘、光弘、赖弘、安弘

已上藏人判官义康于大江山边斩，云云。

为义、赖方、赖仲、为成、为宗、九郎

已上左马头义朝于船冈边斩之。但为义，检非违使季实依敕定实检，云云。

八月三日壬申，谋叛辈被行流罪：

兼长卿出云　　师长卿左佐　　隆长朝臣伊豆　　僧范长安房

已上自山城国八间庄被追之，领送使右卫门尉平维繁、府生资良。

教长卿②常陆，实俊追之　成雅朝臣越后，志兼成　盛宪佐渡，实俊　经宪隐岐，志能景

实清朝臣土佐　成隆朝臣阿波，以上业伦　俊通上总　宪亲下野　正弘陆奥，国忠

（同上，第39页）

---

① 崇德上皇。

② 流放者名下的小体字，前者是流放地，后者是押送官员名。

2. 平治之乱①

爰近来有名为权中纳言兼中宫权大夫、右卫门督藤原朝臣信赖卿者，（略）系关白道隆八代后胤、播磨三位季隆孙、伊豫三位中隆子。其既不能文又不能武，只因朝恩而升进。父祖只经诸国受领，年阑龄倾之后，仅位至从三位。仅二三年间，（信赖）经升近卫司、藏人头、后宫宫司、宰相中将、卫府督、检非违使别当。年二十七，至任中纳言右卫门督。（略）虽然超过能力，但犹感不足，企望久已家绝的大臣大将职。（略）

有云少纳言入道信西②者俗名通宪，山井三位永赖卿八代后胤、越后守季纲孙。鸟羽院御宇进士、藏人实兼子也。虽未受儒胤却传儒业，但兼学诸道，不闇诸事，渡九流，达百家，当世无双之厚才博览也。依仗是后白河上皇乳母纪伊二位之夫，保元元年以来，尽心执行天下大小事，继绝迹，兴废道，（略）归世淳素，奉君致尧舜③。既越延喜、天历二代④，又过义怀、惟成三年。听记录所，评定诉讼，勘决理非。圣断无私，人无愁。大内久未修造，殿舍倾危，楼阁荒废，成牛马之牧，雉兔之栖。信西在一两年间，修造殿舍，实现迁幸，廓中，大极殿、丰乐院、诸司、八省、朝所蠹立，如云立花映，大厦之构，经成风之功岁，民无哀叹。不日事成，颇觉不可思议。诗歌管弦，随时相催，宫中仪式，万事礼法，一如往昔。内宴相扑之节，续迹不绝。（略）

去保元三年八月十一日，主上御位让与御子宫，二条院是也。讳守仁。然信西权位之威弥奋，飞鸟落，草木靡。又信赖卿之宠爱，亦犹祢珍。双肩难并，如何铲除，乃两雄必诤之习。天魔已入二人之心。其中有闻憎恶、触事不快之由。信西见信赖，心想：此者乃危天下，乱国家之人，如何让其尽早消失。（略）信赖做任何事，也是为所欲为。他想，此入道乃拒我而结怨者，应如何巧使谋略，使彼败北。（略）

①　平治之乱是保元之乱后朝廷、贵族、武士间矛盾的新发展，特别是平氏和源氏间对立的深化。保元三年（1158）后白河天皇退位，开后白河院政，出现了以院政为中心的公卿贵族与支持天皇亲政的贵族之间的对立。平氏武士与院政方面结合，而源氏武士则与天皇方面结合，形成对立。

②　信西，藤原通宪的法名。著有《本朝世纪》、《信西入道藏书目录》等。

③　此处的尧舜，意指天子正道。

④　延喜系指醍醐天皇，天历系指村上天皇。

（《平治物语》，引自《史料大系日本の历史》第2卷中世Ⅰ，第160页）

（平治元年）十二月九日，夜。右卫门督信赖卿、前下野守义朝等谋反，放火上皇①三条乌丸御所，奉移上皇上西门院②于一本御书所。

十七日，少纳言入道信西首，廷尉③于川原请取，渡大路悬西狱门前树。件信西于志加良木山自害，前出云守光保所寻出也。

廿五日，夜。主上中宫偷出清盛朝臣六波罗亭，上皇渡仁和寺。

廿六日，遣官军于大内，追讨信赖卿已下辈。官军分散，信赖兵乘胜袭来，合战于六条河原，信赖、义朝等败北，信赖至于仁和寺。遣前常陆守经盛，召取信赖斩首。其外，被诛者多。

廿九日，行幸美福门院八条亭，清盛朝臣已下著甲胄，供奉御舆前后。

（永历元年）正月九日，前左马头义朝并郎从正清等首，廷尉请取，悬东狱门前树。

二月廿日，院仰清盛朝臣，搦召权大纳言经宗、别当惟方卿于禁里中。

（《百炼抄》第七，第74页）

第四节　平氏的专制

一、平氏一门的荣达

平治元年十二月，信赖卿谋反时，清盛效力扫平叛贼，皇上敕令，屡建功勋，厚予恩赏。乃于次年（正月）叙正三位，继而升迁宰相④、卫府督、检非违使别当、中纳言、大纳言，以至丞相的地位。未经过左右大臣之任，便从内大臣直至太政大臣、从一位。虽不是近卫大将，却下赐兵仗，随带仆

---

① 后白河太上天皇。
② 后白河之妹统子内亲王。
③ 检非违使的佐、尉官。"廷尉"系借用唐名称谓。
④ 原名参议。

从。又蒙钦旨，准乘牛车、辇车出入宫禁。如此，便和执政大臣①相同了。

（《平家物语上》卷1祇园精舍，第89页）

不仅吾身极为荣华，而且一门繁昌：嫡子重盛任内大臣兼左大将；次男宗盛任中纳言兼右大将；三男知盛任三位中将；嫡孙维盛任四位少将。一门共有公卿十六人，殿上人卅余人，尚有诸国受领、卫府、诸司，合共六十余人，似世上已无他人。（略）

（同上，卷一，第92页）

日本秋津岛才六十六个国，平家知行之国却有卅余国，已超全国之半。其外，庄园、田畠不知其数，绮罗如花，充满堂上；轩骑群集，门前若市。扬州之金，荆州之珠，吴郡之绫，蜀江之锦，七珍②万宝，一应无阙。歌堂舞阁之基，鱼龙爵马之翫③，即使帝阙、仙洞④也不过如是。

（同上，卷一，第94页）

二、平氏与公卿贵族间矛盾的深化

1. 平氏的跋扈

（嘉应二年七月）三日辛巳，今日，法胜寺⑤御八讲初也，有御幸。摄政⑥被参法胜寺之间，于途中，越前守资盛，重盛卿嫡男。乘女车相逢，而摄政舍人、居饲⑦等打破彼车，事及耻辱，云云。摄政归家之后，以右少辨兼光为使，相具舍人、居饲等，遣重盛之许，可任法勘当，云云。亚相返上，云云。（略）

---

① 系指摄政、关白。

② "七珍"，亦称七宝。《法华经》授记品中所载七珍为金、银、瑠璃、砗磲、码瑙、真珠、玫瑰。

③ 此两句引自南朝宋文学家鲍照的《芜城赋》，其中有如下词文："藻扃黼帐，歌堂舞阁之基，璇渊碧树，弋林钓渚之馆，吴蔡齐秦之声，鱼龙爵马之玩。"

④ "帝阙"，天皇；"仙洞"，太上天皇。

⑤ 白河天皇建立的御愿寺。位于今京都市左京区。

⑥ 藤原基房。

⑦ "舍人"，随从；"居饲"，驾驭、管理牛马的下人。

（五日）人人云，乘逢事，大纳言殊郁，云云。仍摄政上臈①随身并前驱七人勘当，但随身被下厩政所等，云云。又舍人、居饲给检非违使云云。

（十六日）或人云，昨日，摄政欲参法成寺②，而二条京极边，武士群集，伺殿下御出，云云。是可搦前驱等之支度，云云。仍自殿遣人被见之处，已有其实，仍御出止了，云云。末代之滥吹，言语不及，悲哉！生乱世，见闻如此之事，宿业可忏，可忏。是则乘逢之意趣，云云。

（《玉叶》③ 第一集卷5，第104页）

（嘉应二年十月廿一日）此日，依可有御元服议定。申刻，著束带参大内。源中纳言雅赖来，会阳明门下，相共经花德门、南殿御后等，参殿上方，余参御前，暂候之间，或人云，摄政参给之间，于途中有事皈（返）了，云云。余惊遣人令见之处，事已实。摄政参之间，于大炊门堀河边，武勇者数多出来，前驱等悉引落自马了，云云。神心不觉，是非不辨。此间，其说甚多。摄政殿不被参，今日议定延引之由，光雅来示。上皇御下向之后，可被仰定日，云云。人人退出，余退出之次，参摄政御许，闲院第。资长卿外，敢无人。以兼光申入，不逢，则余皈（返）家。凡今日事不能左右，不如道路以目。只恨生五浊之世，悲哉，悲哉！

（廿二日）昨日事，巷说种种。但前驱五人之中，于四人者，被切本鸟④了。又随身一人，同前驱五、六许，于今在大路，见者所谈也。前驱五人。高佐、高范、家辅、通定、六位一人不知名。此中，通定一人不失髻，云云。犹武勇之家，异他歟，如梦如幻。

（同上第二集卷35，第110页）

---

① 随行卫士。

② 藤原道长建立的寺院。位于今京都市东山区。

③ 《玉叶》摄政、关白藤原兼实的日记证录了长宽二年至正治二年（1163～1200）近四十年的朝章典礼，时世隆替，公武事态等，颇有史料价值。

④ 头上发髻。切除发髻以示惩罚。

2. 反平氏小集团的鹿谷密谋①

（安元三年）五月廿九日深夜，多田藏人行纲②参入道相国西八条亭。
（略）（入道相国平清盛）问道："夜已很深了，这个时候来，有何等事？"
（略）

行纲答道："因白天会多人看见，不便进见，趁黑前来。近来法皇近侧之
人，整兵仗，召军兵，意欲何为，您可有所闻？"入道相国若无其事地说：
"听说那是要袭伐比叡山。"行纲走近前去，低声地说："不是那么回事。全然
是针对你们一家的。""那么法皇听闻此事吗？""当然是的。成亲卿召集军
兵，奉的就是院宣。"于是俊宽怎么说，西光又是怎么说，从头至尾，加以渲
染地叙述一遍。

（《平家物语上》卷 2 西光被斩，第 151 页）

（安元三年）六月一日己巳，天晴。辰刻。人传云，今晓，入道相国③坐
八条亭，召取师光法师，法名西光，法皇第一近臣也，加贺守师高父。禁固之。被
问年来之间所积之凶恶事，并今度配流明云④，及谗邪万人于法皇。如此了
间，非常不敌事等，云云。又今旦招寄成亲卿，同以禁锢，殆及面缚云云。
武士充满洛中，云集禁里，但院中寂寞。缔绝常篇，不遑记录。犹院近臣等，
悉以可搦取，云云。（略）

二日庚午，雨下。去夜半，刎西光颈了。又成亲卿流遣备前国，相副武
士两三人，云云。或云，西光被寻问之间，可危入道相国之由，法皇及近臣
等令谋议之由承伏。又注申预其议定（之）人人交名，云云。随彼状可捕搦
之辈太多，云云。或云，成亲于路可失⑤之由云云。又云，申请于左大将平重
盛，云云。此间说纵横也，难取实说欤。

---

① 鹿谷在京都东山山麓，属三井寺，筑有城廓。以后白河法皇为核心的反平氏小集
团多次在此密谋。平清盛任太政大臣后出家，但仍不离政治。另一方面，后白河上皇亦不
放弃对朝政控制，两者之间对立激化。院政方面的近臣们反平情绪日增，决意讨阀平氏。
经常在鹿谷会合，密谋讨平方策，史称"鹿谷密谋"。

② 多田藏人行纲是院的北面武士，参与鹿谷密谋，了解密谋详情。

③ 平清盛。

④ 因僧侣与藤原西光子争斗，问责于明云，因为明云时为天台宗座主。在明云流放
伊豆国途中，发生被延历寺僧救出事件。

⑤ 于路可失，系指途中杀害。

三日辛未，朝间雨下。京中骚动，上下诸人皆以成怖畏。但院中无参入之人之由，禅门大以怒云云。仍昨今人人少少参入，云云。院中上下形气，如存如亡，失色损容，云云。或有流泪之之辈，云云。大众①一昨夕，下垂松边，以使者示送入道许云，令阅敌之条，喜悦不少。若凡有可罢入之事者，承仰可支一方，云云。院中近习之人人，皆悉令逃散妻子、资财等。

四日壬申，天晴。人传云，去夜亥刻，入道之许，搦召之辈六人，云云。法胜寺执行僧都俊宽、基仲法师、山城守中原基兼、检非违使左卫门尉惟宗信房、同平佐行、同平康赖。以上法皇近习之辈也。各渡前庭见之，云云。又预给等徒，令禁固之。

（同上第二集卷24，第51~52页）

3. 平氏对鹿谷密谋参与者的惩治

（治承三年十一月十四日）今日入道相国入洛②。宗盛卿去十一月首途，令参严岛，而自路呼还，相共上洛。武士数千骑，人不知何事，凡京中骚动无双。今夜出仕，虽无所恐，为勤公事出仕，不可有横灾之由。深存忠，仍令企参仕之处，果以无为。凡洛中人家，运资财于东西，诚以物总，乱世之至也。

十五日已巳，晴。凡世间物总无极，云云，无闻实说。子刻，人传云，天下大事出来，云云。不闻委事之间，寅刻，大夫史隆职注送曰：

关白藤基通

内大臣同

氏长者同

止关白

藤基房

止权中纳言、中将等

同师家

上卿权中纳言雅赖、职事中宫权亮通亲

诏书宣命等，权辨兼光作之，云云。

---

① 比叡山僧众。

② 治承三年六月，平清盛长子平重盛去世。后白河法皇在政治、经济诸方面轻慢平氏。这使身在福原的平清盛十分恼火，决定进兵京都，实施政变，史称"治承三年之变"。

余披见此状之处，仰天伏地，犹以不信受，梦欤？非梦欤！无所辨存。此事由来者，法皇收公越前国，故入道内大臣①知行国，维盛朝臣传之。并补白川殿仓预。前大舍人头兼盛。已上两事，法皇过怠，云云。三位中将师家，超二位中将基通任中纳言，师家年仅八岁，古今无例，是博陆②之罪科也。凡此外，法皇与博陆同意，乱国政之由，入道相国攀缘③，云云。然之间，昨日夕，禅门④率数千骑兵，入洛之后，天下鼓骚，洛中遽动，敢不可云。今日及昏黑，中宫⑤、东宫⑥，忽欲幸八条亭⑦，自被奉相具，可赴镇西方之由风闻。两宫已行启供奉诸司，出车已下参集，禁中骚动，云云。爰禅门使重衡朝臣，奏内里曰："近日愚僧偏以弃置，见朝政之体，不可安堵。世间蒙罪科之后，悔而可无益，不如赐身暇隐居边地。"仍为奉具两宫，所催储行启也者。忽遣敕使，被仰此仪可行之状，即以召上卿已下，有诏书宣命之沙汰，云云。其实自今旦，右将军及若州等数遍往还，内内议定之后，被进使云云。国家之败由官邪，诚哉此言。

（同上第二集卷 31，第 308~309 页）

（治承三年十一月）十五日，世间嗷嗷，武士满洛中。入道大相国⑧奉怨公家，率一族可下向镇西之由风闻，上皇以法印静贤，自今以后，万机不可有御口入之由，被仰遣之。今日，关白前太政大臣⑨并藤中纳言师家解官，以二位中将基通卿可为关白、内大臣、氏长者之由宣下。不行节会被任大臣例，今度始之，未曾有之珍事也。或记云，上皇与关白，可令灭平家党类之由，有密谋之由有其闻。其上，师家卿超二位中将⑩任中纳言，其郁云云。（略）

十七日，行除目，太政大臣（藤原）师长。已下，至于检非遣使信盛，卅

---

① 此处的入道内大臣，系指故平重盛。
② 关白藤原基房。"博陆"，关白的唐称。
③ 愤慨之意。
④ 平清盛。
⑤ 高仓天皇的中宫，史称建礼门院德子。
⑥ 言仁亲王，后为安德天皇。
⑦ 八条亭，平清盛邸。
⑧ 此处的入道大相国，系指平请盛。
⑨ 藤原基房。
⑩ 藤原基通，其时任从二位右中将。

九人解官，多是院中祗候之辈①也。此中，大相国②可追却关外之由，被宣下。

十八日，前关白③左迁大宰权帅，遣大夫尉康纲令追之。即以出门，随身厚景、侍共四五人，杂人满途中，见之各叫唤。前关白于路头出家，云云。前相模守业房配流伊豆国，但逐电，不逢追使。前大纳言资贤卿并雅贤、资时、信贤、可追却京中之由，被仰下也。

廿日，法皇渡鸟羽殿，非寻常议，入道大相国押申行之。成范、修范等卿，法印静贤、女房两三人之外，不参入，闭门户不通人，武士守护之④。（略）

廿一日，前大夫判官大江远业自害，纵火于宅。备后前司为行、上总前司为保被斩首，皆是上皇殊召仕之辈也。厅年预宗家，被入道相国搦取之，为注御领目六（录?）云云。

（《百炼抄》第八，第99页）

4. 迁都福原与回迁京都⑤

（治承四年六月）一日，壬午，天晴。午刻，参院。明晓，福原迁幸，行幸及两院⑥御幸云云。已以一定云云。余以使者问可参福原哉否于入道相国。报云：无可寄宿之所，仍不可忽参，自彼可追申案内云云。先是，昨日候上皇之招客之处，仰云：参共之辈，偏以禅门之左右也，一切不仰是非，只闻食许也，云云，仍所问也。今日，于院谒邦纲卿，其颜色颇有怖畏之色欤。

二日癸未，天晴。卯刻，行幸于入道相国福原别业。法皇、上皇同以渡城外之行宫。往古虽有其例，延历以后，都无此仪，诚可谓希代之胜事欤。敢无知由绪之人，疑可攻南都大众犹蜂起，敢无和平云云。之间，可有不虑之恐

---

①　鹿谷事件后，平氏的专权引发了各方面的反对。治承四年（1180）五月，平清盛挟安德天皇、高仓上皇后白河法皇迁都摄津的福原，引起了更大的全国性讨阀平氏运动。

②　太政大臣藤原师长。

③　藤原基房。

④　后白河法皇被软禁在鸟羽殿。

⑤　由于平氏的跋扈，朝野反平势力高涨。治承四年（1180），平清盛决定挟安德天皇、后白河法皇、高含太上皇，迁都福原，招致了更大的反抗。以下所引史料，记述了迁都福原和重回京都的情况。《玉叶》叙述迁都福原的原因，即防止反平势力的攻击；《明月记》条叙述迁都福原后，新的荒芜之状。

⑥　两院，即后白河法皇和高仓太上皇。

欤。又余党犹不休，为御彼怖畏欤。云彼云是，不可及洛中之恐事欤。或说，可有迁都云云。纵虽可然，忽临幸如何。事体可谓物怪，必有其征欤。又云：留洛阳之辈中，有可蒙刑之者云云。凡异议纷纭，巷说纵横，缁素贵贱，以仰天为事。祗天魔谋灭朝家，可悲，可悲。

（《玉叶》第二集卷34，第413页）

（治承四年十月）廿七日，天晴。参闲院殿，七濑御跋①。藏人兼业、通业弟。奉行下官兄弟、盛实兵卫佐。等三人参勤。迁都之后不几，蔓草满庭，立蔀多颠倒，古木黄叶有萧条之色，伤心如箕子②之过殷墟。昏闇向土御门末法寺边，弥以冷然。秉烛之后，返上抚物③，退归。

（《明月记》④ 第一，第7页）

（治承四年十一月）十一日己未，天晴。宗雅来云，还都事可令问人人之由，重衡朝臣所示送也，云云。此日迁幸新造入道相国家。于此第，可被行五节，仍所新造云云。（略）

十三日辛酉，天阴。或人云，决定可有归都事，云云。为悦不少，但凶党不可依此还御欤，如何，如何。此日，于福原离宫新造皇居，行万机旬⑤，云云。（略）

（治承四年十一月）十九日丁卯，天晴。物忌也。传闻还都。来二十六日御出门，来月二日可有入洛之由被仰。延历寺众徒大悦，始种种御祈，云云。今夜，余梦天下动静事，凶吉未决。或人云，东乱及近江国，云云。

（《玉叶》第二集卷35，第442、443页）

（治承四年十一月二十六日）院入夜，御入洛，赖盛卿六波罗第。号池殿。

---

① 闲院殿，朝廷内里的第宅建筑。七濑跋，占卜吉日的仪式。

② 中国商贵族，纣王的叔父。曾劝谏纣王，不听，被纣囚禁。周灭商后被释放，过荒芜的高都殷墟，吟歌以表叹息。

③ 举行占卜仪时的人形道具。

④ 《明月记》，是藤原定家的日记。定家对和歌造诣颇深。除《明月记》外，尚有《拾遗愚草》、《近代秀歌》、《每月抄》等。主编《新古今和歌集》。

⑤ 天皇在福原离宫问政。

法皇未刻许入洛，故内大臣①六波罗第，号泉殿。武士数十骑，路之间奉围绕，云云。去六月二日，忽然而迁都于摄州福原之别业，神不降福，人皆称祸，依彼不可致此灾异，所谓天变地夭之难，旱水风虫之损，严神灵社之怪，关东、镇西之乱等是也。而依神明三宝之冥助，今有此还都。一天之下四海之中，王侯、卿相、缁素、贵贱、道俗、男女、老少、都鄙，莫不欢娱。此事诚是散众庶之怨，协万民之望者也。抑禅门相国②忽变中心之恳志，圣主、仙院③各归上都之宫阙。人虽有悦色，世还成奇思欤。但如云云说者，有条条由绪欤。先关东之谋叛，缲起自迁都云。何者？禁囚法皇，刑罚重臣。洛都占狭小之地，民人怀莫大之愁，皆虽假名于敕宣，其实只任雅意。此等之子细，逆心已炳焉。早达远境之闻，各集近国之兵，阀亡平家之盛势，欲起源氏之绝迹云云。是则，去岁僭上之咎④，今年迁都之征也。（略）忽不虑之还都，是天下之所讴歌，强非浮言欤。仍粗录子细而已。愚意，案此事，天地之变异，四海之夭殃，何必依迁都，只恶逆之所令然也。若犹不（委）政于公者，定无还都之诠者欤，莫言，莫言。

（《玉叶》第二集卷35，第445~446页）

第五节　平安时代的对外关系

一、摄关时代的对外交流

1. 对吴越国的交流
为右丞相赠大唐吴越公书状⑤
蒋丞（承）勋来，投传花札，苍波万里，素意一封，重以嘉惠，欢惕集

---

① 平重盛。
② 禅门相国，似指平清盛。
③ "圣主"，安德天皇；"仙院"，后白河太上天皇、高仓太上天皇。
④ 系指平清盛幽禁白河太上天皇之举。
⑤ 这是菅原文时为右大臣藤原师辅起草的致吴越王的书函。文中可见当时日本朝廷对外交流的消极政策。

怀。抑人臣之道，交不出境，锦绮珍货，奈国宪何。然而志绪或织丛竹之色，德馨或引沈檀之熏。受之则虽忘玉条，辞之恐谓嫌兰契。强以容纳，盖只感君子亲仁之义也。今抽微情，聊寄答信，以小为遗①，到愿检领。秋初凉，伏惟动履清胜。空望落日，长缠私恋而已。勒丞（承）勋还，书不尽言，谨状。

天历七年七月日　　　　　　　　　　日本国右大臣藤原朝臣②

（《本朝文粹》，第 254 页）

太政官符

应禁遏诸使越关私买唐物事③

右，左大臣宣："顷年有闻，唐人商船来著之时，诸院、诸宫、诸王臣家等，官使未到之前，遣使争买。又圻内富豪之辈，心爱远物，踊直贸易。因兹货物价值，定准不平。是则关司不慭勘过，府吏简略检察之所致也。律曰：'官司未交易之前，私共蕃人交易者准盗论，罪止徒三年。'令云：'官司未交易之前，不得私共诸蕃交易，为人纠获者，二分其物，一分赏纠人，一分没官。若官司于所部捉获者，皆没官者。'府司须因准法条，慎其检校，而宽纵不行，令人狎侮。宜更下知，公家未交易之间，严加禁遏，勿复乖违，若犹犯制者，没物科罪，曾不宽宥。"

延喜三年八月一日

（《类聚三代格》卷 19 禁止事，第 612 页）

（延长四年五月）廿一日，召兴福寺宽建法师于修明门外，奏请就唐商人船入唐求法及巡礼五台山。许之。又给黄金小百两，以充旅资。法师又请此间文士文笔：菅大臣④、纪中纳言⑤、橘赠中纳言⑥、都良香⑦等诗九卷，管

---

① 以小为遗，系指答赠物。

② 右大臣藤原师辅。

③ 自从日本朝廷停止派遣遣唐使后，往返于中日间的中国商船成为交流的主管道，中国货物成为朝廷皇族、官僚、贵族们喜爱之物，争相购买。本史料具体反映了这一状况。

④ 菅原道真，著有《菅家文草》、《菅家后集》、《新撰万叶集》等。

⑤ 纪长谷雄，平安前期汉学家，著有《纪氏文集》及诸多诗文。

⑥ 橘广相，平安前期汉学家。

⑦ 都良香，平安前期汉学家。

氏、纪氏各三卷，橘氏二卷，都氏一卷。但件四家集，仰追可给。道风①行草书各一卷付宽建，令流布唐家。可相从入唐僧并杂人等，从僧三口，童子四人，近事二人。

（《扶桑略记》第 24，第 197 页）

（承平五年）九月□日，大唐吴越州人蒋承勋来，献羊数头。

（承平六年七月）十三日己亥，大宰府申：大唐吴越州人蒋承勋、季盈张等来著之由。（略）八月二日，左大臣②赠书状于大唐吴越王。

（天庆三年）七月□□日，左大臣③赠书状于大唐吴越王。

（《日本纪略》后篇二，第 35、40 页）

（天德元年七月廿日乙巳）（略）今日，大唐吴越国持礼使盛德言上书。

（天德三年）正月十二日戊午，大唐吴越持礼使盛德言上书。

（同上后篇四，第 70、74 页）

2. 与高丽④的关系

（承平七年）八月五月乙酉，左、右大臣以下著左仗⑤，开见高丽国牒等。

（天庆二年）三月十一月癸丑，大宰府牒高丽广评省⑥，却归使人。

（同上后篇二，第 36、38 页）

---

① 小野道风，平安时代前期书法家。
② 藤原忠平。
③ 藤原仲平。
④ 935 年，高丽灭亡新罗，次年灭亡后百济，实现统一朝鲜半岛。高丽曾多次遣使，谋求与日本通好，但屡遭拒绝。据载，当时常有高丽人浮海扰掠日本沿海。
⑤ 亦称左阵，是公卿审议政事的地方，在左近卫府。
⑥ 高丽建国初期官制，中央最高官厅。

（长德三年）十月一日壬辰，（略）左大臣以下次第□□著座。（略）满座解颐，有厨御贽。（略）一献毕间，左近卫阵官高声之（云）：大宰飞驿到来，云高丽国人虏掠对马、壹岐岛，又著肥前国欲虏领云云。上下惊骇，三丞相①失度。（略）奄美岛者烧亡，夺取海夫等宅财物。又执男女于舟，持去。（略）奄美岛告：乘船带兵具，掠夺国岛海夫等。筑前、筑后、萨摩、壹岐、对马，或杀害，或攻夺，取人物，多浮海上。

（《小右记》一，第 137～138 页）

二、平安时代后期与宋的交流

1. 宋商人的频繁往返与日本朝廷的政策
（永延元年）此岁之冬，大宋国商人朱仁聪等来到。

（《日本纪略》后篇十，第 163 页）

（宽和三年十月）廿六日，（略）大宋国商人朱仁聪等来到。

（《扶桑略记》第 27，第 257 页）

（长德元年九月）六日己酉，若狭国言上：唐人七十余人到著当国，可移越前国之由，有其定。

（《日本纪略》后篇十，第 183 页）

（长德元年九月廿四日）先日，若狭国所进唐人朱仁听（聪）、林庭干解文并国解，依仰下奉右大臣②。件唐人可被移越前国之由，前日诸卿被定申，随则以其由，官符下遣若狭国。

（《权记》一，第 15 页）

（宽弘二年八月）廿一日丁酉，（略）太宰府言上，大宋商客曾令文到来，可安置否事。

（《权记》二，第 38 页）

---

① 三丞相，即指左大臣藤原道长、右大臣藤原显光、内大臣藤原公季。
② 藤原道长。

（宽弘二年八月廿一日丁酉）南殿御前等事了，右大臣①候殿上，左大臣②以下著阵，可有太宰言上宋人定，而仗座有飧③。大臣徘徊壁后，仰左大辨令拟飧之后，著仗座，定可安置宋人否。左大臣、右大臣、左兵卫督申云：宋人定年纪可来由，给官符了，而不待彼期早来，若可追却者，早任彼官符，可追却欤。宋人若申彼便风可归之由，随又可有裁许者。有追却名，自回一两年，不异安置。若然者偏可被安置欤。件事，左府定申旨也，（与）右大臣初定申旨相异，书定文之间，追问左府定，可奇也。下官以下只年纪被定下了，而隔一年归朝不可然，早可追却之由，定申了，令见左府气色，似可被安置。诸卿只申道理，唐物内里烧亡间，悉以了失，殊撰可然之物，被交易有何事乎？右大臣以下两三卿相密语也。戌终，诸卿退出。二十四日庚子，左头中将来谈云，宋人可被安置，云云，须候天气可愒示送者，少选示送云，安置之由被下宣旨了者。

（《小右记》一，第 201～202 页）

（长和二年二月二日甲子）从大贰许，送唐人所送私市货物等解文、色目等。三日乙丑，从大内出，参中宫，左大辨持来进唐物并银等解文。四日丙寅，参皇大（太）后宫、大内，奏唐物解文，即召御前览之。皇太后宫、中宫、皇后宫、东宫④等少少被奉。又皇后宫、宫宫少少给之。余⑤给锦八疋、绫廿三疋、丁子⑥百两、麝香五脐、绀青百两、甘松三斤许。皇大后宫、中宫、东□（宫）御使各赐禄。入夜退出，参中宫。

（《御堂关白记》，引自《史料による日本の步み》中世编，第 57 页）

（长和二年）二月四日丙寅，（略）今日唐物进上，被奉皇太后宫、中宫、皇后宫、东宫，亦给左大臣云云。

---

① 藤原显光。

② 右大臣，藤原显光；左大臣，藤原道长。

③ 这条史料叙述日本朝廷诸臣讨论宋商人在日停留事，反映了大臣间的不同主张。

④ 皇太后宫藤原彰子，皇后宫藤原娍子，中宫藤原妍子，东宫敦成亲王（后为后一条天皇）。

⑤ 藤原道长自称。

⑥ 香料丁香。

（长和二年）七月廿五日乙卯，（略）藏规朝臣付亮范进唐物。雄黄三分二铢、甘松香十两、荒郁金香十两、金青五两、紫草三枚。廿六日丙辰，明范朝臣付胜冈进唐物。甘松四两、荒郁金香三两、金青三两。

（同上，第 57 页）

（长和四年闰六月）廿五日癸卯，大宋国商客周文德所献孔雀，天览之后，于左大臣小南第作其巢养之，去四月晦日以后，生卵十一丸，异域之鸟忽生卵，时人奇之。或人云，此鸟闻雷声孕，出因缘自然论，云云。但经百余日未化雏。延喜之御时，如此之事，云云。

（《日本纪略》后篇十二，第 235 页）

（万寿三年）七月十七日庚申，天晴。传闻近男（曾）太宋国商客周良史奉名籍于关白殿①云云。仍权尚书藤原章信奉仰书，遣沙金廿两书。仰书送良史许，其状大内记孝亲作云云。世以难之，敢无所避，云云。其状云：

蒙关白左丞相尊阁严旨云，商客周良史如上状文，定太宋之人，母则当朝臣女也。或从文（父）往复，虽似随阳之鸟，或思母愁诣，可谓怀土之人。今通其籍，知志之主（至），砂金卅（廿）两附便信（送）还，虽颐（颇）轻尠，（但）古人吊骏骨之意也者。

万寿四年月日　　　　　　　　　　　　权左中辨

（《左经记》，引自《史料による日本の步み》中世编，第 58 页）

（万寿四年九月）八日乙巳，阵定唐物并主税助雅赖所进举状。

（《日本纪略》后篇十二，第 268 页）

（长历二年）十月十四日，宋人慕晏诚等货物回却官符。

（宽德元年）七月廿七日，诸卿定申但马国唐人来著事。八月六日，以散位中原长国、民部丞藤原行任等任但马介、掾，为存问宋客也。十一日，诸卿定申但马国宋客回却事。（略）八月十日，诸卿申但马国，唐人张守隆等愁申守章任朝臣押领杂物事。二十九日，诸卿定申法家勘申筑前国住人清原守

---

① 藤原赖通。

武入唐事。

（《百炼抄》第四，第 20、22 页）

（永承元年）十月三日，唐人来著，定可被回却云云。

（永承二年）十一月，大宰府追捕大宋客商客宿房放火者，禁狱。十二月二十四日，渡唐者清原守武配流佐渡国。

（永承三年）八月十一日，（略）大宋国商客来朝，有议令回却。

（同上，第 23 页）

（治历二年）五月一日，大宋商客王满献鹦鹉并种种灵药。（略）九月八日，唐人来著定。先年唐人流来①赐粮返遣，其母为报申子恩，件子重参来贡货物，此事颇非例事，仍令定申之。

（同上，第 29 页）

（承历元年二月）廿八日，引见大宋国商客所献之羊三头。五月五日，请印大宋国返信官符。长季朝臣书黄纸，入螺钿筥，答信物六丈织绢二百疋，水银五千两也。

（同上，第 35 页）

（承历二年十月）廿五日，诸卿定申大宋国贡物事，锦、唐黄等也。此事已为朝家大事。唐朝与日本，和亲久绝，不贡朝物，近日频有此事，人以成狐疑。

（承历四年五月）廿七日，诸卿定申：大宋国进物送文有疑，并大贰加和市直②遣宋朝事等。

（承历四年闰八月）十三日，诸卿定申大宋皇帝付孙□（吉）忠献锦绮事，不可遣答信物者。

---

①　唐人流来，指漂流宋人。
②　和市直，即指买卖双方所出价格的折合价。

（同上第五，第 36、37 页）

（承历四年）闰八月卅日，大宋国商人孙吉忠赍明州牒，参著越前国敦贺津。先是，去八月著太宰岸，随则府司言上，不待报文，吉忠小舟飞帆参入也。仍今日差遣官使，所召件牒也。九月九日戌戌，宋朝牒书到来，奏闻。

（《扶桑略记》第三十，第 322 页）

（永保元年十一月）廿五日，诸卿定申大宋国牒状事。

（永保二年八月）八日，览大宋商客杨宥所献之鹦鹉。九月十一日返给之。十一月廿一日，遣大宋返牒。孙忠遣归本朝事。

（《百炼抄》第五，第 37 页）

（元永元年）六月八日，诸卿定申诸道勘申大宋商客牒，可遣返牒并方物哉否。

（保安二年三月）廿六日，诸卿定申诸道勘申大宋牒事。或云可遣大宰府返牒，或云可送方物。

（同上第五，第 51、52 页）

（仁平元年九月）廿四日，左大臣①送沙金于宋客刘文冲，去年进送书籍之故也。以万寿三年六月廿四日例云云。万寿例见《资房记》，彼时，宋周良史望我朝爵，父宋人，母我朝女云云。

（同上第七，第 69 页）

（仁平元年）九月廿四日，去年，宋国商客刘文冲与史书等，副名籍。勘先例，万寿三年六月廿四日《资房记》云，今日关白殿遣唐人返事，先是大内记孝信，承仰作之。件唐人献名籍于相府，申请当朝之爵，而被纳彼籍，不被叙爵，只作此仰书，副砂金卅两遣之。件唐人，父大宋人，母当朝之女也，云云。

---

① 藤原赖长。

关白左丞相尊合严旨云，客商周良史，如上状者，父是大宋之人，母则当朝之女也，或从父往复，虽似随阳之鸟，或思母稽诣，可谓怀土之人，令其通籍，知志之至。沙金卅两附便信，还虽顾轻尠，古人骏骨之意也者，严旨如此，悉之。

万寿三年六月日　　　　　　　　　　权辨章信奉

周良史旅馆

任彼例，令文章博士茂明朝臣作返礼，令前宫内大辅定信清书，以沙金卅两报之，书要书目录赐文冲。此书中若有所得，必可附李便进送之旨，仰含了。件目录，先年为召他宋人，成佐书之。检领大宋国客刘文冲进送书籍事：

《东坡先生指掌图》二帖

《五代史记》十帖

《唐书》九帖

右左丞相尊合教命曰：商客刘文冲凌万里之苍海，送数之素书，新披篇章，足备管见。抑文冲拘礼典，而虽无入华之仪，通名籍，而远附便李之信。依此厚意，谙其旅恳，经涉岁纵驰，思于西遐之秋风，来之幼期，可寄望于东阁之夜月，永以为好也，岂又无答哉。仍沙金卅两，纳之一函，不顾轻尠，到宜依领，乞察单志之至，句构四知之畏，教命如斯，悉之。

仁平元年九月廿四日　　　　　　　　尾张守亲隆奉

刘文冲旅馆

周易疏、群臣讲易疏、义大玄经、大仪、小畜集、异义、发挥、副象、新注本义、大衍、玄图、大行论、义决、外传、尚书疏、义疏刘辉、讲义、令解、述义、新释、要略、注释、注释问、百问、洪范五行传、书纬、中候、释注毛诗、诗义、音辨、义疏、诗学物性门类草木鱼虫疏、草木鱼虫□、问答、异同详、表隐、述义、会道、自得、释义、纂义、诗纬、礼记子本疏问答、外传名数、外传义例、问答礼俗、天礼论、大义、义略、正义贾公彦、周义、同□、周官驳难、三礼义宗、三礼大义、江都集礼、五礼名义、古今沿革礼、唐礼、新礼、礼纬、类礼、注春秋序、左传疏、序论、同异略、例苑、释滞、区别、义略、春秋□、立义、牒例、先儒传略、说要、释决、述义、左氏膏肓、不尽义、断狱事、辨疑、春秋凑仪、骏河氏凑义、郭驳异义、违义、谷梁正义、谷梁废疾、春秋纂例、春秋异义、春秋微旨、春秋通例、义鉴、何氏春秋释例、尊王发攸、春秋文苑、春秋繁露、三传评、闸外春秋、社要义、春秋律、孝经疏、探神□、勾命决、越王孝经、内右年、雄□、应瑞□、指要、副旨、孝经诚、孝经集义、孝经律、名贤论语会解、论语会、全解、正义、秀义、志明义、述义、论语律、乐纬、阿当、经典大义、五经异义、圣证论、六艺论、八经床子、孝经旨蹄、瑜伽论疏朴杨大师造。

(《宇槐记抄》中，引自《史料による日本の步み》中世编，第 66 页)

2. 日僧奝然、寂照、成寻来宋

(1) 奝然①

(天元五年)八月十五日，日本国东大寺牒大唐青龙寺传灯大法师位奝然牒："往年祖师空海大僧正入朝，受法惠果大和尚。圣教东流以降，殆垂二百载矣。我朝入觐久绝，书信难通，苍海自隔，虽为一天之参商②，白法③是同。宁非八代之弟子，件奝然遥趣大方，慕礼圣迹，潢汗之润，顾鳌波而既期，爝火之光望乌景而不息，乞也察状，将慰万里泣岐之心，令得五台指南之便，仅牒。"

同月十六日，日本国天台山延历寺牒大唐天台山国清寺，东大寺传灯大法师位奝然陈状称："十余年间，有心渡海，盖历观名山，巡礼圣迹也。适遇商客，将付归艎，奝然乡土非不怀，尚寄心于台岭④之月；波浪非不畏，偏任身于清凉⑤之云。往者真如⑥出潢泒而趣中天竺，灵仙⑦抛家国而住五台山。纵虽庸才，欲追古迹，伏望垂允容，给小契，以为行路之远信者。夫以二方异域，云水虽迥，一味同法，师资是亲。件奝然学传三论，志在斗薮，愿令

---

① 平安中期僧侣，入宋参天台山、五台山，曾谒见宋太宗，赐法齐大师号。著有《入唐记》、《在唐记》，均已失传。

② "参"，位于西方申位的星；"商"，位于东方卯位的星。

③ 系指佛法。

④ 台岭，即指天台山。

⑤ 清凉，即指五台山。

⑥ 平城天皇皇子高岳亲王，出家后称真如。862 年入唐，866 年从广州出发赴天竺(印度)，到达罗越国而亡。

⑦ 日本兴福寺僧，作为学问僧入唐。815 年后长住五台山。客死于五台山浴室院。

万里之飞蓬，付一个之行李，以牒。"已上奋然法桥渡唐牒。

（《扶桑略记》第27，第251页）

（天元五年八月）十六日乙亥，天台僧奋然依本寺牒入唐。

（《日本记略》后编七，第146页）

释奋然，居东大寺，学三论，又受密乘于元杲。永观元年秋入宋，东大寺送书青龙寺，比叡山寄信天台山，然持二书著宋地，太宗太平兴国八年也。巡礼胜地，历觐明师，遂于汴都西华门外启圣禅院，礼优填第二模像，乃顾佛工张荣模刻而得之。太宗诏问我皇系历祚，然答词详备，君臣称叹赐紫衣，辞上五台。雍熙三年，上台州郑仁德船归，永延元年也。然得大藏五千四十八卷及十六罗汉画像，其优填模像见今在嵯峨清凉院。长和五年卒。

（《元亨释书》卷16力游，第235页）

（2）寂照①

（长保五年）秋时，参河守大江定基出家入道，法号寂照。八月廿五日，寂照离本朝肥前国，渡海入唐，赐圆通大师号。

（《扶桑略记》第27，第264页）

长元七年（寂照）于杭州迁化。临终之刻，祥瑞揭焉。亦作一绝之诗，其一句曰：

"笙歌遥听孤云上，圣众来迎落日前。"

又咏和歌曰："云乃上尔，遥尔乐乃，于度须奈里，人也听览，虚耳欤若②。"

（《续本朝往生传》，引自《史料による日本の步み》中世编，第54页）

释寂照，谏议大夫江齐光之子也，俗名定基，仕官至参州刺史。会失配，以爱厚缓丧，因观九相，深生厌离，乃割冠缨，投叡山源信之室，早名讲学。

---

① 平安中期天台宗僧侣，1003年入宋，在宋三十一年。曾谒宋真宗，赐圆通大师号，并授州僧录司职。受丞相丁晋挽留，住苏州吴门寺。后死于杭州清凉山。

② 此和歌的大意是：遥远的孤云之上，回荡着优雅的歌乐，歌乐传来，众人都能听到。

长保二年，（源）信作台宗问目二十七条，副昭寄南湖知礼法师，礼延昭为上客。丞相丁晋公钦昭德义，礼答释成，昭欲持归本土，晋公思留之，唉以姑苏山水之美，昭爱其奇秀，止于吴门寺，令其徒送礼答释，晋公披襟厚遇。（略）初景德元年，昭上进无量寿佛像，本朝名刻也，真宗大悦，赐紫方袍。

（《元亨释书》卷 16 力游，第 235~236 页）

（3）成寻

释成寻，姓藤氏，簪绂之胄也。事石藏文庆禀密教。延久四年三月，乘宋商孙忠船著苏州界。神宗熙宁五年也，登天台，游五台。西台见五色云，东台见圆光，光照寻身，光中现群菩萨，其数一万许；南台见金色世界。返入汴京，神宗召见延和殿，赐紫衣绢帛。敕馆太平兴国寺传法院。时，西天译经三藏朝散大夫试鸿胪卿宣梵大师赐紫日称，奉敕从事翻译。称者中天竺人，东来已二十六年。同预者朝散大夫试鸿胪小卿宣秘大师赐紫慧贤，梵才大师赐紫慧询，二人宋人。证梵义西天广梵大师赐紫天吉祥，中印度人。又笔受缀文，证义等皆悉备足。寻与梵宋硕师亲炙游处。六年，天下大旱，神宗闻寻有密学，敕于瑶津亭修祈雨密法。寻谓，本邦宿德游此方，名尤显者十数人，未有承诏旨也。今我攘宋地之灾渗，又为本国之光华。便修法华法，至第三日夜，雷电闪鸣，大雨彻旦。神宗遣中使贺慰，宣曰："乞延修七日，沾洽率土。"寻依敕，霖雨三日。神宗幸坛所烧香，翌日归传法院，敕送茶果达嚫若干。后十余日，赐号善慧大师。又敕加译场监事张太保问曰："日本国又有灵如阇梨者乎？"对曰："我国密乘甚盛，感应如响，我之俦岂得齿乎。"太保叹曰："西天日照三藏祈雨五日而得。中天慧远、慧寂七日而应，未有如阇梨三日之速矣。"此岁有本朝舶便，寻奏取新译经三百余卷寄来。寻在大云寺时，常读法华。一日青衣童子来屋上闻经，众人皆见，童忽隐。大云之宝塔院东南有大槻树，寻诵经，中夜无风其枝自折。侵晓童来谂曰："伊势大神宫传语阇梨，诵经声极梵天，我虽不离本宫，常来闻之，今夜又率眷属来，诸神多居树上，故枝折耳，愿师莫讶也。"语已不见，或时修不动供，本像摇舌语话，护摩时尊像现炉烟中。寻临终顶上放光，三日不灭。漆全身安传法院云。

（同上，第 236~237 页）

（承保二年正月）廿六日，左大臣①以下参入，大宋国皇帝副入唐阇梨成寻献货物有之。

（承保二年十月）廿六日，诸卿定申：诸道勘申大宋皇帝副成寻所献货物□（可）纳否。

（承保二年十月）十一月五日，右大臣②仰外记，令勘申大宋国货物以何物可被赠答哉？云云先例。

（《百炼抄》第五，第35页）

（承保二年）十月廿六日，霁。未刻许，右大殿令参内。予御供参入，今日阵定。大宋国皇帝副成寻阇梨弟子等归朝被献经论（纶）、锦等，可纳否事。右大殿令奉行件事。公卿著阵座，定申可纳之由，具旨在定文了。入夜各退出。

（《水左记》，第35页）

（承保三年）六月二日，诸卿于殿上，定申大宋国返信物事，或云可遣和琴；或云可遣金银类；或云可遣细布、阿久也玉③。先于阵，唐人孙忠悟对问事。

（《百炼抄》第五，第35页）

3. 宋朝明州府牒状及日本朝廷的态度

鸟羽院元永元年

宋国附商客孙俊明、郑清等书曰：

矧尔东夷之长，实惟日本之邦，人崇谦逊之风，地富珍奇之产。曩修方贡，归顺明时，隔阔弥年，久缺来王之义。遭逢禋且，宜敢（敦）事大之诚，云云。

此书叶旧例否，命诸家勘之。四月廿七日，从四位上行式部大辅菅原在良，勘隋唐以来献本朝书例曰：推古天皇十六年，隋炀帝遣文林郎裴世清，

---

① 藤原师实。
② 藤原师房。
③ 真珠。

使于倭国，书曰，皇帝问倭皇，云云。天智天皇十年，唐客郭务悰等来聘，书曰，大唐帝敬问日本国天皇，云云。天武天皇元年，郭务悰等来，安置大津馆，客上书函题曰，大唐皇帝敬问倭王书。又大唐皇帝敕日本国使卫尉寺少卿大分等书曰，皇帝敬到（致）书于日本国王。承历二年，宋人孙吉所献之牒曰：赐日本国太宰府令藤原经平。元丰三年，宋人孙忠所献牒曰，大宋国明州牒日本国。

（《善邻国宝记》，第 68～70 页）

承德元年九月，大宋国明州牒到来。

（承德元年）十二月廿四日，可遣太宰府返牒之由，赐官府（符）于彼府。件返牒，权帅匡房卿作之，不载太政官奉□由，为太宰府遣牒。

□□（永久）五年九月，大宋国明州牒到来，以纸裹之。

同（永久）六年三月十五日，右大臣①召少外记广安下宣旨，是大宋国所附孙俊明、郑清等之两个书，言上之趣，颇似有故，相叶先例否，令纪传、明经、明法道等博士并式部大辅在良朝臣勘申事也。

六月八日，左大臣②已下参入，有直物事。又定申诸道勘申大宋国所献之书状，相叶先例否事。

（《师守记》，引自《史料大系日本の历史》第 2 卷中世Ⅰ，第 193 页）

三、平氏的对宋政策

（长承二年八月）十三日乙未，晴阴不定也。（略）镇西唐人船来著，府官③等任例存问④，随出和市物毕。其后，备前守（平）忠盛朝臣自成下文，号院宣，宋人周新船为神崎御庄⑤领不可经问官之由，所下知也。此事极无面

---

① 源雅实。
② 源俊房。
③ 大宰府官吏。
④ 任例存问，系按惯例对宋商人进行入境询问。
⑤ 神崎庄，在今佐贺县神崎郡神崎町。

目，欲讼申院①也。（略）抑宋人来著时，府官存问早经上奏，安堵回却所从宣旨也，而可为庄领之由被仰下条，言语道断也。日本弊亡不足论，外朝耻辱更无顾，是非他，近臣②如猨犬所为也。

（《长秋记》，引自《史料大系日本の历史》第 2 卷中世Ⅰ，第 198 页）

（承安二年九月十七日）午刻许，左少辨兼光来，奉行辨也。余出居上达部座。（略）又语云，自大宋国供物于法皇并平相国入道等，云云。其注文云，赐日本国王物色，送太政大臣物色，云云。赐国王，颇奇怪，仍可被返遣欤。将可被留置欤？然而事体不可被返欤。又不可及返牒云云。异国定有所言欤，可耻，可耻。

（《玉叶》第一集卷 10，第 224 页）

（承安二年九月廿二日）赖业③语云：自大唐有供物，献国王之物，并送太政大臣入道之物，有差别，云云。其送文二通，一通书云，赐日本国王，一通书云，送日本国太政大臣。此状尤奇怪。昔朱雀院御时，大唐赠物于公家并左右大臣，左大臣贞信公，右大臣仲平。于公家御分者，自西府④被返了。有返牒。左右大臣分者，留之各有返牒。后一条院御时，异国供物，其牒状书主上御名，仍不及沙汰被返了。承历之顷，又有此事，其牒状书回赐日本国，因之殊有沙汰。两度被问诸道，遂经两三年被留了，时人谤之。今度供物，非彼国王，明州判史供物也，而其状奇怪也，尤可返遣。上古相互送使赠物，其牒状自大唐书送上天皇，书彼国为天子。自我朝又书送，相互无差别。而今度之所为不足言，而无音被留之条，异国定有所存欤，尤可悲事也，云云，尤可然。

（同上，第 226 页）

（承安三年三月十三日）今日，兼光⑤语云，去年所有沙汰之异国供物事，有返牒，永范卿草之，教长入道可清书云云。件状，只偏褒进物之美丽

---

① 鸟羽太上天皇。当时，平忠盛之父平正盛是鸟羽院厅的别当（长官）。忠盛以院宣为名，违背惯例，独占宋商交易，显然与院厅有关。

② 太上天皇近侧之人。

③ 大外记清原赖业。

④ 大宰府。

⑤ 左少辨藤原兼光。

珍重之由云云。尚一笔可注进先例之由欤，宋朝定有所思欤。答进物等，法
皇遣物，莳绘厨子一脚，纳色革三十枚，同手箱一合，纳砂金百两。入道相国遣物。
剑一腰，手箱一合，在物具等。件物等之体，偏新仪欤。色革纳厨子，颇以荒①
也。又武勇之具出境外，专不可然事也。如此大事问人人，殆可及仗议欤。
又返牒状，以法皇，称太上天皇，是又辞尊号，入佛陀之道，岂称上皇哉？
尤有不审事也。

（同上，卷12，第289～290页）

（承安三年三月廿二日）自去十四日至于廿日，入道相国于福原被修护摩
云云。件之间，自宋朝送使者，入道不合眼，以人令逢之间，唐人大怒，归
了云云。凡异朝与我国，频以亲昵，更更不被甘心事也。

（同上，第292页）

（承安三年）今年，入道大相国清盛公。于福原轮田泊摄津国八部郡。始筑
岛②。

（《帝王编年记》卷22，第341页）

（嘉应二年九月）廿日丁酉，今日城南寺竞马云云。其事了，法皇令向入
道太相国之福原山庄，是宋人来著，为叡览云云。我朝延喜以来，未曾有事，
天魔之所为欤。

（《玉叶》第一集卷5，第107页）

（治承三年二月）十三日辛丑，天阴。算博士行衡来云，入道大相国六波
罗。可献唐书于内云云。其名《太平御览》云，二百六十帖也。入道书留之，
可献折于内里云云。此书未渡本朝也。

（《山槐记》，引自《史料大系日本の历史》第2卷中世Ⅰ，第201页）

---

① "荒"字之后似有脱字。
② 平清盛修轮田泊，目的在于直接与宋商交易。他还在轮田泊附近建了福原别业
（庄）。

第七章　源氏武士政权镰仓幕府的创建与发展

概　说

治承三年（1179），平清盛以强制的手段，解除了藤原基房的关白职及太政大臣藤原师长以下三十九人官职，进而软禁了后白河法皇。平氏的横暴引起了朝野的不满和愤慨。反平氏势力乘势展开了武装倒平行动。后白河法皇的次子以仁亲王于治承四年（1180）四月九日，宣布继承皇位，并发布声讨平氏的"以仁王令旨"，号召"源家之人，藤氏之人，兼三道诸国之间堪勇士者，同令与力追讨"平氏。在发布令旨的同时，以仁王为首的反平势力，以园城寺为据点举行武装反平。最终因计划泄漏而失败。

"以仁王令旨"传至东部日本，得到了东部日本的源氏的积极响应。治承四年（1180）八月，源赖朝在伊豆正式举兵讨平。源赖朝得到众多武士的支持，军势大振。十月，在与平氏军的富士川一战中，源氏军获胜。源氏军进驻镰仓。源赖朝的胜利，激励各地武士的奋起，倒平风浪愈猛。在"东海、西海、北陆以至畿内"，皆有"谋反之闻"。在全国讨平活动日益高涨之时，平清盛突患重病，于养和元年（1181）闰二月病亡。平清盛之死，似同雪上加霜，平氏的处境更趋严酷。实际上，平清盛之死，乃是平氏由盛势急速地走向衰弱的标志。平氏的最终灭亡，是在元历二年（1185）三月，源、平两军在长门国坛浦的决战中，平氏军全军覆没。

源赖朝自进驻镰仓以后，便开始了建立镰仓幕府的工作。寿永二年（1183）十月，后白河院发布"寿永二年宣旨"，委任源赖朝对东海、东山、北陆三道的统治权。寿永三年，源赖朝先后建制了幕府的行政机构公文所、问注所等。文治元年（1185），设置守护、地头职，逐渐地确立对全国的控制。建久三年（1192），源赖朝被任命为征夷大将军，并开设将军家政所，镰仓幕府确立。

源赖朝从伊豆举兵讨平到镰仓幕府确立，其成功的要因，除了他个人的才能和决策的正确外，尤为重要的是对追随他的武士的政策深得人心。他对追随他的武士的政策，主要是两条：一是"不以门叶，不以家人"的平等原则；二是"本领安堵"、"新恩给与"政策，即不但保护追随者的已有财产的安全，而且立了战功，赏奖新的领地。在上述政策的基础上，源赖朝建立了独特的御家人制度。以儒家的"忠"、"义"为理念，以土地为媒介，构建了与武士间的主从关系。

镰仓幕府建立过程中，幕府与院政之间的关系，是源赖朝殊为重视的事。两者之间在反对平氏问题上，利益是一致的，协调、合作多于矛盾。但是平氏灭亡以后，彼此互有戒心。后白河院为防止源赖朝势力扩展，采取种种抑制措施，而源赖朝也采取了相应对策，如"肃清庙堂"政策，解除反幕府的公卿的官职，使亲幕派势力主导朝廷政治；朝廷政事实施"议奏"制，由幕府推荐的十名公卿担任议奏。

镰仓幕府的确立，使日本的国家结构，由单一的皇权统治，嬗变为皇权与幕府并存的双重结构。虽然表面上两者之间是并存的，但实际上，国家实权基本上掌控在幕府手中。

正治元年（1199）一月，源赖朝去世。后源赖朝时代，由于继任的将军缺乏统领御家人的权威，幕府面临着诸多危机。其时，最大的危机，一是幕府内部将军与御家人之间，有力御家人与有力御家人之间的矛盾、斗争的深化；二是朝廷与幕府之间矛盾的深化。前者的表现是幕府内部的一系列争权夺利事件的发生。重要的事件有正治元年（1199）年底的御家人梶原景时与结城朝光的争斗事件；建仁三年（1203）九月的二代将军源赖家外戚、御家人比企氏之乱；元久二年（1205）六月，北条时政与御家人畠山重忠的矛盾，最终导致畠山氏父子被杀事件；建保元年（1213）五月，御家人和田义盛之乱；承久元年（1219）一月三代将军源实朝被暗杀事件。后者则是朝廷内以后鸟羽太上天皇为核心的反幕势力发动的"承久之乱"。所有这些动摇镰仓政权稳定的事件，最终都化险为夷，使幕府摆脱危机。在处理上述政治事件过程中，起决定性作用的人物是源赖朝之妻、开创镰仓幕府的元老之一的北条政子。在每一次事件发生后，都是她临危不乱，统一御家人意志，果断决策，化险为安。正因为她对镰仓幕府的功绩，《吾妻镜》一书把她列为幕府将军之一，称她为"尼将军"。

"承久之乱"之后，镰仓幕府的开创元老相继离世，幕政事业由新一代武士继承。元仁元年（1124），北条泰时任幕府执权，掌握幕府实权。北条泰时的政治理念是以法治政。他推行了多项幕政改革，其中两项改革尤为重要，一是实行集体议政，建立评定众制度。评定众共十三人组成。幕府重大事宜、财政及诉讼裁决，均通过评定众会讨论；二是编纂武士法典——《贞永式目》（又称《御成败式目》）。此式目共五十一条，涉及意识形态、行政、民事、诉讼等方面。北条泰时说，制定《贞永式目》的用意，一是在于防止裁判的不公正，实现"定裁判之体，不拘人之高下，裁决全部平等"；二是教育御家人知法、遵法；三是"舍非赏直，安定庶民"。

北条泰时以"明法道"为中心的改革措施，使镰仓幕府从一个东日本的武士政权，超越原有的模式和格局，成为文武并重、威倾全日本的、与王权并存的政权。

第一节　源氏举兵讨伐平氏

一、以仁王①讨平令旨

1. 以仁王令旨

（治承四年）四月小，九日辛卯，入道源三位赖政卿②可讨灭平相国禅门清盛由，日者有用意事。然而，以私计略，太难遂宿意。今日入夜，相具子息伊豆守仲纲等，潜参于一院第二宫之三条高仓御所，催前右兵卫佐赖朝以下源氏等讨彼氏族③，可令执天下之由，申行之。仍仰散位宗信下令旨。而陆奥十郎义盛，廷尉为义末子。其时正在京城，故此仰其带此令旨向东国，先晤前右兵卫佐④，之后，可传其外源氏等，所仰含也。义盛补八条院藏人，名字改行家。廿七日壬申，高仓宫令旨，今日到著于前武卫"将军"伊豆国北条馆，

---

① 以仁王，后白河天皇第二子，因其居住在京都三条高仓，故又有三条宫、高仓宫之称。因其母为非摄关家出身，以仁王未受亲王称号。在平清盛挟持太上皇、天皇，实行专制政治的背景下，毅然奋起，号召以源氏为首的天下武士群起讨阀平氏。

② 源赖政系"平治之乱"的源义朝的堂兄弟，曾官至三位，不满朝政，出家为僧。

③ 彼氏族，系指平氏一族。

④ 此条史料中的"前右兵卫佐"、"武卫"，皆指源赖朝。

八条院藏人行家所持来也。武卫装束水干，先遥拜男山方，之后，谨奉令披阅之。侍中者，为晤甲斐、信浓两国源氏等，则下向彼国。

《吾妻镜》第一，卷1，第28页）

下东海、东山、北陆三道诸国源氏并群兵等所

应速追讨清盛法师并从类叛逆辈事①

右，前伊豆守正五位下源朝臣仲纲奉宣

最胜王②敕称：清盛法师并宗盛等，以威势起凶徒亡国家，恼乱百官万民，虏掠五畿七道，幽闭皇院，流罪公臣，断命流身，沈渊込楼，盗财领国，夺官授职，无功许赏，非罪配过；或召钧于诸寺之高僧，禁狱于修学之僧徒；或给下于叡岳绢米，相具谋叛粮米，断百王之迹，切（抑）一人之头，违逆帝皇，破灭佛法，绝古代者也。于时，天地悉悲，臣民皆愁。仍吾为一院③第二皇子，寻天武天皇旧仪，追讨王位推取之辈；访上宫太子古迹，打亡佛法破灭之类矣。唯非凭人力之构，偏所仰天道之扶也。因之，如有"帝王"三宝神明之冥感，何忽无四岳合力之志。然则，源家之人，藤氏之人兼三道诸国之堪勇士者，同令与力追讨。若于不同心者，准清盛法师从类，可行死流追禁之罪过。若于有胜功者，先预诸国之使节，御即位之后，必随乞可赐劝赏也。诸国宜承知，依宣行之。

治承四年四月九日　　　　　　　　前伊豆守正五位下源朝臣

（同第一，卷1，第28~29页）

2. 以仁王为首的讨平势力京都举兵失败④

（治承四年五月十六日丁卯）今日朝传闻：三条宫⑤配流事日来云云。

---

①《吾妻镜》所载的这份"以仁王令旨"，有人因对文章的形式、文体有疑点，曾认为是一份伪书。但学界普遍承认其真实性。这份"令旨"是三层结构：即第一层揭示平氏的罪行；第二层宣示继承皇权正统，号召源氏等反平武士力量群起声讨；第三层明确承诺，灭亡平氏以后必有赏赐。

② 以仁王自称最胜亲王，故此处的"最胜王"系指以仁王本人。

③ 后白河法皇。

④ "以仁王令旨"发布后，以仁王和源赖政等在京都举兵讨伐平氏。但很快遭到失败。以下史料记述了这次讨伐失败的情况。

⑤ 三条宫为以仁王居所，故三条宫系指以仁王。

夜，前检非违使相具军兵围彼第。赐源氏之姓，其名以光①云云。先是主人逃去不知其所，同宿前斋宫。亮子内亲王。又逃出，如汉主出成皋与藤公共车欤。巷说云：源氏入园城寺，众徒等槌钟催兵，云云。平中纳言赖盛卿参入八条院②，申请搜检御所中彼孙王③，依迟迟及搜求，云云。良久，孙王遂出，重实称越中大夫。一人相随。但纳言相具向白川宫出家，云云。一昨日法皇自鸟羽渡八条坊门乌丸。八条院，旧御所云云。

十七日，夜雨止，朝天晴。巷说非一。园城寺骚动，固关构城云云。山上④合力之由有其闻。或云，虚诞云云。

廿一日，天晴。向法性寺，前典厩、但马等往往语三井寺事，多是贼军嗷嗷由也。

廿二日，自夜雨降。今朝云云说，赖政卿入道，年七十七。引率子侄入三井寺云云。今夕俄行幸八条亭，新院⑤又迁御于东第。北方有火，赖政卿家放火，云云。

廿四日，阴晴。入夜，赖政卿东山堂杂舍等烧之，云云。

廿六日，天阴。谋反之辈引率三井寺众徒，夜中过山阶赴南京⑥，官军追之，于宇治合战，遂奔至于南京，贼徒多枭首。藏人头重衡朝臣、右少将维盛朝臣，归参献俘，云云。

（《明月记》，第4页）

（治承四年五月）廿六日丁丑，天晴。入夜雨下，卯一点，人告云：奈良大众已上洛，云云。又云，众徒僻事也，坐三井寺宫赖政入道，相共去夜半许，向南都逃去。依得其告，武士追攻，云云。至于辰时，其说纵横，未有一定。（略）午刻，检非违使季贞为前大将使参院，时忠卿相逢，申云：赖政党类并诛杀了，切彼入道⑦、兼纲并郎从十余人首了。于宫者，确虽不见其首，同阅得了。其次第寅刻许，得逃者之告，即检非违使景高，飞骅守景家嫡

---

① 平氏拘捕以仁王后，决定将其名改为源以光，并流放土佐。

② 鸟羽天皇第三皇女居所。

③ 以仁王之子。

④ 延历寺众僧徒。

⑤ "新院"：高仓太上天皇。此夜安德天皇、高仓太上天皇被移居平清盛宅第西八条殿。

⑥ 奈良城。

⑦ 入道，系指源赖政。

男。同忠纲上总守忠清一男。等已下、士卒三百余骑逐责之。于时，敌军等于宇
治平等院羞（著）喰之间也。依引宇治川桥，忠清已下十七骑先打入，河水
敢无深，遂得渡。暂合战之间，官军不得进。得其隙引而降去。官军犹追之。
于绮河原擒捕了赖政入道、兼纲等。其间，彼是死者太多，蒙疵之辈，不可
胜计。敌军仅五十余骑，皆以不顾死，敢无乞生之色，甚以甲也，云云。
（略）小时平等院执行良俊，奉使者申云：殿上廊内，自杀者三人相残，其中
有无首者一人，疑者宫钦，云云。王化犹不堕地，逆贼遂被擒杀了。非啻王
化之不空，又是入道相国之运报也。可恐，可恐！

（《玉叶》第二集，卷34，第408～409页）

二、源赖朝起兵讨伐平氏

（治承四年六月）十九日，庚子。散位康信①使者参著于北条也。武卫于
闲所（与其）对面。使者云："去月廿六日，高仓宫有事之后，请彼令旨之源
氏等，皆以可被追讨之旨，有其沙汰②。君者正统也，殊可有怖畏钦，可速遁
奥州方之由，所存也。"此康信之母者，武卫乳母妹也。依彼好，其志偏有源
家，凌山川，每月进三度一旬各一度。使者，申洛中子细。而今可被追讨源氏
之由事，依为殊重事，相语弟康清所差进也，云云。

（《吾妻镜》第一，卷1，第30页）

（治承四年六月）廿四日乙巳，入道源三品（位）③败北之后，可追讨国
国源氏之条，康信申状不可被处浮言之间，遮欲回平氏追讨筹策，仍遣御书。
招累代御家人等，藤九郎盛长为御使，又被相副小中太光家，云云。

---

　　① 康信，即三善康信。是源赖朝乳母的妹妹的儿子，自小关系甚好。在京仕官，源
赖朝被流放伊豆后，经常将京都的政情传递给赖朝。文中的"一旬一度"，即指一月三次
派史传递政情。
　　② 这句话的意思是：以仁王等京都起事失败后，平氏政权做出决议，谓：凡响应以
仁王令旨的源氏等，皆在追讨之例。
　　③ 源赖政。

（后白河法皇给源赖朝的讨平院宣）①

近年以来，平氏蔑视王室，专擅政事，破坏佛法，凌夷朝威。夫我朝乃神国也，宗庙巍然，神德昭著，故朝廷开基以来，历数千余年，凡有欲倾皇统，乱国家者，无不败亡。是以，一则赖神灵之冥助，一则守钦旨之所宣，速诛平氏之族类，而灭朝廷之怨敌，望继承累世将门之武略，扬累祖奉历朝事君之忠勤，庶几其身事立，其家可兴。钦旨如上，仰即遵照。

治承四年七月十四月　　　　　　　　　前右兵卫督光能谨奉上
前右兵卫殿

　　　　　　　　　　　　（《平家物语》上，卷5，第365~366页）

（治承四年九月三日）传闻，熊野权别当湛增谋叛，烧拂其弟湛觉城及所领之人家数千宇，鹿濑以南并掠领了，行明同意，云云。此事去月中旬之事，云云。又传闻，谋叛贼义朝子②，年来在配所伊豆国，而近日事凶恶。去比凌砾新司之先使。时忠卿知行之国也。凡伊豆、骏河两国押领了。又为义息③，一两年来住熊野边，而去五月乱逆④之刻，赴坂东，与力义朝子⑤大略企谋叛欤，宛如（平）将门，云云。凡去年十一月以后，天下不静，是则偏以乱刑。欲镇海内之间，夷戎之类不怖其威势，动起暴虐之心，将来又不可镇得事欤。依大乱，得国家之主，必以仁惠服远也。

　　　　　　　　　　　　（《玉叶》第二集，卷35，第432页）

（治承四年九月九日）关东有反逆之闻，去五日，大外记大夫史等，依召参院有评议，可追讨之由，头辨宣下：左大将官符，（决定）维盛、忠度、知度等，来廿二日可下向，云云。但群贼才五百骑许，官兵二千余骑，已及合

---

　　①　此是后白河给源赖朝的讨伐平氏的院宣，载《平家物语》。据载，源赖朝举兵前，有一位名为文觉的僧侣，从伊豆出发，潜入平清盛所在的福原，通过秘密管道，与正被幽禁的后白河法皇联系，讨得这份讨平院宣。

　　②　源义朝是"平治之乱"的要犯之一。其子源赖朝在"平治之乱"后，被流放伊豆。

　　③　源为义的最小儿子十郎藏人行家。亦即前引史料中的源义盛。为向东部地区的源氏俦达"以仁王令旨"，特改名为行家。

　　④　系指前已叙及的以仁王为首的京都反平氏斗争。

　　⑤　义朝子，系指源赖朝。

战，凶贼等遁入山中了①之由。昨日，六日也。飞脚到来，云云。

（同上，第 433 页）

（治承四年九月十一日）大夫史隆职注送宣旨如此：

治承四年九月五日宣旨②左大将　左中辨

伊豆国流人源赖朝，忽相语凶徒凶党，欲虏掠当国、邻国云云。叛逆之至，既绝常篇。（宜）令右近卫权少将平维盛朝臣、萨摩守同忠度朝臣、参河守同知度等，追讨彼赖朝及与力辈。兼又东海、东山两道堪武勇者，可令备追讨，其中拔有殊功辈，可加不次赏者。

传闻，近曾为追讨仲纲息③，素住关东云云。遣武士等。大庭三郎景亲云云，是禅门私所遣也。而件仲纲息逃脱之奥州方了。然之间，忽（有）赖朝之逆乱出来。仍合战之间，逐笼赖朝等于箱根山了。因兹被追落之由风闻欤。而其后，上总国住人、介八郎广常并足利太郎故利纲子。等余（与）力，其外邻国有势之者等多以与力。还欲杀景亲等之由，昨夜飞脚到来，事及大事，云云。但实否难知。如此事，浮说端多欤。

（同上，第 434 页）

（寿永三年二月）廿三日壬午，大夫史隆职，近日可被下之宣旨等注进之，仍续加之施行，更以不可叶事欤。有法不行，不如无法。

应令散位源朝臣赖朝

追讨前内大臣平朝臣以下党类事

右，左中辨藤原朝臣光雅传宣左大臣宣：奉敕，前内大臣以下党类，近年以降，专乱邦国之政，皆是氏族之为也。逐出王城，早赴西海。就中，掠领山阴、山阳、南海、西海道诸国，偏夺取乃贡，论之政途，事绝常篇，宜令彼赖朝追讨件辈者。

寿永三年匹月廿六日　　　　　　　　左大史小槻宿祢

---

① 源赖朝举兵后，与平氏军在石桥山发生会战，结果赖朝军失败，赖朝遁入箱根山中。

② 治承四年九月宣旨是授命平氏追讨源赖朝的命令，然而次条寿永三年三月的宣旨，则是授命源赖朝追讨平氏的命令，表明反平形势的迅速变化。前一条宣旨是后白河法是在平氏的胁迫下签发的，后一条宣旨则是自主意识的反应。

③ 仲纲即以仁王京都起兵反平的主将源赖政之子。

（《玉叶》第三集，卷40，第13页）

三、源义仲①（又名木曾义仲）举兵讨伐平氏

（治承四年九月）七日，丙辰，源氏木曾冠者义仲主者，带刀先生义贤②二男也。义贤去久寿二年八月，于武藏国大仓馆，为镰仓恶源太义平主被讨亡。于时，义仲为三岁婴儿也。乳母夫中三权守兼远怀之，遁于信浓国木曾，令养育之。成人至今，武略禀性，征平氏可兴家之由有存念。而武卫于石桥始，已合战之由，达远闻，忽欲相加显素意。爰平家方人，有小笠原平五赖直者，今日相具军士拟袭木曾，木曾方人村山七郎义直并栗田寺别当大法师范觉等闻此事，相逢于当国市原决胜负。两方合战半日，已暮，然义直箭穷颇雌伏，遣飞脚于木曾之阵告事由，仍木曾率来大军竟到之处，赖直怖其威势逃亡。

（《吾妻镜》第一，卷1，第44页）

第二节　源平之间的重要军事较量

一、富士河会战③

（治承四年十月）廿日已亥，武卫令到骏河国贺岛。又左少将（平）惟盛、萨摩守忠度、参河守知度等，阵于富士河西岸。而及半更，武田太郎信义，回兵略，潜袭（平氏军）阵后之处。所集于富士沼之水鸟等群立，其羽偏成军势之妆（壮）。依之平氏等惊骚。爰次将上总介忠清等相谈云：东国之士卒悉属前武卫，吾等愁出洛阳④，于途中已难遁围，速令归洛可构谋于外，

---

① 源义仲系源赖朝堂兄弟。1155年其父义贤被源义平杀害，当时义仲三岁，由乳母隐居信浓国木曾地方。因在木曾成长，故也被称为木曾冠者、木曾义仲。

② 源义贤是源为义的次子。因此，源义仲是源为义的孙子。

③ 富士河会战是源平两军势均力敌的对峙战，是源赖朝反平战争中关键性的一战，意义重大。

④ 愁，意为贸然、匆匆忙忙；洛阳，即指京都。

云云，羽林已下任其词，不待天曙，俄以归洛毕。

（《吾妻镜》第一，卷1，第52~53页）

二、砺波山之战

（寿永二年）四月十七日，为追讨义仲、赖朝，大将军（平）维盛以下八人、侍大将越中前司盛俊以下三百四十人，其势，大略尽数拾万余骑。（略）平家军分两路，主力指向越中国户（砺）波山①，在木曾（义仲）驰向的攻击下，平家受挫，被追入名为俱梨迦罗的峡谷。平家军兵大多损亡。维盛等狼狈逃窜。（略）以侍大将飞驒判官景高为首，受领、检非违使百六十人，同族者二千余人，其势五万余骑，已失陷于俱梨伽罗谷②也。

（《保历间记》，引自《史料大系日本の历史》第2卷，第181~182页）

三、一谷会战③

（元历元年）二月四日，癸亥，平家日来相从西海、山阴两道军士数万骑，构城埒于摄津与播磨之境一谷，各群集。（略）五日甲子，酉刻，源氏两将到摄津国，以七日卯刻定箭合之期④。

大手大将军蒲冠者范赖⑤也。相从之辈：

小山小四郎朝政　　武田兵卫尉有义　　阪垣三郎兼信

下河边庄司行平　　长沼五郎宗政　　　千叶介常胤

佐贯四郎广纲　　　畠山次郎重忠（略）

已下五万六千余骑也。

搦手大将军源九郎义经⑥也。相从之辈：

远江守义定　　　大内右卫门尉惟义　　山名三郎义范

斋院次官亲能　　田代冠者信纲（略）

---

① 现富山县西砺波郡。

② 在今富山县小矢部市与石川县河北郡交界处。

③ 一谷在今神户须磨区。一谷会战，最终决定了平氏的败势，具有重要的战略意义。

④ 箭合之期，即为会战的日期。

⑤ 源赖朝之弟。

⑥ 源赖朝之弟。又称为源九郎主。

已下二万余骑。

平家闻此事，新三位中将资盛卿，小松少将有盛朝臣，备中守师盛，平内兵卫尉清家、惠美次郎盛方已下七千余骑，著于当国三草山之西。源氏又阵于同山之东，隔三里行程。源、平在东、西，爰九郎主如（与）信纲、实平①加评定，不侍晓天，及夜半袭三品羽林②，仍平家周章分散毕。

七日，丙寅，雪降。寅刻，源九郎主，先引分殊勇士七十余骑，著于一谷后山号鹎越。爰武藏国住人熊谷次郎直实，平山武者所季重等，卯刻，偷回于一谷之前路，自海道竞袭于馆际。为源氏先阵之由，高声名谒之间，飞驒三郎左卫门尉景纲、越中次郎兵卫盛次、上总五郎兵卫尉忠光、恶七兵卫尉景清等，引廿三骑，开木户口，相战之。（略）其后蒲冠者③并足利、秩父、三浦、镰仓之辈等竞来。源、平军士等互混乱，白旗赤旗交色。斗战为体，响山动地。凡虽樊哙、张良，辄难败绩之势也。加之城埦石岩高耸而驹蹄难通，涧谷深幽而人迹已绝。九郎主相具三浦十郎义连已下勇士，自鹎越此山猪鹿兔狐之外，不通险阻也。攻战之间，（平氏军）失商量败走，或策马出一谷之馆，或棹船赴四国之地。爰本三位中将重衡。于明石浦，为景时、家国等被生房。越前三位通盛。到凑河边为源三俊纲诛戮。其外，萨摩守忠度朝臣、若狭守经俊、武藏守知章、大夫敦盛、业盛、越中前司盛俊以上七人者，被范赖、义经等军所讨取也。但马前司经正、能登守教经、备中守师盛者，被远江守义定获之，云云。

八日丁卯，关东两将军④，自摄津国进飞脚于京都。昨日一谷合战，大将军九人枭首，其外诛戮及千余辈之由申之。

（《吾妻镜》第一，卷3，第98~100页）

（元历元年二月）十五日甲戌，辰刻，蒲冠者范赖、源九郎义经等飞脚，自摄津国参著镰仓，献合战记录。其趣：去七日于一谷合战，平家多以殒命，前内府⑤已下，浮海上赴四国。本三位中将⑥生房之，通盛卿、忠度朝臣、经

---

① 佐佐木信纲和土肥实平。
② 平资盛。
③ 源范赖。
④ 源范赖、源义经。
⑤ 平宗盛。
⑥ 平重衡

俊、已上三人，蒲冠者讨取之。经正、师盛、教经、已上三人，远江守义定讨取之。敦盛、知章、业盛、盛俊。已上四人，义经讨取之。此外，枭首者一千余人。凡武藏、相模、下野等军士，各所竭大功也，追可注记言上，云云。

（《吾妻镜》第一，卷3，第101页）

第三节　平氏的灭亡

一、平清盛之死

（治承五年闰二月四日）传闻，禅门①薨去，云云，但实否难知，寻闻也。五日，辛亥，天晴。禅门薨逝一定也，云云。（略）巳刻，大夫史隆职来，虽念诵之间，依世间不审，召前问杂事，语云："今旦参阵，左少辨行隆密语云，去夜法皇宫，武士群集之由，有风闻。人以为，法皇与前幕下②有变异之心，诚是天下衰亡之至也，云云。"昨日朝，禅门以圆实法眼乱国家滥觞，天下之贼也。奏法皇云："（愚）僧早世之后，万事仰付宗盛了，每事仰合，可被计行也云云者。"敕答不详。爰禅门有含怨之色，召行隆仰云："天下事，偏前幕下之最也，不可有异论云云，非啻东国之寇，又有中夏③之乱欤，云云。"小时退了。（略）

准三宫入道、前太政大臣清盛法名静海。者，生累叶武士之家，勇名被世。平治乱逆以后，天下之权，偏在彼私门，长女者始备妻后，续而为国母；次女两人，共为执政之家室；长嫡重盛、次男宗盛，或升丞相，或带将军；次二子息，升进恣心。凡过分之荣幸，冠绝古今者欤。就中，去去年以降，强大之威势满于海内，苛酷之刑罚普于天下，遂众庶之怨气答天，四方之匈奴成变。

（《玉叶》第二集，卷36，第484~485页）

（养和元年闰二月）四日庚戌，戌刻，入道平相国薨九条河原口盛国家。自

---

① 平清盛。

② "幕下"是近卫大将的唐名，此处指平清盛之子右近卫大将平宗盛。

③ 系指京城。

去月廿五日病恼，云云。遗言云："三个日后可有葬之仪，遗骨者纳于幡磨国山田法花堂，每七日可修如形佛事，每日不可修之。亦于京都不可追善，子孙偏可营东国归往之计者。

（《吾妻镜》第二，卷37，第66页）

二、源氏、平氏的最后决战

1. 源氏的艰苦征战①

（寿永二年七月）廿五日丁亥，天晴。寅刻，人告云，法皇御逐电②，云云。此事日来万人所庶几也。而于今次第者，颇可谓无支度欤，可子细追寻闻。（略）此间，定能卿来，寻出（法皇）幽闭之所，密密隐置了。及巳刻，武士等奉具主上③，向淀地方了者，笼在镇西，云云。前内大臣④已下一人不残，六波罗、西八条等⑤舍屋不残一所，并化灰烬了。一时之间，烟炎满天。昨者称官军，纵⑥追讨源氏等，今者违省⑦等（寺），若指边土逃去。盛衰之理，满眼满耳。悲哉，生死有漏之果报，谁人免此难，恐而可恐，慎而可慎者也。摄政⑧自然遁其殃，逃去云林院信范入道堂边。方了，云云。或人告云，法皇登山了，人人未参，暂之有秘藏，云云。

（《玉叶》第二集，卷38，第609页）

（元历二年正月）六日庚寅，为追讨平家，在西海之东土等，无船、粮绝而失合战之由，有其闻之间，日来有沙汰，用意船可送兵粮米之旨，仰付东

---

　　①　一谷战役中，虽然平氏大败，但平氏采取兵力全力据守山阳道、南海道诸国，并集中力量控制濑户内海的制海权。对此，源氏采取从陆路西下九洲，力图从平氏的腹背两面进行挟击。可是，源氏军在进军历尽饥馑、战事失利、武士思乡等困难。从下史料就是有关这方面的记述。

　　②　后白河法皇逃亡。

　　③　安德天皇。

　　④　平宗盛。

　　⑤　京城内平氏一族的居住区域。

　　⑥　"纵"，恣意。

　　⑦　"省寺"，即指官厅、役所。"违省寺"，意为舍官厅、役所事务，逃往边远之地。

　　⑧　藤原基通。

国也。以其趣，欲仰遣西海之处，参河守范赖去年九月二日出京赴西海。去年十一月十四日飞脚，今日参著。兵粮阙乏之间，军士等不一揆①，各恋本国，过半者欲逃归，云云。

（《吾妻镜》第一，卷4，第131页）

（元历二年正月）十二日丙申，参州②自周防国到赤间关，为攻平家，自其所欲渡海之处，粮绝无船，不虑逗留及数日。东国之辈颇有退屈之意，多恋本国，如和田小太郎义盛，犹拟潜归镰仓，何况于其外族乎。而丰后国住人臼杵二郎惟隆，同弟绪方三郎惟荣者，志在源家之由，兼以风闻之间，议定召船于彼兄弟，渡丰后国，可责入博多津之旨。仍今日，参州归周防国，云云。

（同上，第135页）

（元历二年正月）廿六日庚戌，惟隆、惟荣等，含参州之命，献八十二艘兵船。亦周防国住人宇佐那木上七远隆献兵粮米。依之，参州解缆渡丰后国，云云。（略）此中，常胤者，不为事衰老，凌风波进渡焉。景廉者，忘病身相从矣。行平者③，虽粮尽而失度，投甲胄买取小船，最前棹。人怪云："著甲胄，令参大将军御船，全身可向战场软，云云。"行平云："于身命者，本自不为惜之，然者，虽不著甲胄，乘于自身进退之船，先登欲任意，云云。"将帅解缆，爰三州曰："周防国者，西邻（大）宰府，东近洛阳，自此所通子细于京都与关东，可回计略之由，有武卫兼日之命。然者，留有势精兵，欲令守当国，可差谁人哉者。"常胤计申云："义澄④为精兵，亦多势者也，早可被仰，云云。"仍被示其旨于义澄之处。义澄辞申云："悬意于先登之处，徒留此地者，以何立功哉，云云。"然而，撰勇敢被留置之由，所命及再三之间，义澄结阵于防州，云云。

（同上，第135~136页）

---

① "不一揆"，意为不能同心一致。

② 参河又称参州，此处系指参河守范赖。

③ 此段史料中的"常胤者"，即是御家人千叶介常胤；"景廉者"，即是御家人加藤次景廉；"行平者"即是御家人下河边庄司行平。

④ 义澄，全名三浦义澄。

（元历二年二月十三日）今日，伊泽五郎书状自镇西到著于武卫御旅馆，其词云：“为回平家追讨计，虽入长门国，（但）彼国饥馑，依无粮，犹欲引退于安艺国。又欲攻九州岛之处，无乘船之间，不进战之由”云云。即御返事①云：“依无粮退长门之条，只今不相向敌者，有何事哉？攻九国事，当时不可然欤。先渡四国，与平家可遂合战，云云。”

十四日戊辰，参州日来在周防国之时，武卫遣云：“令谈于土肥二郎、梶原平三，可召九国势就之，若见归伏之形势者，可入九州岛。不然者，与镇西不可好合战，直渡四国可攻平家者。而今参州欲赴九国，无船而不进，适虽渡长门国，粮尽之间，又引退周防国讫。军士等渐有变意不一揆之由，被叹申之。其飞脚，今日参著伊豆国。仍今度不遂合战，令归洛者，有何眉目哉。遣粮之程，令堪忍可相待之。平家之出故乡在旅泊，犹励军旅之储，况为追讨使，盍抽勇敢思（志）之由乎。”遣御书②于参州并御家人等，云云。

（《吾妻镜》第一，卷4，第137页）

2. 平氏最后的挣扎——坛浦之战

（元历二年三月）八日辛卯，源廷尉义经。飞脚自西国参著，申云：“去月十七日，仅率百五十骑，凌暴风，自渡部解缆，翌日卯刻，著于阿波国，则遂合战。平家从兵或被诛，或逃亡。仍十九日，廷尉被向屋岛讫。此使不待其左右驰参，而于幡磨国顾后之处，屋岛方黑烟耸天，合战已毕，内里以下烧亡，无其疑（也），云云。”

（同上，第141页）

（元历二年三月）廿一日甲辰，甚雨，延尉③为攻平氏，欲发向坛浦④之处，依雨延引。爰周防国在厅船所五郎正利，依为当国舟船奉行，献数十艘（舟船）之间，义经朝臣与书于正利，可为镰仓御家人之由，云云。

廿二日乙巳，廷尉促数十艘兵船，差⑤坛浦，解缆云云。自昨日聚乘船回

---

① 源赖朝的回信。

② 此处的御书，系是源赖朝给源范赖的军令状。

③ 源义经。

④ 现山口县丰浦郡。

⑤ 差，多义字。此处作差遣解。

计云云。三浦介义澄闻此事，参会于当国大岛津。廷尉曰：汝已见门司关①者也，今可谓案内者。然者，可先登者义澄受命，进到于坛浦奥津边。去平家阵卅余町。于时，平家闻之，棹船出彦岛，过赤间关，在田之浦，云云。

（同上，第 143 页）

（元历二年三月）廿四日丁未，于长门国赤间关②坛浦海上，源平（两军）相逢，各隔三町，艚向舟船。平家五百余艘分三手，以山峨兵藤次秀远并松浦党等为大将军，挑战于源氏之将帅。及午刻，平氏终败倾。二品禅尼③持宝剑，按察局奉抱先帝④<small>春秋八岁</small>。共以没海底。建礼门院⑤<small>藤重御衣</small>。入水处，渡部党源五马允以熊手奉取之。按察局同存命。但先帝终不令浮御。若宫今上兄。者御存命，云云。前中纳言教盛，号门胁。入水，前参议<small>经盛</small>。出战场，至陆地出家，立还又沈波底。新三位中将、<small>资盛</small>。前少将有盛朝臣等，同没水。前内府、<small>宗盛</small>。右门督清宗。等者，为伊势三郎能盛生房。

（同上，第 143 页）

（元历二年四月）十一日甲子，未刻，南御堂柱立也，武卫监临。此间，西海飞脚参，申平氏讨灭之由，廷尉进一卷记。中原信泰书之云云。是去月廿四日于长门国赤间关海上，浮八百四十余艘兵船，平氏又艚向五百余艘合战。午刻，逆党败北。

一先帝没海底

一入海者：

二位尼上　门胁中纳言教盛　新中纳言知盛　平宰相经盛，先出家欤

新三位中将资盛　小松少将有盛　左马头行盛

一若宫并建礼门院被安然救起

一生房者：

前内大臣　平大纳言时宗　右卫门督清宗　前内藏头信基被疵

左中将时实同上　兵部少辅尹明　内府子息六岁童形字副将丸

---

① 现北九州岛市门司区。

② 下关的古名。

③ 平清盛之妻时子。

④ 安德天皇。

⑤ 平清盛之女平德子，高仓天皇中宫。

此外

美浓前司则清 民部大夫成良 源大夫判官季贞 摄津判官盛澄

飞骅左卫门尉经景 后藤内左卫门尉信康 右马允家村 女房

帅典侍先帝御乳母 大纳言典侍重衡卿妻 帅局二品妹 按察局奉抱先帝虽入水存命

（下略）

又内侍所神玺虽御坐，（但）宝剑纷失。愚虑之所罩，搜求之。

（同上，第 144～146 页）

（元历二年四月）十二日乙丑，平氏灭亡之后，于西海（事）可有沙汰条条，今日经群议，云云。被定：参州暂住九州岛，没官领以下事，可令寻沙汰①之。廷尉相具生房等，可上洛之由，云云。则杂色时泽里长等为飞脚赴镇西云云。

（同上，第 146 页）

第四节 镰仓幕府的建立

一、源赖朝进驻镰仓

（治承四年十月）六日乙酉，（武卫）著御于相模国，畠山次郎重忠为先阵，千叶介常胤御后，凡扈从军士不知几千万。楚忽之间，未及营作沙汰，以民屋被定御宿馆，云云。（略）

十一日庚寅，卯刻，御台所②入镰仓，景义奉迎之。去夜自伊豆国阿岐户乡，虽令到著，依日次不宜，止宿稻濑河边民居，云云。

（同上，卷 1，第 48～49 页）

（治承四年十月）十二日辛卯，快晴。寅刻，为崇祖宗，点小林乡之北山

---

① 寻，行使、施行之意。寻沙汰，意为作出决定。

② 源赖朝之妻北条政子。

构宫庙，由鹤冈宫奉迁于此所。以专光坊暂为别当职，令景义执行宫寺事。武卫此间洁斋。

（同上，第49页）

（治承四年十月）十五日甲午，武卫始入镰仓御亭。此间为景义奉行所令修理也。

（治承四年十月）廿一日庚子，为追攻小松羽林，被命可上洛之由于士卒等。而常胤、义澄、广常等谏申云："常陆国佐竹太郎义政并同冠者秀义等，乍①相率数百军兵，未伏归。就中，秀义父四郎隆义，当时从平家在京，其外骄者犹多境内。然者，先平东夷之后，可至关西"云云。依之，令迁宿黄濑河。

（同上，第53页）

（治承四年十月）廿三日壬寅，（武卫）著于相模国府，始行勋功赏，北条殿②及（武田）信义、（安田）义定、（千叶）常胤、（三浦）义澄、（下总）广常、（和田）义盛、（土肥）实平、（藤）盛长、（土屋）宗远、（冈崎）义实、（工藤）亲光、（佐佐木）定纲、经高、盛纲、高纲、（工藤）景光、（藤内）远景、（平太）景义、（宇佐）佑茂、（市川）行房、（加藤）景员入道、（平次）实政、（大见平次）家秀、（饭田）家义以下，或安堵本领，或令浴新恩。

（同上，第54页）

（治承四年十二月）十二日庚寅，天晴风静，亥刻，前武卫"将军"新造御亭有御迁徙之仪，景义为奉行。去十月事始，令营作于大仓乡也。时刻，自上总权介广常之宅入御新亭，御水干、御骑马，和田小太郎义盛候最前，加加美次郎长清候御驾左方，毛吕冠者季光在同右，北条殿、同四郎主、足利冠者义兼、山名冠者义范、千叶介常胤、同太郎胤正、同六郎大夫胤赖、藤九郎盛长、土肥次郎实平、冈崎四郎义实、工藤庄司景光、宇佐美三郎助茂、土屋三郎宗远、佐佐木太郎定纲、同三郎盛纲以下供奉，畠山次郎重忠

---

① 乍，作"正"解。
② 北条时政，源赖朝的岳父。

候最末。入寝殿之后，共辈参侍所。十八间。二行对座，义盛候其中央，著到，云云。凡出仕之者三百十一人，云云。又御家人等同构宿馆。自尔以降，东国皆见其①有道，推而为镰仓主。所素边鄙，而海人野叟之外，卜居之类少之。正当于此时间，闾巷直路，村里授号，加之家屋并甍，门扉辗轩，云云。

（同上，第 59 页）

二、源赖朝的初期政令（"下文"）

（治承四年八月）十九日己亥，兼隆②亲戚史大夫知亲，在当国蒲屋御厨，日者张行非法，令恼乱土民之间，可停止其仪之趣，武卫令加下知③，邦通为奉行，是关东事施行之始也。其状云：

下蒲屋御厨住民等所

可早停止史大夫知亲奉行事

右，至于东国者，诸国一同庄公，皆可为御沙汰之旨。亲王宣旨状④明镜也者，住民等存其旨，可安堵者也，仍所仰，故以下（知）⑤。

治承四年八月十九日。

（同上，第 35～36 页）

（治承四年十月十八日）今日，伊豆山专当，⑥ 捧众徒状驰参路次，兵革之间，军兵等以当山结界之地，为往返路之间，狼藉不可断绝欤，为之如何，云云。仍可停止诸人滥吹之旨，下御书被宥仰，其状云：

谨请走汤山大众解状旨

早可令停止彼山狼籍等，令喜悦御祈祷次第事

右，所致祈念，法力已以令成就毕，是无他念，偏仰权现御利生旨也，

---

①　指源赖朝。

②　伊豆目代平兼隆。源赖朝伊豆举兵，首先讨伐对象。

③　下知，亦称下御书、下文，是源赖朝亲自签署的下达文件。

④　"以仁王令旨"。

⑤　有学者认为"仍所仰，故以下"用词形式与当时文书形式不同，由此提出此"下文"是假的。但一般认为，文中内容与史事相符，而且也存在书写时写错的可能性，故不能认为是假的。

⑥　伊豆山专当，系指伊豆山神社的责任人。

不可致狼籍事。彼山是新皇并兵卫佐殿①御祈祷所也。仍乱恶之辈不可乱入，故，所仰下知如件。

治承四年十月十八日。

（同上，第51页）

（寿永二年十月十四日）大地震。东海、东山诸国年贡、神社、佛寺并王臣家领庄园如元（原），可随领家之由，被下宣旨，依赖朝申行也。

（《百炼抄》第九，第110页）

（寿永三年二月）廿五日甲申，朝务事，武卫注御所存条条，遣泰经朝臣之许云云。其词云：

言上条条②

一朝务等事

右，应守先规，殊可施德政也。但诸国受领等，尤可有计沙汰歟。东国、北国两道国国，追讨谋叛之间，如无土民。自今春，浪人等归住旧里，可令安堵也。然者，来秋之比，被任国司，宜应执行吏务也。

一追讨平家事

右，畿内近国，号源氏、平氏携弓箭之辈并住人等，任义经之下知，可引率之由，可被仰下也。海路虽不辄，殊可总追讨之由，所仰义经也。于勋功赏者，其后赖朝可计申上也。

一诸社事

我朝者神国也，往古神领无相违。其外，今度始，又各可御新加歟。就中，去比鹿岛大明神御上洛之由，风闻出来之后，贼徒追讨，神戮不空者歟。兼又，若有诸社破坏颠倒事者，随功程可被召付处，功作之后，可被裁许也。恒例神事，守式目，无懈怠，可令勤行由，殊可寻沙汰也。

一佛寺间事

诸寺、诸山御领如旧，恒例之勤不可退转。如近年者，僧家皆好武勇，忘佛法之间，不闻行德，无用枢也，尤可禁止也。兼又于滥行不信僧者，不可用公请也。自今以后者，为赖朝之沙汰。至僧家武具者，任法夺取，可给

---

① "新皇"似指以仁王；"兵卫佐"，源赖朝。

② 这是源赖朝写给后白河上皇的建言，又称"镰仓条条"。文中涉及当时国家面临的政治、军事、宗教等重大问题。对这些问题，源赖朝明确地表明了态度和原则。

与追讨朝敌之官兵，所存思也。

以前，条条事，言上如件

寿永三年二月日　　　　　　　　　　　　　　源赖朝

（《吾妻镜》第一，卷3，第104～105页）

（文治元年正月）又御下文一通，遣于九国御家人，其状云：

下镇西九国①住人等可早为镰仓殿御家人且安堵本所，且随参河守下知同心合力追讨朝敌平家事

右，仰彼国国之辈，可追讨朝敌之由，院宣先毕。仍镰仓殿代官两人上洛之处，参河守向九国，以九郎判官②遣四国也。爰平家纵虽在四国，著九国，各守院宣旨，且随参河守下知，令同心合力，可追讨件贼徒也者。九国官兵宜承知，不日全勋功之赏矣，以下。

元历元年正月日　前右兵卫佐源朝臣

（同上，卷4，第134页）

三、幕府的建置

1. 侍所③

（治承四年十一月十七日乙丑）和田小太郎义盛补侍所别当，是去八月石桥合战之后，令赴安房国之时，安否未定之时，义盛望申此职之间，有御许诺，仍（乃）今日被仰阁上首，云云。

（同上，卷1，第57页）

（治承四年十二月）十二日庚寅，天晴风静，亥刻，前武卫"将军"新造御亭有御迁徙之仪，（略）入御于寝殿之后，御共辈参侍所。十八间。

（同上，第59页）

---

① 镇西九国，系指九州岛诸国。

② 参河守，即源范赖；九郎判官，即源义经。

③ 幕府的御家人和军务管理机构。平时管理御家人，战时掌管军务。设别当、所司等职。

2. 公文所①

（元历元年八月）廿四日庚辰，新造公文所，今日立柱上栋。大夫属入道、主计允等奉行也。

（同上，第一，卷3，第121页）

（元历元年八月）廿八日甲申，新造公文所立门。安艺介、大夫属入道、足立右马允、筑前三郎等参集，大庭平太景能经营，劝酒于此众。

（同上，第121页）

（元历元年十月六日辛酉）新造公文所吉书始②也。安艺介中原广元③为别当著座，斋院次官中原亲能、主计允藤原行政、足立右马允、藤内远元、甲斐四郎、大中臣秋家、藤判官代邦通等为寄人，参上。邦通先书吉书，广元披览御前。次相模国中神领佛物等事沙汰之，其后行垸饭。武卫出御，千叶介经营，公私有引出物，上分御马一疋，下各野剑一柄，云云。

（同上，第123～124页）

3. 问注所④

（元历元年十月）廿日乙亥，诸人诉论对决事。相具俊兼、盛时等，且召决之，且令注其词，可申沙汰之由，仰大夫属入道善信，云云。仍点御亭⑤东面厢二个间为其所，号问注所，打额，云云。

（同上，第124页）

---

① 幕府的政务机构，设有别当、寄人等职。
② "吉书始"，系指开始政务。
③ 后改称大江广元。
④ 幕府的诉讼机构，长官称执事，下属有寄人等职。
⑤ 御亭，源赖朝的政所。

四、守护①、地头②

（文治元年十一月十二日）因幡前司广元申云：世已浇季，枭恶者尤得秋也。天下有反逆辈之条，更不可断绝，而于东海道之内者，依为御居所，虽令静谧，（但）奸滥定起于他方欤。为相镇之，每度发遣东士者，人人烦也，国费也。以此次诸国交，御沙汰，每国衙庄园，被补守护、地头者，强不可有所怖，早可令申请，云云。二品③殊甘心，以此仪治定，本末相应，忠言之所令然也。

（同上，卷5，第181~182页）

（文治元年十一月）廿五日甲辰，今日，北条殿入洛④云云。（略）

廿八日丁未，补任诸国平均守护、地头，不论权门势家庄公，可宛课兵粮米段别五升。之由，今夜北条殿谒申藤中纳言经房卿，云云。

廿九日戊申，北条殿所申之诸国守护、地头、兵粮米事，早任申请，可有御沙汰之由，被仰下之间，帅中纳言传敕于北条殿，云云。

（同上，第183~184页）

（文治元年十一月）廿八日丁未，阴晴不定。传闻，赖朝代官北条丸⑤，今夜可谒经房⑥云云，定示重事等欤。又闻，北条丸以下郎从等，分赐五畿、山阴、山阳、南海、西海诸国，不论庄公，可宛催兵粮。段别五升。非啻兵粮之催，惣以可知行田地云云，凡非言语之所及。

（《玉叶》第三集，卷43，第119页）

（文治元年）十二月廿一日庚午，于诸国庄园下地者，关东一向可领掌，云云。前前称地头者，大多为平家家人也。是非朝恩，或平家领内授其号补

---

① 守护、地头的设置是镰仓幕府将自己的势力伸入地方的重要举措。地方各国设守护。其职责三条，即禁谋叛、杀害人和催促番役，史称"大犯三个条"。

② 在公或私的庄园内设地头，任命御家人担任。拥有土地管理权、征税权和警察权。

③ 朝廷于文治元年（1185）四月授源赖朝从二位。此后，赖朝或称"二品"。

④ 北条时政赴京都。

⑤ 即北条时政，亦称北条殿。

⑥ 即藤原经房。源赖朝推荐的朝廷议奏之一。

置之，或国司领家为私芳志①，定补于其庄园。又令违背本主命之时者，改替之。而平家零落之刻，依为彼家人知行之迹，被入没官毕。仍施芳恩本领主空手后悔之处，今度诸国平均之间，还断其思，云云。

（《吾妻镜》第一，卷5，第190页）

五、御家人②制度

一御家人，往昔以来为开发领主③，赐武家御下文人事也。开发领主，根本私领也，又云本领。

一非御家人，其身者虽为侍，（但）不知行当役勤仕之地之事也。

（《沙汰未练书》，引自《史料によるの步み》中世编，第106～107页）

（元历元年）九月十九日乙巳④，平氏一族，去二月被破摄津国一谷要害之后，至于西海，掠虏彼国国。而为攻袭之，发遣军兵讫。以公业为一方先阵之间，著赞岐国，诱住人⑤等。欲相具，各令归伏，构运志于源家之辈，注出交名，依（橘次）公业执进之，有其沙汰。于今者，彼国住人可随公业下知之由，今日仰下也。

在御判⑥：

下赞岐国御家人等可速随橘次公业下知向西海道合战事。

右，国中辈，平家押领之时，无左右御方参交名折纸令经御览毕，尤奉公也，早随彼公业下知，可令致勋功忠之状如件。

---

① 领家私人的恩惠。

② 御家人，系与幕府将军结成主从关系的武士。战时应召率兵参战，平时担任警卫、大番役、警固役等。主君则确保他们领地和庄园的"安堵"。

③ 开发领主，系土地的领有者，亦称根本领主。11～12世纪间，开发领主们常常为保护自己的利益，将自己的领地寄进中央的权势之家，以获得庄园的"不输不入权"。这一举措，实际上是将自己庄园土地的收益权的一部分呈送权势之家，通过契约，保留土地所有的实权。随着源氏武家势力的强盛，首先是东部地方的开发领主们，纷纷投靠源赖朝，企图以自己的武力投入，取得源氏以武力、权势保护自己的权益和地位。

④ 元历元年（1184）正是源平一谷会战，平氏大败之后。平氏退据濑户内海占领赞岐国屋岛作最后抵抗。源赖朝在实施军事征伐的同时，采取了在西部武士中招募御家人，孤立平氏之策。以下就是叙述这方面的史料。

⑤ 诱，劝诱、征集；住人当地武士。

⑥ 有源赖朝亲自划花押的文件。

元历元年九月十九日

赞岐国御家人注进舍平家当国屋岛，参源氏御方，奉参京都御家人交名
事

藤大夫资光　同子息新大夫资重　同子息新大夫能资　藤次郎大夫重次
同舍弟六郎长资　藤新大夫光高　野三郎大夫高包　橘大夫盛资
三野首领盛资　仲行事贞房　三野九郎有忠　三野首领太郎
同次郎　大麻藤太家人

右，度度合战，参源氏御方，京都候①之由，为入镰仓殿御见参②，注进
如件。

元历元年五月日

（《吾妻镜》第一，卷3，第122～123页）

诸国御家人迹，为领家进止之所所御家人役事③。御家人相传所带④等，
虽为本所进止，无指误于被改易者，任先度御教书之旨，可被申子细也。其
上不事行者⑤，可注申关东，若又当知行辈，于其咎出来者，以御家人役勤仕
之仁，可改补之由，可被执申。

至所役者⑥，任先例不可懈怠之由，可破催沙汰之旨，可令申沙汰之状，
依仰执达如件。

宽元二年八月三日，武藏守⑦御判谨上相模守殿

（《中世法制史料集》第1集式目追加，第154页）

---

① 候，有多解。《释名·释言语》"候，护也，可护诸事也。"《广雅·释诂》："候，
望也。"《广韵》"候，伺候。"此处似作"望"解。

② 谒见源赖朝。成为正式御家人的武士，必须参谒将军。但战时采取简便手续，即
由赖朝委任的代表接受武士的申请，提交名单，经赖朝审示并签发下文，预以承认即可。

③ 这是幕府执权给京都的六波罗探题的文件，申述保护御家人利益事。

④ 祖传的领地。

⑤ 事情难以解决时。

⑥ 临时征役之类。

⑦ 武藏守，即北条经时；相模守，即北条重时，时任幕府联署。

六、朝廷授源赖朝征夷大将军及其政所的官制

（建久二年正月）十五日甲子，行政所①吉书始，前前诸家人浴恩泽之时，或被载御判，或用奉书，而今令备羽林上将②之间，有沙汰，召返彼状，可改成家御下文③之旨被定，云云。

政所

别当　　前因幡守平朝臣广元

令　　　主计允藤原朝臣行政

案主　　藤井俊长镰田新藤次

知家事　中原光家岩手小中太

问注所

执事　　中宫大夫属三善康信法师法名善信

侍所

别当　　左卫门少尉平朝臣义盛治承四年十一月奉此职

所司　　平景时梶原平三

公事奉行人

前扫部头藤原朝臣亲能

筑后权守同朝臣俊兼

前隼人佐三善朝臣康清

文章生同朝臣宣衡

民部丞平朝臣盛时

左京进中原朝臣仲业

前丰前介清原真人实俊

京都守护右兵卫督能保卿

镇西奉行人　　内舍人藤原朝臣远景号天野藤内左卫门尉。

---

①　建久元年十一月源赖朝上京，被授权大纳言、右近卫大将，列入公卿行列，为此公文所改为政所。

②　即指源赖朝所受近卫大将。"羽林上将"，唐时将军名。

③　御家人身份和所领的承认，必须有赖朝亲签花押的文书和根据将军之意制定的"奉书"。然而自近卫大将政所建立后，将上述两种证书改为"政所下文"。

（《吾妻镜》第二，卷11，第431~432页）

（建久三年七月）廿日庚寅，大理①飞脚参著。去十二日，任征夷大将军。其除书②，欲差敕使进送，云云。

（《吾妻镜》第二，卷12，第466页）

（建久三年七月）廿六日丙申，敕使厅官肥后介中原景良、同康定等参著。所持参征夷大将军除书也。两人各著衣冠。任例列立于鹤岳庙庭，以使者可进除书之由，申之。（略）将军事③，本自虽被悬御意④，于今不令达之。而法皇崩御之后，朝政初度，殊有沙汰，被任之间，故以及敕使，云云。

（同上，第466~467页）

（建久三年八月）五日乙巳，令补将军之后，今日政所始，则渡御。

家司：

别当　　前因幡守中原朝臣广元
　　　　前下总守源朝臣邦业
令　　　民部少丞藤原朝臣行政
案主　　藤井俊长
知家事　中原光家　　　大夫属入道善信　筑后权守俊兼
　　　　民部丞盛时　　藤判官代邦通、前隼人佑（佐）康时
　　　　前丰前介实俊　前右京进仲业等候其座。

（同上，第468~469页）

---

① 检非违使别当。

② 任命书。

③ 源赖朝一直企望的"征夷大将军"称号，由于后白河法皇的阻挠，始终未能如愿。1192年三月三日后白河法皇去世，后鸟羽天皇于七月十二日决定授命，故有"将军事，本自虽被悬御意，于今不令达之，而法皇崩御之后，朝政初度，殊有沙汰被任之间，故以及敕使云云"之说。

④ 御意，系后白河法皇之意。

七、在朝中设置亲幕公卿议奏制①

（文治元年十二月六日）奏院折纸状云②：

可有御沙汰事

议奏公卿

右大臣③可被下内览宣旨。

内大臣④

权大纳言实房卿	宗家卿	忠亲卿
权中纳言实家卿	通亲卿	经房卿
参议雅长卿	兼光卿	

已上卿相，朝务之间，先始自神祇，次至于佛道，依彼议奏可被计行也。

（略）

十二月六日　　　　　　　　　　　赖朝在一。

　　　　　　　　　　（《吾妻镜》第一，卷5，第184～185页）

（文治二年）四月卅日丁丑，当时京中嗷嗷，更不相镇，被献御消息于内府⑤已下议奏公卿等，是抽兢战之诚，可令兴行善政由也，其状云⑥：

天下之政道者，依群卿之议奏，可被澄清之由，殊所令计言上也。具存君臣之议者，各无私不谀，令回贤虑，可令申沙汰也。赖朝适禀武器之家，虽运军旅之功，久住远国，未知公务子细。又纵虽知子细，全非其仁，旁不能申沙汰也。但为散人之愁，一旦令执申事者，虽为赖朝之申状，不可有理

---

①　文治元年（1185）十二月，源赖朝为了朝廷政事有利于幕府，特向院厅提出"院奏折纸"，其中重要内容有二：一是要求"肃清庙堂"，清除反幕朝臣；二是建立朝政"议奏"制，由亲幕朝臣担任。

②　这是源赖朝为加强朝中亲幕府势力，提出在朝建立"议奏制"意见。特向后白河法皇提交的"议奏名单"，名单上的人皆是亲幕府的公卿。这封给后白河的信中，还提出了其他朝官和地方官吏的任命名单。

③　九条兼实。

④　藤原实定。

⑤　御消息，系指源赖朝给的信函；内府，即指藤原实定。时任内大臣，是赖朝提议的议奏成员之一。

⑥　这是源赖朝给朝中亲幕议奏公卿的一封信，具体述及议奏应持有的议事原则，其中"虽为赖朝之申状，不可有理不尽之裁许"；"纵虽被下敕宣、院宣事，为朝、为世可及违乱端之事者，再三可令覆奏也"两条尤为重要。

不尽之裁许，诸事可行正道之由，所相存也。兼又，纵虽被下敕宣、院宣事，为朝、为世可及违乱端之事者，可令再三覆奏也。思而不令申者，定非忠臣之礼钦。仍为御用意，乍恐上启如件。

　　四月卅日　　　　　　　　　　　　　赖朝

　　进上　某殿

　　礼纸状云：

　　追启

　　如此之次第，自摄政家，令触申钦。朝之要枢也，必可竭忠节也。

（同上，卷6，第220页）

第五节　源赖朝死^①后的幕府政情

一、源赖家继任将军后的幕政变化

1. 问注所被迁出将军御所^②

（正治元年四月）一日壬戌，建问注所于墙外，以大夫属入道善信为执事，今日始有其沙汰。是故，将军御时，营中点（就）一所，被召决诉论人之间，诸人群集成鼓骚，现无礼之条，颇为狼藉之基。于他所可行此仪钦之由，内内有评议之处。（略）今又新造别墙，云云。

2. 将军不参与诉讼事

（正治元年四月）十二日辛酉，诸诉论事，羽林^③直令决断之条，可令停止之。向后大少事，北条殿、同四郎主^④并兵库头广元朝臣、大夫属入道善信、扫部头亲能在京、三浦介义澄、八田右卫门尉知家、和田左卫门尉义盛、

---

　　① 源赖朝于建久十年一月病逝。
　　② 幕府的问注所，原设在将军府，是源赖朝亲近御家人的措施之一。二代将军源赖家将其迁出御家，表明将军与御家人关系的疏远。
　　③ "羽林"及"中将"皆指源赖家。
　　④ 北条殿，即北条时政；四郎主，即北条时政的次子北条义时。

比企右卫门尉能员、藤九郎入道莲西、足立左卫门尉远元、梶原平三景时、民部大夫行政等加谈合，可令计成败。其外之辈，无右左，不可执申诉讼事之旨，被定之，云云。

（同上第二，卷 16，第 556 页）

3. 源赖家霸占御家人安达景盛之妾事件①

（正治元年七月）廿日庚戌，申刻以后，雷鸣甚雨，及深更月明，至晓钟之期，中将家②遣中野五郎能成，猥召（安达）景盛妾女，点小笠原祢太郎宅居置之，殊以宠爱，云云。是依日来重色之志难禁，通御书、御使往复虽及数度，敢以不诺申之间，如此，云云。（略）廿六日丙辰，甚雨，雷一声，及晚属晴。入夜，召件好女景盛妾。于北向御所。石壶，在北方也。自今以后，可候此所，云云，是甚宠爱故也。

（同上，第 558 页）

（正治元年八月）十九日已卯，晴。有谗佞之族，依妾女事，景盛贻怨恨之由，诉申之。仍召聚小笠原祢太郎、和田三郎、比企三郎、中野五郎、细野四郎已下军士等于石御壶，可诛景盛之由，有沙汰。及晚，小笠原扬旗，赴藤九郎入道莲西之甘绳宅。至此时，镰仓中壮士等争锋竞集。依之，尼御台所③俄以渡御于盛长宅，以行光为御使，申羽林④云：

"幕下⑤薨御之后，不历几程，姬君⑥又早世，悲叹非一之处。今好斗战，是乱世之源也。就中（安达）景盛有其寄，先人殊令怜愍。令闻罪科者，我早可寻成败，不事问被加诛戮者，定令招后悔欤。若犹可被追罚者，我可先中其箭。云云。"

---

① 将军源赖家霸人妻事件，险些酿成幕府御家人间的拼战。由于北条政子发现后，严正地训斥赖家不事政事、疏远御家人、结交小人，并断然采取措施，才避免了一场大乱。

② 将军源赖家。

③ 北条政子。

④ 将军源赖家。

⑤ 史料中的"幕下"、"先人"皆指源赖朝。

⑥ 源赖朝与北条政子所生之女。

然间，乍涩被止①军兵发向毕。凡镰仓中骚动也，万人莫不恐怖。

（同上，第 559 页）

（正治元年八月）廿日庚辰，阴。尼御台所逗留于盛长入道宅，召景盛，仰云："昨日加计议，一旦虽止羽林之张行，（但）我已老耄也，难抑后昆之宿意。汝不存野心之由，可献起请文②于羽林。"然者，即任③御旨捧之。尼御台所还御，令献彼状于羽林，以此次被申云："昨日拟诛景盛，楚忽之至，不义甚也。凡奉见当时之形势，敢难用海内之守，倦政道而不知民愁，娱倡（娼）楼而不顾人谤之故也。又所召仕，更非贤哲之辈，多为邪佞之属。何况源氏等者幕下一族，北条者我亲戚也，仍先人频施芳情，常令招座右，而今彼辈等无优赏，剩皆令唤实名之间，各以贻恨之由有其闻，所诠于事令用意者，虽末代，不可有滥吹仪之旨。"尽讽谏之御词，云云。

（同上，第 559～560 页）

4. 有力御家人之间的衡突与斗争

（1）梶原景时与结成朝光④之争

（正治元年十月）廿五日甲申，晴。结成七郎朝光于御所侍，称有梦想告，奉为幕下将军，劝人别一万反祢陀名号于傍辈等，各举而奉唱之。此间，朝光于列坐之众谈云："吾闻忠臣不事二君，云云。殊蒙幕下厚恩⑤也。迁化之刻有遗言之间，不令出家遁世之条，后悔非一，且今见世上，如踏薄冰，云云。"朝光，右大将军⑥御时无双近仕也。怀旧之至，遮而在人人推察，闻者拭悲泪，云云。

（同上，560 页）

---

① 乍涩被止，系骤然停止之意。

② 起请文，表示忠心的保证书。即让安达景盛向将军源赖家写忠心书。

③ 此处的"任"，即为遵照之意。安达景盛遵照北条政子之意，写了"起请文"交给政子。

④ 梶原和结成都是源赖朝的重臣。梶原好告密，御家人皆恨之。以下所选史料揭示了御家人对梶原的痛恨，并由此引发的两者之间的争斗。

⑤ 源赖朝之恩。

⑥ 源赖朝。

（正治元年十月）廿七月丙戌，晴。女房阿波局①告结成七郎朝光云："依（梶原）景时谗诉，汝已拟蒙诛戮，其故者，忠臣不事二君之由令述怀②，谤申当时，是何非雠敌哉。为惩肃傍辈，早可被断罪之由具所申也。于今者，不可遁虎口之难欤者。"朝光倩案之，周章断肠。爰前右兵卫尉义村③与朝光者断金朋友也，则向于义村亭，有火急事之由示之。义村相逢，朝光云："予虽不传领亡父政光法师遗迹，仕幕下之后，始为数个所领主，思其恩高于须弥④顶上，慕其往事之余，于傍辈之中，申忠臣不事二君由之处，（梶原）景时得谗诉之便，已申沈之间，忽以被处逆恶，而欲蒙诛旨。只今有其告，谓二君者，不依必父子兄弟欤。（略）今以一身之述怀，强难被处重科欤，云云。"义村云："缲已及重事也。无殊计略者，曾难攘其灾欤。凡文治以降，依景时谗，殒命失职之辈不可胜计，或于今见存，或累叶含愁愤（者）多之。即（安达）景盛去比欲被诛，并起自彼谗。其积恶定可奉飯羽林为世为君，不可有不对治，然而决弓箭胜负者，又似招邦国之乱，须谈合于宿老等者。"词讫，遣专使之处，和田左卫门尉、足立藤九郎入道⑤等入来。义村对之，述此事之始中终。件两人云："早勒同心联署状可诉申之，（岂）可赏彼谗者一人欤？可召仕诸御家人欤。先伺御气色⑥，无裁许者，直可净死生。件状可为谁人笔削哉？"义村云："仲业文有文笔之誉，于景时插宿意欤。"仍召仲业，仲业奔来，闻此趣抵掌云："仲业宿意欲达，虽不堪，盍励笔作哉云云。"群议事讫，义村劝杯酌，入夜各退散，云云。

廿八日丁亥，晴。巳刻，千叶介常胤、三浦介义澄、千叶太郎胤正、三浦兵卫尉义村（略）已下御家人，群集于鹤冈回廊，是向背于景时事一昧条（者）⑦，不可改变之旨，敬白之故也。顷之，仲业持来诉状，于众中读之。养鸡者不畜狸，牧兽者不育豺之由，载之。义村殊感此句云云。各加署判⑧，其众六十六人也。

（同上，第 560~562 页）

---

① 阿波局，北条时政之女，北条政子的妹妹。
② 指结成朝光十月廿五日的发言。
③ 即御家人三浦义村。
④ 须弥，佛教用语中的须弥山。意为巅立于世界中央的他界神山。
⑤ 和田左卫门尉，即和田义盛；足立藤九郎入道，亦名安达盛长。
⑥ 先伺御气色，即是先看看将军源赖家的态度之意。
⑦ 系指同道者。
⑧ 署判，签名押章。

（正治元年十二月）十八日丙子，景时事，就诸人联署状，日来连连被经沙汰。今日（景时）遂被追出镰仓。和田佐卫门尉义盛、三浦兵御尉义村等奉行之。仍下向相模国一宫，其后破却彼家屋，被寄附（于）永福寺僧坊云云。

（同上，第563页）

（2）源赖家外戚、御家人比企氏之乱

（建仁三年八月）廿七日壬戌，将军家①御不例②，缀危急之间，有让补沙汰：以关西三十八个国地头职，奉让舍弟千幡君③；十岁。以关东二十八个国地头并惣守护职，充御长子一幡④君。六岁。爰家督御外祖比企判官能员潜愤，怨让补于舍弟事，募外戚之权威，插独步志之间，企叛逆，拟奉谋千幡君并外家⑤已下，云云。

（同上，卷17，第603页）

（建仁三年九月）一日丙寅，将军家御病恼事，祈疗共如无其验。依之，镰仓中太（大）物惣⑥，国国御家人竞参，人之所谓叔侄戚等不和仪忽出来欤。关东安否，盖斯时也云云。

二日丁卯，今朝，廷尉能员以息女将军家妾，若公母仪也，元号若狭局。诉申，北条殿偏可追讨由也。凡家督外，于被相分地头职者，威权分于二，挑争之条不可疑之，为子为弟，虽似静谧计，还所招乱国基也。远州⑦一族被存者，被夺家督世之事，又以无异仪云云。将军惊而招能员于病床，令谈合追

---

① 将军源赖家。

② 患病。

③ 源赖朝次子，二代将军源赖家之弟源实朝，后为第三代幕府将军。

④ 源赖家长子。

⑤ “奉谋千幡”，是指阻止千幡继承将军职；“外家即指”北条时政一族。

⑥ 物惣，是中世日本常用词。物的字义有多解，此处似有“数”的意义在。惣是总字的俗字。《淮南子·精神训》“万物总而为”，注“总，合也。”《广韵》“总，合也。”《淮南子·原道训》“万物之总”，注“总，众聚也”。本史料中的物惣，系指御家人大聚合。

⑦ 北条时政，因担任远江守，故有“远州”之称。

讨之仪，且及许诺。而尼御台所①隔障子，潜令伺闻此密事。为告申，以女房奉寻远州，为修佛事，（远州）已归名越之由。令申之间，虽非委细之趣，聊载此子细于御书，付美女进之。彼女奉奔于路次，捧御书，远州下马拜见之，颇落泪。更乘马之后，止驾暂有思案等之气，遂回辔渡于大膳大夫广元朝臣亭。亭主相逢之。远州仰合云："近年能员振威蔑如诸人条，世之所知也，剩将军病疾之今，窥惘然之期，掠而称将命欲企逆谋之由，慍闻于告，此上先可征之欤，如何者？"大令官②答申云："幕下将军③御时以降，有扶政道之号于兵法者不辨是非，诛戮否，宜有贤虑"云云。远州闻此词，即起座，天野民部入道莲景、新田四郎忠常等为御共。于荏栖社前，又扣御驾，仰件两人云："能员依企谋叛，今日可追阀，各可为讨手者。"莲景云："不能发军兵，召寄御前④，可诛之，彼老翁有何事之哉者。"令还御亭之后，此事犹有仪，重为谈合。招大官令，（略）远州御对面良久。（略）午刻，大官令退出。远州于此御亭，令供养药师如来像。日来奉造之。（略）远州以工藤五郎为使，被仰遣能员之许，云："依宿愿有佛像供养之仪，御来临，可被听闻欤。且又以次可谈杂事者，早申可豫参之由。"御使退去之后，廷尉子息⑤亲类等谏云："日来非无计仪事，若依有风闻之旨，预专使欤，无左右不可参向，纵虽可参，令家子郎从等著甲胄、带弓矢可相从"云云。能员云："如然之行妆，敢非警固之备，谬可成人疑之因也。"当时，能员犹召具甲胄兵士者，镰仓中诸人皆可遝骚，其事不可然，且为佛事结缘，且就御让补等事，有可仰事哉，总可参者。

　　远州著甲胄，召中野四郎、市河别当五郎，带弓箭可备两方小门之旨下知，仍取分征箭一腰于二，各手夹之，立两门。彼等依为胜射手，应此仰，云云。莲景、忠常著腹卷，构于西南胁户内。小时，廷尉参入，著平礼⑥、白水干、葛袴，驾黑马，郎等二人，杂色共有五人，入总门，升廊沓脱，通妻户，拟参北面。于时，莲景、忠常等立向于造合胁户之砌⑦，取廷尉左右手，

---

①　源赖家之母北条政子。

②　即大膳大夫大江广元。

③　源赖朝。

④　御前，指北条时政面前。

⑤　廷尉子息，系比企能员之子。

⑥　涂有薄漆的乌帽子。

⑦　砌，台阶也。

引伏于山本竹中，杀戮不回踵。远州出于出居见之，云云。廷尉僮仆奔归宿卢，告事由。仍彼一族郎从等，引笼一幡殿御馆，号小御所。谋叛之间，未三刻，依尼御台所之仰，为追讨件辈，被差遣军兵，所谓江马四郎殿①、同太郎主②、武藏守朝政、山左卫门尉朝政、（略）仁田四郎忠常已下，如云霞，各袭到彼所。比企三郎、同四郎、同五郎、河原田次郎、能员犹子。笠原十郎左卫门尉亲景、中山五郎为重、糟屋藤太兵卫尉有季已上三人能员聟。等防战。敢不愁死之间，挑战及申刻。景朝、景廉、知景、景长等并郎从数辈被疵③，颇引退。重忠入替壮力之郎从责攻之，亲景等不敌彼武威，放火于馆，各于若君④不免（于）御前自杀，若君同（遭）此殃。廷尉嫡男余一兵卫尉假姿于女人，虽遁出战场，于路次为景廉枭首。其后，远州遣大岳判官时亲，实检死骸等，云云。入夜于涩河诛刑部丞，依为能员之舅也。

（同上，603～605 页）

（建仁三年九月）三日戊辰，被搜求能员余党等，或流刑，或死罪，多以被纠断，妻妾并二岁男子等者，依有好，召预和田左卫门尉义盛，配安房国。

（同上，第 606 页）

二、三代将军源实朝时的政事

1. 源实朝就任征夷大将军

（建仁三年九月）十日乙亥，吹举千幡君奉立将军之间，有沙汰。若君今日自尼御台所，用御舆，渡远州御亭，女房阿波局⑤同舆。江马太郎殿、三浦兵卫尉义村等御舆寄。今日，诸御家人等所领，如元可领掌之由，多以被下远州御书，是危世上故也。

（同上，第 607 页）

---

① 北条义时。
② 北条泰时。
③ 疵，受伤。
④ 二代将军源赖家长子。
⑤ 北条政子的妹妹。

建仁三年辛亥。

征夷大将军、右大臣、正二位兼行左近卫大将源朝臣_{实朝}，于时从五位下

前右大将赖朝卿二男，母从二位平政子_{远江守时政女}

建久三年壬子八月九日诞生

（同上，卷18袖书，第610页）

（建仁三年）九月十五日庚辰，霁。幕下大将军二男若君字千幡君。为关东长者。去七日，被下从五位下位记并征夷大将军宣旨。其状，今日到著于镰仓，云云。

（同上，卷18，610~611页）

（元久元年正月）十二日丙子，晴。将军家御读书《孝经》始，相模权守为御侍读。此（僧）儒依无殊文章[①]，虽无才名之誉，（但）好集书籍，详通百家九流云云。

（同上，第616页）

（元久二年四月）十二日己亥，将军家令咏十二首和歌云云。

（同上，第624页）

2. 御家人畠山重忠[②]被杀

（元久二年六月）廿一日丁未，晴。牧御方[③]请朝雅[④]去年畠山六郎被恶口。

---

① 意为无特别的著述。

② 畠山重忠是幕府重臣，追随源赖朝，立有功勋。北条时政后妻牧御方的女婿平贺朝雅与畠山重忠有隙，为此牧御方憎恨畠山重忠，便以畠山重忠父子谋反为名诬告，挑起了畠山重忠父被杀事件。

③ 北条时政的后妻。为人险恶，本条史料中的御家人畠山重忠被害，完全出于她的挑拨。

④ 平贺朝雅，牧御方的女婿。牧御方后来还阴谋策动让朝雅担任幕府将军事件，致使北条时政政治生命的结束。

谗诉，被爵陶①之间，可诛重忠父子之由，内内有计议。先，远州仰此事于相州②并式部丞时房主等。两客申云："重忠，治承四年以来，专忠直间，右大将军③依鉴其志，可奉护后胤之旨，被遣殷懃御词者也。就中虽候于金吾将军④御方，能员合战之时，参御方抽其忠，是并重御父子礼⑤之故也。重忠者，远州智也。。而今何愤可企叛逆哉？若被弃度度勋功，被加楚忽诛杀者，定可及后悔。纠犯否之真伪之后，有其沙汰，不可停滞欤"云云。远州重不出词亏起座，相州又退出。备前守时亲为牧御方之使，追参相州御亭，申云："重忠谋叛事已发觉，仍为君为世，漏申事由于远州之处。今贵殿被申之趣，偏相代重忠，欲宥彼奸曲，是存继母阿党，为被处吾于谗者欤"云云。相州，此上者可在贤卢之由，被申之云云。

廿二日戊申，快睛。寅刻，镰仓中惊遽，军兵竞走于由比浜之边，可诛谋叛之辈，云云。依之，畠山六郎重保⑥，具郎从三人向其所之间，三浦平六兵卫尉义村奉仰，以佐久满太郎等相围重保之处，虽净雌雄，不能破多势，主从共被诛，云云。又畠山次郎重忠参上之由，风闻之间，于路次可诛之由，有其沙汰。相州以下进发，军兵悉以从之。（略）远州候御前，召上四百人之壮士，被固御所之四面。次军兵等进发，大手大将军相州也。（略）前后军兵如云霞亏，列山满野。午刻，各于武藏国二俣河相逢于重忠。重忠去十九日出小衾郡菅屋馆，今著此泽也。折节，舍弟长野三郎重清在信浓国，同弟六郎重宗在奥州，然间相从之辈，二男小次郎重秀、郎从本田次郎近常、榛泽六郎成清已下百三十四骑，阵于鹤峰之麓。而重保今朝蒙诛之上，军兵又袭来，于此所闻之。近常、成清等云："如闻者，讨手不知几千万骑，吾众更难敌件威势，早退归于本所，相待讨手，可遂合战"云云。重忠云："其仪不可然，忘家忘亲者，将军本意也。随而重保被诛之后，不能顾本所。去正治之比，景时辞一宫馆，于途中伏诛⑦，似惜暂时之命，且又兼有阴谋（之）企，可耻贤察欤，尤可存后车之诫"，云云。爰袭来军兵等，冬悬意于先阵，欲贻

① 爵陶，《礼记·檀弓下》"人喜则思陶"。郑玄注："陶，爵陶也"。孔颖达疏："爵陶者，心初悦而未畅之意。"

② 北条时政之子、政子之弟北条时义。

③ 源赖朝。

④ 二代将军源赖家。

⑤ 因畠山重忠是北条时政的女婿，彼此父子相待，故有"父子礼"之说。

⑥ 畠山重忠之子。

⑦ 系指前述的正治二年（1200）梶原景时在骏河国被杀事件。

誉于后代。（略）凡弓箭之战，刀剑之诤，虽移刻，无其胜负之处，及申斜，爱甲三郎季隆之所发箭中重忠年四十二。之身。季隆即取彼首，献相州之阵。尔之后，小次郎重秀年廿三，母右卫门尉远元女。并郎从等自杀，缚①属无为。

（同上，第 625～626 页）

（元久二年六月）廿三日己酉，晴。未刻，相州已下归参于镰仓。远州寻申战场事，相州申云："重忠弟亲类大略以在他所，相从于战场之者，仅百余辈也。然者，企谋叛事已为虚诞。若依谗诉，逢诛戮欤，太以不便，斩首持来于阵头，见之不忘年来合眼之昵，悲泪难禁"云云。远州无被仰之旨，云云。

（同上，第 627 页）

3. 北条时政的失足

（元久二年）闰七月小，十九日甲辰，晴。牧御方回奸谋，以朝雅为关东将军，可谋当将军家于时御坐远州亭。之由，有其闻。仍尼御台所遣长沼五郎宗政、结城七郎朝光、三浦兵卫尉义村、同九郎胤义、天野六郎政景等，奉迎羽林，即入御相州亭之间，远州召聚之勇士，悉以参入彼所，奉守护将军家。同日，丑刻，远州俄以令落饰②。年六十八，同时出家之辈不可胜计。廿日乙巳，晴，辰刻，远州禅室下向伊豆北条郡，今日相州令奉执权事，云云。今日，前大膳大夫属入道、藤九郎右卫门尉等参会相州御亭，经评议，发使者于京都，是可诛右卫门权佐朝雅之由，依仰在京御家人等也。

（同上，第 627～628 页）

4. 御家人和田义盛之乱③

（建保元年五月二日）筑后左卫门尉朝重，在（和田）义盛之近邻。而

---

① 《广雅·释诂三》"缚，事也。"

② 亦称"落饰"、"落发"，即为削发为僧。

③ 北条时政退出幕府政坛后，其弟北条义时任执政。其时，御家人中可与北条氏抗衡者，仅有和田氏、三浦氏等。为削弱有力御家人势力，北条义时首先把矛头指向和田义盛，用种种策略，激怒义盛，从中寻机将其清除。后因和田义盛之子义直、义重、侄胤长参加谋叛，在如何处理子、侄问题上，和田义盛与幕府意见相佐，遂起而叛乱。

义盛馆军兵竞集，见其壮，闻其音，备戎服，发使者告事之由于前大膳大夫①。于时，朝臣宾客在座，杯酒方酣。亭主闻之，独起座奔参御所②。次，三浦平六左卫门尉义村、同兄弟九郎右卫门尉胤义等，始者与义盛成一诺，可警固北门之由，乍书同心起请文。后者令改变之，兄弟各相议云："曩祖三浦平太郎为继，奉属八幡殿③，征奥州武衡、家衡以降，饱所啄其恩禄也。今就内亲之劝，忽奉射累代主君者，定不可遁天谴者欤，早飜先非，可告申彼内仪之趣。"及后悔，则参入相州御亭④，申义盛已出军之由。于时，相州有围碁会，虽闻此事，敢以无惊动之气，心静加目算之后，起座改折乌帽子于立乌帽子，装束水干，参幕府。而义盛与时兼，虽有谋合之疑，非由今朝之事欤。犹豫之间，于御所，敢无警卫之备。然而，依两客之告⑤，尼御台所并御台所⑥等去营中，出北御门，渡鹤岳别当坊，云云。申刻，和田左卫门尉义盛率伴党，忽袭将军幕下。谓件与力众者，嫡男和田新左卫门尉常盛、同子息新兵卫尉朝盛入道、三男朝夷名三郎义秀、四男和田四郎左卫门尉义直、五男同五郎兵卫尉义重、六男同六郎兵卫尉义信、七男同七郎秀盛。此外，土屋大学助义清（略）以下，或为亲戚，或为朋友，去春以来结党成群之辈也。皆起于东西，相分百五十军势于三手：先围幕府南门并相州御第小町上。西北两门。相州虽候幕府，留守将士等有义势各切夹板，以其隙为矢石之路攻战，义兵多以伤死；次，广元朝臣亭，酒客在座，未去砌⑦，义盛大军竞到进门前，虽不知其名字，已发矢攻战。其后，凶徒到横大路，御所南西道也。于御所西南政所前，御家人等支之，合战及数返也。（略）酉刻，贼徒遂围幕府四面，摩旗飞箭。相模修理亮泰时、同次郎朝时、上总三郎义氏等防战尽兵略。而朝夷名三郎义秀败总门，乱入南庭，攻击所笼之御家人等，剩纵火于御所，郭内室屋，不残一宇烧亡。依之，将军家入御于右大将军家法花堂，可遁火灾之故也。（略）凡义盛匪啻播大威，其士率一当千，天地震怒相战，今日暮及终夜，见星未已，匠作全不怖畏彼武勇，且弃身命，且劝健士。调

---

① 大江广元。
② 将军居处。
③ 源赖朝。
④ 北条义时府邸。
⑤ 大江广元和北条义时。
⑥ "尼御台所"：北条政子；"御台所"：将军源实朝夫人。
⑦ 此处的"砌"，意为"其时"。

御之间，临晓更，义盛渐兵尽箭穷，策疲马，遁退于前滨边，即匠作扬旗率势，警固中下马桥。又于米町辻大町大路等之处合战。足利三郎义氏、筑后六郎知尚、波多野中务次郎经朝、潮田三郎实季等，乘胜攻凶徒矣。广元朝臣者，为警固文籍，自法花堂还于政所。（略）

三日癸卯，小雨洒。义盛绝粮道，疲乘马之处，寅刻，横山马允时兼引率波多野三郎、时兼聟。横山五郎时兼甥。以下数十人之亲昵从类等，驰来于腰越浦之处，既合战最中也。时兼与义盛，叛逆事谋合时，以今日定箭合期，仍今来。仍其党类皆弃蓑笠于彼所，积而成山，云云。然后加义盛阵，义盛得时兼之合力，当新羁之马，彼是军兵三千骑，尚追奔御家人等。（略）义盛重拟袭御所，然而，若宫大路①者，匠作、武州防战；町大路者，上总三郎义氏；名越者，近江守赖茂；大仓者，佐佐木五郎义清、结城左卫门尉朝光等，各张阵之间，无据于拟融，仍于由比浦并若宫大路，合战移时。凡自昨夕至此昼，攻战不已，军士等各尽兵略，云云。（略）酉刻，和田四郎左卫门尉义直年卅七。为伊具马太郎盛重讨取。父义盛年六十七。殊叹息，年来依令钟爱义直所愿禄也。于今者，励合战无益，云云。扬声悲哭，迷惑东西，遂被讨于江户左卫门尉能范所从，云云。同男五郎兵卫尉义重、年卅四。六郎兵卫尉义信、廿八。七郎秀盛十五。以下张本②七人共伏诛。朝夷名三郎义秀卅八。并数率等出海滨，掉船越安房国，其势五百骑，船六艘，云云。又新左卫门尉常盛、四十二。山内先次郎左卫门尉、冈崎余一左卫门尉、横山马允、古郡左卫门尉，和田新兵卫入道以上大将军六人，遁战场逐电③，云云。此辈悉败北之间，世上属无为。其后，相州以行亲、忠家实检死骸等，构假屋于由比浦汀，取聚义盛以下首，及昏黑之间，各取松明。

（同上，卷21，第680~685页）

① 文中的若宫路、町大路、名越、大仓、由比浦等，皆是镰仓地区的主要道路和战略要地名。

② 张本，罪魁、祸首。

③ 逐电，逃跑。

三、三代将军源实朝被暗杀①

（建保六年十二月）廿日戊午，晴。去二日，将军家令任右大臣，仍今日有政所始。

廿一日己未，晴。拜贺将军家为大臣。明年正月依可有御参鹤岳宫。

（同上，卷23，第745页）

（建保七年正月）廿七日甲午，霁。入夜雪降，积二尺余。今日，将军家右大臣拜贺，御参鹤岳八幡宫。酉刻御出。（略）令入宫寺楼门之时，右京兆②俄有心神御违例事，让剑于仲章朝臣（后）退去。于神宫寺解脱之后，令归小町御亭。及夜阴，神拜事终，渐令退出之处，当宫别当阿阇梨公晓③窥来于石阶之际，取剑奉侵丞相④。其后，随兵等虽驰驾于宫中，武田五郎信光进先登。无所觅雠敌。或人云，于上宫之砌，别当阇梨公晓讨父敌之由，被名谒云云。（略）爰阿阇梨（公晓）持彼（源实朝）首，向于后见备中阿阇梨之雪下北谷宅。羞膳间，犹不于（放）手于御首，云云。遣使者弥源太兵卫尉阇梨乳母子。于（三浦）义村："今有将军之阙，吾专当东关之长也。早可回计议之由被示合。"（略）义村闻此事，不忘先君恩化之间，落泪数行，更不及言语。少选，先可有光临于蓬屋，且可献御迎兵士之由申之。使者退去之后，义村发使者，件趣告于右京兆⑤。京兆无左右，可奉诛阿阇梨之由，下知之间，招聚一族等凝评定。阿阇梨者，太足武勇，非直也人，辄不可谋之，颇为难仪之由。各相议之处，义村令撰勇敢之器，差长尾新六定景于讨手。定景遂雪下合战后，向义村宅。不能辞退，起座著黑皮威甲，相具杂贺次郎西国住人，强力者也。以下郎从五人，赴于阿阇梨在所备中阿阇梨宅之刻，阿阇梨者，义村使迟引之间，登鹤岳后面之峰，拟至于义村宅。仍与定景相逢途中。

---

①　源实朝继任幕府将军后，一直沉迷游乐、诗作等，未生育儿女。对此其母北条政子担忧若发生突然事变，继承者就会出现危机。当时具有继承资格的人，有第二代将军源赖家之子公晓。而北条政子对公晓作继承人不放心。她将公晓安置在鹤冈八幡宫寺，后任其为宫寺别当。公晓对父亲被杀，一直怀恨在心，伺机为父报仇。建保七年（1219）正月二十七日，乘源实朝参拜八幡神宫寺时，刺杀了他。

②　北条义时。

③　二代将军源赖家之子。其暗杀源实朝是报父亲被杀之仇。

④　将军源实朝。

⑤　北条义时。

杂贺次郎忽怀阿阇梨，互诤雌雄之处，定景取太刀，枭阇梨著素绢衣腹卷，年廿云云一。首。是金吾将军赖家。御息，母贺茂六郎重长女。为朝孙女也。

（同上，卷24，第747、752 页）

第六节　执权政治①

一、朝廷内亲幕势力的削弱

（建久九年正月七日）让位事、让国等事②，自元不及沙汰云云，幼主不甘心之由，东方③虽频令申，纶旨恳切，（略）然而皇子之中，未定其人。关东许可之后，敢取孔子赋④。又行御占，皆以能圆孙⑤为吉兆云云，仍被一定了。此旨以飞脚仰关东了。不待彼归来，来十一日可有传国之事，云云。桑门之外孙⑥，曾无例。而通亲卿⑦为振外祖之威，嫁被外祖母了，故也。二、三岁践祚，为不吉例之由申出云云。信清孙三岁，范季孙二岁。而博陆⑧又向应，尤可被忌例，不可及外祖之沙汰之由，再三申行。是则，其息新侍从兼基，

---

① 执权政治是北条氏独裁幕政大权的体制。此体制的确立是在"承久之乱"之后，由北条义时任执权开始。

② 第一代镰仓幕府源赖朝朝廷受其建议，建立了以九条兼实为首的"议奏"制，通过朝廷公卿的议奏，贯彻幕府旨意。建久七年（1196）源通亲发动宫廷政变，罢了九条兼实的关白职，并扶植养女在子所生的为仁亲王（土御门天皇），自己以外戚身份控制朝政。这条史料是九条兼实对源通亲篡权过程及评论。九条兼实的失势，意味着幕府的朝中势力的减弱。

③ 镰仓幕府。

④ 孔子赋似是抓阄确定人选。

⑤ 为仁亲皇（土御门天皇）。

⑥ 为仁亲皇的外祖父是僧能圆法印，故有此"桑门之外孙"之称。

⑦ 源通亲。是朝中亲幕公卿九条兼实的政敌。建久七年（1196）源通亲发动政变，罢黜九条兼实关白职，并开始独行朝政。建久九年，迫后鸟羽天皇让位。本条史料就是记述其扶植养女在子所生的为仁亲王继承皇位，自己以外戚身份控制太上天皇（后鸟羽）、天皇（土御门）的过程。

⑧ 当时的摄政藤原基通。

为桑门之孙，为世人奇异。为休其嘲，忘帝者之瑕瑾①，同通亲谋云云。愚哉，以小人入魂，为小童之才学，国家之灭亡，举足可待欤。于占卜之吉兆及孔子赋之条者，如此事，只依根元之邪正，有灵告之真伪也。通亲忽补后院别当②，禁里、仙洞可在掌中欤，彼卿日来犹执国柄。世称源博陆，又谓土御门。今假外祖之号，独步天下之体，只可以目欤。

（《玉叶》卷66，第932页）

（建久十年正月五日）此日，欲被行叙位③，而依周公肿物④，被问人人，各申可延引之由云云。（略）是等仪⑤，源臣⑥与亲经相议，不触摄政，不申上皇，只任意行之，各不被知子细之故云云。可弹指，可弹指！

（《玉叶》卷66，第936页）

二、承久之乱⑦

1. 声讨幕府执权北条义时的院宣

右辨官下五畿内诸国东海、东山、北陆、山阴、山阳、南海、大宰府　　应早令追讨陆奥守平义时朝臣身，参院厅蒙裁断

诸国庄园守护人、地头等事

右，内大臣宣："奉敕，近曾称关东之成败，乱天下之政务，才虽带将军之名，犹以在幼稚之龄⑧。然间，彼义时朝臣偏仮言词于教命，恣致裁断于都

---

① 瑕瑾，意为有疵的美玉。此处系指缺点和不足。

② 后鸟羽让位后，即开院政，源通亲任院厅别当，既控制"禁里（天皇）"、又掌控"仙洞（太上天皇）"。

③ 本条史料记明通亲执政的霸道，任命这样的事，竟违背惯例，既不与诸公卿大臣商议，也不请示太上天皇，只与位居末位的权中纳言藤原亲经商量，独行其行。

④ 摄政藤原基通。肿物，即痈疡。

⑤ 指叙位、除目等仪礼。

⑥ 源通亲。

⑦ 建仁二年（1202）源通亲死亡，后鸟羽太上皇亲政，实行"新政"。承久元年（1219）发生镰仓幕府三代将军源实朝被杀事件，后鸟羽乘此开始实施倒幕计划。承久三年五月宣布倒幕，史称"承久之乱"。

⑧ 因源实朝无子，故在其被刺杀后，幕府从京都迎接有源氏血缘关系的左大臣藤原道家之子藤原赖经为四代将军，当时两岁。幕府政事由北条政子垂帘听政。

鄙，剩耀已威，如忘皇宪，论之政道，可谓谋反。早下知五畿七道诸国，令追讨彼朝臣。兼又诸国庄园守护人、地头等，有可经言上之旨，各参院厅，宜经上奏，随状听断。抑国宰并领家等寄事于纶綍，更勿致滥行，綍是严密，不违越者。诸国承知，依宣行之。"

承久三年五月十五日　　　　　　　大史三善朝臣

　　　　　　　　　　　　　　　　大辨藤原朝臣

（《小松美一郎氏所藏文书》，引自《史料による日本の步み》中世编，

第 119～120 页）

（承久三年五月）十五日戊戌，未刻，自一院①遣官兵，讨大夫尉光季，是陆奥守义时朝臣背敕命，乱天下政，可追讨之由有议。依为缘者，先诛光季，光季住高辻北京极西角宅。午刻合战，放火宿馆企自害。余焰及数町，天下之物总也。土御门院、新院，宫宫同时渡御高阳院殿。即追讨义时朝臣宣下，被下五畿。

（《百炼抄》第十二，第 156 页）

（承久三年六月）八日辛酉，一院、土御门院、新院、六条、冷泉两宫御登山，洛中贵贱东西驰走。

十三日丙寅，自宇治武士欲乱入洛都之间，官兵相防合战，云云。

（十四日）申时许，关东武士打破宇治路入洛。虽引桥，勇敢之辈弃身命，渡真木岛，乘胜夺取兵粮，云云。

十五日戊辰，武士等皆以乱入，官兵等各放火宿馆逃隐。

十六日己巳，武士入洛，已著六波罗。京中追捕，以外狼藉也。凡虽灵社灵佛，不恐之，不惮之。

十九日壬申，一院御幸四辻殿，武士围遶。新院还御大炊殿，两宫渡御本所，云云。

廿日癸酉，主上还御闲院。

（同上，第 156 页）

---

① 当时有三位太上天皇，一院为后鸟羽太上皇，中院为土御门太上皇，又称土御门院，新院即为顺德太上天皇。大权掌握在一院手中。

2. 幕府的反击①

（承久三年五月）十九日壬寅，午刻，大夫尉（伊贺）光季去十五日飞脚下著关东，申云："此间，院中召聚官军。仍前民部少辅亲广入道，昨日应救唤。光季依闻右幕下公经。告，申障之间，有可蒙敕勘之形势，云云"。（略）相州、武州②、前大官令禅门、前武州以下群集。二品③招家人等于帘下，以秋田城介景盛示含曰："皆一心而可奉，是最期词也。故右大将军④征罚朝敌，草创关东以降，云官位，云俸禄，其恩既高于山岳，深于溟渤，报谢之志浅乎？而今依逆臣之谗，被下非义纶旨。惜名之族，早讨取秀康、胤义等，可全三代将军遗迹。"（略）晚钟之程，于右京兆⑤馆，相州、武州、前大膳大夫入道⑥、骏河前司、城介入道⑦等凝评议，意见区分，所诠固关足柄、箐根两方道路可相待之由，云云。大官令觉阿云："群议之趣，一旦可然，但东土不一揆者，守关涉日之条，还可为败北之因欤。任运于天道，早可发遣军兵于京都者。"右京兆以两议申二品之处。二品云："不上洛者，更难败官军欤。"相待安保刑部丞实光以下武藏国势，速可参洛者就之。为令上洛，今日，远江、骏河、伊豆、甲斐、相模、武藏、安房、上总、下总、常陆、信浓、上野、下野、陆奥、出羽等国国，飞脚京兆之奉书，可相具一族等之由，所仰家家长也。其状书样："自京都可袭坂东之由，有其闻之间，相模权守、武藏守相具御势，所打立也。以式部丞差⑧向北国，此趣早相触一家人人，可向者也。"

（《吾妻镜》第二，卷25，第766~767页）

---

①　承久三年（1221）五月十四日，后鸟羽太上皇在鸟羽离宫内的城南寺，以举行"流镝马"为名，召集京都周边的军兵准备讨幕。十五日下达讨阀北条义时檄文。之后监禁亲幕府公卿西园寺公经、实氏父子，征讨幕府的京都守护伊贺光季。十九日，京都政情传到镰仓。幕府紧急动员御家人奋起反击，幕府军分三路挺进京都。以下史料具体地记述了幕府的反击动向。

②　相州，北条时房；武州，北条泰时。

③　二品，即北条政子。

④　源赖朝。

⑤　右京兆（右京权大夫），北条义时。

⑥　大江广元。以下的大官令觉阿同此。

⑦　骏河前司，三浦义村；城介入道，安达景盛。

⑧　北条朝时。

（承久三年五月廿一日）今日，天下重事等重评议，离住所，向官军，无左右上洛，如何可有思惟欤之由，有异议之故也。前大膳大夫入道云："上洛定后，依隔日，已又异议出来，令待武藏国军势之条，犹僻案也，于累日时者，虽武藏国众渐回案，定可有变心也。只今夜中，武州虽一身，被扬鞭者，东士悉可如云之从龙者。"京兆殊甘心，但大夫属入道善信为宿老，此裎老病危急之间笼居，二品招之示合。善信云："关东安否，此时至极讫。拟回群议者，凡虑之所覆，而发遣军兵于京都事，尤庶几之处，经日数之条，颇可谓懈缓，大将军一人者先可被进发欤者。"京兆云："两议一揆，何非冥助乎，早可进发之由，示付武州。"仍武州今夜门出，宿于藤泽左卫门尉清近稻濑河宅，云云。

廿二日乙巳，阴，小雨常洒。卯刻，武州进发京都，从军十八骑也，子息武藏太郎时氏、弟陆奥六郎有时，又北条五郎、尾藤左近将监平出弥三郎、绵贯次郎、三郎相从、关判官代、平三郎兵卫尉、南条七郎、安东藤内左卫门尉、伊具太郎、岳村次郎兵卫尉、佐久满太郎、葛山小次郎、敕使河原小三郎、横沟五郎、安藤左近将监、盐河中务丞、内岛三郎等也。京兆招此辈，皆与兵具。其后，相州、前武州、骏河前司、同次郎以下进发讫。式部丞为北陆大将军，首途云云。

（同上，第 768 页）

（承久三年五月）廿五日戊申，自去廿二日至今日晓，于可然东士者，悉以上洛，于京兆所记置其交名也。各东海、东山、北陆分三道可上洛之由，定下之，军士惣十九万骑也：

东海道大将军从军十万余骑

相州、武州、同太郎、武藏前司义氏、骏河前司义村、千叶介胤纲

东山道大将军从军五万余骑

武田五郎信光、小笠原次郎长清、小山新左卫门尉朝长、结城左卫门尉朝光

北陆道大将军从军四万余骑

式部丞朝时、结城七郎朝广、佐佐木太郎信实

（同上，第 768～769 页）

（承久三年）六月十五日戊辰，阴。秀康、胤义等参四辻殿，于宇治、势

多两所合战，官军败北，塞道路之上，已欲入洛。纵虽有万万事，更难免一死之由，同音奏闻。仍以大夫史国宗宿祢为敕使，被遣武州之阵。（略）辰刻，国宗捧院宣于樋口河原，相逢武州，述子细。武州称可拜院宣，下马讫。共勇士五千余辈，此中可读院宣之者欤之由，以冈村次郎兵卫尉相寻之处，敕使河原小三郎云，武藏国住人藤田三郎，文博士也，召出之。藤田读院宣，其趣：“今度合战不起于叡虑，谋臣等所申行也。于今者，任申请，可被宣下，于洛中不可及狼唳之由，可下知东士者。”① 其后又以御随身赖武，于院中被停武士参入毕之旨，重被仰下，云云。盛纲、秀康逃亡，胤义引笼于东寺门内。东士次第入洛，胤义与三浦佐原辈合战数反，两方郎从多以战死，云云。巳刻，相州、武州之势著于六波罗。申刻，胤义父子于西山木岛自杀。（略）秉烛之程，官军宿庐各放火，数个所烧亡，运命限今夜之由，都人皆迷惑，非存非亡，各驰走东西，不异秦项之灾。东士充满畿内畿外。（略）好武勇西面、北面②忽亡，立边功近臣重臣，悉被虏，可悲。当于八十五代浇季，皇家欲绝。

（同上，第 775 ~ 776 页）

3. 乱后的赏罚

（1）六波罗府职责的加强

（承久三年）六月十六日，己巳，相州、武州两刺使移住六波罗馆③，如右京兆爪牙耳目，回治国之要计，求武家之安全④。凡今度合战之间，虽多残党，（但）经和谈，疑刑可从轻之由，四面网解三面，是世之所赞也。

（同上，第 776 页）

（2）对“承久之乱”的主要责任者太上天皇的处罚

---

① 在幕府军逼近京都的形势下，后鸟羽太上皇以“今度合战不起于叡虑，谋臣等所申行也”之语推卸责任，加祸于属下诸臣。

② 守卫院和朝廷的武士。

③ 源赖朝建立幕府后，为控制朝廷，在京都六波罗地方设南北两府，代表赖朝处理政务。承久之乱后，权力增大，机构完善，素有“小幕府”之称。

④ “回治国之要计，求武家之安全”，实是承久之乱后，六波罗府探题的所负的重责。

（承久三年七月八日）今日，上皇①御落饰，戒师御室。道助。先之，召信实朝臣，被摸御影②，七条院③诱警固勇士御幸，虽有御面谒兮，只抑悲泪还御，云云。

（同上，第 792 页）

（承久三年七月）十三日乙未，上皇自鸟羽行宫迁御隐岐国，甲胄勇士围御舆前后。共女房两三辈、内藏头清范入道。

（同上，第 793 页）

（承久三年七月）廿日壬寅，阴。新院④迁御佐渡国。花山院少将能氏朝臣、左兵卫佐范经、上北面左卫门尉大夫康光等供奉，女房二人同参，国母修明门院、中宫一品⑤宫、前帝⑥以下，别离御悲叹，不遑甄录。

（同上，第 793～794 页）

（贞应二年五月）廿七日己巳，土御门院⑦自土佐国可迁于阿波国之间，祗候人数事寻承之。可注进之旨，仰遣阿波守护小笠原弥大郎长经之许。四月廿日为御迎，已进入土州讫之由，长经所言上也。

（《吾妻镜》第三，卷26，第 9 页）

（3）奖赏有功武士

（承久三年七月）廿六日己酉，于关东，勋功赏并畿内西国守护职事，有沙汰云云

（同上第二，卷25，第794 页）

（承久三年八月七日）叛逆卿相、云客并勇士所领等事，武州⑧寻注分，

① 后鸟羽太上天皇。
② 摸影，即是画肖像。
③ 七条院殖子，系后鸟羽太上天皇的生母。
④ 顺德太上天皇。
⑤ 修明门院：顺德太上天皇的生母；中宫一品：顺德太上天皇的中宫立子。
⑥ 仲恭天皇。
⑦ 土御门太上皇。
⑧ 北条泰时。

凡三千余个所①也。

二品禅尼以件没收地，随勇敢勋功之浅深，面面省充之。右京兆②虽执行，（但）于自分者，无立针管领纳，世以为美谈云云。

（同上，第795页）

可速令元行法师③

为参和国重原庄地头职事

右人可为彼职之状，依仰下知如件。

承久三年七月十二日

陆奥守平④（花押）

（《二阶堂文书》，引自《史料による日本の步み》中世编，第126页）

可速令左卫门尉藤原忠久

为越前国守护人事

右人任先例，可致沙汰之状，依仰下知如件。

承久三年七月十二日

陆奥守平（花押）

（《岛津家文书》，引自《史料大系日本の历史》第2卷中世Ⅰ，第232页）

后藤六郎兵卫尉基重，宇治河合战之时，为御方致忠了。然者，后家住播磨国安田庄云云。早可令安堵状，下知如件。

承久三年七月廿四日

武藏守平（花押）

相模守平⑤（花押）

（《播磨后藤文书》，引自《史料大系日本の历史》第2卷中世Ⅰ，
第232~233页）

---

①　此被没收的三千余所领地，又称为"承久京方三千余所没收地"。

②　北条义时。以下多条史料中的"陆奥守平"、"陆奥守"皆为义时。

③　行法师，原名左衡门尉二阶堂基行。承久乱后出家为僧，法名行阿。

④　当时的幕府执权北条义时。

⑤　武藏守（武州），北条泰时；相模守（相州），北条时房。

备后国地毗庄事　地头重俊之子息太郎，于京方虽令死去，同次郎于御方致合战之忠毕。然者，重俊地头职无相违，可令安堵之状，依仰下如件。

承久三年七月廿六日

陆奥守平（花押）

（《山内首藤家文书》，引自《史料大系日本の历史》第 2 卷中世 I，第 233 页）

可速令岛津三郎兵卫尉忠义

为越前国生部庄并久安保重富地头职事

右人补任彼职之状，依仰下知如件。

承久三年八月廿五日

陆奥守（花押）

（《岛津家文书》引自《史料による日本の步み》中世编，第 126 页）

可速令源助长

为出云国三刀屋乡地头职事

右人依勋功赏，可为彼职之状，依仰下知如件

承久三年九月四日

陆奥守（花押）

（《诸家文书纂四》，引自《史料による日本の步み》中世编，第 126 页）

将军家政所下

近江国野洲南郡三宅乡住人补任地头职事

品河四郎入道成阿

右人承久勋功之赏，所充给也者，为彼职，任先例，可致沙汰之状，所仰如件。以下。

仁治三年四月五日

案主左近将曹菅野

知家事弹正忠清原

（以下人名略）

（《筑后田代文书》，引自《史料による日本の步み》中世编，第 233～234 页）

三、守护、地头"所务条条"

（贞应元年四月）廿六日甲辰，晴。评议，定去年兵乱以后守护地头"所务条条"，云云。

（《吾妻镜》第三，卷26，第3页）

国国守护人并新地头非法禁制御成败条条①

（前略）

　一地头等可存知条条

给分所知之外，任自由近邻他领押领，可停止之。次，地头者，守本地头下司之迹，可致沙汰也。但，本下司得分，无下为乏少之所者，随御使之注申，可有计御下知也。御成败以前②，不相待御计，领家、御家、乡司得分令押领之辈者，可处咎事。

　一新补地头任庄园公领，本地头下司得分，为御使沙汰，可令注进之。

　一未被补地头没收所所，为御使沙汰可注进事，如风闻者、。去年兵乱之时，相从京方辈③之所职所领，虽大略注进，犹为守护代等隐笼庄公多之，云云，而在厅官人等，恐守护代详不注进欤。惬任实正可注申之。若又本下司虽无其咎，没收内注申之所所在之者，委寻明可注进也。

右条条，守仰旨可令下知，若犹背禁制之旨，张行自由非法之辈者，云守护人，云地头职，可被改易也。可存知此旨之状，依仰下知如件。

　贞应元年四月廿六日

　陆奥守判

（《追加法》，《中世法制史料集》第61~62页）

---

　① "守护、地头条条"共六条，其中地头三条。其核心内容是：①除通知恩赏的所领之外，不得侵夺近邻的别人领地；应遵守原来的地头、下司的权利；不得任意驱逐管辖以外庄园的预所乡司。②新任地头的庄园、公领，与原地头、下司的利益分配，服从幕府使者的意见并呈报幕府。③已没收，但尚未任命地头的庄园，由幕府派使决定。乱后，叛乱者的所职、所领已基本清查，但也有守护私自拘禁的情况，应查明真相。确实未参与叛乱者，其所领错收的，要查实呈报。

　② 在幕府尚未决定和通知之前。

　③ 京方辈，系指承久之乱中的叛乱者。

宣旨事①

左辨官下五畿内诸国七道

应令自今以后，庄公田畠地头得分十町

别给免田一町并一段别充加征五升事

右，顷年依勋功居地头职之辈，各超涯分②，恣侵土宜。因兹，云国衙、云庄园，寄事于彼滥妨，懈勤于其乃贡③，是非相替，真伪互杂欤。然间，无止之佛神事，空以陵替④，有限之公私领，不辨地利，天下之衰弊，职而斯由。方今四海已定，万方靡然，谁轻宗庙、社稷之重事，谁掠五畿七道之济物⑤。然则，一为休庄公之愁诉，一为优地头之勋劳，旁从折中仪，须定向后法，文武之道舍一不可之谓也。左大臣⑥宣："奉敕，庄公田畠，地头得分，十丁（町）别赐免田一丁（町），一段别充加征五升。于今以后者，严守制符，宜令遵行者，诸国承知，依宣行之。"

贞应二年六月十五日

大史小槻宿祢

左中辨藤原朝臣

（同上，第 235 页）

去年兵乱⑦以后，所补诸国庄园乡保地头沙汰条条⑧

一得分事

右，如宣旨状者，仮令田畠各拾一町内，十町领家、国司分，一丁（町）地头分。不嫌广博狭小，比此率法免给之上，可充行加征段别五升，云云，尤以神妙。但此中，本自带将军家御下知为地头辈之迹，为没收之职，于被

---

① 承久之乱后，由于任命许多新补地头，各地就新补地头的权限、利益出现了不少问题。为缓解矛盾，幕府专门发布了下述新地头利益分配法（"新率法"）。

② 涯分：身份。

③ 贡，每年应该上缴的贡赋。

④ 陵替：不振、衰落。

⑤ 济物：租赋。

⑥ 藤原家通。

⑦ 兵乱：承久之乱。

⑧ 此条所列五条新地头利益分配法，是对前一年的三条分配法的增补，而且是通过朝廷宣布的。

改补之所所者①，得分纵虽减少，今更非加增之限，是可依旧仪之故也。加之，新补之中，本司之迹至于得分寻常地者，又以不及成败，只勘注无得分所所，守宣下之旨，可令计充也。仍各可赋给成败之状也。且是不带此状之辈张行事出来者，可注申交名，可随状被过断也。

一郡内寺社事

右，件寺社者，多为领家进止欤。若又如地头氏寺、氏社者，私进止欤。所诠②任先例，今更不可致自由新仪。

一公文、田所、案主、惣追捕使、有司等事

右，件所职，随所或在之，或无之，必虽非一样，所诠任先例。于领家、国司进止之职者，地头更不可致妨，若有乱逆时，依为指犯过之迹，虽兼带其职③，如旧可从领家、国司之所务。

一山野、河海事

右，领家、国司之方，地头分，以折中之法，各可致半分之沙汰。加之，先例有限年贡物等，守本法，不可违乱。

一犯过人纠断事

右，领家、国司三分之二，地头三分之一，可致沙汰也。

以前五个条，且守宣下之旨，且依时仪，可令计下知也。凡不带此状之辈，若寄事于左右，猥张行事出来者，领家、国司之诉讼，不可断绝，随交名到来，可令过断也。以此旨兼普可被披露也者。仰旨如此，仍执达如件。

贞应二年七日六日　　　　　　　前陆奥守

相模守殿④

（同上，第65～66页）

四、幕府执权北条义时之死及镰仓政局不稳

（元仁元年六月）十三日己卯，雨降。前奥州病痫已及获麟⑤之间，以骏

---

① 由"但此中"至"改补之所所者"句的意思是：其中有本来拥有将军的地头职委任状地头，其所领地及地头职在乱后被没收，却分给了新地头的情况。

② 据《字汇》："诠，具说也。评论事理也。"《集韵》："诠，一日解喻也。"

③ 地头兼任庄官职。

④ 前陆奥守：北条义时；相模守：北条时房。

⑤ 此处的"获麟"，意为临终。

河守为使，申此于若君御方，就恩许，今日寅刻，令落餝①。已刻，若辰分敩。遂以卒去。御年六十二。日者，脚气之上，霍乱计会，云云。

（《吾妻镜》第三，卷26，第18页）

（元仁元年六月廿六日）今日未刻，武州②自京都下著③，先宿于由比边，明日可被移正家云云。去十三日飞脚，同十六日入洛之间，十七日丑刻出京，云云。又相州十九日出京。并陆奥守义氏等同下著，云云。（略）

廿八日甲午，武州始参二位殿御方④，触秽无惮，云云。相州、武州为军营后见，可执行武家事之旨，有被仰云云。而先先为楚忽⑤敩之由，仰合前大膳大夫入道觉阿⑥。觉阿申云："延及今日，犹可谓迟引，世之安危，人之可疑时也。可治定事者，早可有其沙汰，云云。"前奥州禅室⑦卒去之后，世上巷说纵横也。武州者为讨亡弟等⑧，出京都下向之由，依有兼日风闻。四郎政村之边物总。伊贺式部丞光宗兄弟，以谓政村主外家，内内愤执权事。奥州后室⑨伊贺守朝光之女。亦举耆宰相中将实雅卿立关东将军，以子息政村用御后见，可任武家成败于光宗兄弟之由，潜思企，已成和谈，有一同之辈等，于时人人所志相分，云云。武州御方，人人粗伺闻之，虽告申，（但）武州称不实敩之由，敢不惊骚。

（同上，第19页）

（元仁元年六月）廿九日乙未，寅刻，扫部助时盛、相州一男。武藏太郎时氏武州一男。等上洛。去廿七日出门。两人共就世上巷说，虽称可在镰仓之

---

① 落发出家。

② 武州：北条泰时。承久之乱后，泰时与其叔父北条时房（相州）成为京都六波罗府的探题，常驻京都。

③ 元仁元年（1224）六月十三日，执权北条义时去世，镰仓形势不稳。义时后妻伊贺氏力图立其弟为执权，其女婿一条实雅为将军，并策动元老御家人三浦义村兵变。就在严峻时刻，北条政子调京都六波罗探题北条时房、北条泰时叔侄二人返回镰仓，任命为"军营后见"、"执行武家事"。镰仓危机，在北条政子的主导下，又一次恢复了平静。

④ "二位殿"、"二位家"、"二品"均为北条政子之称谓。

⑤ 楚忽：轻率、疏忽，考虑不周详。

⑥ 入道觉阿：大江广元。

⑦ 前奥州禅皇：北条义时。

⑧ 传言泰时由京都回镰仓是要讨阅兄弟北条政村。

⑨ 北条义时的遗孀。

由，相州、武州相谈云："世不静之时者，京畿人意尤以可疑，早可警卫洛中者，仍各首途"。相州，当时于事不背武州命，云云。

（同上，第 19 页）

（元仁元年七月）五日庚子，镰仓中物总。（伊贺）光宗兄弟频以往还于骏河前司（三浦）义村许①，是有相谈事欤之由，人怪之。入夜，件兄弟群集于奥州御旧迹后室居住。不可变此事之旨②，各及誓言。或女房伺闻之，虽不知密语之始，事体不审之由，告申武州。武州敢无动摇之气，彼兄弟等不可变之由，成契约，尤神妙之旨被仰，云云。

（同上，第 20 页）

（元仁元年七月十七日）子刻，二位家③以（与）女房骏河局计为御共，潜渡于骏河前司（三浦）义村宅。义村殊敬喔。二品云："就奥州卒去，武州下向之后，人成群，世不静，陆奥四郎（北条）政村并式部丞光宗等，频出入义村之许，有密谈事之由风闻，是何者事哉？不得其意，若相度武州，欲独步欤。去承久逆乱之时，关东治运，虽为天命，半在武州之功哉！凡奥州镇数度烟尘战，干戈令静谧讫，继其迹，可为关东栋梁者，武州也。无武州者，诸人争久运哉。政村与义村④，如亲子，何无谈合之疑乎！"两人无事之样，须加讽谏者。"义村申不知之由，二品犹不用，令扶持政村，可有滥世企否，可回和平计否，早可申切之旨，重仰。义村仰云："陆奥四郎⑤全无逆心欤。光宗等者有用意事，云云。"尤可加制禁之由，及誓言之间，令还。

（同上，第 20 页）

（元仁元年七月卅日）入夜，有骚动，御家人等皆上旗，著甲胄竞走。然而无其实之间，及晓更静谧。

---

　①　许：是多义字，其中之一与处、所相通。《诗经·大雅·下武》载；"昭兹来许。"《集传》"许，犹所也。"此处似指三浦义村的居处。

　②　此事之旨：即系指谋叛之事。

　③　二位家：北条政子。

　④　义村，即三浦义村。

　⑤　陆奥四郎，即北条政村。

闰七月小，一日丙寅，晴。若君①并二位家座武州御亭。连连遣御使于（三浦）义村许，被仰可镇世上滥吹之由上，惊去夜骚动，招寄义村，仰含云："吾今抱若君，与相州、武州等在一所，义村不可各别，同可候此所者，义村不能辞申，云云。"（略）三日戊辰，晴。于二品御前，世上事及御沙汰。相州被参，又前大膳大夫入道觉阿扶老病应召，关左近大夫将监实忠注记录云云：光宗等令宰相中将实雅卿，欲立关东将军，其奸谋已显露讫，但以卿相以上，无左右匡处罪科，进其身于京都，可伺奏罪名事；至于奥州后室②并光宗等者，可为流刑。其外事，纵虽有与同之疑，不能罪科由，云云。

（同上，第21页）

五、北条泰时执权时代

1. 泰时执政理念——"明法道"

（元仁元年八月）廿八日壬戌，武州故政所吉书始，云云。又《家务条条》被定其式。

左近将监景纲、平三郎兵卫尉盛纲等为奉行，云云。

（同上，第22~23页）

（元仁元年十二月）二日甲午，天晴。武州为执权，殊显政道兴行之志，而以明法道目安。自今朝，每旦可一反③览之，云云。 （同上，第25页）

2. 制定《贞永式目》（又名《御成败式目》）等武士法

（贞永元年）五月十四日甲午，武州专政道之余，试御成败式条之由，日来内内有沙汰。今日已令始之，云云。偏所仰合④玄蕃允康连也，法桥圆全执

---

① 若君：当时的幕府将军九条赖经。
② 义时后妻伊贺局。
③ 反：翻、通。
④ "仰合"，参与式目的草拟和制定者。

笔。是关东诸人诉讼事，兼日定法不几之间，于时，綷亘①两段，仪不一揆②。依之，固其法，为断滥诉之所起也。

（同上，卷28，第116页）

（贞永元年八月十日）武州令造《御成败式目》终其篇，五十个条也。③今日以后，诉论是非，固守此法，可裁许之由被定，云云。是则可比淡海公律令钦④。彼者，海内龟镜。是者，关东鸿宝也。元正天皇御宇养老二年戊午，淡海公令择律令云云。

（同上，第118页）

（贞永元年九月）十一日戊子，晴。武州以五十个条式条，相副和字御书⑤，送遣于六波罗，骏河源左卫门尉为使者。

（同上，第119页）

（贞永元年闰九月）一日戊申，畿内、西海并近国相论事，共以为国领者，可为国司成败；于庄圆者，可为本家、领家沙汰之由，被定云云。

（同上，第119页）

（贞永元年十二月）五日庚辰，故入道前大膳大夫广元朝臣存在之时，执行幕府巨细之间，寿永、元历以来，自京都到来重书并闻书、人人疑状、洛中及南都北岭以下，自武家沙汰来事记录、文治以后领家地头所务条条式目、平氏合战之时，东士勋功次第注文等文书，随公要，依赋渡右笔辈方，散在所处。武州闻此事，令季氏、净圆、圆全等，寻聚之，整《目录》，送左卫门大夫，云云。

（同上，第125页）

---

① 綷：事情；亘：贯。
② 揆：同法则、团结一致、同心。
③ 实际上是51条。
④ 藤原不比等所撰《养老律令》。
⑤ 和字御书：用假名写的书信。

六、《贞永式目》（《御成败式目》）①

一可修理神社，专祭祀事。

一可修造寺塔，勤行佛事等事。

一诸国守护人奉行事。

一同（诸国）守护人不申事由，没收罪科迹事。

一诸国地头令抑留年贡所当事。

一国司领家成败不及，关东御口入事。

一右大将家以后代代将军并二位殿御时所充给所等，依本主诉讼，被改补否事。

一虽带御下文，不令知行经年序所领事。

一谋叛人事。

一杀害双伤罪科事。附父子咎相互被悬否事。

一依夫罪过，妻女所领被没收否事。

一恶口咎事。

一殴人咎事。

一代官罪过悬主人否事。

一谋书之罪科事。

一承久兵乱时没收地事。

一合战罪过父子各别事。

一让与所领于女子后，依有不和，其亲悔还否事。

一不论亲疏被眷养辈违背本主子孙事。

一得让状后，子先父母令死去，迹事。

一妻妾得夫让，被离别后，领知彼所领否事。

一父母所领配分时，虽非义绝，不让与成人子息事。

一女人养子事。

一让得夫所领后，令改嫁事。

一关东御家人以月卿云客为壻君，依让所领，公事②减少事。

---

① 《贞永式目》（《御成败式目》）共五十一条，内容涉及颇广，包括意识形态、行政、民事、诉讼等等。为便于了解式目全貌，特引录全部条目，但限于篇幅，每条的具体内容均被略去。

② "公事"，各种课税的总称。

一让所领于子息，给安堵御下文后，悔还其领，让与他子息事。

一未处分迹事。

一构虚言，致谗诉事。

一阁本奉行人，附别人企诉讼事。

一遂问注辈，不相待御成败，执进权门书状事。

一依无理不蒙御成败辈为奉行人，偏颇由诉申事。

一隐置盗贼、恶党于所领内事。

一强、窃二盗罪科事。附纵火人事。

一密怀他人之妻罪科事。

一虽给度度召文，不参上科事。

一改旧境致相论事。

一关东御家人申京都，望补傍官所领上司事。

一总地头押妨①所领内之名主职事。

一官爵所望辈，申请关东御一行事。

一镰仓中僧徒恣诤官位事。

一奴婢、杂人事。

一百姓逃散，时称逃毁，令损亡事。

一称当知行，掠给他人所领，贪取所出之物事。

一傍辈罪过未断以前，竞望其所带事。

一罪过由披露时，不被纠决，改替所职事。

一所领得替时，前司、新司沙汰事。

一以不知行所领文书，寄附他人事。附以名主职不相触，本所寄进权门事。

一卖买所领事。

一两方证文理非显然时，拟遂对决事。

一狼藉时不知子细，出向其庭辈事。

一带问状御教书，致狼藉事。

贞永元年七月日。

（《校本御成败式目》，载《中世法制史料集》第一卷，第3～28页）

---

① 《集韵》："押，管拘也"，《广韵》："妨"妨害"。

七、《六波罗条条》

（贞永元年十一月廿九日）今日，《六波罗成败法十六条》①，被仰下之，云云。

（《吾妻镜》第三，卷28，第125页）

（延应元年）四月十三日壬子，今日经评议，有仰《六波罗条条》：

一僧徒兵杖禁制事

　度度被下纶旨毕，犹②为自由滥吹者，任法可行者。

一近年四一半徒党③兴盛事

　于京中者，申别当，仰保官人，可破却其家，至边土者，申本所可停止。凡随被召禁，申其身，可令下进关东者。

一所召置京都犯人事

　付大番众并下向便宜，可下关东者。

一武士召取④犯人住宅事

　触申大理，可为保官人沙汰，于片（行）土者，可为本所计者。

一于篝屋⑤打留⑥物具事

　可被充行其守护人者。

一诸社神人等付在京武士宿所，或振神宝，或致狼藉事

　为惩傍辈，可召下张本⑦于关东者。

以上事如此，相加文章，被载御教书。

（同上，卷33，第125页）

---

① 《六波罗成败十六条》和《六波罗条条》是使幕府派驻京都的六波罗府的职责及武士的行为更加规范，对幕府更有效地控制畿内及西国，颇具意义。

② 犹：仍、还。

③ 四一半徒党，似指扰乱社会安全的徒众。

④ 召取：占据。

⑤ 镰仓时代守护人的宿卫处。

⑥ 打留：最后、最终。

⑦ 张本：首谋者。

八、设置评定众①

嘉禄元年乙酉

七月十一日二位家②薨，年六十九，以后始评定，年纪不分明。十二月廿九日若君③御元服，加冠泰时朝臣。

执权　　　相模守平朝臣时房

武藏守平朝臣泰时

评定众　　助教中原师员

骏河前司平义村④

隐岐守藤原行村⑤法师法名行西。

出羽守藤原家长

民部大夫三善康俊问注所执事。

民部大夫藤原行盛⑥政所执事。

民部大夫三善伦重

左卫门尉藤原基纲

玄蕃允三善康连

相模大掾藤原业时

左兵卫尉藤原长定法师法名净圆。

（《关东评定传》，引自《史料による日本の步み》中世编，第135页）

（嘉禄元年十二月廿一日）相州、武州、助教、骏河前司、隐歧入道等参御所，有评议始，神社佛事等事，云云。

（《吾妻镜》第三，脱漏，第40页）

---

①　北条义时死后，其子北条泰时继继任执权职。泰时在处理政事中，推行集体决策。首先，幕府的公文，实行连署，即一切文件由自己和叔父北条时房共同签署；其次，于嘉禄元年（1225）建立评定众制，凡幕府重大事宜，由执权、评定众集体议政，史称"评议"。"评议"是幕府最高政务、裁决诉讼机构。

②　北条政子。

③　第四代将军藤原赖经。

④　三浦义村。

⑤　亦称二阶堂行村。

⑥　亦称二阶堂行盛，法名行然。

（贞永元年七月）十日已丑，霁。为表政道无私，召评定众联署起请文，其众为十一人：

摄津守中原师员

骏河前司平义村

沙弥行西隐岐守。

前出羽守藤原家长

加贺守三善康俊

沙弥行然民部大夫。

左卫门少尉藤原基纲

大和守三善伦重

玄蕃允同康连

相模大掾藤原业时

沙弥净圆左兵卫尉。

相州、武州为理非决断职，犹令加署判于此起请（文），云云。

（同上，卷 28 页）

第八章 镰仓幕府的消亡

概 说

北条泰时以"明法道"治政的政策，以及泰时为人的正直、无私，博得了御家人的好评，使镰仓幕府上下一统，盛极一时。仁治三年（1242）六月，泰时亡故以后，泰时之孙北条经时继任执权。可是，宽元四年（1246）闰四月，北条经时患黄疸病也去世了。两任执权的相继死亡，使幕府再次陷入新的危机状态，幕府内外政局不稳。首先出现的危机，是发生了史上称之谓"宫骚动"的政治事件。这是幕府将军一方与执权北条氏一方，为争夺幕府权力的斗争。在"宫骚动"中，虽然幕府将军一方失败，相关人员受到清洗，前将军藤原赖经被逐出镰仓，回到京都，但是两者之间的矛盾并未彻底完结。这一矛盾的延续，是发生在宝治元年（1247）的"宝治之乱"。在"宝治之乱"中，幕府将军的有力御家人三浦氏一族被灭。北条氏进一步巩固地位，实施专制统治。

其次，镰仓幕府在外事方面也遇到了难题。1260 年 3 月，忽必烈成为蒙古国大汗。1271 年，忽必烈改蒙古国国号为元。如何应对蒙古忽必烈的"讲信修睦"要求，是幕府新难题。忽必烈关注日本，始于 1266 年（至元三年）。至元五年（1268）正月，他通过高丽国国使潘阜，持蒙古国书赴日。蒙古国书要求日本"冀自今以往，通问结好，以相亲睦"，并以"圣人以四海为家，不相通好，岂一家之理哉？以至用兵，夫孰所好，王其图之"相威胁。自此之后，忽必烈多次遣使日本，但镰仓幕府和朝廷均态度一直冷淡，对忽必烈的要求一再拒绝。在多次遣使无果的情况下，忽必烈于至元十一年（1274）发动了第一次征日的"文永之役"。结果，元军惨败。

至元十一年（1274）的"文永之役"后，忽必烈仍多次派使赴日，谋求日本来元报聘。对此，日方不但不响应，却斩杀元使，并积极备战。忽必烈遂于至元十八年（1281）五月，开始了第二次征日，是为"弘安之役"。此役因为元军内部的不协调和战术指挥的错误以及遭遇台风，致使船破兵亡，再一次惨遭失败。

在两次抗元战争中，日本武士虽英勇抵御，但若无风暴袭击元军和元军内部协调一致，战术无误，日本方面是难以获胜的。最终，日本虽然侥幸获胜，但战争一结束，幕府内部旧有矛盾重又复发。面对元军的入侵，幕府上下一时呈现了一致对外的亢奋状态，然而战争一旦结束，权力、利益和因战功谋求恩赏等问题一齐涌现。此时，北条氏不顾广大御家人利益，大肆独占权力，一味追求嫡系一族的利益，加上战功恩赏迟缓，引起了御家人的不满。在此期间，长期臣服于北条氏本领的名主层，依仗主人势力，积极在幕府机构中结聚实力，成为与有力御家人相抗的政治集团。这些人被称为御内人。御内人的代表人物平赖纲于弘安八年（1285）十一月，发动了"霜月之乱"，以有力御家人安达泰盛及其子谋反之名，武装袭击安达泰盛一族。在双方的会战中，安达氏受到重创，平赖纲实际上控制了幕政。得势的平赖纲不满足已掌控的权力，又于正应六年（1293），与其子饭沼资宗阴谋策划夺幕府将军之位。最终阴谋暴露，平赖纲父子遭杀。此事史称"平禅门之乱"。

"霜月之乱"和"平禅门之乱"加速了幕府的衰弱进程。

镰仓幕府的衰弱，最明显的表现是御家人的贫困。御家人贫困的原因颇多，但主要有二：一是原有的领地、财产由于诸子的分割，越来越小；二是商品经济的发展和货币的流通，导致对奢侈生活的不绝追求。由于以往的自给自足经济的瓦解，使中下层御家人的经济状况急速降低。为了奢侈生活的需求，御家人便去借高利贷。高额的利息，反过来使借贷者生活更加拮据。贫困的逼迫，使御家人不得不将祖传的领地、幕府的恩赏地，或典当或出卖，有的甚至出卖地头代、地头等职，最终使大批御家人成为一无所有者，被称为"无足御家人"。

御家人的贫困，严重地危及幕府的社会基础。为挽救御家人的没落，幕府一再地发布下文，宣布：御家人的领地，一律不准典当和买卖；禁止社会地位低下的商人、高利贷者、僧侣、非御家人等，购买御家人领地。永仁五年（1297）更发布挽救御家人贫困的所谓"德政令"：停止债务、利息、土地买卖等的越级诉讼；典当地和出卖的土地，无偿归还原主；停止受理高利贷诉讼。由于幕府权威的衰落，"德政令"推行并不顺利，终致失败。

在幕府的政情如江河日下的时候，皇室方面以后醍醐天皇为首的倒幕派的活动日趋加强。倒幕派以一种"无礼讲"的聚会方式，不断聚合商议倒幕计划。经过精心策划，倒幕派确定于正中元年（1324）十月二十三日，利用北野天宫祭祀日的机会，举兵讨幕，首先袭击六波罗府。幕府侦知了倒幕派的计划，迅即采取行动。逮捕、流放倒幕派多人。倒幕活动的核心人物后醍醐天皇，却以"自己并不知晓"为由推卸责任，逃过了追责。此次事件，史称"正中之变"。

后醍醐天皇倒幕活动并没有因"正中之变"的失败而停止。后醍醐天皇重振旗鼓，策划新的倒幕计划，但他的新策划，受到近侧朝臣的反对，劝说他放弃活动。后醍醐不听劝说。终因密告，幕府出击，相关参与者或被流，或被处死。后醍醐天皇侥幸逃出京都，转辗南都奈良，最后进入笠置山的笠置寺。幕府军对笠置寺实施围攻。笠置山防御终被攻破，笠置寺被焚毁。后醍醐天皇虽逃脱围剿，但在逃跑路上被捕，被送回京都软禁。元弘二年（1332）三月，被远流隐岐岛。此为"元弘之变"。

元弘三年（1333）闰二月，后醍醐天皇在当地武士的帮助下，逃出流放地隐岐岛，到达伯耆国的船上山，以此为据点，积聚力量，继续高举倒幕大旗。与此同时，镰仓幕府军主力之一、御家人足利高氏秘密遣使与后醍醐联系，表示了倒幕拥皇之意。后醍醐向足利高氏下达讨幕敕旨。足利高氏接获敕旨后不久，正式宣布倒幕拥皇。由于足利高氏的倒戈，形势急剧发生逆转，倒幕军士气大振，很快攻进京都，幕府六波罗军全军覆没，六波罗府焚毁。五月，镰仓陷落，幕府执权北条氏一族数百人自杀。延续一百五十余年的镰仓武士政权终至消亡。

第一节　幕府的新矛盾

一、执权北条泰时、经时相继病逝[1]

仁治三年六月下（上）旬，右（左）京权大夫泰时罹病，以将军赖经为

---

　　[1]　执权北条泰时于仁治三年（1242）六月病逝。幕府执权职由泰时之孙北条经时继任。宽元四年（1246）三月，经时又因黄疸病，让执权职于舍弟北条时赖后，不久死去。北条氏专权幕府，引起了幕府将军势力的诸多不满，长期隐藏的矛盾，就在新旧执权交替之时暴发。

首，嫡孙左近大夫将监（北条）经时以下一门，至仕奉的大名、小名，皆手心冒汗，屏息护理。诸寺、诸社都举行了祈祷，医师、阴阳师伺候殿中，进行种种治疗、祈祷，但均无效果。最终，生命难延，于同月十五日停止了气息。可惜，可叹。

（泰时是）生于末世的无与伦比的贤者，作为国家首领，政务的模范者，受到崇敬。他的慈爱和恩惠广及国内，他的清廉、谦让遍行于天下，修德行正道，不仅人，而且连草木也为之钦服。

（《北条九代记》卷7，第182～183页）

（宽元四年三月）廿一日庚戌，武州有病恼事，颇危急之间，及所疗逆修等之仪云云。廿三日壬子，于武州御方①有深秘御沙汰等，云云。其后，奉让执权于舍弟大夫将监时赖朝臣，是存命无其恃之上，两息未幼稚之间，为止始终牢笼，可为上御计之由，真实趣出御意云云。

（《吾妻镜》第三卷37，第359页）

（宽元四年闰四月）一日己丑，天晴。今日，入道正五位下、行武藏守平朝臣经时卒。法名安乐，年三十三。

（《同上，第360页》）

二、御家人事件不断

1. 越后守北条光时等骚乱事件②

（宽元四年闰四月）十八日丙午，亥刻，俄镰仓中物忩，介胄士满衢，云云。及晓更静谧，旁有巷说等，云云。

廿日戊申，近国御家人等，驰参不知几千万，连日骚动不静谧，云云。

（《同上，第360页》）

---

① 此处的武州，即是北条经时。

② 新执权职上任之后出现的越后守北条光时等的针对新执权时赖的骚乱事件，其背后有幕府将军势力的策划，反映了将军与执权之间的矛盾，所以骚乱平静之后，执权北条赖时把前将军藤原赖经逐出镰仓，送回京都。因为有将军势力的策划，故史称"宫骚动"。

（宽元四年五月）廿二日己卯，天晴。寅刻，秋田城介义景家中并甘绳边骚动，缲已及广广。廿四日辛巳，天晴。亥刻地震。子时以后雨降。今申刻，镰仓中人民不静，资财杂具运隐东西，云云。已被固辻辻①。涩谷一族②等守左亲卫③，严令警固下马桥。而太宰少弍为参御所④，欲融之处，彼辈于参御所者不可听之，令参北条殿御方者。称不可及抑留之由，此间颇有喧哗。弥物总，夜半皆著甲胄扬旗，面面任雅意，或驰参幕府，或群集左亲卫边，云云。巷说纵横，故，远江入道⑤生西子息乖逆心，缲发觉之由，云云。

廿五日壬午，天晴。世上物总未休止，左亲卫宿馆警固敢不⑥缓，甲胄军士围绕四面。卯一点，但马前司定员称御使，参左亲卫第，而不可入于殿中之旨，依令下知于诹方兵卫入道、尾藤太平三郎左卫门尉等，忽退出云云。越后守（北条）光时⑦令侍宿御所中处，今晓家人参唤出之程，白地⑧即退出讫，并无归参之仪，则坐事落饬，献其髻于左亲卫。是可追讨左亲卫之由，成一味同心，不可改变之趣，相互书联署起请文。其张本者在名越一流之由，风闻之间，及此仪。舍弟尾张守时章、备前守时长、右近大夫将监时兼等者，无野心之旨，兼以依令陈谢，无殊事，云云。其后，但马前司定员坐事出家，秋田城介义景预守护之。子息兵卫大夫定范被处缘坐云云。午刻以后，群参之士又扬旗。

（《同上，第 361～362 页》）

（宽元四年六月）七日甲午，前佐渡守基纲、前大宰少弍为佐、上总权介秀胤、前加贺守康持等，有事被除评定众，康持被止问注所执事，云云。

（《同上，第 362 页》）

（宽元四年六月）十三日庚子，入道越后守（北条）光时法名莲智。配流，赴伊豆国江间宅。越后国务以下所带之职，大半收公之。又上总权介秀胤被

① 辻辻：交通要道。
② 涩谷一族：北条氏族内的一族。
③ 左亲卫,：执权北条时赖。
④ 御所：幕府将军居处。
⑤ 远江入道，即北条朝时。
⑥ 敢不，其意与“不”敢相同。
⑦ 越后守光时，执权北条时赖的叔伯，又称名越光时。
⑧ 白地，仓惶、匆匆之意。

追下上总国，有相度事之由，依令露显也。

（《同上，第 362 页》）

2. "宝治之乱"①

（宽元四年八月）十二日戊戌，相模右近大夫将监自京都皈（返）参，是入道大纳言家②皈（返）洛之间，所被供奉也。此外，人人同还向。去月廿七日五更，廿八日分也。经祇园大路著御于六波罗若松殿。今月一日，供奉人等进发，而能登前司（三浦）光村残留于御帘之砌，数刻不退出，落泪千行，是思廿余年昵近余波之故欤。其后，光村谈人人，相构今一度欲奉入镰仓中云云。

（《同上，第 364 页》）

（宝治元年五月）廿七日己卯，左亲卫轻服之间，日来令寄宿若狭前司（三浦）泰村亭。而今日，彼一族③虽有群集之形势，更无祇候于御前之事④。只在闲所，皆不能取髻直衣装。是外则为献杯酒等，虽似专经营，内有他用意之条揭焉也。其上，入夜，铠腹卷之妆有响于耳事，此程自方方告申之趣，强无信用之处。忽符合之间，思食合，（左亲卫）俄退彼馆，令还本所⑤。廿八日庚辰，此程⑥世上不静，是偏三浦之辈依有逆心之间，人性皆乖怖畏之故也。件氏族⑦，云官位，云俸禄，于时虽不可成恨。入道大纳言归洛之事，殆不叶彼雅意等，追日奉恋慕欤。就中，能登前司光村，自幼少当初奉昵近，

---

　　① "宫骚动"虽被平息，但执权派与将军派的矛盾依旧。前将军藤原赖经被逐时，御家人三浦光村护送返京。自京都回镰仓后，光村在其兄三浦泰村协助下，召集武力，企图重新迎将军藤原赖经回镰仓。于是执权派与三浦氏之间发生大战，最后三浦氏被灭。下引史料，具体叙及事件经过。

　　② 前将军藤原赖经。

　　③ 三浦氏一族。

　　④ 这句话的意思是：三浦氏正准备聚集一族武士起事，竟把执权左亲卫北条时赖晾在一边，无人接待。

　　⑤ "俄退彼馆，令还本所"之意是：看到三浦氏一族的军备情势，左亲卫思考之后，毅然决定赶快离开三浦泰村家，返归自己的居处。

　　⑥ 此程：近来。

　　⑦ 件氏族：三浦氏一族。

每夜卧御前，日阑退座右，起居戏论，触折兴游，每事未禁怀旧之上，密密
有承严约事云云。（略）光村等存案之旨，已可谓发觉。就之，左亲卫今夜回
御使于若狭并亲类、郎从等边，令窥其形势之处，面面整置兵具于家内。

（《同上，卷38，第377~378页》）

（宝治元年六月）二日癸未，近国御家人等，自南从北驰参，围绕左亲卫
郭外之四面，如云如霞各扬旗。相模国住人等者，皆张阵于南方，武藏国党
党并骏河、伊豆国以下之辈者，在东西北之三方。（左亲卫邸）已闭四门，辄
无推参之者。又聚杂役车，为排固辻辻。于时，远江守盛连子息等，悉参笼
左亲卫御第。是若狭前司者，虽为一族，敢无同意之仪，且光盛以下者，重
故匠作时氏旧好，更不存贰之故也。

（《同上，第378~379页》）

（宝治元年六月）四日乙酉，天阴，若狭前司①并一族等之郎从眷属，彼
是自诸国领所来集（于）彼西御门宿所，著甲胄士卒相列而成墙壁。又总御
家人及左亲卫祇候人同群参，追日增数之间，充满于镰仓中门门户户，不可
令差别自他军势云云，缲已可及重事之形势也。

（《同上，第379页》）

（宝治元年六月五日）〔左亲卫〕差北条六郎时定为大手将军。时定令撤
车排，扬旗自塔辻驰逢，相从之辈如云霞。（略）凡（三浦）泰村郎从精兵
等，储所所辻衢发矢石。御家人又忘身命责战矣。（略）折节，北风变南之
间，放火于泰村南邻之人屋，风频扇，烟覆彼馆，泰村并伴党咽烟遁出馆，
参笼于右大将军法华堂②。舍弟能登守光村者在永福寺惣门内，从兵八十余骑
张阵，遣使于兄泰村之许云："当寺为殊胜城郭，于此一所相共可待讨手，云
云"。泰村答云："纵虽有铁壁城郭，今定不得遁欤，同者于故将军御影御前
欲取终，早可来会此处"云云。专使互虽一两度，缲火急之间，光村出寺门
向法华堂。其于途中一时合战。（略）左亲卫军兵攻入寺门，竞登石桥，三浦
壮士等防战，竭弓剑之艺。（略）两方挑战者殆经三刻也，敌阵箭穷力尽，而

①　若狭前司：三浦泰村。
②　供奉源赖朝的佛堂。

泰村以下为宗之辈二百七十六人，都合五百余人令自杀，此中，听幕府番帐①之类二百六十人云云。

（《同上，第 380~382 页）

第二节　忽必烈的两次东征

一、忽必烈致书日本"通问结好，以相亲睦"

元世祖之至元二年，以高丽人赵彝等言日本国可通，择可奉使者。三年八月，命兵部侍郎黑的，给虎符，充国信使，礼部侍郎殷弘，给金符，充国信副使，持国书使日本。书曰②：

"大蒙古国皇帝奉书日本国王。朕惟自古小国之君，境土相接，尚务讲信修睦。况我祖宗，受天明命，奄有区夏，遐方异域，畏威怀德者，不可悉数。朕即位之初，以高丽无辜之民，久瘁锋镝，即令罢兵，还其疆域，反其旄倪。高丽君臣，感戴来朝，义虽君臣，欢若父子。计王之君臣亦已知之。高丽，朕之东藩也。日本密迩高丽，开国以来，亦时通中国，至于朕躬，而无一乘之使以通和好。尚恐王国知之未审，故特遣使持书，布告朕志。冀自今以往，通问结好，以相亲睦。且圣人以四海为家，不相通好，岂一家之理哉！以至用兵，夫孰所好，王其图之。"

（至元四年六月）复遣黑的等至高丽谕禃③，委以日本事，以必得其要领为期。禃以为海道险阻，不可辱天使。

---

① "幕府番帐"：记载御家人向幕府出仕、宿直等事务的账簿。此处的"幕府番帐之类"，系指御家人。

② 日本东大寺所存文书中有这一国书抄本，名为《蒙古国牒状》。主要内容相同，唯在"大蒙古国皇帝"前有"上天眷命"四字，"大蒙古国皇帝"后有"奉书"两字；最后"王其图之"后有"不宣，至元三年八月"数字。

③ 高丽国王禃。

九月，遣起居舍人番卓等持书①往日本，留六月，亦不得要领而归。

（至元五年）九月，命黑的、弘复持书往，至对马岛，日本人拒而不纳，执其塔次、弥二郎②二人而还。六年六月，命高丽金有成送还执者，俾中书省牒其国，亦不报。有成留其太宰府守护所者久之。十二月，又命秘书监赵良弼往使。书曰：

"盖闻王者无外，高丽与朕既为一家，王国实为邻境，故尝驰信使修好，为疆场之吏③抑而弗通。所获二人，敕有司慰抚，俾赍牒以还，遂复寂无所闻。继欲通问，属高丽权臣林衍构乱，坐是弗果。岂王亦因此辍不遣使，或已遣而中路梗塞，皆不可知。不然，日本素号知礼之国，王之君臣宁肯漫为弗思之事乎？近已灭林衍，复旧王位，安集其民。特命少中大夫秘书监赵良弼充国信使，持书以往。如即发使与之偕来，亲仁善邻，国之美事。其或犹豫，以至用兵，夫谁所乐为也，王其审图之。"

（《元史》卷208《外夷一·日本传》，第4625～4627页）

二、日本朝廷和幕府的应对

（文永五年）闰正月八日，蒙古国贼徒可责日本云云。依之，自高丽有牒状。筑紫少卿入道④以飞脚进牒状于关东，云云。高丽使者秘书贤。

二月六日，关东使二人上洛，依蒙古国事也。□关东使者两人参入道太相国⑤北山第。蒙古国□□相副高丽牒，自武家进入。□□今日有评定，可有

---

①　高丽国书。其全文如右："高丽国王禃右启。季秋向阑，伏维大王殿下起居万福，瞻企瞻企。我国臣事蒙古大朝，禀正朔有年于兹矣。皇帝仁明，以天下为一家，视远如迩，日月所照，咸仰其德化。今欲通好于贵国而诏寡人云：海东诸国，日本与高丽为近邻。典章政理，有足嘉者。汉唐而下，亦或通使中国，故遣书以往，勿以风涛险阻为辞。其旨严切，兹不获已，遣朝散大夫尚书礼部侍郎潘阜等奉皇帝书前去。且贵国之通好中国，无代无之。况今皇帝之欲通好贵国者，非利其贡献，但以无外之名高于天下耳。若得贵国之报音，则必厚待之。其实与否，既通而后，当可知矣。其遣一介之使，以往观之何如也。惟贵国商酌焉。拜复。日本国王左右。至元四年九月□□日启"
②　"塔次"，日本《关东评定传》文永六年条载为"塔二郎"；"弥二郎"，日本《历代镇西要略》卷二载为"弥三郎"，《新元史日本传》载为"弥四郎"。
③　系指大宰府官吏。
④　少式资能，时任幕府的镇西奉行职。
⑤　前关白鹰司兼平。

返牒否事也。不一揆①，云云。

（文永六年）四月廿六日，于院有评定，异国间事。去比蒙古国并高丽国者，上下六十余人来著对马岛。是去年带牒状到来之时，无返牒之条，蒙古国成疑贻，为寻问实否也，云云。件度连年牒状到来之间有沙汰。被清书下返牒②无相违者，可遣大宰府之由，虽被仰合关东，不可被遣返牒之旨计申之间，被略毕。

（《师守记》，引自《史料大系日本の历史》，

第二卷中世Ⅰ，第312~313页）

蒙古国事

蒙古人插凶心，可伺本朝之由，近日所进牒使也，早可用之由，可相触赞岐国御家人等状，依仰执达如件③。

文永五年二月廿七日

骏河守殿

相模守④

左京权大夫⑤

（《新式目》，载《中世法制史料集》第一卷镰仓幕府法，第227页）

蒙古人可袭来之由有其闻之间，所差遣御家人等于镇西也。早速自身下向肥后国所领相伴守护人，且令致异国之防御，且可镇领内之恶党者。依仰执达如件⑥。

文永八年九月十三日

小代右卫门尉子息等⑦

相模守（花押）

---

① 意见不一。

② 经院评定议定，决定对蒙古国牒作出回答。此回牒由菅原长成草拟后，送镰仓幕府，然被幕府扣押。回牒原文载日本《本朝文集》。

③ 这是幕府下达领有西国领地的御家人，要他们做好防备蒙古人入侵的通知书。

④ 当时的幕府执权北条时宗。

⑤ 当时的幕府联署北条政村。

⑥ 这是幕府命令居住在东部日本的御家人西迁西部日本，防异国入侵的文书。

⑦ 武藏国御家人，在九州岛肥后（今熊本县）有领地。

左京权大夫（花押）

（《小代文书》，引自《史料大系日本の历史》第二卷中世Ⅰ，第 313 页）

蒙古人袭来对马、壹岐，既致合战之由，觉惠①所注申也。早来廿日以前下向安艺，彼凶徒寄来者，相催国中地头御家人并本所领家一圆地之住人等，可令御战，更不可有缓怠之状，依仰执达如件。

文永十一年十一月一日

武田五郎次郎殿②　　　　　　武藏守（义政）在判

相模守（时宗）在判

（《东寺百合文书》ョ，载《中世法制史料集》第一卷

镰仓幕府法，第 227 页）

蒙古人袭来对马、壹岐，致合战之间，所差遣军兵也。且九国住人等，其身纵虽不御家人，有致军功之辈者，可被抽赏之由，可普令告之状，信仰执达如件。文永十一年十一月一日，大友兵库头入道殿武藏宁（守）在判，相模守同。

（《大友文书》，载《中世法制史料集》第一卷镰仓幕府法，第 238 页）

三、文永之役（忽必烈第一次征日）

（至元十一年）③ 三月，命凤州经略使忻都、高丽军民总管洪茶丘，以千料舟、拔都鲁轻疾舟④、汲水小舟各三百，共九百艘，载士卒一万五千，期以七月征日本。冬十月，入其国，败之，而官军不整，又矢尽，惟虏掠四境而归。

（《元史》卷 208《外夷一·日本传》，第 4628 页）

同年（文永十一年）十月五日卯刻，自对马府八幡宫仮殿中，大火焰出。

---

① 大宰府少贰资能。

② 武田五郎次郎，又名信时，安艺国守护。这是幕府向他通报蒙古军已袭击对马、壹岐，日后有可能袭安艺国，其时应率本地御人家合力抵御。

③ 至元十一年，正当日本文永十一年，故日本称此役为"文永之役"。

④ 千料舟，能载二百人的大船；拔都鲁轻疾舟，轻快的小舟。

国府在家人等见烧亡，幻是何事浇处。同日申刻，对马西佐寸浦，异国兵船四百五十艘，三万余人乘寄来。六日辰刻合战。守护代资国等，虽阀取蒙古，资国（及）子息等悉伐死。同十四日，押寄壹歧岛，守护代平内左卫门景隆等，虽构城廓御战，蒙古乱入间，景隆自杀。二岛百姓等，男或杀或擒，女集一所，彻手结付（于）船，虏者无一人不害。肥前国松浦党①数百人阀虏。此国百姓男女等，如壹歧、对马。同十九日辰刻，筑前博多、箱崎、今津、佐原寄来。

（《日莲圣人注画赞》，引自《史料大系日本の历史》第二卷中世Ⅰ，
第 313~314 页）

九国②驰参军兵谁谁？小式、大友、纪伊一类、臼木、へつき、松浦党、菊地、原田③、小玉党以下至神社佛寺司，争先恐后地奋起。（略）自十一月廿日蒙古下船，便乘马举旗与之对抗。日本大将小式入道觉惠（之）孙④才十二、三者，参与箭合，发射小镝。蒙古（人）一度嘲笑。（蒙古人）作战时，群鼓众锣鸣响，日本马匹惊恐剔狂。（略）蒙古矢短，矢尖涂毒，数万人齐射，箭矢如雨。（略）轻胄骏马，力强而不惜性命，强盛勇猛，自由奔驰。大将军位居高处，指挥进退。逃时发射铁刨，轰鸣之声，使人迷心失肝，目眩耳塞，忙然不知东西。日本军，互相不知彼此间姓名和名声，唯思个人之胜负。这种合战，一旦众势汇聚，则举手抬足间，纷纷被押杀生捕。⑤

（《八幡愚童训》，
引自《史料大系日本の历史》第二卷中世Ⅰ，第 314 页；
《史料による日本の步み》中世编，第 163 页）

---

① 松浦党：以九州岛北松浦、平户、五岛列岛周边的半岛、岛屿为基地的武士集团。
② 九州岛地区诸国。
③ 臼木：丰后（今大分縣臼杵市）臼杵莊的武士；ヘッキ：丰后（今大分縣中户次地方）的武士；菊地：肥后（今熊本县菊池市）的武士；原田：筑后（今福冈县三潴町）原田地方的武士。
④ 入道觉惠；少式资能。当时他的儿子十二、三岁，也披甲抵抗元年军。此处的"孙"字有误，应为"子"字。
⑤ 从这一段记述中，可以看见蒙古军与日本武士的不同的战术。蒙古军实行集团战，而日本武士单凭个人武勇，采取"一骑打"。

四、弘安之役（忽必烈第二次征日）

1．宋朝灭亡消息传入日本

（弘安二年七月）廿五日，晴。参殿下，次谒信辅。宋朝牒状自关东[①]去夕到来，今日放仙洞[②]有评定，殿下已下皆参。左大辨宰桐读申牒状云云。如传闻者，宋朝为蒙古已被打败。日本是危，自宋朝被告知之趣欤。今日人人议，不一揆，云云。

（弘安二年七月廿九日）今日异国牒状内内有御评定。书状之体违先例，无礼也。亡宋旧臣直奉日本帝王之条，诚过分欤。但落居分，关东定计申欤。

（《勘仲记》一，第 103 页）

2．文永之役后幕府的备战[③]

蒙古警固结番事，听从使者民部次郎兵卫尉国茂令启，可令披露也，恐恐谨言　二月四日

进上竹井又太郎殿

　　　　　　　　　　大宰府少式经资在判。

蒙古警固结番事

春　三个月筑前国、肥后国

夏　三个月　肥前国、丰前国

秋　三个月　丰后国、筑后国

冬　三个月　日向国、大隅国、萨摩国

文永十二年二月日

（《比志岛文书》，引自《史料大系日本の历史》第二卷中世Ⅰ，

---

①　关东：镰仓幕府。

②　仙洞：院厅。

③　文永之役后，幕府免去了镇西御家人的京都大番役，改征异国警固番役。九州岛地区各国御家人，应召轮番防卫。沿九州岛北部海岸的防御工事也按地区、按人数分配建筑。以下所列史料是各地方实施异国警固番役的命令和执行情况的上报。

第 316~317 页）

异贼去年袭来之时，或临战场不进斗，或称守当境不驰向之辈，多有其闻。甚招不忠之科欤。向后，若不致忠节者，随令注申，可行罪科也。以此旨可普令相触御家人之状，依仰执达如件。

建治元年七月十七日

大友兵库头入道殿　　　　　　　　武藏守（义政）在判

相模守（时宗）同

　　（《大友文书》，载中世法制史料集》第一卷镰仓幕府法，第241页）

异国警固之间，要害石筑地事，高丽发向辈①之外，课于奉行国中，平均所致沙汰也。今月廿日以前，相具人夫，相向博多津，请取役所，可被致沙汰。恐恐谨言。

建治二年三月十日

深江村地头殿　　　　　　　　　　少式②（花押）

　　　　　　　　（《深江文书》，引自同上书，第316页）

异国用心事，以山阳、南海道势，可警固长门国也。于地头补任之地者，来十月中，可差遣子息之由，被仰下毕。早催具安艺地头、御家人并本所一圆之地住人等，可令警固长门国之状，依仰执达如件。

建治二年八月廿四日

武田五郎次郎殿　　　　　　　　武藏守

　　　　　　　　　　　　　　　相模守在判

（《东寺百合文书り》载中世法制史料集》第一卷镰仓幕府法，第24，4页）

笥崎役所筑地事，满家院内比志岛、西俣、河田、前田以上四个名，分伍丈壹尺肆寸，业已勤仕了，乃状如件。

建治三年正月廿七日

---

　　① 文永之役后，幕府在防御忽必烈再度来袭的同时，还曾计划出兵高丽。此处所说"高丽发向辈"，即指出兵高丽者外，其他武士均要承担异国警固番役任务。

　　② 大宰府少式经资。

比志岛太郎殿　　　　　　　　　　久时①（花押）

　　　　　　　　　　　（《比志岛文书》，引自同上书，第 316 页）

　　异贼警固番事，就关东御教书，结番九州岛于五番内，一番筑前国役一年中，自正月迄同十二月，业已勤仕毕，乃状如件。

嘉元二年十二月晦日

中村弥次郎殿　　　　　　　　　　耀范（花押）

　　　（《中村文书》，引自《史料による日本の步み》中世编，第 165 页）

3. 远征高丽计划②

　　明年三月比，可征伐异国也。梶取水手等，镇西若令不足者，可省宛山阴、山阳、南海道之由，仰太宰府少式经资了。仰安艺国海边知行之地头、御家人本所一圆地等，兼日催储梶取水手等。经资令相触者，守彼配分之员数，早速可令送遣博多也者。依仰执达如件。

建治元年十二月八日

武田五郎次郎殿

　　　　　　　　　　　　　　武藏守在判

　　　　　　　　　　　　　　相模守在判

　　　　　　　　　　（《东寺百合文书》あ，引自同上书，第 165 页）

异国征阀御催促事有披露之

　　去三月廿五日御札，以同月卅日酉刻，惶恐拜见。抑先度参上之时令旨，以三月十七日，人数交名、物具员数已注申毕。以此可有披露之也。诚惶诚恐谨言上。

建治二年润（闰）三月一日　　　　久米预所兵卫志藤原□（里花押）

　　　　　　　　　　　（《石清水文书》，引自同上书，第 166 页）

---

　　①　日向国守护北条久时。

　　②　文永之役后，幕府不仅实行异国警固役，而且还计划以西部御家人为主，征讨高丽。虽然最终没有实行，但下引史料可知，动员和准备是确实进行了的。据学者研究，征伐高丽所以未能实现，主要是九州岛的御家人及百姓承担了繁重的异国警固番役和沿海石壁的建造等，已无力应承出征的负担，因此征伐高丽之事被终止了。

建治二年三月廿五日所下御书，昨日闰三月二日到來，惶恐拜见。抑仰御书，为征伐异国，人数、交名并乘马、物具、员数等，已令子息三郎光重、聟久保二郎公保，日以继夜筹划参上。以此旨且令披露。诚惶诚恐谨言。

闰三月三日　　　　北山室地头尼真阿（里花押）

（同上，第 166 页）

肥后国御家人井芹祢二郎藤原秀重法师法名西向。

谨注进言，呈上所领田数并人势以下乘马、（仗）弓箭、兵杖。事

一　所领田数

当国鹿子木东西庄内，井芹面田二十六丁（町）六段三丈内，五丁四段大洼内，是东庄被召阙所。宛给大洼之四郎兵卫尉者也。残二十一丁二段三丈内，壹丁三段一丈是西向妹女子分。此一丁（町）三段一丈，后日之让状，自西向亲父手让与者也，是受当国执行代右卫（门）尉宣宗平令押领当知行也。（略）

一　人数、弓箭、兵杖、乘马事

西向年八十五，仍不能行步。

嫡子越前房永秀年六十五。在弓箭、兵杖。

同子息弥五郎经秀年三十八。弓箭、兵杖、腹卷一口（领）、乘马一匹。

亲类又二郎秀尚年十九。弓箭、兵杖、所从二人。

孙二郎高秀年满四十。弓箭、兵杖、腹卷一领、乘马一匹、所从一人。

右，任御下知状，可致忠诚也，乃粗注进状，言□（上）如件。

建治二年壬三月七日　　　　　　　　沙弥西向

（同上，第 166 页）

异国发向用意条条

一所领分限，领内大小船，吕数。并水手梶取交名，年龄。可被注申。兼又以来月中旬送付博德津之样，可相构事。

一渡异国之时，可相具上下人数、年龄。兵具、固可被注申事。

以前条条，且致其用意，且今月廿日以前，可令注申。若及遁避者，可被行重科之由，其沙汰也。仍执达如件。

建治二年三月五日

野上太郎殿　　　　　　　　　　　　前出羽守（花押）

（《诸家文书纂》，载《中世法制史料集》
第一卷镰仓幕府法，第 243 页）

4. 文永之役后元朝的动向

（至元）十二年二月，遣礼部侍郎杜世忠、兵部侍郎何文著，计议官撒都鲁丁往使（日本）[1]，复致书，亦不报。

（至元）十七年二月，日本杀国使杜世忠等。征东元帅忻都、洪茶丘请自率兵往讨，廷议姑少缓之。五月，召范文虎，议征日本。八月，诏募征日本士卒。

（《元史》卷 208《外夷一·日本传》，第 4628 页）

（高丽忠烈王五年八月）是月，作客馆。梢公上左、引海一冲[2]等四人，自日本逃还言："至元十二年，帝[3]遣使日本，我[4]令舌人郎将徐赞与梢水三十人，送至其国，使者及赞等皆见杀。"王遣郎将池瑄，押上左等如元以奏。

（《高丽史·忠烈王世家二》，
引自《中国. 朝鲜の史籍における日本史料集成》
三国高丽之部，第 89 页）

（弘安二年）己卯，六月廿五日，大元将军夏贵、范文虎使周福、栾相忠，相具渡来，僧本晓房灵果、通事陈光等著岸，牒状之旨等如前前，于博德斩首。

（《关东评定传》，引自《史料による日本の步み》中世编，第 167 页）

（至元）十八年正月，（忽必烈）命日本行省右丞相阿刺罕、右丞范文虎

---

① 据《新元史》载，此次使团除杜世忠、何文著、撒都鲁丁外，尚有书状官董畏、高丽人徐赞，共有五人。

② 梢公上左、引海一冲，是送杜世忠等人赴日的高丽水手。

③ 忽必烈。

④ 高丽自称。

及忻都、洪茶丘等，率十万人征日本。二月，诸将陛辞。帝敕曰："始因彼国使来，故朝廷亦遣使往，彼遂留我使不还，故使卿辈为此行。朕闻汉人言，取人家国，欲得百姓、土地；若尽杀百姓，徒得地何用。又有一事，朕实忧之，恐卿等不和耳。假若彼国人至，与卿辈有所议，当同心协谋，如出一口答之。"

（《元史》卷 208《外夷传·日本传》，第 4628~4629 页）

5. 弘安之役

（弘安四年）六月二日，异国船袭来。去月廿二日，打入壹岐、对马□（二）岛之由，自镇西飞脚，夜前到来于六原，即□通关东之由，风闻实说可寻之①。五日，异国□（事），镇西飞脚连连到来六原，云云。十五日，异国贼船袭来长门□（欤）。十六日，镇西早马又到来欤。□□□□讨取三船之由，申上云云。（略）

（弘安四年）七月十二日，异国贼船等退散之由，风闻，实说可寻记之。廿一日异国贼船重袭来之由，昨日飞脚到来云云。□（事）体非无怖畏□（欤），返返惊□（叹）。

（《弘安四年日记抄》，引自《史料による日本の步み》中世编，第 167 页）

（至元十八年）五月，忻都、洪茶邱及金方庆、朴球、金周鼎等以蒙古、高丽、汉军四万人，战舰九百艘发合浦。丙辰，攻日本对马岛及壹岐岛，杀岛民三百余人。岛民匿山中者，军士闻儿啼，辄寻而杀之。日本将少贰资时、龙造寺季时率兵数万，与诸将战于壹岐岛之濑浦。大军发火炮，日本人败走，杀其将小贰资时。六月己巳，复战于筑前志贺岛，洪茶邱几为日本国人所获，裨将王万户救之，茶邱仅免。庚午，复战，又失利。时，军中大疫，病死者已三千余人。诸将进至宗像海，北条时宗遣其将秋田城次郎等来援，大军联战船为圌营，外列巨舟，设石弩，俟薄击乃发。日本战船小，不能敌，前后来攻者皆败退。国中人心汹汹，市无粜米。（略）

先是诸将相约，忻都、洪茶邱由高丽泛海至壹岐岛，范文虎、李庭等由庆

---

① 从大宰府飞脚传送信息至京都，一般要七至八天，然而文永之役时却达十一天。因此，文永之役后，幕府强化了飞脚传送。从本史料口气可知，弘安之役中确有改进。

源（元）至平户岛。平户周围皆水，可以屯兵；先据此岛，使人乘轻舟如壹歧，召忻都、洪茶邱，合兵共进，以六月望前会于平户。会阿剌罕军行次庆元，病卒，帝命左丞相阿塔海代总军事。未至，而文虎与庭已发。至是，忻都、洪茶邱等相议曰："响约江南军与东路军会于壹歧岛，今南军失期，我军先至，大战者数矣，船坏粮尽，将奈何？"金方庆不答。经十余日，又言之，方庆曰："奉命赍三月粮，今一月粮尚在，俟南军至，合而攻之，未晚也。"诸将不敢言。既而范文虎、李庭以船三千五百艘，兵十余万至次能、志贺二岛，忻都、洪茶邱率所部会之；舳舻相衔而进，屡为日本人所却，招讨使忽都哈思等战没。诸将以累失利，乃移于肥前鹰岛。见山影浮波，疑暗礁在海口，不敢近。会青虬见于水上，海水作硫磺气，怪异百出，军心震骇。八月①，甲子朔，飓风大作，战舰皆破坏覆没。左副都元帅阿剌帖木儿以下，溺死者无算，流尸随潮汐入浦口，积如邱陵。漂流免死者尚数千人，至鹰岛缮治坏船，欲逃归，皆为日本人所杀。（略）八月一日，飓风坏舟，诸将各择坚好船乘之，弃军士十余万人于山下。众推张百户为主，听其约束。方阀木作舟，欲还，日本人来战，尽败没；余二、三万人为其所房，至八角岛②，悉杀之。

（《新元史·日本传》，第 961 页）

（弘安四年）闰七月十四日丁丑，自夜雨降，参殿下申条条事。参近卫殿，自（大）宰府飞脚到来，去朔日大风动，彼贼船多漂没云云，诛杀并生房数千人，壹歧、对马虽一艘无之，所下居异贼多以损命，或又被生房。今度事神鉴炳焉之至也。天下之大庆何事可过之乎！□（非）直也，事也。虽末代犹无止事也，弥可尊崇神明佛陀者欤。

（《勘仲记》一，第 140 页）

弘安四年闰七月十七日宣旨

去夏以降，蒙古袭来，荐著壹歧、对马，虽惊九州岛官军，今月朔日暴风上波，是则神鉴之应护也，贼船定漂没欤。然间，弥施粟陆之德化，犹仰蓝谷之冥助，加之斯兹三合初秋余润，其慎不轻，其兆最重，直却灾孽于未萌，增福祚于无强之由，令载祈年谷奉币宣命辞别。

（《勘仲记》一，第 141 页）

---

① 日本和高丽史籍载，应是闰七月。
② 似是"博多"（はかた）的谐音。

第三节　镰仓幕府的衰亡

一、幕府内部争斗的重起

1. 幕府执权北条氏嫡系势力（"得宗"）的专权①

（文永三年六月）廿日辛巳，天晴，于相州御亭有深秘御沙汰②。相州、左京兆③、越后守实时、秋田城介泰盛④会合，此外人人不及参加云云。

（《吾妻镜》第四卷52，第871页）

建治三年六月）十六日，诸人官途事，自今以后罢⑤评定之仪，准御恩沙汰直被闻，内内可有御计之由被定了⑥。

（建治三年十月）廿五日，晴。御寄合，山内殿⑦，孔子⑧一二。相太守⑨、

---

　①　得宗，系指成为镰仓幕府、执政的北条氏嫡系，是镰仓幕府后期的最高实权者。得宗又称德宗，由北条义时的法号德宗而来。在忽必烈东征前后，北条氏嫡系时赖、时宗、贞时相继任执权期间，实施专制政治，史称"得宗专权"。其专权的主要表现，一是政事的决定，由极少数亲信的秘密会议议定；二是扩大北条氏在全国的势力范围。全国的守护一职，北条氏占据近一半（源赖朝时仅占二国守护，而至弘安末达二十六国，元弘末更达三十国）。

　②　北条氏少数人的极密会议。

　③　此时的"相州"，是北条时宗；"左京兆"是执权北条政村。

　④　越后守实时，即金泽实时，北条政村之甥；秋田城介泰盛，即安达泰盛，北条时宗之外舅。

　⑤　罢，日本古语中的接头语，表示谦逊之意。

　⑥　此条以下诸史料，具体反映了得宗专权。如御家人任官职一事，历来由评定众集体议定后，由幕府向朝廷提出。现在却明确规定，此权力属执权（"准御恩沙汰"）。又如兵粮料所、六波罗政务条等重大事，只是得宗周围的几个人的"御寄合"而定的。

　⑦　北条时宗位于镰仓山内的私邸。

　⑧　这里的"孔子"是指"御寄合"时，用抽谶确定发言先后的方法。

　⑨　当时的执权北条时宗。

康有①、业连、赖纲②京都本所领家等，被申兵粮料所并在京武士拜领所所，可被返付之由事，有御沙汰。

（《建治三年日记》，引自《史料による日本の步み》中世编，第170页）

（建治三年十二月）十九日，晴。御寄合，山内殿。相太守、城务③、康有被召御前，奥州④申六波罗政务条条：

一人数事，因幡守、美作守（以下十二名略）

一寺社事

一关东御教书事

一问状事

一差符事

一下知符案事书开阖事

五个条，备后民部大夫可奉行

一诸亭事，因幡守可奉行

一检断事，出羽大夫判官可奉行。（略）

（同上，第170页）

（建治三年十二月廿五日）晴。（略）评定以后，城务、康有、赖纲、真性，被召御前，有御寄合：

一院宣、诸院宫令旨、殿下御教书，因幡守可奉行

一诸亭事，先度因幡守可奉行之由，虽被仰，改其仪，下野前司可奉行。（略）

此外条条者，先度注文，不可有相违也。

（同上，第170页）

---

①　三善康有。《建治三年日记》作者。

②　平赖纲：是嫡系北条氏的御家人，又称"御内人"，后述的"霜月骚动"和"平禅门之乱"的主角之一。

③　安达泰盛。在文永、弘安之役后，以外戚和有力御家人的身份操纵幕政，与御内人平赖纲势力相对立，是当时内乱的另一主角。

④　北条时村。

2. 北条氏夺取守护职①

本给人信浓判官入道

长门国　　　　相模修理亮殿②

本给人周防前司

周防国　　　　同

本给人大友出羽前司

筑后国　　　　武藏守殿③

本给人少式入道

肥前国　　　　越后守殿④

本给人少式入道

肥后国　　　　城介殿⑤

本给人伊藤三郎左卫门

石见国　　　　武藏式部大夫殿

本给人后藤判官

越前国　　　　足利上总守

本给人相模式部大夫殿

伯耆国　　　　三浦远江次郎左卫门

能登国　　　　备前二郎殿

　　　　　　　　（《东大寺文书》卷8，引自同上书，第171～172页）

3. 霜月骚动⑥

弘安之时，藤原泰盛以权政之仁，任命为陆奥守，无人可比。其故，乃

---

①　这条史料揭示了北条氏乘忽必烈东征之机，扩大守护职的状况。史料中新任命的守护，除北条氏之外，也包含与北条氏关系极深的安达氏、足利氏。在九州岛地区，原是地方豪门贵族占据之地，可是幕府以防御异国为名，夺取了除筑前（少式氏）、丰后（大友氏）、萨摩（岛津氏）之外的其他六国守护职并皆属北条氏。

②　北条宗赖。

③　北条宗政。

④　北条业时。

⑤　安达泰盛，亦称藤原泰盛。

⑥　北条氏得宗专制，其执行者主力是一群称之为御内人的人。这些人大多是北条氏本领的名主层。他们以北条氏权势为背景，逐渐在幕府政治机构内掌权。"霜月骚动"就是御内人与有力御家人之间矛盾激化的表现。

相模守（北条）时宗之舅也。然而，弘安七年四月四日，时宗三十四岁出家。同日酉时，死去毕。嫡子贞时生年十四岁，同七月七月继彼之迹，任将军之执权。泰盛以外祖之仪，愈益骄恣。其时，有名为平左卫门赖纲尉者，乃贞时的内官领，不知先祖人，法名果圆。亦有权政之术者，因之，骄恣不劣于泰盛。同八年四月十八日，贞时任相模守。此时，泰盛、赖纲中恶，互揭过失，成种种谗言。泰盛嫡子名秋田城介宗景，骄横至极，说是曾祖父景盛入道乃右大将赖朝之子，俄姓源氏。其时，赖纲得机，诉宗景有意谋反、企谋将军职、入姓源氏。泰盛法师、法名觉真。子宗景，终于弘安八年十一月十七日被诛。兄弟一族之外，刑部卿相范、三浦对马守、隐岐入道、伴野出羽守等。有志且理应去除之侍辈，皆为彼方之人而亡。此谓霜月骚动。其后，已无可与平左卫门入道赖纲法师法名果圆。相争者，（赖纲）一人独擅天下之事。

（《保历间记》，引自同上书，第 172 页）

4. 平禅门①之乱

其后，平左卫门入道果圆骄恣之余，子息②升进廷尉，进而受任安房守，称饭沼殿。今，成贞时之世毫不存在之状③。天下之事，果圆父子相议，安房守④似将军。彼入道嫡子平左卫门宗纲，为人忠仁，叹父恶行，不能隐忍，遂将此事禀报贞时。至此，平左卫门入道果圆父子，于正应六年永仁元年四月廿二日被诛毕。

（《保历间记》，引自同上书，第 173 页）

二、御家人制度的动摇

1. 商品经济的发展
（1）货币的流通
陆奥国郡乡所当事

---

① 平禅门，即平赖纲，因其出家，法名果圆。
② 平赖纲之子饭沼资宗。
③ 意为平赖纲父子，超越执权贞时，专权行政。
④ 安房守，即平赖纲之子饭沼资宗。

以被止准布之例①，沙汰人百姓，私忘本色之备，好钱货所济之间，年贡绢布追年不法之条，只非自由之企，已公损之基也。自今以后，白河关以东者，可令停止钱流布也，且于下向之辈所持者，商人以下慥可禁断。但至上洛之族所持者，不及禁断，兼又绢布虒甚无其谓，早存旧所当本样，可令辨进之由，可令下知之状，依仰执达如件。

历仁二年正月廿三日

武藏前司殿

修理权大夫判

（《追加法》，载《日本法制史料集》第一卷镰仓幕府法，第 106 页）

东大寺领美浓国茜部庄杂掌与地头代赖广相论

（前略）

见②绢绵色代③间事④

右杂掌则（与）地头，近年以减直⑤代物，致其辨之上，背先例，过十月中参期，或年中或及明春令迟济之条，无其谓。所诠任仁治二年地头请文⑥并贞应领家下知状，可收纳见绢见绵之由申之。赖广亦见绢见绵之条地头请文虽在之，自贞应以来，少少者见物⑦其残者以色代辨来之条，返抄⑧分明也，全非新仪。就中，近年绢绵高直之间，以田所当米，令买绢绵之条，依难叶。如当国国领傍例者，四丈别虽为七百文色代，至当庄者，存别忠⑨，四丈别一

---

① 嘉禄二年（1226）八月，幕府曾宣布停止准布，施行铜钱。随着钱币的流通，庄园领主、庄官、地头、土豪均要求农民以货币交纳年贡、杂役等，致使本史料所说的"百姓私忘本色之备，好钱货所济"。本史料是针对上述弊端，幕府于历仁二年宣布在陆奥地区禁止钱币流通的。

② "见"同"现"。

③ "色代"，替代物。

④ 这条史料是弘安元年（1278）幕府六波罗府的一份关于钱、物交换比价的裁决书的部分内容。从中可知：①农民为了应领主要求，要把收获的稻谷换成钱，然后把钱折成绢、绵上交；②在稻谷换成钱、折成绢绵过程中，对现物的价值的主张，国府、领主、地头、农民（百姓）是有明显差距的。农民承受了沉重的负担。

⑤ 直：值。

⑥ 承诺书。

⑦ 现物，即米谷。

⑧ 缴纳年贡的凭据。

⑨ 特别忠诚之意。

贯四百文致其辨之间，壹定别相当式贯八百文者也，全非减直欤。以见绢见绵可收纳之由于被申者，庄内百姓虽未一人不可安堵。（略）然者，以折中之法，于绢者，壹定别，代钱参贯文，至绵者，年内可致其辨之状，下知如件。

弘安元年十二月八日　　　　左近将监平朝臣^①在判

弘安元年十二月八日　　　　左近将监平朝臣①在判

陆奥守平朝臣②在判

（《东大寺文书》，引自《史料大系日本の历史》第二卷中世Ⅰ，

第 324～325 页）

当庄狼藉事③押买事　押入智事　犯他妻事

野取马牛事　号凭支④乞取百姓钱事

右此五个条，自今以后，可令停止之，若违犯之辈出来者，早早可注进于寺家。又庄官等不可见隐闻隐，于科怠事者，临时可有御评定者也。（略）

建治元年十二月日　　　　猿川惣追捕使代西莲（花押）

猿川公文僧能真（花押）

真国惣追捕使代有平（略押）

真国公文代莲拂（略押）

神野惣追捕使代安国（略押）

神野公文代平光平（花押）

（《高野山文书》七，引自《史料による日本の步み》中世编，第 174 页）

（2）问丸、问职⑤

（保延元年）八月十四日，乙卯，阴。首途雨。依放生会上卿，诣八幡。（略）自堀川北行，自六角西行，自大宫南行，自七条西行，自朱雀南行，经

---

① 六波罗南府探题北条时国。

② 六波罗北府探题北条时村。

③ 这是高野山延历寺属下的猿川、真国、神野三座庄园的庄官联署的一份申请文书的一部分，具体提出了禁止庄园内的违纪违法事件的措施。

④ "凭支"，俗称"赖母子"。似中国民间的摇钱会，由若干人自愿组成，定期凑合一笔钱，轮流解决急需者。这史料表明，在十三世纪中、后期，日本也颇盛行，反映了钱币使用普遍化。

⑤ 中世时期，出现的专营物资（主要是年贡）运输的商人。由于他们在物资流通中的重要作用，所以庄园领主多任用此类商人为自己的"问职"。"问丸"是水上运输的中介，兼营年贡米的保管、委托贩卖、旅宿等。它源于平安时代的津屋。

鸟羽殿北门前，出桂河乘船。八幡迎船桂户居男等①俄储船，秉烛后著淀，乘车，乃著宿院。

（《长秋记》，引自同上书，第 177 页）

一讲米奉行事②
国本千六百八十石上乡八百卌石　下乡八百卌石
（略）
一问职事

敦贺津（米）百石，（运赁）一石。中山③駄运一石，赁二斗也，是为定式。然而，江丁④之赁，并无定式，货运忙时，搬运一駄一石，赁一斗四升五升是也；货运闲时一斗许，其外，江丁得分也。若减少运赁，采用马借丸（陆路马运）则米会受损；运赁不减，本米于海港运取，则米不受损也。马以十三匹为一类，运取需两三日，或四五日，其间不法马借（马运者）等会损米也。

（《劝学讲条条》，引自同上书，第 177～178 页）

问宛状
御台（花押）
纪伊国南部庄高野山年贡输送之问职事，以圆泷房所补任彼职也。仍御状如件。
弘安九季二月十一日

（《高野山文书》七，引自同上书第 178 页）

---

① 桂户居男等：是水上运输者。日本学界认为，这一史料反映了问丸初始的状况。
② 这条史料是延历寺属下的越前藤岛庄的一份运送"劝学讲米"的费用核算备忘录，其中可以看到，米的运输有三种方式，即陆运、海（水）运和水陆运。从史料可知，运输质量，以海（水）运最安全。
③ 中山：敦贺至近江的海津港。
④ 江丁：搬运工。

座① 守护所下字上五郎别当光俊（花押）

可早任先例并寄进旨为国安御分座众②事

右件座事，故种直入道之时，为彼座□沙云云。彼座众等注交名，所进寄文也。然，先例并寄文之状，可为国安油座众也，兼又□（往）反（返）之间，津津关关，不可有其烦之状如件。

嘉禄二年九月十四日 大监大中臣朝臣

大监惟宗朝臣

其他监代七名略

（《石清水八幡宫寺旧记》，引自同上书第 178 页）

大宰府守护所 下佐伯守继（花押）

可早任先例为国安油座众

右件座者，依原田少弐种直入道没官之迹，为镰仓殿御分，仮名国安所，令奉行也者。早（佐伯）守继可为彼座众，且管内诸国往返之时，任先例，不可有津津关关烦之状，如件。

嘉元二年八月二日 大监惟宗朝臣（花押）

权大监清原真人（同）

其他四名略

（同上，第 178~179 页）

（元久元年十一月）廿日，铬始，于材木者，或自宿院以诸座人夫上之，或于大乘院令木作之，上山上。而不经几程，继庄船曳庄等，又被返付前社务尚清之间，不终其功，不及瓦葺，无沙汰也。

骏河三昧塔修造间，人夫可令沙汰进座座并商人事③。

自今日廿九日

一番 堂达座 绢座 引入座 二番 六位俗官座 布座

---

① "座"是以朝廷、贵族、寺社为本所的手工业、商业同业特权团体，亦称行会。原服务于朝廷、寺院。随着律令制的衰落，大多转向营利，是日本中世时期商品、市场发展的重要标志。本小节所引史料，反映了寺社所属座的经营状况。如前两条大宰府下文中所提及的宫崎八幡宫的油座，在大宰府管辖范围内，受幕府的保护。

② 国安御分座众：宫崎八幡神宫经营的油座。

③ 本史料记述各个座轮流出人夫，为石清水八幡宫寺修造三昧塔之事。从中可看出商业座兴盛的状况。

三番　山城方袮宜座　新绵并古绵座

四番　宫守座　染物卖座　鲜卖座

五番　巡检众座　　　　　　六番　轻物座　组座

七番　卖上座　盐座　　　　八番　皮染座　和布座

九番　菓子座　生鱼座　　　十番　药座　盐鱼座

右，守结番之次第，修造之间，每日可令沙汰进，且为邂逅（懈怠）役之上者，更不可有聊尔①之仪，且存别忠，随宜小纲催促，无懈怠，可致其沙汰之状如件。

嘉元元年十一月十八日

（同上，第 179 页）

（3）汇兑（"为替"）②

所送赐市原汤屋前田券两通，已详细受见，此乃祖传，确实无疑。件田券用途，自见寂房方早已赐告，用途可为至急。然者，嘱令匆匆沽却③彼地，意在关东之用。此需寻求买主，抓紧寻索。自今一两日，诸众定尚未强硬裁决之时，定当倾力搜寻也。两通田券留置敝处，一俟寻得买主，蒙仰可进也。诚恐谨言

（弘安元年）十一月三日

显亲御房

万太良沙汰教算（花押）

（《高野山文书》五，引自同上书第 179～180 页）

受取为替④事

共五贯文

右件为替，已送达镰仓。此替钱来自东寺实相师大夫已讲房。若五日之内不能筹集五贯文，任何事情也会发生。过约定之日，（诉讼费用）会徒增一

---

① 聊尔：日本古文中的形容词、形容动词。其意为粗鲁、无耻，岂有之理。

② 以下所引两"为替"史料。前一条，是高野山所属僧到镰仓诉讼，为筹集诉讼费，准备用田券兑换钱币事；后一史料是东寺所属伊豫国弓削庄所领诉讼时，因诉讼时间拖长，急速调集钱款事。两史料表明，当时汇兑已相当流通。

③ 沽却：卖掉。

④ 为替：汇兑、汇票。

倍，因此，为日后计，为替如件。

永仁元年十二月二日　　赖平在一

（《东寺百合文书な》，引自同上书第 180 页）

（4）典當（“土仓”）[①]

（文历元年八月）三日，乙巳，天晴阴，风如昨日，（略）晓钟之程，南方有火，即归庐之后不灭，七条极东西三町许烧由，不慥[②]闻，商贾之百强，奢于许史者欤。

（《明月记》第三，第 421 页）

（文历元年八月）五日丁未，朝，天无云。（略）一昨日火事实说，乌丸西、油小路东、七条坊门南、八条坊门北，拂地烧亡，土仓不知员数，商贾充满，海内之财只在其所，云云。黄金之中，务为其最，自翌日皆造作，云云。商贾富有之同类相访者，如山岳积置，先隔大路，各引幔居其中境，饭酒肴不可胜计。

（同上，第 422 页）

2. 御家人的贫困

固可止过差事（略）往昔为贵戚并大名之人，沽却所领事无之，诸国御家人适卖买者，必没收了。近年可然之人人，犹过差[③]、违法。家用不足，或卖领所，或置料所。号料所者，不给所带于家人，预与富有辈[④]，充取钱货之仪也。郎从顾眄之分惟少，亲戚扶持之至相欠。有大名之号，无猛势之实，况掷课公事之时，不沽所领之人少之，是以难济公家之正税，懈怠武家之所课。背下知，涉数月犯上裁兮。历多年，仓廪不实，礼节无辨之至也。临时

---

① 镰仓、室町时代的典当业者。1255 年初见。典当需有动产作抵押。放置抵押品的仓库是木结构建筑，但为了防火，木结构外层又都抹上泥土，故名土仓。下引两条史料，从京都南方的一场大灾，“拂地烧亡，土仓不知员数，商贾充满，海内之财只在其所”一句，可知其地土仓之盛。

② 慥：日本古文中的形容动词。似现代日语中的たしか。其意为确切、正确、可靠。

③ 过差：挥霍、奢侈。

④ 典当（土仓）：御家人因借贷无法归还，只得以自己的地头职的利益让与高利贷者。

公役，不日御要仪，俄难赖所带，元从无所蓄。仍切切虽有严命，度度及固辞。为上为下不可不痛，匪菅由过差之所积，亦是在分限之所减。以父祖一身之迹，让子孙数辈之处，官仕之体，只如父祖之在样，公事之足，更依子孙兮无减仪。诸御家人所领分限事，昔过半不劣千町欤。今千町分限不遇十余人乎，十分九者四五十町欤，其以下二、三十町，十、二十町许也，十町内又无之。此辈就番役令参住，依新诏被召置，渡世之法合期不叶，无俭约之实者，为难堪之仪哉。次于无足及凡人者，以狂惑为宗，以奸谋为先，衣食不足，廉耻无顾之故也。事事止过差，渐渐积财产，更非他事，并因此谓也。

（《平政连谏草》，引自《史料による日本の步み》中世编，第 181~182 页）

（延应元年九月）十一日，丁丑，诸国地头等，以山僧①并商人借上辈②补代官事，一切被停止，是为贪当时之利润，不顾后日之烦。以如此辈补置代官之间，偏忘备公物，只回私用计之由，依有其闻也。

（《吾妻镜》第三卷33，第248~249 页）

（仁治元年五月）廿五日，戊子，今日评定③：御家人等以云客以上为智④让所领事；次卖渡私领等于凡下之辈⑤及非御家人事；次以山僧用代官事，自今以后所停止也。

（同上，第 206 页）

3. 救援御家人的措施——"永仁德政令"

—卖买所领事

---

① 山僧：延历寺僧侣。他们大多行高利贷，设有土仓。

② 高利贷者。

③ 由于御家人的贫困，幕府举行专题评议。所议决的三件事均是当时御家人制度面临危机的重大事件。本小节所引史料，都是幕府作出的有益于御家人利益的决定，史称"永仁德政令"，或称"关东御德政"、"一天之御德政"。

④ "云客"，贵族或有四位、五位位爵的朝廷中人；"智"，女婿。

⑤ 社会地位低下之人。商人和高利贷者属此类人群。

　　右，以相传之私领，要用之时，令沽却者定法也。而或募勋功，或依勤劳，预别御恩之辈，恣令卖买之条，所行之旨非无其科，自今以后，慥可停止也。若背制符令沽却者，云卖人，云买人，共以可处罪科。

（《校本御成败式目》，载《中世法制史料集》第一卷
镰仓幕府法》，第27页）

　　一凡下辈不可买领、买地事延应二、五、廿五。

　　右，以私领令沽却事，为定习之由，先度虽被书载[1]，（但）自今以后者，纵虽为私领，于卖渡凡下之辈并借上等者，任近例可收公彼所领也。又，虽为侍已上，非御家人者，不及知行。又以山僧为地头代官事，可停止之由，被载事书毕。

（《新编追加》，载同上书，第123页）

　　一质券卖买地事永仁五年三月六日

　　右，于地头、御家人买得地者，守本条，过廿个年者，本主不及取返，至非御家人并凡下辈买得地者，不谓年纪远近，本主可取返之。

（《东寺百合文书京》，载同上书，第295页）

　　一质券卖买地事永仁六、二、廿八

　　或成给御下文并下知状，或过知行年纪之地外，不论公私领，可返付本主之由，被下制符[2]毕。今更不及改变。但自今以后者，不能禁遏，任前前成败之旨，可有沙汰。

（《新编追加》，载同上书，第302页）

　　自关东[3]送六波罗御事书法
　　一可停止越诉事
　　右，越诉之道，逐年增加，弃置之辈[4]，多疲滥诉；得理之仁，犹叵安

---

[1]　书载：指载于武士法《御成败式目》。
[2]　被下制符：永仁五年三月的德政令。
[3]　关东：镰仓幕府。
[4]　弃置之辈：败诉者。

堵。诸人侘傺①，职而此由，自今以后可停止之。但逢评议而未断事者，本奉行可执申之；次，本所领家诉讼者，难准御家人，仍云以前弃置之越诉，向后成败之条条事，于一个度者，可有其沙汰矣。

一质券卖买事

右，以所领或入流质券，或令卖买之条，御家人等侘傺之基也。向后者，可从停止。至以前沽却之分者，本主可令领掌，但或成给御下文、下知状，或知行过廿个年者，不论公私之领，今更不可有相违。若背制符，有致滥妨之辈者，可处罪科矣；次，非御家人凡下辈质券买得地事，虽过年纪，卖主可令知行。

一利钱出举事

右，甲乙之辈要用之时，不顾烦费，依令负累，富有之仁（人），专其利润，穷困之族，弥及侘傺欤。自今以后，不及成败，纵带下知状，不辨偿之由，虽有诉申事，非沙汰之限②矣；次，入质物于库仓事，不能禁制。

关东御教书，御使山城大学允，同八月十五日京著。

越诉并质券卖买地、利钱出举事，事书一通遣之。守此旨，可被致沙汰之状，依仰执达如件。

永仁五年七月廿二日

上野前司殿宗宣

相模左近大夫将监殿宗方

陆奥守（北条宣时）在御判

相模守（北条贞时）在御判

（《追加法》，载同上书，第 296～298 页）

4."永仁德政令"后民间的应对之策③

奉让渡舍兄志贺太郎入道殿丰后国大野庄下村泊寺院主兼地头职事

右件寺者，自祖母深妙、养父明真房之手让（渡）得之，知行领掌无相

---

① 侘傺：失志、穷困状态。

② 意为今后不再受理债权的诉讼。

③ "永仁德政令"虽然有益御家人收回卖掉的田地、财产等，但仍没有使御家人摆脱贫困，卖田地，或典当依然如旧，所不同的是新卖买合同中，大多添加了再碰到德政令之类情况时，此卖买决不返悔，或卖主返还本金等的内容。以下收录三份此类合同书。

违。而依有直用，去弘安六年之比，相逢大野太郎基直后家尼善阿，卖渡直钱肆百五拾贯文毕。爰关东御德政诸国平均之法出来之间，依令致其沙汰，前司退出之刻，卖地等事，关东御教书到来之程者，可置当作毛于中①之由，自上总守殿被仰出之间，存其旨之处，依脚气所劳更发既及死门之间，限永代所让进也，无他妨，可令知行给之状，如件。

永仁五年八月五日　　　僧禅季

（《志贺文书》，引自《史料による日本の步み》中世编，第 186 页）

沽却田地事

合壹段者_{在荒川庄内字圣田}

四至_{在本券}

右件田地者，能乐卖买相传私领也。而依有要用，直钱捌贯五百文，限永代所奉沽渡于真教御房也，向后无他妨可令领知。但若于此地，不虑违乱及卖买本主可取返之由，申子细出来时，可奉返本钱者也。仍为后日龟镜，相副本券等五通，放新券文之状如件。

永仁五年丁酉十月廿六日　　　能乐（略押）

（《高野山文书》三，引自同上书，第 187 页）

沽却私领名田事

合壹町者

在山城国山科小野庄内_{四至坪付等别纸在之}

右，件名田者兼好相传之私领也。而依有要用，以直钱参拾贯文，限永代相副证文并安堵院宣，所奉沽却柳殿塔头也。更不可有他妨，且虽有公家、武家御德政，于此地者，不可悔返者也。仍为后日龟镜，立新券文之状如件。

元亨弐年四月廿七日　　　沙祢兼好（花押）

（《大德寺文书》，引自《史料大系日の历史》中世Ⅰ第二卷，第 332 页）

---

①　"当作毛"，当年的农作物；"中"，即指在未接到幕府的通知以前，当年的农作物可按属于卖主和买主双方处理。

三、镰仓幕府的灭亡

1. 百姓贫困、灾荒、饥馑

（宽喜三年三月）十九日乙巳，今年世上饥馑，百姓多以欲饿死。仍武州，（于）伊豆、骏河两国之间施出举米，可救其饥之由。仰闻有仓廪辈，丰前中务臣奉行之，件奉书被载御判，云云：

今年世间饥馑①之间，人民饿死之由风闻，尤以不便。爰伊豆、骏河两国入（令）出举之辈，依不始施，弥失计略云云。早可入把驯（令施行）出举之由，所被仰下也。兼又，后日若有对捍，随注申，可有御沙汰之由也。仍执达如件。

宽喜三年三月十九日

矢田六郎兵卫尉殿②

中务丞实景奉③

（《吾妻镜》第三卷28，第105页）

宽喜三年饿死之比，为饥人于出来之辈者，就养育之功劳，可为主人之由④，被定置毕。凡人伦卖买事，禁止殊重，然而饥馑之年计者被免许欤。而就其时减直之法，可被纠返之旨，沙汰出来之条，其（甚）无其谓欤。但两方令和与，以当时之直法，至纠返者，非沙汰之限欤。

延应元年四月十七日　　平判

散位判

前甲斐守判

前山城守判

前大和守判判

---

①　日本于宽喜三年（1231）、正嘉二年（1258），发生大饥荒。宽喜三年夏天寒冷，秋天暴雨成灾，庄稼受害，全国发生大饥荒，死亡者颇多，史称"宽喜大饥馑"。

②　似是史料中述及的伊豆、骏河的守护。

③　其身份似是幕府执权的奉行人。

④　这是宽喜饿馑发生十年后，幕府出台的一项关于人身买卖的政策。饥馑之年，为解决大量饥民，幕府允许饥民自卖于富人。现宣布重新恢复禁止人身买卖。但恢复自由者需减值偿还返卖金，或通过协商，全额偿还。

沙弥判

（《新编追加》，载《中世法制史料集》第一卷镰仓幕府法，第 111 页）

元亨元年之夏，大地枯旱，田服①之外百里间，空如赤土，不见青苗，饿莩满野，饥人倒地。此年以钱三百，买粟一斗。

（《太平记》一卷 1，第 38 页）

2．民间不稳

诸国盗贼事②

山贼、海贼、夜讨、强盗之类，守护、地头等可致其沙汰之子细，被载式目③了。而无沙汰④之由，依有其闻。不可见隐闻隐⑤之旨，虽被召起请文于御家人等，犹以不断绝云云。殊可加惩肃也。此上，犹恶党蜂起之由，有其闻者。云守护、云地头，可改易其职之由，重所被定置也。早存此旨，可令相触肥前、筑前、丰前、对马国中之状，依仰执达如件。

弘长元年三月廿二日

大宰少弐殿⑥
武藏守^{在御判}
相模守⑦^{在御判}

（《武雄神社文书》，载《中世法制史料集》第一卷镰仓幕府法，第 216 页）

---

① "田服"，王城四方五百里之地，亦称畿内。

② 这是幕府给九州岛大宰府的文件。从中提供了如下信息：一是表明幕末社会的极度不稳；二是可以看到幕府赖以依存的守护、地头等御家人对幕府政策的阳奉阴违。

③ 式目：武士法《贞永式目》。

④ 无沙汰：不遵守。

⑤ 见隐闻隐：视而不见，听而不闻。

⑥ 镇西奉行武藤资能。

⑦ 武藏守，当时的幕府执权北条长时；相模守，联署北条政村。

3. 后醍醐天皇及其近侧的倒幕活动①

(1) 正中之变

爰有谓美浓国住人土岐伯耆十郎赖贞、多治见四郎次郎国长者，共为清和源氏后胤，有武勇之闻。寻资朝卿之缘，关系昵近，已非朋友之交。（略）始行无礼讲之事，参加人：伊大纳言师贤、四条中纳言隆资、洞院左卫门督实世、藏人右少辨俊基、伊达三位房游雅、圣护院厅法眼玄基、足助次郎重成、多治见四郎次郎国长等也。其交会游宴之体，见闻者无不震惊。献杯次序不分上下，男脱乌帽子、散发，法师不披袈裟，著白衣。眉目清秀，肌肤清滑，年十七八少女二十余人，著绢织单衣，酚酒之时，透露雪白肌肤，与出水的太液芙蓉无异。尽山海珍物，堪如旨酒泉，游戏、歌舞。其间，除企谋灭东夷②外，无他事。

（《太平记》一卷1，第44页）

（元亨四年③九月）十九日，传闻：京中有谋叛者，于四条边合战，死者数多，云云。未刻，武家使者时知、行兼。向北山亭④，民部卿（日野）资朝、少纳言（日野）俊基可召之由，奏闻云云。（略）后闻，今夜戌刻，藏人少纳言俊基向六波罗，云云。民部卿资朝，丑刻行向，云云。事之根元者，土岐左近藏人源赖员，日来自禁里被语仰，而恐事之不就，自首告六波罗，云云。因兹，张本人土岐十郎不知实名。等被诛了。此事资朝卿、俊基令奉行，云云。仍为寻事之子细，所召取也，云云。

（《花园天皇宸记》第三，第73页）

（元亨四年）十一月一日，凡近日或人云：资朝、俊基等，结众会合乱游，或不著衣冠，殆裸形，饮茶之会有之，是学达士之风欤。嵇康之蓬头散

---

① 13 世纪中叶，朝廷皇族发生分裂，形成"持明院系统"和"大觉寺系统"两派。镰仓幕府一直操纵著两派轮流执坐天皇位。朝幕矛盾益深。1321 年后醍醐天皇继天皇位，开始展开倒幕活动。

② 东夷：镰仓幕府。

③ 元亨四年十二月九日改元正中元年，因此，也有把这一年标为"正中"的。故，发生在九月的倒幕活动，被称为"正中之变"。

④ 朝臣西园寺实兼的北山邸宅。西园寺实兼是镰仓幕府在朝中的代言人，称"关东申次"。

带，达士先贤尚不免共毁教之谴，何况未达高士之风。偏纵嗜欲之志，滥称方外之名，岂协孔孟之意乎。此众有数辈，世称无礼讲或称破礼讲。之众，云云。

（同上，第 79 页）

　　谋反人之与党土岐左近藏人赖员，乃是六波罗奉人斋藤太郎左卫门尉利行的女婿，其夫妻间甚恩爱。世已乱世，倘若发生会战，就会九死一生，（自己）会被战死。事先想此，依依不舍。夜晚，觉中醒来，说了如下的话："宿一树阴，汲一河水，皆是前世结缘。况夫妻已三年余，（略）今若听闻我已死去，即使贞女之心哀失，也望吊唁我死后冥福。若来世重归人间，再结夫妻之契；若生净土，则同坐莲花台。"经常流著泪絮絮叨叨。妻子聚精会神地听后，悲忿地问："好怪，你有什么事呀？来世的婚约不可预知，你却忘情地预想后世（事），如此情不自禁。"丈夫简略地回答说："是的，我不虑蒙受敕命，奉仕君上，已无退路。参加了同伙的谋反，诚然会丧命。形势险恶，离别临近，无限悲愁，所以有如此之言也。此事惶恐，绝勿告知他人。"万不得已地泄露了机密。

　　彼女乃性心贤慧者也，（略）急忙回到父亲身边，悄悄地把事情原委一一告诉父亲。斋藤大惊，马上召左近藏人。（略）夜未明，斋藤急参六波罗，详细委告事情原委。（六波罗府）立即向镰食派了急使，并召集京中、京外武士汇集六波罗。陆续到来者，一一登记在册。

（《太平记》一卷 1，第 47~49 页）

　　土岐左近藏人赖员乃是六波罗事务担当斋藤太郎左卫门利行之婿。赖员向六波罗自首，揭露了天皇谋反的事。六波罗大惊。元德（正中）元年九月十九日，以小串三郎左卫门尉和山本九郎时纲为大将军，遣军兵三千余骑，奔赴多治见（四郎二郎国长）的锦小路高仓府邸和土岐（十郎赖贞）的三条堀河府邸，讨伐赖贞和国长。向幕府派去了特急信使。高时①得到报告，举行多次评议，议定："首先应召见策划秘密的主谋，寻问真相。"同二（元）年五（十）月，幕府使者长崎四郎左卫门尉泰光、南条次郎左卫门尉宗直二人上京，召捕权中纳言资朝卿、藏人右少辨俊基到镰仓。"此二人供认，天皇是

---

①　时任幕府执权北条高时。

策动谋反的主谋。"（略）后醍醐天皇召吉田中纳言冬房卿，让他起草了一份御告文。（九月二十三日）派遣万里小路大纳言宣房卿，把这份御告文送给幕府，作为平息幕府愤怒之策。（略）高时出于深虑，作了如此回答："既然是天皇的政治之事，提交朝廷会议，所以武家没有理由干与。"退回了御告文，宣房卿返京。（结果）俊基被允许回京，资朝卿被流放佐渡国。

（《北条九代记》卷 12，第 176～177 页）

（2）元弘之变

（元弘元年）五月（五日），二阶堂下野判官（时元）、长井远江守二人自镰仓上京，逮捕了法胜寺的圆观上人、小野的文观僧正、南都的知教和教圆、净土寺的忠圆僧正，押至六波罗。这是因为风闻先年（元亨二年春）后醍醐天皇假托"祈愿中宫御产"，举行了征阀幕府的法会。也为了了解后醍醐天皇谋反的详情。（略）忠圆、文观、圆观三僧被押至镰仓，详细招认了天皇谋反事，后被处远流①。（略）同年七（六）月，日野俊基朝臣再度被召至镰仓，在糠坂被斩杀。另外，遵幕府的命令，日野中纳言资朝卿，在佐渡流放地的本间山城入道被杀。

（同上，第 180 页）

元弘元年八月，幕府派二名使者，率三千余骑上京，近国的武士也争先恐后地聚集六波罗。"天皇要迁移远岛，大塔宫致死罪"的风闻，（在比叡山）传布。于是，依大塔宫护良亲王所奏，同月二十二（二十四）日夜，后醍醐天皇乘女车，从阳明门逃出宫，在三条河原换乘御舆至笠置石室。同行者有花山院大纳言师贤、万里小路中纳言藤房、同弟季房等三、四人。

（同上，第 182 页）

4. 御家人足利高氏倒戈

足利治部大辅高氏，有所劳之事（意为有病），起居未快。又其上洛（事），频频催促。足利殿为此心中愤然，思之："吾居父丧未过三月，悲叹泪未干，又身患疾病，负薪之忧未休，却频催随从征罚之役，遗恨也。时移事

---

① 据《太平记》载：文观流放硫黄岛，忠圆流放越后国，圆观流放奥州。

变，贵贱移位，彼①乃北条四郎时政末孙也，下人臣年久。吾为源家累叶之族也，出王氏不远。若知此理，则曾存君臣之仪。事及今日决定，皆因身之不肖故也。若再度催促上洛，则要举家上洛，参见先帝②，攻陷六波罗，乃可确保家之平安者。"其暗下决心，外表不露。

（《太平记》一卷9，第278～279页）

（后醍醐天皇）敕制军法条条③

一勋功赏事

右，武士以下，缁素④、贵贱，不论其人，致于合战忠之辈者，本所带、本诉等安堵之外，各可有不次之新恩赏，其功及子孙，可令永代相传之条，勿论也。又，战场坠命者，其子孙妻妾，并亲类郎从等中，虽为何仁，撰其器用，充赐所领，可令继共迹矣。

一参仕并降人事

右，卿相、云客并武士已下，诸社、诸寺执行、别当、神官、社司等，凡带一官一职之辈者，各早速驰参者，本领知之外，可行别之恩赏。纵又其身参仕虽不可叶，或出兵粮支军要，或进使者献忠言，触事为官兵，有其益者，是又子细同前。次，合战之时，降人者先宥罪科，全身命，其后随忠节之浅深，可有次第之恩赏矣。

一可先仁政事

右，东夷等运命已穷，灭亡将至，依之漫取无辜平民首，不知其数；盗夺尊卑男女之财，逐日暴佛阁、人屋之灰烬；在在所所之追捕，枭恶之甚，兽心人面者也。不诛罚彼逆党，万民何措手足。义兵所向，专为除此害也。然者，官军士卒，上下同心，只阀叛者，不烦众人；偏先仁慈，更无侵夺凡人；生擒之类，于凡下者⑤，速可放弃；于有名之辈者，召置之，可经奏闻，副是非无左右不可断罪；将又敌方城廓之外者，可令禁放火，但于战场者，

①　当时幕府执权北条守时。

②　后醍醐天皇。

③　元弘三年三月，足利高氏从镰仓出兵，至三河矢矧，便秘密派两名使者前往伯耆，拜晤后醍醐天皇，表示倒戈之意。后醍醐天皇敕制的军法条条，交使者捎回。足利高氏于元弘三年五月二日，上书天皇表示完全接受。实际上这一表态和下面的向神社的祈愿书，表明高氏彻底背叛幕府，意味着幕府的末日将至。

④　缁素：僧俗。

⑤　凡下者：平民百姓。

可随时义欤；神社佛寺坚可诚之；次，官军入洛之时，寄宿之□□，扶持其家主，虽涓尘不可费之，可加随分之恩惠，以有道阀无道，其不然乎。

天神地祇之拥护，宗庙社稷之灵验，指掌可知，各存义勇，互可警诚矣。

右，为致周武①一统之太平，且约汉高②三章之制法，四海、九州岛、东关、西国，各令承知，敢勿违越。

敕制如斯，主者施行。③

纶旨重令拜见，任敕命，先日捧领状之请文，弥可抽军忠，以此旨可令奏闻也。诚惶诚恐谨言。

元弘三年五月二日　　前治部大辅高氏请文

（《光明寺残篇》，引自《史料による日本の步み》中世编，第265页）

敬白祈愿事④

夫以八幡大菩萨者，圣代前列之宗庙，源家中兴之灵神也。本地⑤内证之月，高悬于十万亿土之天，垂迹外融之光，明冠于七千余座之上。触缘虽分化，聿未享非礼之奠，垂慈虽利生，偏期宿正直之头。伟哉，为其德矣，举世所以尽诚也。爰承久以来，当棘累祖⑥之家臣，平氏末裔⑦之边鄙，恣执四海之权柄，横振九代⑧之猛威。剩令迁圣主⑨于海之浪，困贯顶于南山⑩之云，恶逆之甚前代未闻，是为朝敌之最，为臣之道不致命乎？又为神敌之先，为天之理不下诛乎？高氏苟见彼积恶，未遑顾匡躬，将以鱼肉菲，偏当刀俎之利，义卒戮力，张旅于西南之日，上将军鸠岭，下臣⑪军筱村，共在于瑞篱之

----

① 周武：周武王。

② 汉高：汉高祖。

③ "主者施行"句以上，是后醍醐天皇的"敕制军法条条"的全部内容。此句以下，即自"纶旨重令拜见"开始是足利高氏的表态。

④ 这是足利高氏决定拥皇倒幕后，献给神社的一份祈愿书。全文充分表达了尊皇倒幕的意愿和决心。

⑤ 佛教用语。佛教把佛的法身称"本地"，把应机说法的化身称"垂迹"。在日本，把神道的神称为佛本地的垂迹。

⑥ 指源氏的代代先祖。足利高氏出于源氏，所以指平氏为"当棘累祖之家臣"。

⑦ 指镰仓幕府的北条氏。

⑧ 北条氏九代。

⑨ 后醍醐天皇。

⑩ 南山：高野山。相对于南山的是北山比叡山。

⑪ 下臣：足利高氏自己的卑称。

影，同出乎拥护之怀，函盖相应，诛戮何疑，所仰百王镇护之神约也。悬勇
于石马之汗，所凭累代皈依之家运也。寄奇于金鼠之咀①，神将与义战耀灵
威，德风加草②而靡敌于千里之外，神光代剑而得胜于一战之中，丹精有诚，
玄鉴③莫误矣。敬白。

元弘三年五月七日　　　源朝臣高氏敬白。

（《太平记》一卷9，第292~293页）

5. 镰仓幕府灭亡

新田太郎义贞，于（元弘三年）三月十一日戴著先帝后醍醐之旨，自千
剑破地方，装病返回本国（上野国），秘密集聚一族，推进谋反计划。相模入
道④派弟四郎左近大夫泰家，率十万余骑赴京。其时，为征兵和兵粮米，向附
近诸国庄园征集临时劳役、租税。其中，严令新田庄世良田，"五日之内筹集
六万贯钱"。义贞愤怒至极，杀死了幕府派来的使者（出云介亲连、黑泽彦四
郎入道）。相模入道为此大怒，便命令武藏、上野国派军"征讨新田太郎义贞
及其弟胁屋次郎义助"。义贞闻此，以一族为主，集结百五十骑，于同年五月
八日举兵，出击利根河。其时，越后一族的里见、鸟山、田中、大井田等二
千余骑前来会合。此前秘密联络过的甲、信两国⑤源氏也率五千余骑来集。东
国之兵续有加入，至其日暮，兵力达二十万七千余骑。（略）

新田军分三路涌向镰仓，藤泽、片濑、腰越等五十余处起火，（新田军）
从三面攻入（镰仓）。镰仓方面也分三路防守。同月十八日午前十时开始会
战。（略）直指极乐寺通道的大馆二郎宗氏，征讨幕府方的本间山城左卫门，
（幕府军）退向片濑。义贞率二万余骑，同月二十日夜半抵达极乐坂。（北是
敌阵，南是）稻村崎狭道，海面上停著兵船，望楼耸立，有数万军兵防御。
然而，镰仓幕府的命运已尽。潮水退去，海边突成干舄，出现二十余町面积
的砂浜，停在海面上的兵船也随着退潮漂向远海洋面。大将（新田）义贞大

---

①　典故出《宋高僧传》：唐时，印度僧不空三藏皈依中国，玄宗任其为国师。天宝
中，西蕃掠西凉府，不空施法，金鼠现敌阵，咬断敌弓弩之弦。

②　《论语·颜渊篇》中载："君子之德也，小人之德草也，草上之风必偃。"

③　"丹精"，意为赤心；"玄鉴"，意为神佛的佑护。

④　相模入道：幕府执权北条高时。

⑤　甲：甲斐，今山梨县；信：信浓，今长野县。

喜，命令军兵进击。（略）

　　相模入道以千余骑军兵相护，隐居葛西谷，为此，诸大将之兵充溢东胜寺。大佛陆奥守贞直被三百余骑打散，在极乐寺通道，看见镰仓殿（高时）官邸著火，说："完了"，部下均自杀了。贞直冲入新田军的胁屋义助军阵之中，主从六十余骑皆战死。金泽武藏守贞将也因在山内会战中负伤，回到东胜寺，向相模入道告别后，便冲入军阵之中战死。普恩寺前相模入道信忍（基时），在仮妆坂会战中，被二十余骑打散而自杀。盐田陆奥入道道佑及其子民部大辅俊时也自杀了，盐饱新左近入道圣远及其子三郎左卫门也切腹自尽。

　　相模入道，将二男龟寿殿（时行）托符给诹访三郎盛高。盛高抱著龟寿殿下信浓，得诹访祝部之许而隐居于斯。（略）长崎二郎高重，在与官军战斗中英勇顽强，颇有定评。可是，他回到东胜寺，参见相模入道说："完了。请赶快自尽吧！我先走了。"说完切腹而亡。高重的祖父长崎入道圆喜也死了。因此，相模入道也切腹自尽。同时，一族三十四人，亲族二百八十三人全部自杀身亡，馆舍尽焚。为此死骸不见，全无残生者。荣耀一时的平家北条九代，终于于元弘三年五月二十二日灭亡了。

（《北条九代记》卷12，第209页）

第四节　平安末、镰仓时期的社会众相

一、《新猿乐记》①《游女记》《傀儡子记》中的社会众相

　　1.《新猿乐记》所见基层社会众相
　　予②廿余季以还，历观东西二京，今夜猿乐见物许之，见事者于古今未

---

　　①　猿乐是平安末至镰仓时代的民间艺能。《新猿乐记》是记叙猿乐艺能的著作，作者以轻快的笔调详实地记录了民间艺人和社会基层的状况，对人们了解这一历史时期基层社会颇有益。作者藤原明衡（？-1066）。以下选录《新猿乐记》中的若干基层庶民的形象和他们的事业。

　　②　作者藤原明衡自称。

有。就中，呪师、侏儒儽、田乐、傀儡子、唐术、品玉、轮鼓、八玉、独相扑、独双六、无骨、有骨，延动大领之腰支、帐潴舍人之足仕、冰上专当之取袴、山城大御之指扇、琵琶法师之物语、千秋万岁之酒祷，饱腹鼓之胸骨，蟷螂舞之头筋、求福广圣之袈裟，乞妙高尼之縰褵，现形勾当之面，早职事之皮笛，目舞之翁体，巫游之气装貌，京童之虚左礼，东人之初京上。况拍子男共之气色，事敢大德之形势，都猿乐之态，呜呼之词，莫不断肠解颐者也。

（《新猿乐记》，引自《史料大系日の历史》中世Ⅰ第二卷，第90页）

八郎真人者商人主领也。重利不知妻子，念身不顾他人。持一成万，搏（搏）壤成金①。以言诳他心，以谋拔人目一物也。东臻于浮囚之地，西渡于贵贺之岛。交易之物、卖买之种，不可称数。唐物，沈香、麝香、衣比、丁子、甘松、熏陆、青木、龙脑、牛头、鸡舌、白檀、赤木、紫檀、苏芳、喝砂、红雪、紫雪、金益草、银益车、紫金膏、巴豆、雄黄、可梨勒、槟榔子、铜黄、绿青、燕脂、空青、丹、朱砂、胡粉、豹虎皮、藤茶埦、笼子、犀生角、水牛如意、玛瑙带、瑠璃壶、绫、锦、罗、谷、吴竹、甘竹、吹玉等也。本朝物，绯襟、象眼、繻繝、高丽软锦、东京锦、浮线绫、金、银、阿古夜玉、夜久贝、水精、虎珀、水银、硫磺、白葛、铜、铁、缣、蝉羽、绢、布、丝、绵、纈缬、绀、红、紫、茜、鹭羽、色革等也。若于泊浦送年月，无定宿。若于村邑过日夜，无留所，财宝贮于波涛之上，浮沈任于风前，运命交于街衢之间，死生照于路头，宾客之清谈甚繁，妻子之对面已稀乎（焉）。

（同上，第90页）

三君夫出羽权介田中丰益，偏耕农为业，更无他计。数町户主，大名田堵也。兼想水旱之年，调锄锹，暗度腴迫之地，缮马杷犁；或于堰塞、堤防、沟渠、畔畷之功，育田夫农人；或于种苲、苗代、耕作、播殖之营，劳五月，男女之上手也。所作稙、稑、粳、糯，苅颖胜他人，春法增每年。加之，蔺畠所苲麦、大豆、大角豆、小豆、粟、黍、蒴、荞麦、胡麻，员尽登熟。春以一粒虽散地面，秋以万倍□纳藏内。凡始自东作，至于西收，聊无违误，常怀五谷成熟、稼穑丰赡之悦。未会旱魃、洪水、蝗虫、不熟之损，检田收

① 搏壤成金：卖土盈利。

纳之厨，官使迎送之飧，更无所遁避。况地子、宫物、租谷、调庸、代稻、段米、使料、供给、土毛、酒直、种莳、营料、交易、佃、出举、班给等之间，未致束把合勺之未进，抑虽拙为输税赎课之民烟，遮莫未若困谀乞索之贫家。

（同上，引自《史料による日本の歩み》古代编，第 272 页）

2.《游女记》① 所见基层社会众相

自山城国与渡津浮巨川②西行一日，谓之河阳，往返于山阳、南海、西海三道之者，莫不遵此路。江河南北，邑邑处处，分流向河内国，谓之江口，盖典药寮味原树、扫部寮大庭庄也。到摄津国，有神崎、蟹岛之地，比门连户，人家无绝，倡女③成群。棹扁舟，看检舶，以荐枕席。声过溪云，韵飘水风，经回之人④，莫不忘家。州卢浪尤，钓翁、商客，舳舻相连，殆如无水。盖天下第一之乐地也。江口则观音为祖，中君□□□小马、白女、主殿。蟹岛则宫城为宗，如意、香炉、孔雀三枚。神崎则河孤姬为长者，孤苏、宫子、力余、小儿之属。皆是俱尸罗⑤之再诞，衣通姬之后身也。上自卿相□，下及黎庶，莫不接床第⑥，施慈爱。又为人妻妾，殁身被宠。虽贤人君子，不免此行。南则住吉，西则广田，以之为祈征婴之处。殊事百大夫⑦，道祖神之一名也。人别刻期之数及百千。能荡人心，亦古风而已。

（《遊女记》，引自《史料大系日の历史》中世Ⅰ第二卷，第 91~92 页）

---

① 《游女记》和《傀儡子记》均是大江匡房（1041－1111）的著作。前者反映游女的生态，后者反映漂泊民的状况。本条资料，生动地记述了淀川沿岸的一个名叫河阳及其周边的繁荣和游女、商人、往返人群的情趣、百态。

② 巨川：淀川。

③ 倡女：娼女，亦称游女。

④ 系指经过此地的人。

⑤ 俱尸罗：佛教中的神鸟，丽姿美声。

⑥ 床第：游女屋。

⑦ 系指百大夫神社。在今兵库县西宫市。据说此神为游女、漂泊者的守护神。

3.《傀儡子记》中漂泊者形象

傀儡子①者，无定居，无当家，穹卢（庐）毡帐，逐水草以移徙。颇类北狄之俗，男则皆使弓马，以狩猎为事，或跳双剑弄七九，或舞木人斗桃梗，能生人之态，殆近鱼龙曼蜒之戏。变沙石为金钱，化草木为鸟兽，能□人目。女则为愁眉啼，妆折腰步龋齿咲，施朱傅粉，倡哥（歌）淫乐，以求妖媚。父母夫智不诚，□唖难逢行人旅客，不嫌一宵之佳会，媕婀之余，自献千金，绣服、锦衣、金钗、钿匣之具，莫不悉有之。不耕一亩田，不采一枝桑，故不属县官，皆非土民，自限浪人。上不知王公，傍不怕牧宰，以无课役为一生之乐。夜则祭百神，鼓舞喧哗，以祈福助。东国美浓、参河、远江等党为豪贵，山阳播州、山阴马州②等党次之，西海党为下。其名倡，则小三日、百三千载、万岁、小君、孙君③等也。动韩娥之尘，余音绕梁，闲者沾缨，不能自体④。今样、古川样、足柄片下、催马乐、里鸟子、田哥（歌）、神哥（歌）、掉哥（歌）、辻哥（歌）、满周、风俗、咒师、别法师等之类⑤，不可胜计。即是天下之一物也，谁不哀怜者哉。

（《傀儡子记》，引自同上书，第92～93页）

4. 城市内的"田乐"⑥热

永长元年之夏，洛阳⑦大有田乐之事，不知其所起。初自闾里，及于公卿。高足一足、腰鼓、振鼓、铜钹子、编木、殖女、养女之类，日夜无绝，喧哗之甚，能惊人耳。诸坊、诸司、诸卫各为一部，或诣寺，或满街衢，一城之人皆如狂焉，盖灵狐之所为也。其装束尽善尽美，如雕如琢，以锦绣为衣，以金银为饷。富者倾产业，贫者岐而及之。郁芳门院殊催叡感，姑射之

① 傀儡子：平安、镰仓时代漂泊各地，以卖杂艺和色相维持生计的人。
② 播州，播磨国；马州，但马国。
③ 以上皆是有名女傀儡子的名字。
④ 以上女傀儡子的游艺之技。
⑤ 以上为女傀儡子擅长的歌舞。
⑥ "田乐"本是表现农民在插秧过程中祈求丰收的文艺，在农村兴行。但平安末开始，突然在都城兴行。参加者上有公卿，下有各阶层市民。
⑦ 洛阳：京都。

中此观尤盛①，家家所所引党预参。不唯少年，缁素成群，佛师、经师各率其类、帽子、绣、裲裆，或奏陵王、拔头②等舞其终，文殿之众，各企此业。考言朝臣以耄耋之身，勤劳逛之戏。有俊、有信、季纲、敦基、在良等朝臣，并折桂射鹄之辈，不偏一人，或著礼服，或被（披）甲胄，或称后卷，骁勇为队，入夜参院，鼓舞跳梁。折染成文之衣，袴法令所禁，而检非违使又供奉田乐，皆著折衣白日渡道。蓬壶客义为一党步行，参院侍臣复参禁中。权中纳言基忠卿捧九尺高扇，通俊卿两脚著平蔺笠，参议宗通卿著藁尻切，何况侍臣装束推而可知，或裸形腰卷红衣，或放髻顶戴田笠。六条、二条③往复几地，路起埃遮人车。近代奇怪之事，何以尚之。其后，院不预（豫），不经几程，遂以崩御。自田乐御览之车，转见御送葬之车。爰知，妭异所萌，人力不及，贤人、君子谁免俗事哉。

（《洛阳田乐记》，引自同上书，第95页）

（永长元年六月十二日）此十余日间，京都杂人作田乐，互以游兴。就中，昨今诸宫、诸家青侍、下部皇④等，皆以成此曲。昼即下人，夜又青侍，皆作田乐，满盈道路。高发鼓笛之声，已成往反之妨，未知是非，时之夭言所致欤。寄事只园御灵会⑤，万人田乐不能制止也。

（永长元年七月十二日）今夕，云客依仰作田乐，欲备天览。人人议定云，田乐之中田主⑥尤可也。藏人少纳言成崇已当其仁。奏此由处，敕许已了。从院御使来申云：殿上人⑦田乐可见，就中成宗田主之体欲一览者，仍可参院由，被仰下了。（略）事及广出仕之人，皆参。先于直庐⑧调田乐装束，乐器等从院所进也。明月之前，人人调装束参御前。（略）于北中门之内御览。上皇甚御感。就中，藏人少纳言成宗田主之体，不可思议神妙也。

---

① "郁芳门院"，白河大上天皇之女堤子；"姑射"，和后面将叙及的"蓬壶"，皆意指太上天皇御所。
② 陵王、拔头，皆为雅乐。
③ 六条、二条：都城街道。
④ 王公、贵族之家的身份低下的侍从、佣人等。
⑤ 只园御灵会：京都祇园神社的祭祀。一般称"祇园祭"。
⑥ 田乐组织指挥者和主舞者。
⑦ 可以参见天皇和太上天皇的朝臣。
⑧ 皇宫内里的值班室。

（《中右记》，引自同上书，第 94 页）

（永长元年七月十三日）今夕又院殿上人作田乐所参内也。（略）入夜，院殿上人田乐卅余人参内。于北阵方渡殿①前御览。人人申云：备前守季纲悬鼓，诚绝妙，甚得其体，云云。（略）从去五月及近日，天下贵贱每日作田乐，或参石清水、贺茂，或参松尾、祇园，鼓笛声盈溢道路。是称神明所好，万人作此曲。或又有梦相告，有俄作辈，世间妖言，人人相好，诚入水火，天之令然欤。事已及高，但不知是非如何。

（同上，第 94 页）

（嘉承元年六月十三日）近日，京中下人等作兴田乐，每日游行，或切破锦绣，或随身兵杖，数千成党，横行街道，间及斗争，有夭命者。先年有如此游，不吉事出来也。今不被制止，颇不稳便事欤。

（同上，第 94～95 页）

二、宫廷中以“儒”修身的重兴②

（元应元年闰七月）四日丙戌，入夜资朝③参，召前谈道，颇可谓得道之大体者也。好学已七、八年。两三年之间，颇得道之大意，而与诸人谈，未称旨④，今始逢知意。终夜谈之，至晓钟不怠倦。

（元应元年闰七月廿二日）今夜资朝、公时⑤等，于御堂殿上谈《论语》，僧等济济交之。朕窃立闻之。

（《花园天皇宸记》第二，第 43 页）

（元应元年九月六日）近日，禁里频道德儒教之事有其沙汰，云云。尤可

---

① “渡殿”，宫殿与宫殿间的走廊。
② 以下引录《花园天皇宸记》中的若干片段，以示镰仓幕府时期朝廷对儒学之推崇。
③ 日野资朝。
④ 与人讨论未畅谈。
⑤ 儒学者菅原公时。

然之事也。而冬方朝臣①、藤原俊基等，此义殊张行者也，而如惟继②等卿频偏执，以浅略义加难，云云。太不足言，所诠守一隅，全不可谓非。（略）

（同上，第 51 页）

（元应元年九月十八日）今夜召资朝、公时朝臣，文谈、杂谈及半更，事及法行文谈，只养精神也，更非悬思于政道，所期修一身也。

（同上，第 52～53 页）

（元亨二年二月十二日）主上③殊令学中庸道，政道可归淳素云云，尤可然事也。近代，儒道已废（以）来久，遇此时可有中兴欤。

（同上，第 190 页）

（元亨二年二月廿三日）此日，召公时、经显等朝臣、（中原）师夏，聊谈《尚书》。经显读之，公时谈正义。虽无人如法内内义也，且为劝学于人也。仍自今日始之，次第五经可谈之由，所思也。近代儒风大废，近日中兴，然而未及广。或有异议，为解人之过，殊所谈也。于身者，强无益者欤。

（同上，第 192 页）

（元亨二年二月廿九日）今日《尚书》谈义如例，国房、具良、公时、家高、师夏等，《尧典》一篇读了。

（同上，第 193～194 页）

（元亨二年七月）廿七日癸亥，晴。谈《尚书》，人数同先先，其义等不能具记。行亲义，其意涉佛教，其词似禅家，近日禁里之风也，即是宋朝之义（仪）也。或有不可取事，于大体非无其谓者也。凡近代儒风衰微，但以文华风月为先，不知其实，文之弊以质可救之。然者，近日禁里有此义（仪）欤，尤可然事也。但涉佛教，犹不可然乎。

（同上，第 227 页）

---

① 吉田冬方。

② 平惟继。

③ 后醍醐天皇。

（元亨三年六月十七日）《宽平遗诫》① 云：天子入杂文不可消日，云云。是王者学之体也，先知道之大体，其后可学诸子百家，杂笔风月之道也。若不见书者争知道，至三史五经必先可学也。近代之风，以风月为先，未知儒教之大体，可惭可惭。

（同上，第 276～277 页）

三、镰仓幕府的宗教政策②

1. 神道政策

一诸社事③

我朝者神国也。往古神领无相违，其外今度始，又各可被新加钦。就中，去比鹿岛大明神御上洛之由，风闻出来之后，贼徒追讨，神戮不空者钦。兼又若有诸社破坏颠倒事者，随功程可被召付处，功作之后，可被御裁许。恒例神事，守式目，无懈怠，可令勤行由，殊可有寻御沙汰。

（《吾妻镜》第三）

（治承四年十月）十六日乙未，为武卫御愿于鹤冈若宫，被始长日勤行，所谓法华、仁王、最胜王等镇护国家三部妙典，其外大般若经、观世音经、药师经、寿命经等④也，供僧奉仕之，以相模国来原乡为御供料所。

　　御愿书⑤

---

① 宽平九年（897）宇多天皇让位时，将自己所著的教诫文赐于新继位的醍醐天皇。主要内容是帝王的言行举止、学问、任官、叙位、仪式、臣下的贤德等。历史上称之谓"宽平遗诫"。

② 平安末期开始的战乱和频繁的自然灾害，必然引起社会的普遍不安，导致了宗教的活跃。镰仓时代新佛教的出现，一方面是与时代的民情相关，另一方面也与幕府的宗教政策相关。以下就幕府的宗教政策，引录若干史料。

③ 寿永三年，源赖朝拟定《镰仓条条》共四条：朝务等事、平家追讨事、诸社事、佛寺间事。

④ 日本神道原无自己的经典，故在平安、镰仓初期，神社举行祈祷时，用佛经诵念，推行"神佛习合"。

⑤ 这是源赖朝呈献伊势神宫神的一份心愿书，充分反映了他对神道的虔诚。

维当岁次治承六年二月八日，吉日良辰撰定。前右兵卫佐、从五位下源朝臣赖朝，令捧斋持礼代御币、砂金、神马等，虔诚奉呈于天照百皇太神前。赖朝访远祖，神武天皇初令日本丰苇原水穗滥觞，当为五十六代清和天皇之第三孙，携武艺护国家，居卫官，耀朝威。自尔以来，征罚插野心凶徒，依勋功惠泽余身，武勇闻世，和国无为，有截克调，星霜三百余岁。保元年中，洛阳兵乱起，时人不访汤王之化，不存镇护之誓，犯否押混，申行赏罚之间，赖朝无咎过，却覃罪科，含愁愤送春秋①。前平大相国，令骁勇徒党，去去年秋，拟诛赖朝。依有天运，令黥布镝遁，本自不误，乃神冥助也。而彼平大相国，还以赖朝谋叛之由，惊动叡闻，奏事不实，披陈无便。只仰苍天间，华夷不静，逆滥重叠。厥②中，令焚烧圣武天皇草创镇地之后，历四百余岁之莲宫，苍生谁不悲叹哉。凡押行朝务，灭亡郡乡，此岂非谋叛乎。爰平大相国俄早世，神虑不快显露。但赖朝殊为惊恐，风闻号为熊野众徒，奸滥巧类等，去年正月，滥入皇太神宫之别宫伊杂宫，破损御殿，犯用神宝。因兹，假迁御体皇太神之御殿于五十铃河之畔。同月，彼凶贼等又乱入二所太神宫御殿近边人宅，搜取资财，烧失舍宅。其时，祠官等惊恐，令参宫中骚动。此两条，赖朝全不谬，仰神明照鉴，方今无为无事，遂参洛防朝敌。世务如元，奉任一院，令访禹王之慈愍，崇奉神事如在，令继正法之遗风。纵然你是平家、抑或源氏，皆不免或赐罚不义，或赏赐忠臣。兼又，访古今例，申立二宫新加御领，造替伊杂宫，祈请调进神宝。（神宫）东州御领如原，不可有相违之由，任二宫注文，已染丹笔奉免毕。凡此不訾谬③，令照纳皇太神此状，上始自政王，下迄于百司民庶，令施惠护，安稳泰平。赖朝臻伴类，日夜护幸。诚恐谨言。

治承六年二月八月　　　　　　　　前右兵卫佐从五位下源朝臣赖朝

（《吾妻镜》第一，卷2，第81~82页）

（文治三年六月）廿日庚寅，伊势国没官领事，加藤太光员随令注进之。被补地头之处，彼辈于太神宫御领致滥行之由，自所所有其诉之间，宜令停

---

① "保元年中……含愁愤送春秋"，主要记叙在"保元之乱"中源氏受挫，赖朝流放伊豆国之事。

② 厥，有多解，其中之一是作"其"解。《尔雅·释言》："厥，其也"；《书经·尧典》："厥民析"；《传》："厥，其也"。

③ 訾同訾，意为毁、恶；谬，意为误、诈、欺等。

止之由，今日被定下，其状云：

"下伊势国御神领内，地头等早可停止无道狼籍，从内外宫神主等下知致沙汰事。

右件于谋叛辈之所领者，任先踪，令补地头职许之处，各致自由之滥行，或抑领所所，或烦神人之由，依有其闻。可先神役之由，度度令下知毕。仍神宫官等，拟致沙汰之处，任光员注文补地头之辈，尚所所押领，致神领烦之由，有其诉，所行之旨，甚以不当也。自今以后，从神官之下知，可令致神忠。纵虽地头，何烦神人，怠神役乎。宜停止件狼籍，若犹令违背者，送注交名，可言上之状如件，以下。

文治三年六月廿日"

（同上，卷7，第264~265页）

2. 佛教政策

佛寺间事①

诸寺、诸山御领如旧，恒例之勤不可退转。如近年者，僧家皆好武勇②，忘佛法之间，行德不闻，无用枢，尤可禁制。兼又，于滥行不信僧者，不可被用公请，于自今以后者，为赖朝之沙汰。至僧家武具者，任法夺取，可给与追讨朝敌官兵之由，所存思也。

（同上，卷3，第105页）

（元历元年十二月）一日丙辰，武卫召园城寺③使者，赐御下文二通，所令寄附两村于一寺伽蓝也④，其状云：

奉寄三井寺御领事

在若狭国玉置领壹处

右件所依为平家没官之领，自院所给预也，而今为崇当寺佛法，所令寄进也。但于下司职者，从镰仓所沙汰付也。不可有相违之状如件。

---

① 此为源赖朝于寿永三年拟定《镰仓条条》中的第四条。

② 系指平安时代以来僧兵兴行。

③ 又名三井寺。

④ 元历元年十一月，京都园城寺（三井寺）遣使致书源赖朝，具体叙及该寺的困境，要求将没收的平氏领地寄进该寺。故有源赖朝的寄进之举。

元历元年十一月廿八日　　前右兵卫佐源朝臣

奉寄寺领贰个所事

右为平家之逆徒，及寺院之破坏。自尔以降，未知住侣之有无，不达蓄怀之案内，期上洛之时，暂送日之处，牒状忽到来，旨趣尤甚深也。仍寺领二个所近江国横山、若狭国玉置领，相副寄文，所令寄进也。为无事之妨，撰便宜之村也。但世间落居者，此上重可计沙汰之由，存思也。仍勒状如件。

　　　　　　　　　　　　　　　十二月一日　　前兵卫佐

（同上，第 128 页）

（文治元年三月）七日庚寅，东大寺修造事①，殊可抽丹诚之由，武卫遣御书于南都众徒中。又送奉加物于大劝进重源圣人②讫，所谓八木一万石，沙金一千两，上绢一千疋云云。御书云：

东大寺事

右当寺者，破灭平家之乱逆，遂逢回禄之厄运，佛像为灰烬，僧徒及没亡，积恶之至，比类少之者欤。殊以所叹思也。于今者，如旧令遂修复造营，可奉祈镇护国家也。世纵虽及浇季，君于令施舜德者，王法佛法共以繁昌欤。御沙汰之条，法皇定思知欤。然而如当时者，朝敌追讨之间，依无他事，若令迟迟欤。且当寺事，可致丁宁之由，所令相存也，仍勒状如件。

三月七日　　前右兵卫佐源朝臣

（同上，卷 4，第 141 页）

---

① 平氏曾出兵镇压南都奈良佛教僧徒，其时东大寺被毁。后朝廷决定重建，任命高僧重源负责重建事务。源赖朝此件，表达了他对东大寺重建的支持，并说明至迟送物的原因，是因为追讨朝敌，无暇顾及。

② 重源：镰仓初期净土宗僧。曾于 1167 年入宋登天台山，翌年回国。1180 年东大寺大火，朝廷任命其为重建东大寺的"大劝进"。

附录

一　日本年号表

天皇年号	西历	天皇
继体	507～531	继体（以下称大王）
安闲	532～535	安闲
宣化	536～539	宣化
钦明	540～571	钦明
敏达	572～585	敏达
用明	586～587	用明
崇峻	588～592	崇峻
推古	593～628	推古（女）
舒明	629～641	舒明
皇极	642～645	皇极（女）
大化	645～649	孝德（以下称天皇）
白雉	650～654	
齐明	655～661	齐明（女）
天智	662～671	天智
（弘文）	672	
天武	673～685	天武
朱鸟	686.7	
持统	687～696	持统（女）
文武	697～700	文武
大宝	701～704.5	
庆云	704.5～708.1	
和铜	708.1～715.9	元明（女）
灵龟	715.9～717.11	元正（女）
养老	717.11～724.2	
神龟	724.2～729.8	圣武

续表

天平	729. 8 ~ 749. 4	
天平感宝	749. 4 ~ 749. 7	孝谦（女）
天平胜宝	749. 7 ~ 757. 8	
天平寶字	757. 8 ~ 758	
天平寶字	758 ~ 765. 1	淳仁
天平神护	765. 1 ~ 767. 8	称德（孝谦重祚）
神护景云	767. 8 ~ 770. 10	
宝龟	770. 10 ~ 781. 1	光仁
天应	781. 1 ~ 782. 8	
延历	782. 8 ~ 806. 5	桓武
大同	806. 5 ~ 810. 9	平城
弘仁	810. 9 ~ 824. 1	嵯峨
天长	824. 1 ~ 834. 1	淳和
承和	834. 1 ~ 848. 6	
嘉祥	848. 6 ~ 851. 4	仁明、文德
仁寿	851. 4 ~ 854. 11	文德
齐衡	854. 11 ~ 857. 2	
天安	857. 2 ~ 859. 4	文德、清和
贞观	859. 4 ~ 877. 4	清和
元庆	877. 4 ~ 885. 2	阳成
仁和	885. 2 ~ 889. 4	光孝、宇多
宽平	889. 4 ~ 898. 4	宇多
昌泰	898. 4 ~ 901. 7	醍醐
延喜	901. 7 ~ 923	
延长	923 ~ 931. 4	
承平	931. 4 ~ 938. 5	朱雀
天庆	938. 5 ~ 947. 4	朱雀、村上
天历	947. 4 ~ 957. 10	村上
天德	957. 10 ~ 961. 2	
应和	961. 2 ~ 964. 7	
康保	964. 7 ~ 968. 8	村上、冷泉
安和	968. 8 ~ 970. 3	冷泉、圆融
天禄	970. 3 ~ 973. 12	圆融
天延	973. 12 ~ 976. 7	

贞元	976.7 ~ 978.11	
天元	978.11 ~ 983.4	
永观	983.4 ~ 985.4	圆融、花山
宽和	985.4 ~ 987.4	花山
永延	987.4 ~ 989.8	一条
永祚	989.8 ~ 990.11	
正历	990.11 ~ 995.2	
长德	995.2 ~ 999.1	
长保	999.1 ~ 1004.7	
宽弘	1004.7 ~ 1012.12	一条、三条
长和	1012.12 ~ 1017.4	三条、后一条
宽仁	1017.4 ~ 1021.2	后一条
治安	1021.2 ~ 1024.7	
万寿	1024.7 ~ 1028.7	
长元	1028.7 ~ 1037.4	
长历	1037.4 ~ 1040.11	后朱雀
长久	1040.11 ~ 1044.11	
宽德	1044.11 ~ 1046.4	
永承	1046.4 ~ 1053.1	后冷泉
天喜	1053.1 ~ 1058.8	
康平	1058.8 ~ 1065.8	
治历	1065.8 ~ 1069.4	后冷泉、后三条
延久	1069.4 ~ 1074.8	后三条、白河
承保	1074.8 ~ 1077.11	白河
承历	1077.11 ~ 1081.2	
永保	1081.2 ~ 1084.2	
应德	1084.2 ~ 1087.4	白河
宽治	1087.4 ~ 1094.12	堀河
嘉保	1094.12 ~ 1096.12	
永长	1096.12 ~ 1097.11	
承德	1097.11 ~ 1099.8	
康和	1099.8 ~ 1104.2	
长治	1104.2 ~ 1106.4	
嘉承	1106.4 ~ 1108.8	堀河、鸟羽

天仁	1108. 8 ~ 1110. 7	鸟羽
天永	1110. 7 ~ 1113. 7	
永久	1113. 7 ~ 1118. 4	
元永	1118. 4 ~ 1120. 4	
保安	1120. 4 ~ 1124. 4	鸟羽、崇德
天治	1124. 4 ~ 1126	崇德
大治	1126 ~ 1131	
天承	1131 ~ 1132. 8	
长承	1132. 8 ~ 1135. 4	
保延	1135. 4 ~ 1141. 7	
永治	1141. 7 ~ 1142. 4	近卫
康治	1142. 4 ~ 1144. 2	
天养	1144. 2 ~ 1145. 7	
久安	1145. 7 ~ 1151	
仁平	1151 ~ 1154. 10	
久寿	1154. 10 ~ 1156. 4	近卫、后白河
保元	1156. 4 ~ 1158	后白河
平治	1159. 4 ~ 1159. 12	二条
永历	1160 ~ 1161. 9	
应保	1161. 9 ~ 1163. 3	
长宽	1163. 3 ~ 1165. 6	
永万	1165. 6 ~ 1161. 8	六条
仁安	1161. 8 ~ 1169. 4	六条、高仓
嘉应	1169. 4 ~ 1171. 4	高仓
承安	1171. 4 ~ 1175. 7	
安元	1175. 7 ~ 1177. 8	
治承	1177. 8 ~ 1181. 7	高仓、安德
养和	1181. 7 ~ 1182. 5	安德
寿永	1182. 5 ~ 1184. 4	安德、后鸟羽
元历	1184. 4 ~ 1185. 8	后鸟羽
文治	1185. 8 ~ 1190. 4	
建久	1190. 4 ~ 1199. 4	
正治	1199. 4 ~ 1201. 2	土御门
建仁	1201. 2 ~ 1204. 2	

元久	1204. 2 ~ 1206. 4	
建永	1206. 4 ~ 1207. 10	
承元	1207. 10 ~ 1211. 3	
建历	1211. 3 ~ 1213. 12	顺德
建保	1213. 12 ~ 1219. 4	
承久	1219. 4 ~ 1222. 4	顺德、仲恭、后堀河
贞应	1222. 4 ~ 1224. 11	后堀河
元仁	1224. 11 ~ 1225. 4	
嘉禄	1225. 4 ~ 1227. 12	
安贞	1227. 12 ~ 1229. 3	
宽喜	1229. 3 ~ 1232. 4	
贞永	1232. 4 ~ 1233. 4	四条
天福	1233. 4 ~ 1234. 11	
文历	1234. 11 ~ 1235. 9	
嘉祯	1235. 9 ~ 1238. 11	
历仁	1238. 11 ~ 1239. 2	
延应	1239. 2 ~ 1240. 7	
仁治	1240. 7 ~ 1243. 2	
宽元	1243. 2 ~ 1247. 2	后嵯峨、后深草
宝治	1247. 2 ~ 1249. 3	后深草
建长	1249. 3 ~ 1256. 10	
康元	1256. 10 ~ 1257. 3	
正嘉	1257. 3 ~ 1259. 3	
正元	1259. 3 ~ 1260. 4	
文应	1260. 4 ~ 1261. 2	龟山
弘长	1261. 2 ~ 1264. 2	
文永	1264. 2 ~ 1275. 4	龟山、后宇多
建治	1275. 4 ~ 1278. 2	后宇多
弘安	1278. 2 ~ 1288. 4	后宇多、伏见
正应	1288. 4 ~ 1293. 8	伏见
永仁	1293. 8 ~ 1299. 4	
正安	1299. 4 ~ 1302. 11	后伏见、后二条
干元	1302. 11 ~ 1303. 8	
嘉元	1303. 8 ~ 1306. 12	

德治	1306. 12 ~ 1308. 10	后二条
延庆	1308. 10 ~ 1311. 4	花园
应长	1311. 4 ~ 1312. 3	
正和	1312. 3 ~ 1317. 2	
文保	1317. 2 ~ 1319. 4	花园、后醍醐
元应	1319. 4 ~ 1231. 2	后醍醐
元亨	1231. 2 ~ 1324. 12	
正中	1324. 12 ~ 1326. 4	
嘉历	1326. 4 ~ 1329. 8	
元德	1329. 8 ~ 1331. 8	
元弘	1331. 8 ~ 1333	

二　院政表

太上天皇	院政建立日期	终止日期
白河	应德 3（1086）．11	大治 4（1129）．7
鸟羽	大治 4（1129）．7	保元 1（1156）．7
后白河（1）	保元 3（1158）．8	治承 3（1179）．11
高仓	治承 4（1180）．2	治承 5（1181）．1
后白河（2）	治承 5（1181）．1	建久 3（1192）．3
后鸟羽	建久 9（1198）．1	承久 3（1221）．7
后高仓	承久 3（1221）．8	贞应 2（1223）．5
后堀河	贞永 1（1232）．10	天福 2（1234）．8
后嵯峨	宽元 4（1246）．1	文永 9（1272）．2
龟山	文永 11（1274）．1	弘安 10（1287）．10
后深草	弘安 10（1287）．10	正应 3（1290）．2
伏见（1）	永仁 6（1298）．7	正安 3（1301）．1
后宇多（1）	正安 3（1301）．1	德治 3（1308）．8
伏见（2）	德治（1308）．8	正和 2（1313）．10
后伏见（1）	正和 2（1313）．10	文保 2（1318）．2
后宇多（2）	文保 2（1318）．2	元亨 1（1321）．12
后伏见（2）	元德 3（1331）．9	正庆（1333）．5

三　摄政关白表

摄政	任职年月	关白	任职年月
藤原良房	天安1（857）. 2 - 贞观5（863）. 12		
藤原良房	贞观8. 8（866）. 9 - 贞观14（872）. 9		
藤原基经	贞观14（872）. 11 - 元庆4（880）. 11	藤原基经	元庆4（880）. 11 - 宽平2（890）. 1
藤原忠平	延长8（930）. 9 - 天庆4（941）. 11	藤原忠平	天庆4（941）. 11 - 天历3（949）. 8
		藤原实赖	康保4（967）. 12 - 安和2（969）. 8
藤原实赖	安和2（969）. 8 - 天禄1（970）. 5		
藤原伊尹	天禄1（970）. 5 - 天禄3（972）. 10	藤原兼通	天禄3（972）. 11 - 贞元2（977）. 10
		藤原赖忠	贞元2（977）. 10 - 宽和2（986）. 6
藤原兼家	宽和2（986）. 6 - 正历1（990）. 5		
藤原道隆	正历1（990）. 5 - 正历4（993）. 4	藤原道兼	正历4（993）. 4 - 长德1（995）. 4
藤原道长	长和4（1015）. 10 - 宽仁1（1017）. 3		
藤原赖通	宽仁1（1017）. 3 - 宽仁3（1019）. 12	藤原赖通	宽仁3（1019）. 12 - 治历3（1067）. 12
		藤原教通	治历4（1068）. 4 - 承保2（1075）. 9
		藤原师实	承保2（1075）. 10 - 应德3（1086）. 11
藤原师实	应德3（1086）. 11 - 宽治4（1090）. 12	藤原师实	宽治4（1090）. 12 - 嘉保1（1094）. 3

		藤原师通	嘉保1（1094）. 3 – 康和1（1099）. 6
		藤原忠实	长治2（1105）. 12 – 嘉承2（1107）. 7
藤原忠实	嘉承2（1107）. 7 – 永久1（1113）. 12	藤原忠实	永久1（1113）. 12 – 保安2（1121）. 1
		藤原忠通	保安2（1121）. – 保安4（1123）. 1
藤原忠通	保安4（1123）. 1 – 大治4（1129）. 7	藤原忠通	大治4（1129）. 7 – 永治1（1141）. 12
藤原忠通	永治1（1141）. 12 – 久安（1150）. 12	藤原忠通	久安（1150）. 12 – 保元3（1158）. 8
		藤原基实	保元3（1158）. 8 – 永万1（1165）. 6
藤原基实	永万1（1165）. 6 – 仁安1（1166）7		
藤原基房	仁安1（1166）7 – 承安2（1172）. 12	藤原基房	承安2（1172）. 12 – 治承3（1179）. 11
		近卫基通	治承3（1179）. 11 – 治承4（1180）. 2
近卫基通	治承4（1180）. 2 – 寿永2（1183）. 11		
藤原师家	寿永2（1183）. 11 – 元历1（1184）. 1		
近卫基通	元历1（1184）. 1 – 文治2（1186）. 3		
九条兼实	文治2（1186）. 3 – 建久2（1191）. 12	九条兼实	建久2（1191）. 12 – 建久7（1196）. 11
		近卫基通	建久7（1196）. 11 – 建久9（1198）11
近卫基通	建久9（1198）11 – 建仁2（1202）. 12		
九条良经	建仁2（1202）. 12 – 建永1（1206）. 3		

近卫家实	建永 1（1206）. 3 - 建永 1（1206）. 12	近卫家实	建永 1（1206）. 12 - 承久 3（12212）. 4
九条道家	承久 3（12212）. 4 - 承久 3（12212）. 7		
近卫家实	承久 3（12212）. 7 - 贞应 2（1223）. 12	近卫家实	贞应 2（1223）. 12 - 安贞 2（1228）. 12
		九条道家	安贞 2（1228）. 12 - 宽喜 3（1231）. 7
		九条教实	宽喜 3（1231）. 7 - 贞永 1（1232）. 10
九条教实	贞永 1（1232）. 10 - 嘉祯 1（1235）. 3		
九条道家	嘉祯 1（1235）. 3 — 嘉祯 3（1327）. 3		
近卫兼经	嘉祯 3（1327）. 3 - 仁治 3（1242）. 1	二条良实	仁治 3（1243）. 3 - 宽元 4（1246）. 1
一条实经	宽元 4（1246）. 1 - 宝治 1（1247）. 1		
近卫兼经	宝治 1（1247）. 1 - 建长 4（1252）. 10		
鹰司兼平	建长 4（1252）. 10 - 建长 6（1254）. 12	鹰司兼平	建长 6（1254）. 12 - 弘长 1（1261）. 4
		二条良实	弘长 1（1261）. 4 - 文永 2（11265）. 4
		一条实经	文永 2（11265）. 4 - 文永 4（1267）. 12
		近卫基平	文永 4（1267）. 12 - 文永 5（1268）. 11
		鹰司基忠	文永 5（1268）. 12 - 文永 10（1273）. 5
		九条忠家	文永 10（1273）. 5 - 文永 11（1274）. 1
九条忠家	文永 11（1274）. 1 - 文永 11（1274）. 6		

一条家经	文永 11（1274）. 6 - 建治 1（1275）. 10		
鹰司兼平	建治 1（1275）. 10 - 弘安 1（1278）. 12	鹰司兼平	弘安 1（1278）. 12 - 弘安 10（1287）. 8
		二条师忠	弘安 10（1287）. 8 - 正应 2（1289）. 4
		近卫家基	正应 2（1289）. 4 - 正应 4（1291）. 5
		九条忠教	正应 4（1291）. 5 - 永仁 1（1293）. 2
		近卫家基	永仁 1（1293）. 2 - 永仁 4（1296）. 6
		鹰司兼忠	永仁 4（1296）. 7 - 永仁 6（1298）. 7
鹰司兼忠	永仁 6（1298）. 7 - 永仁 6（1298）. 12		
二条兼基	永仁 6（1298）. 12 - 正安 2（1300）. 12	二条兼基	正安 2（1300）. 12 - 嘉元 3（1305）. 4
		九条师教	嘉元 3（1305）. 4 - 延庆 1（1308）. 8
鹰司冬平	延庆 1（1308）. 11 - 应长 1（1311）. 3	鹰司冬平	应长 1（1311）. 3 - 正和 2（1313）. 7
		近卫家平	正和 2（1313）. 7 - 正和 4（1315）. 9
		鹰司冬平	正和 4（1315）. 9 - 正和 5（1316）. 8
		二条道平	正和 5（1316）. 8 - 文保 2（1318）. 12
		一条内经	文保 2（1318）. 12 - 元亨 3（1323）. 3
		九条房实	元亨 3（1323）. 3 - 正中 1（1324）. 12
		鹰司冬平	正中 1（1324）. 12 - 嘉历 2（1327）. 1

		二条道平	嘉历 2 (1327). 2 – 元德 2 (1330). 1
		近卫经忠	元德 2 (1330). 1 – 元德 2 (1330). 8
		鹰司冬教	元德 2 (1330). 8 – 元弘 3 (1333). 5

四 镰仓幕府将军表

代数	将军名	就任年月日	退任年月日
1	源赖朝	建久 3（1192）. 7. 12	正治 1（1199）. 1. 13（殁）
2	源赖家	建仁 2（1202）. 7. 23	建仁 3（1203）. 9. 7
3	源实朝	建仁 3（1203）. 9. 7	承久 1（1219）. 1. 27（被杀）
4	藤原赖经	嘉禄 2（1226）. 1. 27	宽元 2（1224）. 4. 28
5	藤原赖嗣	宽元 2（1224）. 4. 28	建长 4（1252）. 3. 21
6	宗尊亲王	建长 4（1252）. 4. 1	文永 3（1266）. 7. 4
7	惟康亲王	文永 3（1266）. 7. 24	正应 2（1289）. 9. 14
8	久明亲王	正应 2（1289）. 10. 9	延庆 1（1308）. 8. 4
9	守邦亲王	延庆 1（1308）. 8. 26	正庆 2（1333）. 5. 21

五 镰仓幕府执权表

代数	执权姓名	官职名	在任期间
1	北条时政	远江守	建仁3（1203）. 10. 9～元久2（1205）. 7. 19
2	北条义时	相模守、陆奥守、右京权大夫	元久2（1205）. 7. 19～元仁1（1224）. 6. 13
3	北条泰时	武藏守、左京权大夫	元仁1（1224）. 6. 28～仁治3（1242）. 5. 9
4	北条经时	左近将、武藏守	仁治3（1242）. 6. 15～宽元4（1246）. 3. 23
5	北条时赖	左近将监、相模守	宽元4（1246）. 3. 23～康元1（1256）. 11. 22
6	北条长时	武藏守	康元1（1256）. 11. 22～文永1（1264）. 7. 3
7	北条政村	相模守、左京权大夫	文永1（1264）. 8. 11～文永5（1268）. 3. 5
8	北条时宗	相模守	文永5（1268）. 3. 5～弘安7（1284）. 4. 4
9	北条贞时	左马权头、相模守	弘安7（1284）. 7. 7～正安3（1301）. 8. 22
10	北条师时	右马权头、相模守	正安3（1301）. 8. 22～应长1（1311）. 9. 22
11	北条宗宣	陆奥守	应长1（1311）. 10. 3～正和1（1312）. 5. 29
12	北条熙时	相模守	正和1（1312）. 6. 2～正和4（1315）. 7. 12
13	北条基时	赞岐守、相模守	正和4（1315）. 7. 12～正和4（1315）. 11. 20
14	北条高时	左马权头、相模守	正和5（1316）. 7. 10～嘉历1（1326）. 3. 13
15	北泽贞显	修理权大夫	嘉历1（1326）. 3. 16～嘉历1（1326）. 3. 26
16	北条守时	武藏守、相模守	嘉历1（1326）. 4. 24～正庆2（1333）. 5. 18

六 古今地名对照表

	古地名	现地名
畿内	大和 河内 和泉 摄津 山城	奈良县 大阪府 大阪府 大阪府、兵库县 京都府
山阴道	丹波 丹后 但马 因幡 伯耆 出云 石见 隐岐	兵库县、京都府 京都府 兵库县 鸟取县 鸟取县 岛根县 岛根县 岛根县
山阳道	播磨 美作 备前 备中 备后 安艺 周防 长门	兵库县 冈山县 冈山县 冈山县 广岛县 广岛县 山口县 山口县
南海道	纪伊 淡路 阿波 赞岐 伊予 土佐	和歌山县、三重县 兵库县 德岛县 香川县 爱媛县 高知县

		古地名	现地名
西海道		筑前	福冈县
		筑后	福冈县
		丰前	福冈县、大分县
		丰后	大分县
		肥前	佐贺县、长崎县
		肥后	熊本县
		日向	宫崎县
		大隅	鹿儿岛县
		萨摩	鹿儿岛县
		壹岐	长崎县
		对马	长崎县
东国	东海道	伊贺	三重县
		伊势	三重县
		志摩	三重县
		尾张	爱知县
		三河（参河）	爱知县
		远江	静冈县
		骏河	静冈县
		伊豆	静冈县
		甲斐	山梨县
		相模	神奈川县
		武藏	神奈川县、东京都、埼玉县
		安房	千叶县
		上总	千叶县
		下总	千叶县、茨城县、埼玉县
		常陆	茨城县
	东山道	近江	滋贺县
		美浓	岐阜县
		飞驒	岐阜县
		信浓	长野县
		上野	群马县
		下野	栃木县

		古地名	现地名
东 国	北 陆 道	若狭 越前 加贺 能登 越中 越后 佐渡	福井县 福井县 石川县 石川县 富山县 新潟县 新潟县
东北边境		陆奥 出羽	福岛县、宫城县、岩手县、青森县 山形县、秋田县

主要参考文献

壹、史料原典

一、中国古籍

（东汉）班固：《汉书》，中华书局 1962 年版

（刘宋）范晔：《后汉书》，中华书局 1965 年版

（晋）陈寿：《三国志》，中华书局 1959 年版

（梁）沈约：《宋书》，中华书局 1974 年版

（唐）魏徵等：《隋书》，中华书局 1973 年版

（宋）欧阳修：《新唐书》，中华书局 1975 年版

（元）脱脱等：《宋史》，中华书局 1985 年版

（明）宋濂等：《元史》，中华书局 1976 年版

二、日本原典

（一）日本古典文学大系

坂本太郎等校注：《日本书纪》上，岩波书店 1960 年版

坂本太郎等校注：《日本书纪》下，岩波书店 1967 年版

仓野宪司等校注：《古事记》，岩波书店 1958 年版

远藤加基等校注：《日本灵异记》，岩波书店 1967 年版

秋本吉郎校注：《风土记》，岩波书店 1958 年版

小岛宪之校注：《怀风藻》，岩波书店 1979 年版

高木市之助等校注：《平家物语》上，岩波书店 1959 年版

高木市之助等校注：《平家物语》下，岩波书店 1960 年版

高木市之助等校注：《万叶集》一，岩波书店 1957 年版

高木市之助等校注：《万叶集》二，岩波书店 1959 年版

高木市之助等校注：《万叶集》三，岩波书店 1960 年版

高木市之助等校注：《万叶集》四，岩波书店 1962 年版

（二）新日本古典文学大系，青木和夫等校注

《续日本纪》一，岩波书店 1998 年版

《续日本纪》二，岩波书店 1990 年版
《续日本纪》三，岩波书店 1992 年版
《续日本纪》四，岩波书店 1995 年版
《续日本纪》五，岩波书店 1998 年版

（三）新订增补国史大系，黑板胜美编辑
《类聚三代格》，吉川弘文馆 1974 年版
《扶桑略纪》，吉川弘文馆 1978 年版
《义令解》，吉川弘文馆 1981 年版
《令集解》第一、二，吉川弘文馆 1982 年版
《令集解》第三、四，吉川弘文馆 1981 年版
《交替式》，吉川弘文馆 1983 年版
《弘仁式》，吉川弘文馆 1983 年版
《延喜式》，吉川弘文馆 1983 年版
《吾妻镜》，吉川弘文馆 1968 年版
《百炼抄》，吉川弘文馆 1979 年版
《日本纪略》，吉川弘文馆 1979 年版
《日本后纪》，吉川弘文馆 1970 年版
《类聚国史》，吉川弘文馆 1979 年版
《续日本后纪》，吉川弘文馆 1988 年版
《日本文德天皇实录》，吉川弘文馆 1988 年版
《日本三代实录》，吉川弘文馆 1981 年版
《政事要略》，吉川弘文馆 1974 年版
《本朝世纪》，吉川弘文馆 1933 年版
《朝野群载》，吉川弘文馆 1938 年版
《扶桑略记》，吉川弘文馆 1999 年版
《帝王编年记》，吉川弘文馆 1999 年版
《日本高僧传要文抄》，吉川弘文馆 2000 年版
《元亨释书》，吉川弘文馆 2000 年版

（四）其他名著原典
村田正志校订：《花园天皇宸记》上，《续群书类丛》，完成会 1982 年版
村田正志校订：《花园天皇宸记》下，《续群书类丛》，完成会 1986 年版
早川纯三郎编：《明月记》，国文名著刊行会 1935 年版

市岛谦吉等编辑:《玉叶》,东京活版株式会社 1906 年版非卖品

增补史料大成刊行会:《小右记》,临川书店 1968 年版

增补史料大成刊行会:《权记》,临川书店 1981 年版

增补史料大成刊行会:《勘仲记》,临川书店 1965 年版

东京大学史料编纂所编:《御堂关白记》上、中,岩波书店 1953 年版

东京大学史料编纂所编:《御堂关白记》下,岩波书店 1954 年版

土井洋一等编:《本朝文粹》,《本朝文粹の研究》,勉诚出版 1999 年版

林陆朗校注:《将门记》,现代思想社 1975 年版

上增渊胜一译:《北条九代记》,教育社 1979 年版

田中健夫编:《善邻国宝记》,集英社 1995 年版

竹内理三编:《宁乐遗文》,东京堂 1962 年版

《东大寺要录》,载市岛谦吉等编辑:《续续群书类丛》11,1907 年版非卖品

贰、史料集

（一）佐藤进一等编:《中世法制史料集》第 1 卷镰仓幕府,岩波书店 1970 年版

（二）兒玉幸多等编著:《史料による日本の步み》古代编,吉川弘文馆 1960 年版

（三）兒玉幸多等编著:《史料による日本の步み》中世编,吉川弘文馆 1958 年版

转录史料的典籍有:

《平安遗文》《延历交替式》《沙汰未练书》《二阶堂文书》《诸家文书》《关东评定传》《尊卑分脉》《续本朝往生传》《东大寺文书》《东大寺百合文书》《醍醐寺杂事记》《新猿乐记》《应德元年皇代记》《左经记》《长秋记》《后二条师通记》《芦山寺文书》《平治物语》《古语拾遗》《本朝法家文书目录》《比志岛文书》《中村文书》《弘安四年日记抄》《建治三年日记》《劝学讲条条》《石清水八幡宫寺旧记》《平政连谏草》《光明寺残篇》《游女记》《傀儡子记》《洛阳田乐记》

（四）林屋辰三郎等编著:《史料大系日本の历史》第 1 卷原始、古代,大阪书籍株式会社 1977 年版

林屋辰三郎等编著：《史料大系日本の历史》第2卷中世Ⅰ，大阪书籍株式会社1979年版

林屋辰三郎等编著：《史料大系日本の历史》第1卷中世Ⅱ，大阪书籍株式会社1978年版

转录史料的典籍有：

《保历间记》《岛津家文书》《播磨后藤文书》《山内首藤家文书》《筑后田代文书》《平松文书》《中右记》《康富记》《兵范记》《本朝续文粹》《石清水文书》《丹生神社文书》《高野山文书》《陆奥话记》《根津美术馆所藏文书》《殿历》《宇槐记抄》《山槐记》《师守记》《岛津家文书》《白莲圣人注画赞》《八幡愚童训》《深江文书》《大德寺文书》

（五）其他史料集

汪向荣、夏应元编：《中日关系史资料汇编》，中华书局1984年版

王辑武选译：《一六〇〇年以前的日本》，商务印书馆1983年版

日本史料集成编纂会：《中国．朝鲜の史籍における日本史料集成．三国高丽之部》，国书刊行会1978年版

史学会编：《新订史料日本史》上卷，山川出版社1977年版

茂在寅男等著：《遣唐使研究と史料》，東海大学出版会1987年版

江草宣友等编：《古代钱货关系史料集》，书信館出版2007年版

东京国立博物馆编：《江田船山古坟出土国宝银象嵌铭大刀》，吉川弘文馆1993年版

埼玉县教育委员会编：《稻荷山古坟出土铁剑金象嵌铭文概报》，1979年

叁、参考书

吴廷璆主编：《日本史》，南开大学出版社1994年版

沈仁安：《日本起源考》，昆仑出版社2004年版

王海燕：《日本古代史》，昆仑出版社2012年版

王海燕：《日本平安时代的社会与信仰》，浙江大学出版社2012年版

王金林：《日本中世史》（上、下），昆仑出版社2013年版

王金林：《日本神道研究》，上海辞书出版社2007年版

叶渭渠：《日本文化通史》，北京大学出版社2009年版

张声振：《中日关系史》，吉林文史出版社1986年版

木宫泰彦著、胡锡年译：《日华文化交流史》，（中译本）商务印书馆1980年版

王健群：《好太王碑研究》，吉林人民出版社1984年版

杉原庄介等编：《日本史の基礎知識》，有斐阁1979年版

長谷川国雄编：《日本の古典名著総解説》，自由国民社1978年版

国学院大学日本文化研究所编：《神道事典》，弘文堂1999年版

肥后和男等编：《历代天皇纪》，秋田书店1982年版

田村圆澄：《日本佛教史》Ⅰ飞鸟时代，法藏馆1982年版

田村圆澄：《日本佛教史》Ⅱ奈良、平安时代，法藏館1983年版

《列島の古代史》系列，岩波书店2005、2006年版

1. 菊池俊彦等编：《古代史の舞台》，
2. 白石太一郎等编：《暮らしと生业》，
3. 吉川真司等编：《社会集团と政治组织》，
4. 吉村武彦等编：《人と物の移动》，
5. 上原真人等编：《专门技能と技术》，
6. 吉村武彦等编：《言语と文字》，
7. 吉川真司等编：《信仰と世界观》，
8. 白石太一郎等编：《古代史の流れ》，

《日本の历史》系列，讲谈社2000～2001年版

1. 冈村道雄：《绳文の生活志》
2. 寺泽熏：《王权诞生》
3. 熊谷公男：《大王から天皇へ》
4. 渡边晃宏：《平城京と木简の世纪》
5. 坂上康俊：《律令国家の转换と「日本」》，
6. 大津透：《道长と宫廷社会》，
7. 下向井龍彦：《武士の成长と院政》，
8. 大津透等：《古代天皇制を考える》，
9. 山本幸司：《赖朝の天下草创》，
10. 筧雅博：《蒙古袭來と德政令》，

《讲座日本历史》系列

1. 原始、古代，历史学研究会、日本史研究会编，东京大学出版会1984

年版

2. 古代，历史学研究会、日本史研究会编，东京大学出版会 1984 年版

3. 中世Ⅰ，历史学研究会、日本史研究会编，东京大学出版会 1984 年版

4. 中世Ⅱ，历史学研究会、日本史研究会编，东京大学出版会 1985 年版